# Breendonk

Patrick Nefors

# Breendonk
# 1940-1945

Traduit du néerlandais
par **Emmanuel Brutsaert** et **Walter Hilgers**

L'édition originale de cet ouvrage a été publiée sous le titre
Breendonk 1940-1945. De geschiedenis

Toutes reproductions ou adaptations d'un extrait quelconque
de ce livre par quelque procédé que ce soit, réservées pour tous pays.

© Standaard Uitgeverij nv et Patrick Nefors, 2004
© Éditions Racine, 2005, pour la version française
49, rue du Châtelain · B-1050 Bruxelles
www.racine.be

D. 2005, 6852. 46
Dépôt légal : décembre 2005
ISBN 2-87386-420-6

Imprimé en Belgique

# INTRODUCTION

Breendonk 1940-1945. C'est la Seconde Guerre mondiale qui a fait entrer le nom de Breendonk dans l'histoire de la Belgique. Ce livre a donc pour objet l'histoire du fort de Breendonk au cours de cette période. Sa préhistoire – celle du fort de Breendonk de 1906 à 1940 – ne sera pas oubliée, mais traitée forcément de manière succincte. Si une plus large place est consacrée à la période d'après-guerre, on peut dire que toute l'histoire subséquente du fort de Breendonk – comme centre d'internement pour collaborateurs, ou comme mémorial national – s'inscrit dans le sillage direct du dernier conflit mondial.

Dans l'immédiat après-guerre, l'histoire tragique de Breendonk et de ses détenus a suscité un intérêt considérable. Cet intérêt s'est estompé avec les ans, mais Breendonk n'est jamais tombé dans l'oubli pour autant. L'historien Gie Van den Berghe, qui a réuni un répertoire de tous les témoignages sur les camps nazis, a dénombré en 1995 pas moins de 259 témoignages écrits sur Breendonk. Qu'on n'ait rien écrit sur le sujet, comme on l'a prétendu, est donc tout à fait inexact.

Presque toutes les publications consacrées à ce fort sont le fait d'anciens détenus : ils ont écrit leurs mémoires, donné des interviews, évoqué leur expérience sur des plateaux de télévision, etc. Parmi tous ces témoignages, le seul essai de synthèse relativement crédible était également de la main d'un ancien détenu : Paul M. G. Lévy, décédé en 2002, qui fut durant plus de vingt ans président du mémorial. De formation scientifique (quoique non historien) – il fut à la fin de sa carrière professeur ordinaire à l'Université catholique de Louvain – et bénéficiant d'une plume expérimentée de vieux routier de la presse écrite et radiodiffusée, Paul Lévy a réussi à ramasser l'essentiel de l'histoire de Breendonk dans une brochure de synthèse d'une centaine de pages. Celle-ci fut constamment rééditée pendant des décennies par le conseil d'administration du mémorial, fût-ce, les dernières années, sous la forme d'un simple stencyl, si rébarbatif qu'il risquait de camoufler la valeur du contenu aux yeux du public.

Toute une série d'aspects de l'histoire de l'*Auffanglager Breendonk*, ainsi que le bagne fut baptisé dans la terminologie officielle allemande, n'ont cependant jamais été traités jusqu'à ce jour, pas plus dans l'ouvrage de Paul Lévy que dans les autres. On ne disposait que de peu d'informations sur les détenus eux-mêmes, à moins qu'ils n'aient fait partie de l'entourage direct de ces auteurs ; de moins encore sur les «bourreaux de Breendonk». On en savait un peu plus, fût-ce sous une forme non systématique et pas toujours très fiable, sur la vie quotidienne du camp ; mais quasiment rien sur ce qu'on a appelé «Breendonk II», lorsque le fort fut reconverti en prison pour les «inciviques» (les collaborateurs), ou sur l'historique du Mémorial et le traitement des faits dramatiques qui s'y sont déroulés pendant la guerre.

De la même manière que le fort se vit de plus en plus négliger dans les dernières années du vingtième siècle – la muséologie des années cinquante se démodant à vue d'œil –, son historiographie scientifique fit pendant longtemps cruellement défaut. Le sursaut vint avec le nouveau millénaire en la personne d'un nouveau président, le professeur honoraire Roger Coekelbergs, qui fut détenu dans l'*Auffanglager* au cours du mois d'août 1941 et devint ensuite chef de secteur pour le Hainaut de l'important réseau de renseignements Luc-Marc. Le professeur Coekelbergs prit le projet de rénovation à bras-le-corps et comprit immédiatement, en véritable scientifique – il a notamment été l'un des collaborateurs du Prix Nobel de physique Niels Bohr –, que cette entreprise de rénovation ne pouvait se baser que sur une étude historique digne de ce nom. Je ne saurais lui être assez reconnaissant de m'avoir fait confiance pour entreprendre cette étude, dans un premier temps comme conseiller historique de l'éminent muséologue Paul Vandebotermet, ensuite comme auteur de ce livre.

Le 6 mai 2003, les longues années d'efforts de Roger Coekelbergs furent couronnées par l'inauguration du «nouveau Breendonk». On y a installé un parcours de visite beaucoup plus complet et des salles de musée entièrement rénovées avec les techniques muséologiques les plus modernes. L'ouverture officielle se déroula en présence du roi Albert II, du ministre de la Défense André Flahaut – qui a financé la rénovation et lui a prêté l'assistance logistique de divers services de la Défense –, du ministre-président flamand Patrick Dewael et du gouverneur de la Province d'Anvers, Camille Paulus.

Ce livre comporte cinq chapitres. Le premier donne un aperçu historique général de Breendonk de 1906 à nos jours ; le chapitre 2 décrit de manière thématique la vie des détenus ; le chapitre 3 esquisse un profil du personnel du camp et de ses acolytes ; le chapitre 4 laisse entrevoir, à travers vingt-et-un portraits, l'identité des détenus ; le chapitre 5 est consacré à l'histoire de Breendonk après la Libération.

Il me reste l'agréable devoir de remercier celles et ceux qui d'une manière ou d'une autre m'ont prêté aide et assistance dans l'écriture de cet ouvrage, en répondant à mes questions, ou en me fournissant documents, photos, etc. En particulier : l'abbaye de Maredsous, Lily Allègre, René Bauduin, J. Boeva (de la *Witte Brigade*), L. Bouffioux, Jean Cardoen (INIG), Alain Colignon, le commandant Philippe Connart, Wim Coudenys, Georges De Bleser, Eddy de Bruyne, François De Coster, Arnold de Jonge, le baron Ghislain de Meester, la famille Demetsenaere, Lucienne De Ridder, Bruno De Wever, Marie-Pierre d'Udekem d'Acoz, la famille Flament-Jacob, Michelle Fonteyne, madame veuve Édouard Franckx, Jacques Frydman, Pierre Hirsch, Théo Huet, Kris Humbeek, Gustaaf Janssens, Eddy Kellens, B. Koussonsky, Jan Laplasse (de la *Witte Brigade*), Bart Legroux, la comtesse Lippens, Dirk Luyten, Linda Moreau-Sevens, André Moyen, madame veuve Nahon-Serteyn, Lieven Saerens, Isabelle Sampieri, Anne Sokol, Otto Spronk, Pierre Stippelmans, Jacqueline Trido, Ellen Van Cauwenberghe, Gie Van den Berghe, Kathleen Vandenberghe, Stefaan Van den Brempt, Luc Vande Weyer, Rudi Van Doorslaer, Jan Van Eynde (INIG), Vincent Van Hoeck (S.A. Van Schelle), Karel Velle, la famille Verdickt, Étienne Verhoeyen, Jacques Verwilghen, Wilchar et André Wynen.

Merci aussi à l'École royale militaire (et particulièrement aux professeurs Luc De Vos et Jean-Michel Sterkendries) qui a bien voulu financer mes voyages d'étude à l'étranger et m'a permis de mener des recherches à Berlin, Düsseldorf, Ludwigsburg et Londres, et de visiter les mémoriaux de Sachsenhausen et de Buchenwald.

Merci enfin à mes parents qui, avec le professeur Coekelbergs, furent les premiers lecteurs de mon manuscrit et se sont montrés toujours prêts à donner un coup de main.

Chapitre I
# BREENDONK : UN SURVOL HISTORIQUE

## Une forteresse belge (1906-1940)

*Le fort jusqu'à la Seconde Guerre mondiale*

Breendonk doit sa sinistre réputation à la Seconde Guerre mondiale. S'il n'avait pas été de septembre 1940 à août 1944 l'affreuse geôle que l'on sait, l'endroit ne serait plus connu aujourd'hui que des seuls spécialistes de l'histoire des fortifications.

Le fort de Breendonk trouve ses origines dans l'importance stratégique cruciale que le dix-neuvième siècle conféra à Anvers comme métropole commerciale. En cas d'invasion ennemie, Anvers était destinée à devenir le «réduit national»: une forteresse imprenable où le gouvernement et l'armée pourraient se réfugier, même si le restant du pays se voyait occupé. Retranchés à l'abri d'une enceinte impressionnante de forts, le gouvernement et l'armée belges pourraient y attendre que les puissances garantes de la neutralité du pays viennent chasser l'agresseur, libérer le territoire et rétablir la souveraineté de la Belgique. Telle était du moins la théorie. L'ennemi potentiel auquel pense en premier lieu la jeune Belgique est la France de l'empereur Napoléon III.

Ce projet stratégique sera mis concrètement en œuvre par l'officier du génie et futur général Brialmont: c'est sa vision qui est à la base d'une première ceinture de huit forts, dits «forts Brialmont», construits autour d'Anvers entre 1859 et 1864.

En 1870, Bismarck achève l'unification allemande: l'Allemagne remporte la guerre contre la France, annexe l'Alsace-Lorraine et devient la première puissance du continent européen. Le danger pour la Belgique vient désormais aussi bien de l'est que du sud. Au cours de la guerre franco-allemande, la Belgique réussit à préserver sa neutralité, grâce notamment à la force de son armée et à l'importance de ses ouvrages défensifs. La question est de savoir si cette situation est tenable. Le sommet de la hiérarchie militaire commence à éprouver des doutes à ce sujet et entend renforcer notablement le système défensif existant. Au cours des deux dernières décennies du dix-neuvième siècle, on construit de nouvelles enceintes de forts autour de Namur et de Liège, et on procède à des travaux de modernisation du « réduit national » d'Anvers.

Mais à partir de 1895, des voix s'élèvent à nouveau dans les milieux militaires pour dénoncer l'insuffisance de la modernisation des forts existants. Des années de discussions à ce sujet débouchent sous le cabinet de Smet de Naeyer sur la loi du 30 mars 1906. On décide la construction d'onze nouveaux forts. Ensemble avec les forts et fortifications déjà existants, ils doivent former le « système de défense avancé », la ceinture de défense extérieure autour d'Anvers. Le fort de Breendonk, un « fort de deuxième ordre avec caponnières conjuguées », selon le jargon technico-militaire, est le plus méridional d'entre eux, entre les forts de Walem et de Liezele. Il serait entré dans l'histoire comme « fort de Willebroek » si une circulaire du ministre de la Guerre Cousebant d'Alkemade, datée du 12 janvier 1907, ne lui avait donné le nom de « fort de Breendonk ».

Ce n'est qu'en 1909 qu'on entame réellement les travaux de construction. Un large fossé est creusé tout autour de la forteresse. Avec la terre enlevée, on recouvre la structure de béton. À l'avant du « front de tête », on élève une pente en terre : ce « glacis » est destiné à protéger le fort contre les attaques à la grenade en même temps qu'à le camoufler. Les « caponnières » qui traversent le fossé à partir des quatre coins du fort confèrent à celui-ci son plan particulier.

Le complexe compte différentes coupoles blindées : une grande à deux canons de 15 cm qui peuvent tirer à plus de huit kilomètres, deux à obusiers de 12 cm et quatre à canons de 7,5 cm. Les canons de 15 cm sont comparables à la plus grosse batterie du croiseur léger *HMS Belfast* de la Seconde Guerre mondiale, navire-musée aujourd'hui ancré sur la Tamise à Londres. Que Krupp aurait livré les parois blindées pour les coupoles, comme cela a été prétendu, est un pur mythe : l'historien militaire Bart Legroux a établi que l'ouvrage a été réalisé par des firmes belges, Cockerill en tête. En 1914, les coupoles ne sont pas encore tout à fait opérationnelles. Des manœuvres effectuées par l'artillerie russe en 1912 ont entre-temps prouvé que des forts comme ceux entourant Anvers ne résistent pas à des tirs de mortiers de 28 cm. On procède alors à toute allure au bétonnage des coupoles. Même après l'attaque allemande du 4 août 1914, on s'acharnera à poursuivre l'ouvrage sans jamais pouvoir le mener à terme.

En 1913, les premières troupes y installent leurs quartiers. Un fort comme celui de Breendonk compte 80 hommes en temps de paix, 330 en temps de guerre. Les soldats sont cantonnés dans des casemates situées dans le «front de tête», là où seront enfermés plus tard les détenus du *SS-Auffanglager Breendonk*. Soldats, sous-officiers et officiers logent dans des sections séparées.

L'armée impériale allemande qui envahit la Belgique le 4 août 1914 exécute d'abord, en application du plan Schlieffen, un mouvement giratoire à travers le pays. Les Allemands neutralisent le réduit national avec des forces limitées, le gros de leurs unités poursuivant leur progression vers la France. Ce n'est que lorsque l'offensive allemande est bloquée devant la Marne qu'ils vont attaquer Anvers. Le 28 septembre 1914, le général allemand von Beseler entreprend le siège du principal dispositif de défense. Contre la grosse artillerie allemande, les forts ne font pas le poids. La défense d'Anvers est sans espoir, même lorsque les Anglais décident d'y envoyer en dernière minute une *Royal Marine brigade* et deux brigades navales. Le 3 octobre, le Premier lord de l'Amirauté, le ministre quadragénaire de la marine Winston Churchill, se rend en personne dans la Métropole où il passera trois jours, allant même inspecter les «*outer defences of the city*». Il est peu probable qu'il ait pu apercevoir Breendonk, même dans le lointain. Le 7 octobre, le roi Albert 1$^{er}$ quitte le réduit national avec l'armée de campagne pour se retirer derrière l'Yser. Le lendemain, le fort de Breendonk se rend, après qu'un obus a atteint mortellement son commandant, François Weyns. Deux jours plus tard, toute l'enceinte des forts abandonne la résistance.

Le fort de Breendonk est évidemment endommagé par les tirs: ses murs de béton grêlés en sont toujours les témoins. Les dégâts sont somme toute limités: des cratères et des crevasses apparaissent, mais la structure du bâtiment subsiste. Sans doute les Allemands n'ont-ils pas dirigé leur plus lourde artillerie sur lui. Le fort de Sint-Katelijne-Waver réduit à l'état de ruines montre quelle en était la véritable force de frappe.

Les occupants du fort disparaissent pour quatre ans dans les camps de prisonniers outre-Rhin. Une brochure de l'aumônier Verbiest constitue la seule source à ce sujet. Leur sort est éprouvant, même s'il est sans comparaison avec celui que connaîtront les détenus de Breendonk ou les déportés dans les camps de concentration nazis de la Seconde Guerre mondiale.

1914-1918 : le fort endommagé aux mains des Allemands.

Après la Grande Guerre, le fort ne joue plus aucun rôle dans l'histoire du pays. On relève pourtant encore dans l'Entre-deux-guerres un courant au sein de l'armée en faveur de la modernisation et de l'agrandissement des forts anversois, mais il n'est suivi d'aucun effet. En revanche, ceux de Namur et de Liège se voient notablement consolidés.

L'armée belge n'emploie plus Breendonk que sporadiquement : selon un rapport de la justice militaire, il y a même « des plans pour en faire une institution pénitentiaire en temps de paix ». On a également conservé des films d'amateurs de l'Entre-deux-guerres qui montrent des images quasi idylliques de militaires belges entretenant leur condition physique en pratiquant l'aviron sur les douves du fort. D'autres montrent des habitants de la région se laissant complaisamment photographier devant un « fort de la Grande Guerre ». À gauche de la poterne d'entrée a été apposée une plaque commémorative rappelant dans le style ampoulé de l'époque le « courage héroïque » des « glorieux défenseurs » de 1914. En 1940-1944, les Allemands n'y toucheront pas : ils y verront sans doute aussi un hommage au « courage héroïque » de la glorieuse Allemagne de 1914…

La « trêve pour vingt ans », ainsi que le maréchal Foch avait appelé l'Armistice de 1918, expira de fait en 1939. Grâce à sa politique de neutralité, la Belgique espérait rester en dehors d'une nouvelle conflagration. Ce ne sera qu'une brève illusion.

## *Breendonk comme grand quartier général de l'armée belge : mai 1940*

Lorsque le 1er septembre 1939, Le Troisième Reich envahit la Pologne, deux jours après, la France et la Grande-Bretagne lui déclarent la guerre. Le gouvernement belge décrète la mobilisation générale, même si notre pays reste encore en dehors du conflit pendant la «drôle de guerre» qui va s'étendre de septembre 1939 à mai 1940.

Le fort de Breendonk, ainsi en a-t-il été décidé, sera en cas de guerre le siège du grand quartier général de l'armée belge. En toute hâte, on procède à quelques aménagements pour le rendre à nouveau opérationnel, entre autres en y installant une centrale téléphonique.

Après des mois d'attente angoissée, l'inévitable se produit et la *Blitzkrieg* déferle sur la Belgique. Il est 4 heures au petit matin du 10 mai 1940 lorsque les premières troupes allemandes franchissent la frontière. Quelques heures plus tard, le roi Léopold III, commandant en chef de l'armée belge, et son conseiller militaire, le général Raoul Van Overstraeten, arrivent à Breendonk. Il y règne une belle agitation : les membres de l'état-major y prennent possession de leurs quartiers, tandis qu'on décharge de nombreux camions qui ont conflué vers le fort. Il ne faut pas être un agent secret très futé pour remarquer que Breendonk est au cœur de l'événement : la moindre place tout autour du fort est occupée par des voitures et des motos arrivant de partout.

Le roi Léopold s'installe dans le bureau le plus éloigné de l'aile droite du «front de gorge», une sombre casemate donnant sur le fossé. Pour la nuit, il se retire au «château Melis», nom du château de Lippelo situé non loin de là. C'est une charmante gentilhommière avec un magnifique jardin, appartenant au vicomte de Beughem de Houthem. La douceur printanière de ces jours de mai 1940 contraste particulièrement avec la brutalité de la guerre : à Lippelo, le bruit du canon et des armes automatiques ne tarde pas à se faire entendre, et une route est bombardée à moins de 200 mètres du château.

Contrairement à son père le 4 août 1914, Léopold III n'a pas voulu s'adresser au Parlement le matin de l'invasion. Au lieu de quoi il adresse une proclamation à la nation depuis Breendonk. Au début, l'ambiance au grand quartier général est encore à l'optimisme, mais le vent tourne rapidement. Le fort d'Eben-Emael, la fierté de l'armée belge, et trois ponts stratégiques sur le canal Albert tombent aux mains des Allemands en moins de temps qu'il n'en faut pour le dire. Pendant toute la nuit du

10 au 11 mai, des alertes relatives à des assauts de parachutistes allemands tiennent tout le quartier général sur le qui-vive. À chaque mauvaise nouvelle, le moral des Belges prend un nouveau coup : l'ennemi rompt partout les barrages, la *Luftwaffe* semble régner sans partage dans notre ciel.

Assez rapidement, Léopold III se rend compte que, contrairement à l'attente générale, le conflit militaire ne suivra pas le même scénario que lors de la Première Guerre. Après la percée allemande à Sedan dans les Ardennes françaises, le déroulement de l'offensive lui apparaît tout tracé. Ses ministres, au contraire, s'accrochent toujours à l'illusion d'une répétition de 14-18 : ils continuent à croire à un miracle comme celui de la Marne en 1914. Les conclusions politiques qu'ils tirent de la tournure des opérations conduiront finalement à la rupture fatale entre le roi et ses ministres qui interviendra lors de la fameuse entrevue au château de Wynendaele le 25 mai 1940.

Les premières failles apparaissent déjà lors des réunions des 15 et 16 mai à Breendonk. Ce sont les premières entrevues entre le roi et ses ministres depuis l'invasion. Jusqu'à ce moment, le roi Léopold n'a rencontré à Breendonk que son ministre de la Guerre, le général Denis, dont le fils sera plus tard incarcéré dans le même camp par les SS. Dans un conflit qui met en jeu la survie même du pays, il faudra donc cinq jours avant qu'un entretien en tête-à-tête ait lieu entre le roi et son premier ministre. « Breendonk 15-16 mai 1940 » peut donc être vu comme un prélude à l'histoire de la « question royale ». C'est à Breendonk que Léopold III envisage pour la première fois la possibilité d'une capitulation.

Outre son état-major, le Souverain est dès le premier jour également entouré d'officiers de liaison britanniques et français. Les Britanniques sont arrivés en début d'après-midi le 10 mai. Le général Needham, chef de la *British Military Mission*, connaît personnellement le roi Léopold ainsi que plusieurs officiers de l'état-major. Il doit cependant patienter toute une journée avant d'être présenté au roi. Needham est « *not amused* ». Dans son rapport sur les journées de mai, il s'exprimera d'une façon assez cavalière au sujet du roi : un personnage falot, qui ne contrôle pas ses émotions, prêt à éclater en sanglots à tout moment, et totalement sous la coupe de son conseiller militaire, le « roué et cynique » général Van Overstraeten. Needham est confronté à une tâche particulièrement difficile : en fait, ses hommes ne sont pas préparés à cette mission. Le manque de moyens de communication adéquats constitue un handicap pour tout le corps expéditionnaire britannique ; à Breendonk, il se révèle particulièrement flagrant.

Ce n'est que le 12 mai que l'équipe de Needham, qui se considère tout de même comme une équipe de liaison, peut disposer d'une radio et de deux opérateurs qui vont d'ailleurs s'installer pour des raisons techniques à un mile du fort. « L'utilisation du téléphone public pour la transmission de messages secrets doit être absolument proscrite », écrit Needham, indigné, dans son rapport. En plus, aucun de ses *intelligence officers* ne dispose d'une formation ad hoc. Il est flanqué d'un sergent totalement incompétent, un assistant d'université qui n'a manifestement jamais tenu un fusil dans les mains. Par comble de malchance, Needham est lui-même grièvement blessé dans un accident de voiture le 16 mai.

Le canal de liaison principal entre Belges et Britanniques n'est toutefois pas la *Needham's Military Mission*, mais le *special liaison officer to the King of the Belgians*, l'amiral Roger Keyes. Celui-ci est un héros de la Première Guerre, l'homme du raid audacieux sur Zeebrugge et Ostende en 1918. Avec lui, le courant passe beaucoup mieux, on peut même parler de rapports cordiaux. Keyes a rencontré un autre roi que Needham. « Son » Léopold est tout le contraire d'un timoré. L'amiral entreprendra d'ailleurs plus tard une croisade personnelle pour rétablir la réputation du roi. Son fils Roger publiera en 1984, sur base des papiers de son père, l'ouvrage *Outrageous fortune* pour défendre l'honneur outragé de Léopold III. Selon le rapport officiel britannique sur la *Military Mission*, Keyes pécherait toutefois par « un a priori favorable à l'endroit du roi et de sa mère ». Le rapport affirme néanmoins que sans la présence de Léopold III, les Belges auraient déposé les armes plus vite encore. Les Britanniques ne se font en effet qu'une piètre idée de la combativité des Belges : ceux-ci, d'après le rapport, « ne sont pas prêts à se battre ni à mourir pour leur patrie comme nous autres Britanniques ». Un cliché qui aura la vie dure : lorsqu'au cours de la première guerre du Golfe en 1991, le gouvernement belge refusera de livrer des munitions à la Grande-Bretagne, le flamboyant ministre britannique Alan Clark se défoulera dans son journal contre ces « *smelly little Belgians* » qui s'employèrent déjà en 1940 à déstabiliser le corps expéditionnaire britannique…

Les relations privilégiées de Keyes avec le Roi – il est invité plus d'une fois à passer la nuit au château Melis – sont une épine dans le pied des Français. Le général français Champon, qui arbore une bonne humeur constante, est pourtant on ne peut mieux disposé à l'égard de ses collègues britanniques. Mais lorsqu'il voit que Keyes reçoit sans cesse de nouvelles informations sur les plans stratégiques des Belges qu'on lui cache à lui, Champon, il se sent de plus en plus relégué au second plan. Entre Belges et Français, l'entente au quartier général devient de jour en jour plus précaire. Au début, ce sont surtout les Belges qui encaissent sur le champ de bataille. Lorsqu'après cinq jours, les chars allemands rompent massivement les lignes françaises, les Belges ne sont plus les seuls à devoir battre en retraite.

Les Britanniques observent le retournement du moral des Belges avec inquiétude : « Le défaitisme dans le camp français est manifeste, mais la nouvelle des revers français produit curieusement un effet stimulant sur les Belges. » Les Français leur rendent la pareille. Le « commentaire inamical » de la mission militaire française à l'endroit des décisions des Belges préfigure les reproches dont les dirigeants français accableront Léopold III au lendemain du 28 mai.

En dehors des officiers de liaison proprement dits, on voit d'autres haut gradés français et britanniques débarquer au fort de Breendonk. Ainsi, le 11 mai, le général Giraud, le futur rival de De Gaulle à la tête de la France Libre, qui sera fait prisonnier huit jours après sa visite à Breendonk. Ou encore, le 12 mai, le général britannique Alan Brooke, futur chef d'état-major de l'armée britannique, dont les tentatives pour s'entretenir avec le roi se voient chaque fois contrecarrées par l'arrogant Van Overstraeten.

Le 17 mai, le quartier général est transféré de Breendonk à Sint-Denijs-Westrem. La direction de l'armée belge donne ainsi suite à un ordre du général français Billotte à qui a été conféré le haut commandement des troupes belges, françaises et britanniques sur le territoire belge. Ce déménagement répond à une nécessité militaire : lorsque les derniers hommes quittent le fort vers 5 h 30 du matin le 17 mai, Breendonk se trouve déjà sur la ligne de front. La plupart n'ont d'ailleurs pas attendu si longtemps. En effet, les premières instructions de déplacement du quartier général ont déjà été données le 16 mai. Lorsque le successeur de Needham, le général Davy, arrive à Breendonk le soir du 16 mai, il n'y trouve plus que des retardataires. La mission de liaison française a déjà plié bagages elle aussi.

Ce même 17 mai, le gouvernement belge quitte aussi la capitale. Le lendemain, les troupes allemandes entrent dans Bruxelles. Les choses se présentent mal pour la Belgique et ses alliés. La plupart sont loin de pouvoir s'imaginer à quel point. Qu'un des soldats du grand quartier général, le milicien 131/90942 Marcel De Saffel, obscur journaliste de Destelbergen, réintégrerait le fort un an et trois mois plus tard en uniforme SS avec d'autres compatriotes pour y collaborer à la répression des résistants et des juifs belges, personne en Belgique n'aurait pu se l'imaginer par ce beau jour de printemps 1940.

## Breendonk, « camp d'accueil » des SS (1940-1944)

### *La création du camp*

La Belgique a capitulé le 28 mai 1940. La France tient quelques semaines de plus, jusqu'à ce qu'elle demande l'armistice le 17 juin. Le combat à l'ouest a pris fin – définitivement aux yeux de la grande majorité des Belges. Seule la Grande-Bretagne poursuit la lutte. Les Britanniques n'ont pas baissé la tête, mais, à eux seuls, comment pourront-ils jamais reprendre l'Europe occidentale aux Allemands ? L'Union soviétique a conclu avec l'Allemagne nazie un pacte de non-agression. Les États-Unis sont encore neutres. De résistance, il n'est pas encore question dans une Belgique terrassée par l'ennemi en dix-huit jours.

La Belgique et le Nord de la France sont placés sous une même administration militaire. Le *Freiherr* Alexander von Falkenhausen, 62 ans, est nommé *Militärbefehlshaber*. Via un *Kommandostab*, il assure le commandement militaire des territoires occupés. À côté de lui, un *Verwaltungsstab* assure l'administration militaire proprement dite. Cette *Militärverwaltung* est dirigée par Eggert Reeder, 46 ans.

La *Militärverwaltung* essaie autant que possible de maintenir l'unité de ses compétences et veille à empêcher toute forme d'« *hineinregieren* » (immixtion) de la part d'autres services du Reich. Ce qu'elle aura de plus en plus de mal à assurer au cours de l'occupation. Dans plusieurs domaines, on verra s'installer en Belgique occupée des services parallèles qui se soustrairont plus ou moins à sa compétence. Ainsi sur le plan économique et plus encore sur celui des services de police.

L'histoire de la naissance et de l'organisation de ces services est passablement compliquée. Il faut cependant tâcher de l'avoir à l'esprit pour bien comprendre le cadre organisationnel dans lequel évolueront les SS de Breendonk.

L'occupant dispose de deux services de police distincts placés sous l'autorité du colonel du *Kommandostab* von Harbou. Les compétences de la *Feldgendarmerie* sont comparables à celles d'une police militaire : elle règle la circulation militaire et veille à ce que les militaires allemands se comportent selon les règlements. Plus tard, elle se verra encore attribuer d'autres tâches comme la chasse aux fraudeurs.

Plus importante est la *Geheime Feldpolizei* (GFP), dont les agents opèrent le plus souvent en civil. La *Geheime Feldpolizei* ne travaille pas seulement pour la *Militärverwaltung*, mais aussi pour l'*Abwehrstelle Belgien* dont elle est l'organe exécutif. Cette *Abwehrstelle Belgien* est l'antenne belge de l'*Abwehr*, le service de renseignements militaire allemand placé sous l'autorité de l'amiral Wilhelm Canaris. Pour le compte de la *Militärverwaltung*, la *Geheime Feldpolizei* doit dépister les actes hostiles à la *Wehrmacht* entrepris par des non-militaires. Elle doit en outre lutter contre les « activités inciviques » commises par les juifs, les communistes, les immigrants, les francs-maçons et les Églises. Sur ce point, elle est pendant les huit premiers mois de l'occupation la seule police en Belgique et dans le nord de la France disposant d'un réel pouvoir exécutif : à partir du 4 février 1941, elle devra partager le pouvoir de procéder à des arrestations avec la *Sicherheitspolizei-Sicherheitsdienst*.

Cette *Sicherheitspolizei-Sicherheitsdienst*, communément appelée Sipo-SD, est la police politique du Troisième Reich. Elle fait partie des *Schutzstaffel* ou SS, et est née de la fusion de la *Sicherheitspolizei* – un organe d'État qui comprenait aussi bien la *Kriminalpolizei* ou police judiciaire que la *Geheime Staatspolizei* (Gestapo) – et du *Sicherheitsdienst*, un pur organe de parti, sorte de service de renseignements intérieur au parti nazi, sans compétence exécutive. Cet amalgame entre organes de l'État et du Parti est typique du caractère totalitaire du régime nazi. La Sipo-SD reçoit ses ordres du *Reichssicherheitshauptamt*, une sorte de ministère de la police ayant à sa tête le sinistre Reinhard Heydrich. Lorsque Heydrich succombe en 1942 à un attentat commis par la résistance tchèque, il est remplacé par Kaltenbrunner. Au sommet de la pyramide se trouve naturellement le *Reichsführer-SS* Heinrich Himmler, sous la direction duquel les *Schutzstaffel* (SS) deviendront un État dans l'État, ayant mis la main sur la police et la gestion des camps de concentration.

Himmler veut naturellement étendre aussi son pouvoir aux territoires occupés. Début juin 1940, il se rend par deux fois dans la capitale belge. L'avant-garde de ce qui deviendra la Sipo-SD en Belgique arrive à Bruxelles début juillet. À la fin de ce mois, le 27 très précisément, la *Dienststelle* du *Beauftragter des Chefs der Sipo und des SD* (BdS) est tenue officiellement sur les fonts baptismaux, en présence de Heydrich, dans son quartier général de l'avenue Louise. Il faudra encore trois semaines pour que la Sipo-SD s'installe aussi dans les provinces, avec des *Aussenstellen* ou antennes locales dans le chef-lieu de chaque *Oberfeldkommandantur* (ainsi qu'on appelle la division locale de l'administration militaire) : Anvers, Liège, Charleroi, Gand et Lille. Comme à l'intérieur du Reich lui-même, la Sipo-SD en territoire occupé est subdivisée en différentes sections. La plus importante est la section IV, la Gestapo, qui a pour mission de lutter contre les ennemis politiques du Reich : les communistes (IVa), les juifs (IVb), les francs-maçons (IVc) et les organisations de résistance (IVd).

Le premier leader du BdS sera le *SS-Obersturmbannführer dr.* Hasselbacher, qui perdra déjà la vie le 13 septembre 1940 dans un accident de voiture. Formellement, il est subordonné à la *Verwaltungsabteilung* de la *Militärverwaltung*, donc à Reeder. Au sein de celle-ci, son chef direct, le *SS-Brigadeführer* Thomas, est le *Beauftragter* pour la Belgique et la France occupée. À partir de décembre 1941, les successeurs de Hasselbacher, le *SS-Standartenführer* Constantin Canaris – à ne pas confondre avec son oncle l'amiral Canaris, chef de l'*Abwehr* – relèveront directement du *Reichssicherheitshauptamt* à Berlin.

La création de l'*Auffanglager* (littéralement « camp d'accueil ») de Breendonk – euphémisme national-socialiste – est le résultat de la coopération de ces diverses organisations : l'administration militaire, la Sipo-SD et le *Reichssicherheitshauptamt*, sans que la responsabilité précise de chacune d'entre elles puisse être bien délimitée. En l'absence d'un ordre écrit de création du camp, on ne peut se baser que sur des déclarations *in tempore suspecto* des individus inculpés par la justice belge dans les premières années de l'après-guerre, ou interrogés par la justice allemande dans les années soixante et septante. Breendonk était entre-temps devenu le sinistre synonyme d'un camp de torture. Chacun souhaitait refiler autant que possible à d'autres la responsabilité de sa mise en place. Un témoin clé comme Hasselbacher avait disparu. Aussi bien Reeder que von Falkenhausen nièrent toute implication dans sa création. Inversement, le chef de la Gestapo, Straub, et le successeur de Hasselbacher, Ehlers, renvoyèrent la balle dans le camp de l'administration militaire et désignèrent l'*Oberfeldkommandant* de Bruxelles, Müller, comme celui qui donna l'ordre d'ouvrir ce camp. Le commandant du camp Schmitt déclara en 1946 avoir reçu l'ordre de Hasselbacher et du *Feldkommandant* de Bruxelles. C'est un fait, en tout cas, que l'ordre écrit du 29 août 1940 donné à la commune de Breendonk de livrer des paillasses, des couvertures, des bancs etc. pour un camp de prisonniers de deux cents personnes, portait la signature du subordonné de Müller, le *Kreiskommandant* de Malines, von Märcker.

Que l'initiative de créer un camp SS en Belgique occupée ait été prise par un *Oberfeldkommandant* appartenant à la *Wehrmacht*, et non aux SS, est peu plausible. Il est plus vraisemblable que la demande de pouvoir disposer d'un camp bien à elle, ait émané de la Sipo-SD, qui avait dû jusque-là envoyer ses prisonniers dans les prisons de la *Wehrmacht*. La mise à disposition du lieu d'incarcération demandé est, quant à elle, vraisemblablement due à l'administration militaire. La déclaration de Straub selon laquelle l'administration militaire proposa à cet effet trois endroits, dont l'un fut retenu par Hasselbacher, apparaît comme un scénario plausible de la réaffectation du fort abandonné de Breendonk en camp de la Sipo-SD.

Le choix d'une caserne vide n'était pas exceptionnel. En Allemagne nazie également, on utilisa pour l'installation des tout premiers camps des infrastructures existantes, comme des casernes et des usines désaffectées. En avril 1940, on créa ainsi dans une ancienne caserne de l'armée polonaise jouxtant la petite ville d'Oswiecim le camp qui entrera dans l'histoire sous le nom d'Auschwitz I. Les grands camps, tel celui de Buchenwald, destinés à recueillir des dizaines de milliers de captifs, sont par contre des complexes de baraquements spécialement construits à cet effet sur des terrains inoccupés.

Schmitt (à gauche) avec von Märcker à Breendonk.

Du fait que Breendonk évolua en camp de transit, les problèmes de surpopulation y seront résolus par la déportation des prisonniers vers l'Allemagne, l'Autriche et la Pologne. En réalité, Breendonk n'est pas un camp de concentration selon la terminologie SS, bien que les conditions de vie y soient sur bien des points comparables à celles d'un tel camp. C'est un *Auffanglager* ou *Anhaltelager*, ce qui signifie littéralement quelque chose comme centre ou camp d'accueil. L'instance SS responsable des camps de concentration, l'*Inspektion der Konzentrationslager*, n'a jamais rien eu à voir avec Breendonk, le camp de la Sipo-SD en Belgique occupée.

La situation favorable du fort aura aussi joué un rôle dans le choix de Breendonk : le long de la grand-route Bruxelles-Anvers, à mi-chemin entre la capitale et le plus grand port du pays. Bruxelles et Anvers comptent quelque 90 % des juifs de Belgique, et les juifs seront parmi les premières victimes de la Sipo-SD : ils représenteront en 1940 la moitié des détenus de Breendonk.

La décision de créer le camp est prise dans la semaine ou les quelques semaines précédant le 29 août 1940, le mois au cours duquel la Sipo-SD s'emploie à installer ses *Aussenstellen*. Cette décision répond à une logique organisationnelle : le réseau que cette officine policière est en train d'étendre sur toute la Belgique ne saurait être complet sans sa propre prison. Par ailleurs, on commence à percevoir, dans le courant des mois d'août et de septembre 1940, les premiers signes, encore timides, d'un changement d'atmosphère. Après la cessation des hostilités avec la France, il semble clairement qu'à l'ouest, les jeux soient faits, et beaucoup sont persuadés que les Britanniques en arriveront eux aussi à composer avec le Führer. Mais le 10 juillet 1940, la « bataille d'Angleterre » commence et un mois après, les Britanniques tiennent toujours bon ; encore un mois plus tard, il devient clair que la Grande-Bretagne remportera la bataille du ciel et qu'une éventuelle invasion de l'île est définitivement écartée. En Belgique, le premier choc de la défaite est passé.

Que l'occupant juge nécessaire, le 27 juillet, d'interdire l'écoute de la BBC, est un indice significatif. Dès le début d'août 1940, on signale des cas de sabotage dans quelques entreprises belges travaillant pour le compte des Allemands. Le 15 août 1940 paraît le premier numéro de *La Libre Belgique* clandestine, résurrection de sa célèbre homonyme de la Première Guerre. C'est dans ce contexte qu'il faut voir la décision d'ouvrir un camp à Breendonk.

Celui-ci n'est d'ailleurs pas le premier centre de détention où sont envoyés des opposants à l'Ordre Nouveau. L'administration militaire avait déjà assigné cette fonction, entièrement ou partiellement, à d'autres prisons belges. Début août, les premiers prisonniers arrivaient à la citadelle de Huy, un autre vieux fort de l'armée belge : il s'agissait de civils français et britanniques, parmi lesquels le célèbre écrivain humoriste P. G. Wodehouse.

Certains détenus de Breendonk ont d'abord séjourné quelque temps dans une *Kriegswehrmachtgefängnis* avant d'être envoyés à Breendonk. C'est notamment le cas de quelques-uns des tout premiers «breendonkistes» : Vital Verdickt est par exemple déjà arrêté le 5 septembre 1940 et enfermé dans la prison gantoise «De Nieuwe Wandeling». Fin septembre, il est transféré à Breendonk. Ceci démontre qu'il ne faut pas exagérer les distinctions entre *Wehrmacht* et Sipo-SD : certains prisonniers se voient facilement transférés d'une institution à l'autre. Ce n'est pas seulement la Sipo-SD, mais aussi la *Geheime Feldpolizei*, la *Feldgendarmerie* et divers *Sonderkommandos* de police ou de la *Wehrmacht* qui livrent des prisonniers au fort.

Fin août 1940, les Allemands prennent possession du fort de Breendonk. Le commandant du camp est le *SS-Sturmbannführer* bavarois Philipp Schmitt. Lui et son chauffeur Hertel sont les tout premiers SS du camp. Ils prennent d'abord leurs quartiers dans la maison de madame Verdickt-Reyners, en face du fort, où ils réquisitionnent quelques chambres. Avant la fin de l'année, ils sont rejoints par deux autres porteurs de l'uniforme nazi. Au cours des premiers mois, le camp ne comptera pas plus de quatre SS.

Le plus important est le *SS-Untersturmführer* ou lieutenant Arthur Prauss qui fera de Breendonk, géré au départ d'une manière assez laxiste, un camp au sens strict. Il est chargé de la surveillance journalière des prisonniers. Les gardes sont confiées à un détachement de la *Wehrmacht* : quelque 33 hommes appartenant à un *Landesschutzbataillon* de Malines. Ces bataillons ne sont pas de véritables unités de combat. Ils sont composés de soldats âgés, affectés à des tâches de surveillance : les «*Schützenbrüder*» (la guilde des arquebusiers) comme les brocardent les hommes des formations combattantes. On voit débarquer successivement à Breendonk un bataillon de Leipzig, puis de Bavière. La première mention de leur livre de garde date du 2 octobre 1940, même si, selon Schmitt, ils sont présents dès l'arrivée des premiers prisonniers. Un *Sturmbannführer* n'enferme pas, en effet, ses prisonniers lui-même.

## *Breendonk jusqu'au 22 juin 1941*

Les premiers prisonniers intègrent le fort le 20 septembre 1940. Selon la Commission des crimes de guerre, ils sont une vingtaine, chiffre que la plupart des historiens ont repris sans broncher. D'après le registre des prisonniers de Saint-Gilles, quatre détenus exactement sont transférés le 20 septembre à Breendonk : Mordka Grundmann, Karl Kahn, René Dillen et Bention Galanter. Ce qui correspond aux souvenirs de Galanter lui-même et de madame Verdickt, qui observe leur arrivée depuis sa maison. Tous deux se remémorent encore avec précision la figure de René Dillen. Grundmann a disparu sans laisser de traces en 1947 et Galanter confirmera plus tard le nom du quatrième homme : le juif allemand Karl Kahn.

Dillen, Grundmann, Kahn et Galanter : un Belge et trois juifs originaires d'Europe centrale ou orientale. Deux catégories de détenus constitueront chacune environ la moitié de la population carcérale de Breendonk dans les premiers mois : d'une part des Belges arrêtés en raison de leurs opinions politiques ou d'actes hostiles à l'occupant ; d'autre part des juifs, généralement d'origine étrangère, arrêtés en raison d'un mélange de motifs politiques et raciaux.

René Dillen est le premier prisonnier politique belge de Breendonk. C'est un communiste anversois qui, en juillet 1940, a été arrêté à la frontière hollandaise alors qu'il effectuait une mission pour le Komintern, l'Internationale communiste. On peut tout de même s'étonner du moment de son incarcération : à une période où le pacte germano-soviétique est toujours en vigueur, l'arrestation d'un communiste apparaît plutôt anormale.

Bention Galanter est un immigrant juif, originaire de Bessarabie, l'actuelle Moldavie qui, au moment de sa naissance en 1906, appartient encore à la Russie tsariste. Sa ville natale Kichinev est frappée peu avant sa naissance par deux terribles pogroms. Des dizaines de juifs sont massacrés. Dans les années vingt, Galanter émigre en Belgique. Il devient agent d'assurances dans la région bruxelloise. Il ne possède pas la nationalité belge, mais ressent cependant une réelle loyauté vis-à-vis de la Belgique : c'est ici qu'il a fait ses études, qu'il a pu se refaire une nouvelle vie. Au lendemain de l'invasion allemande, il veut répondre à l'appel du gouvernement à tous les jeunes gens de 16 à 35 ans non encore sous les drapeaux, pour rejoindre un Centre de recrutement de l'Armée belge (C.R.A.B.) en France. L'évolution de la situation militaire l'en empêche, mais il réussit cependant à se faire engager dans les rangs de la Légion étrangère française. Quand la France s'écroule à son tour, il retourne en Belgique. Le 13 septembre 1940, il se fait arrêter.

En raison de cette volonté de se battre pour la Belgique, Galanter obtient après la guerre la nationalité belge et est reconnu comme prisonnier politique. À ce titre, il appartient à une minorité parmi ses codétenus juifs : ses compagnons Kahn et Grundmann semblent en effet avoir été arrêtés pour des raisons purement raciales. Kahn, docteur en droit et exportateur, a fui Cologne pour Schaerbeek après la « Nuit de cristal »; le Polonais Grundmann, fabricant d'imperméables, habite la Belgique depuis bien plus longtemps. Tous deux sont déportés en Pologne en 1942. Ils ne reviendront jamais.

Galanter, Kahn et Grundmann sont les premiers d'une longue liste de prisonniers juifs qui échoueront à Breendonk : les suivront 400 à 500 autres israélites, sur un total de 3 500 à 3 600 détenus de Breendonk. En septembre 1940, la politique d'extermination systématique des juifs d'Europe n'est pas encore mise à exécution. La fameuse conférence de Wannsee n'aura lieu que le 20 janvier 1942. N'empêche que l'occupant a importé en Belgique sa politique de haine raciale avec, à la clé, une politique de radicalisation progressive qui écartera petit à petit les juifs de la vie publique, leur imposera diverses interdictions, les obligera à se faire enregistrer et à porter l'étoile jaune. La déportation à Auschwitz à partir du centre de rassemblement de la caserne Dossin à Malines, au milieu de 1942, en constituera l'aboutissement qu'on ne pouvait encore soupçonner en 1940.

Au moment où Bention Galanter est arrêté, l'administration militaire n'a pas encore sorti ses premières mesures à l'encontre des juifs. Ce ne sera le cas que fin octobre. Une ordonnance du 28 octobre 1940 décrète l'interdiction de retour des juifs qui ont fui la Belgique lors de l'invasion allemande. Tout se passe comme si, dans la pratique, la Sipo-SD voulait se montrer plus zélée que l'administration militaire. Aussi bien Galanter que la famille Frydman, internée au fort un ou deux jours plus tard, ont fui en France devant l'offensive de la *Wehrmacht*, ce qui suffit apparemment à prouver leurs sentiments anti-allemands. Ce n'est pas que la Sipo-SD ait besoin de preuves : elle peut faire arrêter via le *Schutzhaftbefehl* quiconque est considéré comme un danger réel ou potentiel par l'occupant.

En principe, elle doit, jusque début février 1941, faire appel à la *Geheime Feldpolizei* pour procéder à des arrestations. Ce principe souffre toutefois des exceptions, dont la Sipo-SD fait largement usage. De plus, la GFP est obligée de donner suite à toute requête de la Sipo-SD. Après février 1941 – en échange du droit de procéder directement à des arrestations –, la procédure du *Schutzhaftbefehl* est commuée en *Sicherheitshaftbefehl*, lequel doit être entériné après un mois par l'administration militaire. Avec un tel système, l'arbitraire règne en maître: des milliers de juifs ont fui en France en mai 1940. L'arrestation du fougueux Galanter est peut-être compréhensible, mais pourquoi arrêter les Frydman et pas les autres?

Durant les premières semaines, le camp ne comptera qu'un petit nombre de prisonniers, probablement pas plus de dix ou vingt. Pour ceux-ci, un seul local suffira. Ils sont si peu nombreux que Galanter a l'impression qu'«au début, on nous envoyait à Breendonk pour mettre le camp en ordre». Contrairement à ce qu'on pourrait croire, on ne se met pas tout de suite à élever des clôtures et à construire des miradors. La ceinture de barbelés et les deux tours de guet datent au plus tôt de l'été 1941.

Dès le début, les détenus sont soumis à des travaux forcés. Ils sont chargés de déblayer l'énorme couche de terre de 250 000 à 300 000 m$^3$ qui recouvre le fort, à commencer par les deux cours intérieures où se feront les appels.

Après les premiers jours et semaines, les SS choisissent parmi les prisonniers un chef de chambrée. Celui-ci a une position difficile, étant pris entre deux feux: les SS d'une part, ses compagnons de détention de l'autre. Certains abuseront de leur position, d'autres chercheront à protéger leurs codétenus. Le premier est probablement Willy Giersch qui, après peu de temps, devient également surveillant de travaux. Le communiste allemand Giersch avait fui l'Allemagne nazie comme réfugié politique en 1933. À Breendonk, il choisit le camp des SS pour «sauver sa peau et améliorer sa situation», comme le dit Galanter. Giersch n'hésite pas à frapper et à menacer certains de ses compagnons, dans la chambrée comme sur le chantier. Il est aussi chargé de surveiller les exercices de gymnastique imposés aux détenus dès le début. Giersch est le tout premier d'une série de chefs de chambrée qui maltraiteront leurs camarades – le premier, mais certainement pas le pire. Il donne des coups, mais ne tue personne. Certains détenus n'ont même rien de particulier à lui reprocher.

Surveillants SS et de la *Wehrmacht*, chefs de chambrée, travaux forcés, gymnastique obligatoire, rations de famine composées de pain sec, de soupe claire et d'ersatz de café, tels sont, dès le début, les principaux ingrédients de la vie du camp. Au total, ce régime pourrait cependant être

L'entrée du fort.

pire. Celui qui n'a connu l'*Auffanglager Breendonk* qu'au cours des premiers mois de son ouverture ne l'aurait jamais nommé «Breendonk-la-mort», titre que donnera à ses mémoires Edgard Marbaix, détenu en 1943. Le premier mort ne sera en effet enregistré qu'en février 1941.

Après les premières semaines, l'effectif des prisonniers connaît une croissance continue, mais non spectaculaire : fin 1940, il oscille entre soixante et septante détenus, ce qui reste toujours assez modeste. Dans la citadelle de Liège, par exemple, on dénombre le 9 octobre 1940 déjà plus de sept cents «otages», qui seront d'ailleurs rapidement relâchés. Début octobre, la Sipo-SD ordonne le transfert de Merksplas à Breendonk de six juifs d'Europe de l'est, tous prisonniers de droit commun (*Polizeihäftlinge*). Selon Paul M. G. Lévy, qui fut incarcéré à Breendonk fin novembre 1940 et devint plus tard le premier président et l'historiographe du Mémorial, les Allemands agissent ainsi délibérément «pour éviter que le camp ne devienne un foyer de résistance et de patriotisme». L'ordre de transfert ne donne cependant aucune indication sur les motifs de la Sipo-SD. Des fraudeurs pris sur le fait sont également envoyés à Breendonk pour purger leur peine. On voit aussi arriver au compte-gouttes des prisonniers politiques belges, tel Paul Lévy lui-même, journaliste de radio bien connu, arrêté pour avoir refusé sa collaboration à la radio sous contrôle allemand.

D'autres, comme le jeune Armand Trussart, âgé d'à peine dix-sept ans, qui ont exprimé un peu trop bruyamment leurs sentiments anti-allemands lors de manifestations de rue à l'occasion du 11 novembre 1940, sont enfermés quelques mois à Breendonk pour y réfréner leurs ardeurs patriotiques.

À la fin de l'année, les Allemands décident de séparer désormais les juifs des « aryens ». Aussi longtemps que tous les prisonniers étaient encore détenus dans une seule chambrée, ils ne s'étaient pas donné cette peine. Dorénavant, les « aryens » reçoivent leur propre chambrée, avec comme responsable Willy Giersch qui se comporte d'une manière beaucoup moins brutale avec ses compagnons non-juifs qu'avec les « *Untermenschen* » juifs. Les prisonniers juifs reçoivent comme chef de chambrée un certain Walter Obler, un détenu qui, ses origines israélites mises à part, est à bien des égards comparable à Giersch : un réfugié politique d'extrême-gauche qui met ses sentiments antifascistes entre parenthèses pour obtenir une position privilégiée dans le camp.

En janvier 1941, la population carcérale dépasse pour la première fois la centaine de prisonniers. Dans la foulée, la discipline est encore renforcée et les rations amenuisées. Avec le changement d'année disparaissent aussi la ration de viande dominicale ainsi que la cigarette du dimanche à laquelle ont droit les « meilleurs travailleurs ». À la Noël 1940, les prisonniers avaient encore pu organiser une petite fête : un privilège inouï qui deviendra impensable l'année suivante. Paul Lévy témoigne après la guerre au procès de Malines : « Pour vous indiquer la qualité de ce régime au début de mon séjour à Breendonk : on nous avait autorisés, par exemple, à la Noël 1940, d'organiser une souscription entre nous pour acheter différentes denrées à l'extérieur. C'est ainsi qu'à la Noël 1940, nous avons eu un repas de Noël acheté par nous-mêmes par souscription commune des détenus, avec des fruits, des bonbons et même de la charcuterie. Dans une partie du camp, d'ailleurs, un détenu qui était lui-même traiteur avait fait venir des poulets et des fondants. Tout ceci paraît absolument invraisemblable pour tous ceux qui ont connu Breendonk dans la suite, mais cela caractérise assez exactement le régime des premiers temps. »

Le régime du camp évolue ensuite de dur-mais-supportable à potentiellement mortel. Le 17 février 1941, la limite est franchie : c'est le jour où l'on enregistre le premier mort de l'histoire du camp. Julius Nathan, un homme déjà âgé et souffrant d'asthme, succombe au rythme infernal du travail et à la discipline toujours plus draconienne : pour lui, c'est la fin d'un calvaire ; pour ses compagnons d'infortune, un choc psychologique terrible. Un sentiment d'insécurité croissante s'empare désormais d'eux: sortiront-ils jamais vivants de ce bagne?

Julius Nathan était un immigré juif. C'est toujours la politique antisémite de l'occupant qui, à cette époque, assure le plus gros contingent de nouveaux arrivants. Ceux-ci ont par exemple pour noms Mojszek Frajmund, Abraham Frankfurt ou Isidore Schonman. Parmi eux se trouvent aussi des prisonniers politiques, tels les journalistes Ludwig Juliusberger, Ernst Landau et Ludwig Weill, qui rejoignent le camp respectivement en décembre 1940, février 1941 et mai 1941.

La plupart des juifs sont cependant appréhendés pour des raisons purement raciales, même si les motifs ou les circonstances concrètes de leur arrestation ne sont pas toujours clairs. Ils se font généralement arrêter pour des délits mineurs, comme la transgression d'une interdiction de retour de France ou d'un couvre-feu. Pour ce dernier cas, un Belge risque l'envoi dans une prison locale; un juif sera expédié directement à l'*Auffanglager*.

Parmi les prisonniers politiques belges, on trouve aussi les premiers otages: des notables arrêtés en représailles contre des attentats de la résistance dans leur commune. C'est ainsi que le 24 mai 1941, les échevins malinois Oscar Van Kesbeeck et Désiré Bouchery sont envoyés pour six semaines à Breendonk après l'attaque des bâtiments de la *Kommandantur* de Malines.

### 22 juin 1941: une journée lourde de conséquences

Breendonk reste un camp à moitié juif jusqu'au 22 juin 1941. Le déclenchement de l'opération «*Barbarossa*», nom de code de l'invasion de l'Union soviétique par l'armée allemande, a un impact non seulement sur l'histoire de l'occupation en Belgique, mais aussi sur celle de l'*Anhaltelager Breendonk*. «*Barbarossa*» donne en effet le coup d'envoi de l'opération «*Sonnewende*» (opération Solstice): une grande razzia, organisée en commun par tous les services de police allemands, au cours de laquelle plus de trois cents personnes seront arrêtées. Parmi elles, non seulement des communistes, mais aussi des trotskistes et d'autres militants d'extrême-gauche. Même un socialiste modéré comme le député bruxellois Frans Fischer se fait boucler à sa grande surprise; il ne connaîtra d'ailleurs jamais les causes de son arrestation. D'autres sont victimes d'erreur sur la personne, ou se sont trouvés au mauvais endroit au mauvais moment. Tel jeune homme est arrêté parce que, selon Fischer, «il avait commis le crime d'être le frère cadet d'un jeune homme qui, peu avant la guerre, avait rencontré des communistes dans une organisation antifasciste».

Outre de vrais ou supposés communistes, on arrêtera ainsi ce jour-là une centaine de ressortissants soviétiques séjournant en Belgique ou d'« apatrides » originaires d'Union soviétique : parmi ceux-ci, un grand nombre de « Russes blancs », des réfugiés anticommunistes qui ont abandonné leur pays après la défaite des « Blancs » au cours de la guerre civile en Russie. Les communistes et les Russes arrêtés sont répartis entre la citadelle de Huy et le fort de Breendonk. La population du camp de Breendonk s'est ainsi accrue du jour au lendemain de plusieurs dizaines de personnes, sinon plus, même si le chiffre exact n'est pas connu.

Le doublement de l'effectif carcéral en quelques mois se fait chèrement payer : d'un décès sporadique à peu près tous les deux mois, le nombre de morts s'élève à six en juillet et à quatre en août – d'après les estimations minimales publiées après la guerre par le Service belge d'Aide aux Victimes de guerre. À partir de l'été 1941, Breendonk mérite certainement le nom de « camp de la mort lente », selon l'expression de Victor Trido qui y fut incarcéré en 1943. C'est le régime carcéral lui-même, combinaison de sous-alimentation, de travaux forcés et de mauvais traitements, qui est responsable de cette « mort lente ».

Ce même été, un prisonnier juif sera encore abattu, et deux juifs polonais se suicideront. Le 11 juin, Jacob Kiper, 45 ans, ne peut supporter plus longtemps la vie de bagne et se jette dans le fossé. Le 4 juillet, Mozes Luft, 27 ans, est abattu lors d'une prétendue tentative d'évasion. À partir d'une petite barque – en fait, plutôt un radeau –, il doit désherber les berges du fossé : le rafiot dérive vers la rive extérieure et une sentinelle le descend. Selon les prisonniers, Luft est innocent ; le SS a seulement voulu faire un exemple. Tous les prisonniers doivent défiler devant son cadavre et écouter une diatribe de l'*Untersturmführer* Prauss. Le mois suivant, le 28 août 1941, c'est Richard Zylberstein qui, souffrant d'épuisement et d'amnésies, met fin à ses jours. Cet immigré polonais, marié depuis peu, n'avait que 21 ans.

L'augmentation soudaine du nombre de prisonniers est telle qu'on risque de manquer de places dans les chambrées. Quatre nouveaux dortoirs seront ainsi aménagés dans la partie ouest des bâtiments au cours des mois suivant l'opération « *Sonnewende* ». Ils semblent surtout destinés, quoique non exclusivement, à des détenus juifs. Ces locaux sont en tout cas connus depuis ce moment comme les « baraques juives ».

À partir de fin septembre, le nombre de prisonniers va cependant diminuer. Le 22 septembre, 107 détenus de Breendonk et 150 de Huy sont en

Un grand nombre de détenus de Breendonk sont communistes. Ci-dessus, un groupe de jeunes communistes de Roux en 1934. Trois des onze se retrouveront à Breendonk :
Léon Loth (2ᵉ rangée, à l'extrême gauche), Théo et Franz Michiels (2ᵉ rangée, à l'extrême droite). Loth mourra en Allemagne, Franz Michiels sera fusillé au Tir national.
Un troisième frère, Benoît, sera également incarcéré à Breendonk.
Au 1ᵉʳ rang, à l'extrême droite, Georges Glineur. Son frère, le député communiste Henri Glineur, sera incarcéré à Breendonk en 1942.

effet dirigés vers le camp de concentration de Neuengamme près de Hambourg. D'autres convois suivront : Breendonk est devenu un camp de transit. Il est peu vraisemblable que la Sipo-SD ait prévu cette évolution lors de la création du camp. Elle paraît elle-même surprise des conséquences du 22 juin. Breendonk, déclare le chef de la Sipo-SD Constantin Canaris à la réunion du 17 septembre avec l'administration militaire, a en effet été créé « à une époque où on envisageait encore que la guerre se terminerait à court terme ».

Cette réunion du 17 septembre 1941 a été convoquée parce que l'administration militaire commence à se faire des soucis à propos de ce qui se passe à Breendonk. Après tout, c'est elle qui porte officiellement la responsabilité d'un camp dont la réputation ne fait qu'empirer dans le pays occupé. À Berlin, signale le chef de la *Militärverwaltung* Reeder, on rapporte que l'« *Oberbefehlshaber des Heeres* » ne veut pas que ce camp entre dans l'histoire comme « l'enfer de Breendonk ». Non que le commandant en chef von Brauchitsch se montre particulièrement énergique lorsqu'il s'agit de prendre position contre les exactions des SS: quand le vieux feld-maréchal von Mackensen, légende vivante de la Première Guerre mondiale, lui demanda de mettre le holà aux atrocités commises en Pologne, von Brauchitsch lui répondit simplement qu'il en parlerait à l'occasion à Himmler. La mention du rapport en question est l'unique trace d'une intervention de sa part concernant Breendonk. Quelques mois plus tard, en décembre 1941, il sera du reste destitué. Met-il alors l'administration militaire en garde de sa propre initiative, ou y est-il poussé par Reeder qui espère ainsi s'assurer des appuis à Berlin dans ses tractations avec la Sipo-SD?

Septembre 1941 marque en tout cas la fin de l'attitude de laisser faire de la *Militärverwaltung*. Même si une préoccupation humanitaire peut avoir joué, sa réaction paraît avant tout s'expliquer par des raisons de réalisme politique. Son analyse du «cas Ochs» est révélatrice de ses mobiles. Jacques Ochs, directeur de l'académie des beaux-arts de Liège, est un dessinateur bien connu, notamment pour ses caricatures qui illustrent les couvertures du grand hebdomadaire bruxellois *Pourquoi Pas?*. « Ochs, peut-on y lire, ne doit pas rester éternellement dans ce camp. Il est en tout cas primordial de s'assurer que quelqu'un qui entretient de si bonnes relations avec les sphères dirigeantes de la Belgique ne puisse répandre des bruits alarmants sur la situation dans le camp.» Les premiers objectifs de la *Militärverwaltung* sont en effet le maintien de l'ordre et de la tranquillité – *Ruhe und Ordnung* – et l'exploitation économique du pays occupé. Dans ce but, elle recherche la collaboration des élites belges. Ce qui se passe à Breendonk ne peut avoir que des effets négatifs sur cette collaboration.

Le 9 septembre 1941, Reeder vient en personne inspecter Breendonk. Le 24 septembre, c'est au tour de son adjoint von Craushaar, accompagné du chef de la Sipo, Canaris. L'intervention de l'administration militaire amène une amélioration temporaire touchant le ravitaillement et les soins médicaux, et met provisoirement fin aux sévices les plus graves. Les malades les plus grièvement atteints sont conduits à l'hôpital militaire d'Anvers. Les prisonniers voient leurs rations augmenter légèrement. L'interdiction de recevoir des colis de nourriture est levée: un petit succès éphémère pour la *Militärverwaltung* car, trois mois plus tard, on en revient à la situation antérieure.

En septembre 1941 commence un bras de fer entre *Militärverwaltung* et Sipo-SD concernant les rations des prisonniers, qui ne s'arrêtera qu'avec la fin de l'occupation. Les discussions de fond sur l'avenir du camp n'aboutissent à rien : on se contente de lancer des suggestions relatives à son éventuelle scission ou transformation en un autre type de camp, pour d'autres catégories de prisonniers. Tout cela reste lettre morte. Canaris veut maintenir le camp comme *Hauptauffanglager* pour prisonniers relevant du *Sicherheitshaft*, et c'est ce que Breendonk restera. À la suggestion de von Froitzheim, un collaborateur de von Craushaar, d'envisager la suppression de Breendonk en raison de sa mauvaise réputation dans le pays occupé, Canaris se contente de répondre laconiquement que « le maintien de Breendonk a naturellement ses avantages et ses inconvénients »…

C'est ce même mois de septembre 1941 qu'arrive à Breendonk un premier contingent de SS flamands. Ils viennent en auxiliaires de leurs supérieurs allemands : leur mission comprend aussi bien des tâches administratives que la surveillance des travaux forcés. Pour celle-ci, Prauss ne pouvait auparavant faire appel qu'aux *Vorarbeiter* et aux soldats de la *Wehrmacht* attachés au fort. Les agissements d'Obler et consorts avaient suscité les protestations de la *Militärverwaltung*, tant en raison des sévices dont ils se rendaient coupables, que du fait que des prisonniers « aryens » se trouvaient ainsi placés sous la férule d'un chef de groupe juif. « Les soldats de la *Wehrmacht* ne sont pas habilités à cette tâche » : c'est ce que le prisonnier Benoît Michiels entend dire aux SS flamands par le *SS-Untersturmführer* Prauss. Le renforcement de la discipline, telle est la mission assignée aux SS flamands. En 1943, la garde autour du camp, jusque-là assurée par les seuls soldats de la *Wehrmacht*, est doublée par un corps de *Wachgruppe* du SD, composé également de SS flamands.

L'arrivée des SS flamands est le résultat d'un concours de circonstances où l'offre rejoint la demande. La direction du camp a besoin d'un corps pouvant reprendre le rôle subalterne des *Vorarbeiter*. Si la *Militärverwaltung* entend atténuer la sévérité du régime carcéral, les propos de Prauss – si l'on peut ajouter foi aux déclarations de Michiels devant la justice en 1945 – et les sévices commis par les SS flamands – l'Anversois Fernand Wyss en tête, avec pas moins de seize crimes à son actif – accréditent l'hypothèse que la direction SS n'est guère disposée à aller dans ce sens. Les mesures de renfort constituent aussi une parade à l'accroissement attendu du nombre de prisonniers. En partie du moins, car c'est ce mois-là que les premiers prisonniers partent en déportation. Pour ce qui est de l'offre, les SS disposent, surtout depuis l'invasion de l'Union soviétique, d'une réserve de *Waffen-SS* réformés ou réfractaires, en attente d'une nouvelle affectation.

## Une nouvelle radicalisation dans la seconde moitié de 1942

En 1942, des prisonniers de Breendonk sont à nouveau déportés dans les camps de concentration du Reich. Les quatre convois de cette année totalisent quelque 400 hommes et ont tous pour destination Mauthausen près de Linz en Autriche. Parmi les détenus de Breendonk, on trouve toujours plus de membres de mouvements de résistance. Cette redistribution de la population du camp conduit à certaines adaptations dans l'organisation de celui-ci.

La première consiste à réaménager deux casemates ou chambrées de prisonniers en blocs cellulaires. Chaque bloc est constitué d'un certain nombre de cellules d'isolement pour la garde individuelle de prisonniers dont le dossier est encore à l'examen et qu'on veut empêcher de communiquer entre eux. La seconde, plus diabolique, date de l'été 1942, lorsqu'une ancienne poudrière se trouvant sous une des coupoles est transformée en salle de torture. C'est dans ce «bunker» que des résistants seront soumis à ce qu'on appelle un «interrogatoire plus poussé». La troisième et dernière nouveauté est l'aménagement d'un terrain d'exécution à l'arrière du fort. Le 27 novembre 1942, six breendonkistes y sont pour la première fois exécutés en représailles contre l'assassinat par un commando de partisans armés du bourgmestre rexiste du Grand Charleroi, Jean Teughels. Le second semestre de 1942 avait en effet été marqué par une forte recrudescence de la résistance armée: 60 des 67 attentats commis cette année contre des collaborateurs belges datent des six derniers mois, culminant avec une série d'attentats contre des bourgmestres collaborateurs. Une fois de plus, les événements extérieurs ne restent pas sans répercussions de l'autre côté des barbelés.

1942 n'est pas seulement l'année qui vit un nombre de plus en plus grand de résistants entrer à Breendonk. C'est aussi l'année où la plupart des juifs sont déportés de l'*Auffanglager*. En mai 1942, chaque juif reçoit l'obligation de porter l'étoile jaune, les contrevenants étant menacés d'être envoyés à Breendonk. Cette obligation constitue l'avant-dernière mesure d'une politique de persécution qui finira par la déportation et le génocide systématiques. Le 27 juillet 1942, l'occupant ouvre la caserne Dossin de Malines comme *Judensammellager* ou camp de rassemblement pour les juifs destinés à la déportation. C'est de là que les convois partiront entre le 4 août 1942 et le 31 juillet 1944 pour Auschwitz. Le commandant du *Sammellager* n'est autre que le *Sturmbannführer* Philipp Schmitt, désormais responsable de deux camps SS, Breendonk et Malines.

Le 22 juillet, cinq jours avant l'ouverture du camp de rassemblement, on procède aux premières arrestations de juifs destinés à la déportation. En attendant celle-ci, ces prisonniers juifs – parmi lesquels bon nombre de femmes – sont temporairement internés à Breendonk. Certains seront conduits à Malines sitôt après l'ouverture du *Sammellager*, d'autres, plusieurs semaines plus tard. Israel Rosengarten raconte par exemple dans ses mémoires parus en 1996 sous le titre *Overleven. Relaas van een zestienjarige Joodse Antwerpenaar* («Survivre. Récit d'un juif anversois de seize ans») comment il fut arrêté au cours de la rafle du 23 juillet dans un train de la ligne Bruxelles-Anvers, et conduit le jour même à Breendonk. Ce n'est que progressivement et par petits groupes que ses compagnons de chambrée seront transférés à la caserne Dossin. Le dernier groupe de douze hommes, dont Rosengarten lui-même, ne quittera Breendonk que le 4 septembre 1942.

Même après cela, il subsistera toujours un petit groupe de juifs au camp ; Schmitt en fera même transférer une trentaine de la caserne Dossin vers Breendonk en janvier 1943. Les juifs sont les souffre-douleur et la cible privilégiée des sévices des SS. Ils seront les principales victimes, au cours de l'hiver 1942-1943, des actes sadiques des Wyss et De Bodt, les deux plus terribles représentants des SS autochtones. Le prisonnier-médecin juif Singer relatera en 1946 au procès de Malines comment «Wyss et De Bodt, à l'époque de la bataille de Stalingrad, ont tué au moins une vingtaine de détenus juifs ainsi que deux belges. Ils les obligeaient à se jeter dans l'eau glacée du fossé, les frappaient ensuite à coups de pelle pour les maintenir sous l'eau, puis jetaient de la terre sur les malheureux qui s'enfonçaient petit à petit dans la vase et finissaient par se noyer» (Singer exagère probablement un peu le nombre de victimes).

Cet hiver 1942-1943 représente la période la plus noire de toute l'histoire de l'*Auffanglager*. Au cours des mois de novembre 1942 à mars 1943, on enregistre selon les estimations les plus basses une quarantaine de décès, ce qui fait près de la moitié du nombre total de morts – exécutions non comprises – tombés à Breendonk sous l'occupation. 41 otages, sur un total de 164, y seront en outre fusillés au cours des mois de novembre à janvier. Les otages passés par les armes sont les victimes de la réaction très dure de l'administration militaire à la vague d'attentats commis par la résistance contre des soldats allemands et des collaborateurs.

Le nombre élevé de décès à mettre sur le compte du régime de Breendonk est dû en partie aux sévices dont a témoigné entre autres le docteur Singer. Un autre facteur est la conjonction entre un hiver particulièrement rude et une période de durcissement du régime du camp. C'est la période où les colis pour les prisonniers sont à nouveau interdits. Il faut dire qu'en cette troisième année d'occupation, les nouveaux détenus arrivent de plus en plus souvent en état de sous-alimentation. La vie du camp se révèle à nouveau un baromètre du contexte extérieur : la faim qui se répand dans le pays, les actions de plus en plus nombreuses de la résistance, la soif de vengeance des SS après la chute de Stalingrad... D'autres facteurs occasionnels jouent naturellement aussi un rôle, ainsi la désignation temporaire, de septembre 1942 à avril 1943, du *SS-Obersturmführer* Johann Kantschuster comme commandant faisant fonction, un individu très porté sur la boisson et qui, à peine arrivé, abat déjà un prisonnier.

Même si le régime du camp est soumis à des fluctuations plus ou moins sensibles, on peut en dégager les caractéristiques essentielles dès novembre 1942 : torture et exécutions constituent désormais le régime quotidien, en même temps que la faim, les travaux forcés et les sévices. De temps en temps, des prisonniers sont envoyés ailleurs, généralement après un détour par la prison de Saint-Gilles. En 1943, leurs destinations sont plutôt les prisons de Bochum, d'Essen ou d'Esterwegen que les grands camps de concentration du Reich. Le seul camp de concentration où les prisonniers sont envoyés directement est le nouveau camp de Vucht près de 's-Hertogenbosch dans le sud des Pays-Bas. Plus encore qu'en 1942, Breendonk devient en 1943 et 1944 le bagne des résistants belges. Alors qu'en 1942, on n'y trouve que peu de noms connus, on voit y débarquer les derniers dix-huit mois un certain nombre de grosses pointures des mouvements de résistance ou des réseaux de renseignements : des dirigeants du parti communiste, le chef des Partisans Armés, le chef de l'état-major et un responsable régional de l'Armée secrète, le chef du grand réseau de renseignements Zéro, le fondateur et chef de la *Witte Brigade-Fidelio*, etc.

Cette période est aussi celle de l'extension des infrastructures. Sur le terrain en face du fort, on construit en 1943 des baraquements pour abriter le détachement de la *Wehrmacht*. Fin 1943, une nouvelle salle de toilettes et une nouvelle infirmerie sont mises en service dans des bâtiments construits à cet effet, reconnaissables à la brique rouge qui se détache sur le béton gris du fort primitif. Les conditions hygiéniques connaissent donc une certaine amélioration vers la fin, de même que le régime alimentaire. Le Foyer Léopold III, une œuvre caritative sous le patronage du roi, est autorisée à procurer des colis de nourriture aux prisonniers.

Ce qui n'empêche pas Léon Halkin d'affirmer dans À *l'ombre de la mort*, chef-d'œuvre sur l'expérience concentrationnaire écrit au lendemain de la guerre, que « la faim n'a pas cessé de régner à Breendonk ».

Entre-temps, Breendonk reçoit en novembre 1943 un nouveau commandant. Après avoir déjà été démis en avril 1943 comme commandant de la caserne Dossin, Philipp Schmitt disparaît également de Breendonk en novembre. C'est le *Sturmbannführer* Karl Schönwetter qui lui succède.

Devant la menace d'un prochain débarquement des Alliés en France, les SS décident pour la première fois d'évacuer le camp le 6 mai 1944. C'est à ce moment que sa population doit à peu près avoir atteint sa capacité maximale : pas mois de 641 détenus sont transférés ce jour-là vers le camp de Buchenwald à côté de Weimar. Seul un tout petit groupe de détenus (principalement des travailleurs manuels et des tailleurs) reste sur place pour ne pas paralyser le fonctionnement quotidien du camp. Mais comme l'invasion attendue tarde à venir, de nouveaux arrivants sont accueillis : quatre jours après le débarquement de Normandie, la direction du camp doit ainsi organiser un nouveau convoi de quarante hommes vers Saint-Gilles, d'où ils se verront transférer à Buchenwald le 16 juin. Les derniers détenus sont évacués entre le 30 août et le 1$^{er}$ septembre 1944. Après quoi les SS abandonnent les lieux et s'en retournent en Allemagne. Lorsque le 4 septembre 1944, les premiers chars anglais atteignent le fort, les archives du camp se sont presque entièrement envolées en fumée, les traces de torture ont été effacées, les poteaux d'exécution arrachés et la potence démantelée…

L'histoire de l'*Auffanglager Breendonk* touche à sa fin. Ce n'est pas le cas du calvaire de ses anciens pensionnaires. Il leur reste huit mois à attendre la libération des camps en avril-mai 1945. Pour autant, bien sûr, qu'ils arrivent à subsister jusque-là. À peine la moitié des prisonniers de Breendonk survivront à la guerre.

### Après la Libération : du bagne au Mémorial

Ce même 4 septembre, jour de la libération, le fort sera encore réinvesti par des gens de la résistance locale, parmi lesquels sans doute pas mal de « résistants de septembre », c'est-à-dire de la vingt-cinquième heure. Ils y enferment un certain nombre de collaborateurs présumés. Les traces de ce qui s'y est passé sous l'occupation éveillent des sentiments de vengeance. Certains nouveaux détenus sont victimes de brimades. Cela prendra plus d'un mois avant que l'État belge ne reprenne la situation en mains et fasse évacuer le camp. À la mi-octobre, tout le monde est transféré à Malines.

Fin décembre 1944, le fort sera à nouveau mis en service, cette fois comme prison officielle de l'État. Jusque fin 1946, il servira de centre d'internement des «inciviques». En août 1947, le fort de Breendonk est érigé en Mémorial national, pour perpétuer la mémoire de ce qui s'est passé durant l'occupation. Au début de ce siècle, on entreprend sa rénovation et le Mémorial est «relifté» selon les critères de la muséologie moderne. Le 6 mai 2003, le «nouveau Breendonk» est inauguré solennellement par le roi Albert II.

Chapitre II
# LA VIE DANS L'*AUFFANGLAGER*

## L'arrivée au camp : la personne réduite à un numéro

« Breendonk est maintenant devant nous, Breendonk, le fort des travaux forcés, Breendonk, le cercle d'enfer, Breendonk-la-Mort… » : c'est ainsi qu'Edgard Marbaix décrit son arrivée au camp. *Breendonck-la-Mort* de Marbaix est un des tout premiers ouvrages parus en Belgique libérée sur le camp de Breendonk. Le style en est pathétique, comme le veut l'époque. Le lecteur d'aujourd'hui sourira de sa phraséologie exaltée et quelque peu surannée, mais ne se posera guère de questions quant à l'authenticité de son témoignage. Quelques précisions sont pourtant nécessaires.

Marbaix connaissait Breendonk. Lors de son arrivée le 2 avril 1943, il reconnaît immédiatement l'ancien fort de l'armée belge. La sinistre réputation du camp SS est parvenue à ses oreilles. D'autres prisonniers n'ont cependant aucune idée de ce qui les attend. Le 20 août 1941, un bus conduit un groupe de Gantois, parmi lesquels Victor Baeyens, de la Nieuwe Wandeling à Breendonk ; le bus « bifurque à droite et, un peu plus loin, s'arrête devant une barrière de barbelés ». « Personne, écrit Baeyens, ne se doute que nous nous trouvons ici devant les portes de l'enfer sur terre. » Le même été 1941, dans le camion qui le conduit de Bruxelles au camp, le Russe Vladimir Lasareff entend des soldats allemands murmurer le mot de « Breendonk » : « C'était la première fois que j'entendais ce nom. J'ignorais tout de ce camp auparavant. » Il est vrai que Baeyens et Lasareff arrivent au camp deux ans plus tôt que Marbaix, mais, même en 1943, le partisan André Muret n'en aura encore jamais entendu parler.

Cela signifie que les bruits qui circulent autour de ce site ne sont pas encore parvenus à toutes les oreilles en cette avant-dernière année de l'occupation. Bien sûr, ce n'est pas dans la presse collaboratrice, censurée par les Allemands, qu'on peut lire quoi que ce soit au sujet de Breendonk : même les lieux des exécutions n'y sont pas mentionnés. Les seules sources d'information sont le bouche à oreille, la presse clandestine et, occasionnellement, une émission de la radio belge de Londres. Mais tout le monde ne lit pas les journaux clandestins, ni n'écoute « radio Londres », pas même tous les membres de la résistance. Les informations filtrent aussi de manière très inégale dans les divers coins du pays. Que doit-on d'ailleurs croire de ces histoires d'horreurs? Léon Halkin, professeur d'histoire à l'université de Liège et auteur d'une *Introduction à la critique historique*, applique celle-ci à ces rumeurs également, et n'est pas impressionné outre mesure par les menaces de la Gestapo liégeoise de l'envoyer à Breendonk… Une erreur dont il ne tardera pas à se rendre compte.

Chaque prisonnier qui arrive à Breendonk se fait sa propre idée du camp, de ce qui s'y passe et de ce qui l'attend personnellement. Cela dépend à la fois de sa personnalité, de ses informations, des raisons et du moment de son arrestation. Plus la guerre se prolonge, plus la chance est grande d'être au courant de ce que signifie ce nom. À la mi-novembre 1940, les premiers prisonniers sont déjà libérés. Lors de leur départ, ils doivent signer un papier sur lequel ils s'engagent à ne parler à qui que ce soit du cadre de leur détention. Inévitablement, tel ou tel ex-détenu, ou un de ses proches ou amis, parlera quand même… Lorsque le député socialiste Frans Fischer est envoyé au fort à l'été 1941, « il courait déjà des histoires terrifiantes sur le bagne de Breendonk ». Fischer enfreindra lui-même la consigne de silence après sa libération du 9 septembre 1941. Le 15 septembre, les journalistes Ooms et Delandsheere tombent sur lui rue de la Loi à Bruxelles : « Rencontré Fischer… Nous le reconnaissons à peine. » Fischer est livide, voûté et émacié. Ooms et Delandsheere notent soigneusement dans leur journal de guerre les détails du régime carcéral responsable de son piteux état. Ce journal ne sera évidemment publié qu'après la guerre, mais il est certain qu'ils auront aussitôt répercuté le récit de Fischer autour d'eux.

C'est vers la même époque que l'*Oberbefehlshaber* de l'armée allemande, von Brauchitsch, exprime sa crainte de voir passer le camp dans l'histoire comme « l'enfer de Breendonk ». Même les Allemands se rendent compte que ce nom est en train d'acquérir une réputation assez sinistre. Durant l'été 1941, le camp devient un sujet de préoccupation de plus en plus vive dans la presse clandestine. La feuille communiste *De Roode Vaan* rapporte en juillet que « le camarade René Dillen croupit déjà depuis septembre 1940 dans le camp de concentration de Breendonk » et, au mois d'août, que « des centaines de nos camarades communistes et d'antifascistes » sont enfermés dans les « camps de concentration de Breendonk et de Huy » et y sont soumis à « un régime particulièrement sévère, contraints à des travaux épuisants alors qu'ils ne reçoivent que deux tranches de pain et un bol de soupe par jour». Un mois plus tard, le journal annonce la triste nouvelle du premier décès d'un camarade à Breendonk : il s'agit du peintre schaerbeekois de 49 ans Camille Smet, décédé le 10 août 1941. De même, en septembre 1941, *La Libre Belgique* clandestine consacre un article à «la vie à Breendonk» : en 48 lignes, elle fait état des travaux forcés, signale que les juifs sont plus mal traités que les Belges et relate même la mort par balles d'un détenu «qui avait fait des signes à sa femme» (il s'agit probablement ici du cas Luft). Les deux feuilles clandestines apprennent, en novembre 1941, que 120 «camarades» (d'après *De Roode Vaan*) ou «prisonniers politiques» (d'après *La Libre Belgique*) ont été déportés en Allemagne.

*La Libre Belgique* a en fait évoqué Breendonk pour la première fois en juin 1941. Le 15 de ce mois, elle crée la stupeur en annonçant que le journaliste de radio bien connu Paul Lévy est mort à l'infirmerie de la prison de Saint-Gilles des suites des privations endurées dans le «camp de concentration» de Breendonk. Des mois plus tard, la nouvelle est relayée par la radio belge de Londres : Nand Geerssens, alias Jan Moetwil, et Victor de Laveleye annoncent la mort de Paul Lévy respectivement les 8 et 9 octobre. Probablement pour infliger un démenti à cette information, et par là discréditer sa source, les Allemands libèrent Lévy le 20 novembre. Celui-ci tentera ensuite de gagner Londres, où il arrivera en juillet et interviendra plusieurs fois sur les ondes pour raconter ses expériences de camp.

Fin 1941, les communistes publient encore toute une brochure sur *L'enfer de Breendonk*. Plus l'occupation se prolonge, plus les bruits se répandent au sujet de choses terribles qui se passent dans ce bagne, même si le cas précité de Muret montre que tout le monde n'en est pas conscient au même degré. Au cours des deux dernières années de la guerre, la réputation du camp est toutefois suffisamment installée pour que la Gestapo utilise la menace d'y envoyer les résistants qui refusent de parler.

Nombreux sont les prisonniers qui ne sont toutefois pas conduits à Breendonk immédiatement après leur arrestation. Ils sont d'abord enfermés dans une prison de la ville ou de la région où ils ont été arrêtés. Certains subissent un interrogatoire au quartier général de la Sipo-SD locale. Le passage dans une autre prison n'est en général pas si terrible. Il s'agit de prisons ou de forteresses belges existantes comme la prison de Saint-Gilles à Bruxelles ou la citadelle de Huy, que l'occupant s'est totalement ou partiellement appropriées. Elles sont parfois constituées de deux ailes, une belge pour les détenus de droit commun, une allemande pour les prisonniers politiques. Ces prisons sont placées sous le contrôle de la *Wehrmacht* et les conditions y sont beaucoup plus humaines que dans le camp SS de Breendonk.

Un interrogatoire au quartier général local de la Sipo-SD peut, en revanche, se dérouler d'une manière plutôt musclée. C'est le cas, par exemple, de Jean Dubois, arrêté le 27 avril 1942 et déféré au *Kriegswehrmachtgefängnis* de la Begijnenstraat à Anvers. Il sera transféré par trois fois à la villa de la Della Faillelaan à Wilrijk où la Gestapo a installé son quartier général, et où on le met brutalement à la question – soixante ans plus tard, il a toujours beaucoup de mal à en parler. Dès l'instant, à partir de l'été 1942, où Breendonk disposera d'une chambre de torture ad hoc, la Gestapo locale pourra se contenter de brandir la menace d'envoyer les récalcitrants à Breendonk. C'est ainsi que Jacques Grippa, le chef d'état-major des Partisans Armés, s'entend dire : « Vous connaissez Breendonk. C'est là qu'on va vous conduire. Là, vous vous déciderez bien à parler, car nous y avons les moyens pour cela. » Il n'empêche que, par après, des résistants seront encore rudement malmenés dans certains quartiers généraux de la Sipo-SD.

Pour celui qui n'est pas prévenu de sa destination se pose la question lancinante de ce qui l'attend. Le jeune résistant juif Finkelstajn, par exemple, craint que les Allemands ne le conduisent vers l'un ou l'autre terrain d'exécution. Quoique l'incertitude puisse aussi s'avérer parfois rassurante. Dans le bus qui, en mai 1943, conduit 70 jeunes Trudonnaires, certains âgés d'à peine dix-sept ans, vers une destination inconnue, l'ambiance est relativement détendue : naïveté de la jeunesse, ou présence réconfortante d'une masse de camarades ? Ce qui joue aussi, c'est le niveau auquel on s'est engagé dans la résistance : plus les faits de résistance auxquels on a collaboré sont importants, plus on a de raisons de craindre la vengeance allemande. Alors que les actions des jeunes résistants trudonnaires relèvent plutôt de l'amateurisme, Finkelstajn appartient aux Partisans Armés, un groupement qui a déjà à son actif la liquidation de plusieurs collaborateurs. Quoi qu'il en soit, c'est toujours un voyage difficile, vers une destination qui ne promet rien de bon. Il s'agit parfois de brimades purement physiques : Finkelstajn et ses cinq compagnons d'infortune sont obligés pendant tout le trajet de rester à genoux, les mains ligotées, sur le sol nu d'un camion militaire.

## La vie dans l'*Auffanglager*

Les prisonniers sont conduits à Breendonk par groupes en camion ou individuellement en voiture. Certains se rappellent encore, des décennies plus tard, la marque de celle-ci: une Volkswagen pour le coiffeur lierrois Marcel Arras, une Citroën traction-avant pour l'étudiant bruxellois Robert Schriewer, une superbe Mercedes 6 pour l'officier René Bauduin. Les dirigeants de l'Association des Juifs de Belgique sont conduits dans une grosse américaine: une Cadillac, pour l'un, une Buick, selon l'autre. Ce détail n'a d'intérêt que dans la mesure où il est révélateur de la relative approximation de la mémoire.

Les voitures passent d'abord la barrière et les guérites: ici, même les membres de la Sipo extérieurs à Breendonk doivent montrer un *Ausweis* ou laissez-passer rouge. L'accès au camp est en effet strictement contrôlé: seuls les membres de la *Sicherheitspolizei*, les médecins chargés du contrôle médical, les personnes de l'extérieur qui travaillent dans le camp, les membres de la *Kreiskommandantur*, de la *Feldgendarmerie* et de la *Heeresunterkunftsverwaltung* de Malines peuvent pénétrer dans le camp. Hormis les médecins et les chefs des gardiens, chacun doit présenter un laissez-passer. Les véhicules qui viennent livrer des prisonniers peuvent s'introduire dans le camp jusqu'au parking devant le pont. Les visiteurs doivent garer leur voiture le long du chemin devant la barrière

Les prisonniers descendent sur la place en face du pont. Le portail menaçant du fort se dresse devant eux: pour beaucoup, celui-ci leur dit quelque chose. Les anciens détenus qui connaissent un peu leurs classiques évoqueront souvent après la guerre «l'aspect dantesque» de ce portail: «Qui entre ici abandonne tout espoir»… En fait, la prise de conscience de la réalité de Breendonk est trop directe et trop brutale pour de telles réflexions. «On ne nous donnait pas le temps pour apprendre à découvrir les lieux», écrit Fischer. «Poussés, ou plutôt jetés hors du véhicule qui vomissait sa cargaison de prisonniers sur le pavé de la cour, nous fûmes empoignés et placés à large distance les uns des autres, collés le nez contre les murs recouverts de ciment craquelé.»

Jean Dubois, qui arrive à Breendonk un soir d'automne, est convaincu que les Allemands veulent à dessein leur faire découvrir le fort, à lui et à ses compagnons, dans la semi-obscurité et la brume du soir, pour encore en renforcer l'air lugubre. Les prisonniers peuvent cependant être amenés à Breendonk à tout moment de la journée. Si l'arrivée à la tombée du jour est peut-être planifiée délibérément dans le cas de Dubois, ce n'est certainement pas systématique. C'est un réflexe tout à fait humain de vouloir trouver des intentions cachées dans la situation arbitraire et l'état de détresse où l'on se trouve soudainement plongé.

À leur descente de camion, les prisonniers arrivant en groupe sont immédiatement entourés par des SS ou des soldats de la *Wehrmacht* en armes et accueillis avec une kyrielle d'ordres et d'injures. Paul Lévy est gratifié d'un «*Schweinehund*». Les insultes les plus grossières de la langue allemande, écrivent Landsvreugt et Lemaître dans leur *Chemin de croix de Breendonck*, leur sont adressées par le «boche» *SS-Untersturmführer* Arthur Prauss, un tyranneau trapu à la voix caverneuse. Entre gardiens et prisonniers, on n'emploie qu'une seule langue, l'allemand. Pour les francophones, cela constitue en général une difficulté plus grande que pour les néerlandophones. Celui qui ne comprend pas, ou pas assez vite un ordre, s'expose à une volée de coups. Celui qui, en descendant de camion, ne retire pas sa casquette ou son bonnet au commandement «*Mütze ab*», se voit illico arracher son couvre-chef par Prauss. De même, celui-ci va personnellement tirer hors du camion ceux qui n'en sautent pas assez vite. L'intimidation commence dès la première seconde à Breendonk.

Le langage aussi trahit d'emblée la volonté de dépersonnalisation des prisonniers : l'agent de la Sipo qui, le 29 novembre 1940, vient remettre Paul Lévy avec trois autres détenus de Saint-Gilles à ses collègues à Breendonk, le fait avec ces mots : «*Vier Stück eingeliefert*» («livraison de quatre pièces»).

La brutalité de l'accueil des nouveaux entrants peut varier d'une fois à l'autre. Ainsi, les communistes arrêtés suite à l'opération «*Sonnewende*» ou les étudiants patriotes qui ont manifesté le jour de la fête nationale, doivent défiler entre deux rangées de soldats de la *Wehrmacht* qui leur administrent des coups de crosse ou de botte. L'arbitraire règne en maître et beaucoup dépend du hasard : un groupe de prisonniers wallons, par exemple, a la chance qu'à leur arrivée, Prauss s'en va justement déjeuner et est trop pressé pour les initier aussitôt à ses méthodes musclées.

Après cet «accueil», les prisonniers sont placés en rang dans le tunnel d'accès ou dans la cour ouest, la face contre le mur. Bien souvent, les coups pleuvent : coups de crosse ou coups dans le dos qui les projettent contre le mur. La surface rugueuse du béton lacère les visages et fait dégouliner le sang dans le cou. Le moindre mouvement pour l'essuyer peut provoquer une nouvelle raclée. Certains découvrent la violence physique pour la première fois de leur vie à Breendonk. Au-delà de la douleur physique, c'est aussi un choc psychologique, surtout pour celui qui a connu jusqu'alors une vie plutôt douillette : «La stupeur et l'indignation l'emportent d'abord sur la souffrance», écrit le professeur Halkin.

Lorsque Schmitt, le commandant du camp, est dans les parages, les prisonniers ne tardent pas à faire connaissance avec son chien qui l'accompagne partout. Schmitt n'est pas du genre à se salir les mains en premier ; il préfère lâcher d'abord son molosse sur ses malheureux prisonniers. C'est ainsi que le jeune partisan Benoît Michiels reçoit sa première morsure de chien dès le jour de son arrivée.

La face contre le mur, rabroués et parfois battus, les prisonniers attendent ainsi avec angoisse le moment de se présenter dans le local où ils vont être inscrits et enregistrés. Certains restent à contempler le mur de béton pendant assez longtemps. Une heure ou deux paraît une éternité lorsqu'on est contraint de rester immobile : Fischer avait « perdu toute notion du temps, des gens et des choses qui m'entouraient ». Cette longue attente a même donné lieu à la formation de mythes : le rapport sur les atrocités allemandes du 21e *Army Group* britannique relate en fin 1944 que « le groupe d'Antoine Abbeloos qui fut amené au fort le 22 juin 1941 dut attendre quarante-huit heures dans cette cour. Ils ne pouvaient pas bouger et ne reçurent ni eau, ni nourriture. Ils tombèrent là comme des mouches ». On ne trouve toutefois trace de ce sinistre épisode ni dans le témoignage d'Abbeloos lui-même devant la justice belge, ni dans ceux des autres prisonniers entrés ce 22 juin, comme Henderickx ou Klibanski. Les « deux heures » dont fait état la déposition de Klibanski sont une estimation certainement plus proche de la réalité que les « deux jours » du rapport britannique. Fischer à son tour raconte que les manifestants du 21 juillet ont dû rester toute la nuit immobiles dans la cour, mais Solonevitch et Ochs n'en disent mot.

La comparution dans le bureau des SS va souvent de pair avec un jeu du chat et de la souris : celui qui ne se présente pas correctement est renvoyé dehors jusqu'à ce qu'il l'ait appris (voir encadré). L'accueil dépend de l'humeur des SS de service : un prisonnier passera sans trop de mal, tandis que l'autre recevra coups et rebuffades. Le responsable SS – à partir de septembre 1941, le plus souvent Marcel De Saffel – note les éléments d'identité et les motifs d'arrestation sur des fiches. Chaque prisonnier se voit attribuer un numéro. Il doit également remettre tous ses biens personnels : portefeuille, papiers, argent, alliance, bijoux, montre, peigne etc.

Le règlement du camp du 19 août 1942 stipule que l'administration SS doit inscrire toutes les valeurs saisies dans un registre, faire signer le prisonnier et lui remettre une quittance pour l'argent laissé « en mains sûres ». Selon Remy Libotton, prisonnier en 1944, « tout est mis dans une enveloppe avec le nom, l'adresse et la date de naissance du propriétaire ;

tout cela avec une *Pünklichkeit* toute allemande, mais je n'en ai jamais rien revu. » La mémoire de Libotton a-t-elle flanché ? La plupart des prisonniers déportés – y compris ceux qui, comme Libotton, furent déportés à Buchenwald le 6 mai 1944 – semblent avoir reçu tous leurs biens de retour. Selon Baeyens, les déportés du premier convoi pour Neuengamme doivent repasser avant leur départ par le bureau des SS et reçoivent leurs montres, argent et bagues de retour, bien que lui-même reparte avec un portefeuille vide. Les déportés sont naturellement obligés de remettre de nouveau leur argent et leurs objets au camp de concentration d'arrivée. Les prisonniers libérés également reçoivent souvent leur argent et leurs papiers de retour, même si les SS subtilisent une partie de l'argent : ainsi De Saffel note-t-il que le postier Piens lui a confié 1 084 au lieu de… 1 684 francs. Lors de son transfert à Saint-Gilles, Frans Fischer reçoit son argent de retour, mais non son rasoir et autres petits objets. « Les objets sans valeur, avoue plus tard à la justice le caissier SS Müller, sont jetés à l'eau »…

---

L'« accueil » de Norbert Van Eynde dans le bureau SS le 27 août 1941

« Lorsque je fus à l'intérieur, Müller se leva de derrière son bureau et vint me rosser à coups de poing et de pied, tonitruant que je devais ressortir et apprendre qu'avant d'entrer dans son bureau, un prisonnier devait frapper à la porte et demander : "Bitte eintreten zu dürfen". Ce petit jeu s'est répété trois fois de suite ; chaque fois, je me faisais éjecter manu militari. »

Archives du Royaume de Beveren, parquet d'Anvers, 355, p. 82, audition Van Eynde du 30 mars 1948

---

Après l'enregistrement, le nouveau prisonnier est conduit à l'atelier du tailleur où sa tenue civile est échangée contre une tenue de camp. Les prisonniers sont obligés de se dévêtir entièrement : une « initiation au nudisme intégral », écrit Fischer avec une certaine gêne, « mais qui laisse les autres complètement indifférents ».

Parfois, on peut garder une partie de ses vêtements civils, comme les sous-vêtements ou une chemise. Chacun reçoit cependant un uniforme de prisonnier qui restera sa seule tenue pour tout son séjour au camp : pas la tenue rayée comme dans les autres camps, mais un vieil uniforme de l'armée belge, provenant d'un stock qui se trouvait encore dans le fort. Plus le temps avance, plus on a la chance d'hériter de l'uniforme d'un prédécesseur décédé ou déporté, sale, troué ou même maculé de sang. Le plus souvent, il n'est pas à la taille du prisonnier. Lorsqu'un nouveau

La vie dans l'*Auffanglager*

ose faire remarquer que la veste ou le pantalon sont trop courts ou trop étroits, les SS rétorquent «humoristiquement» qu'ils seront bien vite à la bonne taille. On ne se soucie pas de prendre les mesures, sauf une fois ou l'autre au début, lorsque le régime du camp, alors à moitié rempli, n'était pas encore aussi sévère que plus tard : Paul Lévy, par exemple, reçoit un uniforme à sa taille, mesuré par un des membres de la complaisante famille de tailleurs juive Frydman. À gauche de la poitrine, on coud alors le numéro de prisonnier qui a été attribué au bureau SS. Un insigne indique en plus à quelle catégorie le prisonnier appartient. Les juifs reçoivent un ruban jaune, les aryens un blanc. C'est le signe distinctif principal. D'autres éléments peuvent s'ajouter sur ces rubans : ainsi par exemple, un carré rouge au milieu du ruban signifie qu'il s'agit d'un prisonnier politique.

 *Ruban blanc à carré jaune*: fraudeurs et escrocs

 *Ruban blanc à carré rouge*: prisonniers politiques (pour les juifs, c'était un *ruban entièrement jaune*; s'ils n'étaient pas prisonniers politiques, ni soupçonnés d'appartenir à un parti de gauche, ils portaient seulement un *ruban jaune sans carré*)

 *Ruban blanc horizontal, ruban rouge vertical*: résistants (à certaines périodes)

 *T rouge dans un triangle blanc ou jaune*: terroristes

 *V rouge sur ruban blanc*: anglophiles

*V rouge sur ruban jaune*: anglophiles juifs

 *Rond rouge entouré d'un cercle blanc*: résistance lors de l'arrestation, élément dangereux, tentatives d'évasion

 *A rouge sur ruban blanc ou jaune*: à certaines périodes, prisonniers arrêtés lors de rafles collectives (par exemple, Russes et personnes d'origine russe en juin et juillet 1941)

*Ruban rouge*: trafiquants d'armes et faux-monnayeurs

Fin 1940, les SS se construisent ce «bureau» dans la cour intérieure ouest. En date du 3-4 janvier 1941, on peut lire dans le cahier de garde: «Feu de cheminée dans le bureau de la cour intérieure.» D'après le souvenir de Jacques Frydman, un des tout premiers prisonniers, il ne se trouve là que depuis très peu de temps. En mai 1943, on y installera une imprimerie. Les inscriptions des arrivants se feront dès lors à la cantine ou dans un local du tunnel d'entrée. Lorsque Fischer et Solonevitch arrivent par une chaude journée de juin, les SS ont déplacé leur bureau dans un coin ombragé de la cour.
La photo montre le bureau des SS et le chantier le 13 janvier 1941.

«L'arrivée au fort était pour les nouveaux prisonniers quelque chose de terrible», dixit le SS Frans Van Hul lui-même.

Généralement, le nouveau prisonnier se voit raser entièrement la tête dès le premier jour. Selon Olga Wormser-Migot, auteur d'ouvrages de référence sur les camps, ce n'est pas uniquement une mesure hygiénique, mais aussi une mesure préventive contre d'éventuelles évasions : quelqu'un qui a la tête rasée se fait plus facilement remarquer. René Bauduin se rappelle s'être senti fiévreux la première nuit qu'il a passée à Breendonk en mai 1943 après avoir dû travailler, le crâne nu, pendant des heures sous un soleil brûlant. Pour les juifs pieux, le rasage de la barbe est une humiliation supplémentaire.

Parfois, d'autres formalités s'ajoutent encore à la procédure type d'entrée au camp, comme le passage aux douches. En août 1942, un *Lagerordnung* (règlement du camp) est introduit, prescrivant que les prisonniers doivent subir un examen médical au plus tard le deuxième jour de leur arrivée. Un groupe de postiers bruxellois, entrés au camp le 1er septembre 1942, doivent se mettre en file, entièrement déshabillés, dans la cour centrale, pour aller se faire peser et mesurer au *Revier*, l'infirmerie en jargon de camp. Selon Émile Renard, arrivé à Breendonk fin décembre 1942, l'inspection médicale concerne avant tout les maladies vénériennes et les parasites.

Si l'ordre du programme peut varier, l'effet de la procédure d'entrée est toujours le même : tout est fait pour priver l'arrivant de sa dignité et le muer de citoyen en *Häftling*. « Je ne suis plus que le prisonnier 2470 », écrit Léon Halkin. Ses gardiens ne l'appelleront plus que « *Vierundzwanzig siebzig* » : le détenu n'est plus une personne, mais un numéro, un « *Stück* », une pièce, un exemplaire, une chose.

De l'autre côté de la cour de l'appel, en face des chambrées, se trouve une écurie. Les noms des chevaux sont encore toujours inscrits sur le mur : Rosa, Else, Anny, Karoline… À Breendonk, les animaux sont appelés par leur nom, les prisonniers par leur numéro.

## La vie dans les casemates, les cellules et les baraques

« *Die Unterbringung der Lagerinsassen in den Kasematten des Forts ist eng, aber erträglich.* » « L'installation des détenus dans les casemates du fort est exiguë, mais supportable », note un rapport de l'administration militaire allemande du 22 septembre 1941. Un échantillon de cynisme allemand, de double langage totalitaire ou de style orwellien ? Ou même pas, car ne s'agit-il pas en définitive des mêmes casemates dans lesquelles ont séjourné les soldats belges avant et pendant les premiers mois de la Grande Guerre ?

La différence cruciale réside en fait dans l'environnement global de celui qui y vit. Pour les soldats de 1914, ces casemates de fort constituent une résidence, certes inconfortable, mais passagère ; si leur séjour peut y être soumis à une réglementation sévère, le fort n'est pas une prison pour eux ; ils ne sont pas sous-alimentés ou débilités, et ne sont pas soumis à des travaux forcés ou à des sévices corporels comme les prisonniers de Breendonk.

Après avoir été enregistrés, habillés et rasés, les détenus font connaissance avec leur nouveau cadre de vie. Chaque casemate mesure 12 mètres sur 5,5. Dans un premier temps, on y loge 32 hommes, puis 48. Environ deux tiers de l'espace y sont occupés par les couchettes : de chaque côté de la chambrée est disposée une rangée de huit lits superposés, au début à deux couchettes, plus tard à trois. Le reste du mobilier consiste en quelques petites armoires murales, étagères pour couverts et ustensiles de table entre les lits, tables avec tabourets (pas toujours autant qu'il y a de prisonniers), deux *Kübel* (seaux de nuit) et un poêle. Les barreaux des fenêtres sont montés, au début du camp, par une entreprise de ferronnerie d'art de Breendonk. Les vitres des fenêtres sont recouvertes d'une peinture bleue.

Tel est leur environnement pour une durée qui peut varier de quelques jours à trois ans, mais qui est en moyenne d'à peu près trois mois. Tout sauf confortable, certes, mais il faut là aussi tenir compte des normes de l'époque : certains ouvriers, des bassins industriels de Wallonie notamment, ne vivent-ils pas encore à l'époque dans des conditions comme celles révélées en 1933 par Henri Storck dans son film *Misère au Borinage* : taudis exigus, humides et insalubres ?

C'est là que les détenus passent leurs soirées et leurs nuits, mais aussi l'heure de midi et les dimanches après-midi. Le reste du temps, ils sont assujettis aux travaux forcés et déblaient les terres qui recouvrent le fort. Ils vont dans leur chambrée pour manger – le peu qu'on leur donne – et dormir – s'ils arrivent à trouver leur sommeil. Il est en effet difficile de dormir convenablement dans les camps, pour des raisons tant physiques que psychologiques. Sans compter les raisons externes qui empêchent le sommeil à Breendonk. Certaines soirées et nuits de week-end, les Allemands font la nouba dans leur cantine, et le bruit se fait entendre jusque dans les chambrées des détenus. Bien pires encore sont les hurlements qui parviennent certaines nuits de la salle de torture. Il arrive aussi que les SS fassent soudainement irruption dans les chambrées.

Mais ce qui frappe tout d'abord le visiteur d'aujourd'hui, c'est le froid humide qui règne en permanence dans ces chambres, même au cœur de l'été. Ce froid et cette humidité doivent avoir été ressentis plus durement encore par des détenus sous-alimentés et insuffisamment vêtus. C'est ici qu'ils rentrent épuisés et affamés de leur travail, transis de froid en hiver, les vêtements trempés et collants de boue par temps de pluie. Il y a bien un poêle dans chaque chambrée, mais on ne reçoit pas toujours assez de charbon ou de bois pour le faire fonctionner. Selon certaines sources, on ne pouvait allumer le poêle que sur autorisation ; ce qu'un autre témoignage dément, évoquant seulement des cas de punition pour vol de bois.

Simon Jacob, l'un des « Sept de Mons », sept manifestants antirexistes qui furent incarcérés au fort le 1er août 1941, nous a laissé une bonne description des impressions qu'il ressentit le premier soir : « C'est l'appel du soir. La porte s'ouvre. Un sous-officier jette un regard le long des deux rangées de prisonniers au garde-à-vous. L'alignement doit être impeccable et tout le monde doit regarder le sous-officier et le suivre des yeux pendant qu'il fait le tour de la chambre en comptant les hommes. Il faut attendre que le contrôle soit fini et la porte fermée pour pouvoir bouger. Nos compagnons nous donnent les indications pour faire notre couchette et disposer nos effets pour la nuit ; la veste roulée doit servir d'oreiller, nos couvertures sont disposées selon notre goût (il y en a deux par homme) ;

les bottines contenant les chaussettes pieds au dehors doivent être alignées au pied des paillasses. On a pour se préparer de la sorte et se coucher cinq bonnes minutes ; le garde-chambre de service doit alors donner un coup de balai avant qu'une sentinelle ne vienne jeter un dernier regard et éteindre la lumière. Il ne fait pas complètement noir, car les lampes éclairant le couloir ne sont pas éteintes et projettent une faible lueur par les fenêtres grillagées donnant sur celui-ci. Allongés sur nos paillasses, nous ne tardons pas à sentir que tout est imprégné d'humidité ; la voûte qui sert de plafond est perlée de gouttes d'eau que rejette le ciment ; le sac à paille sent la moisissure et les couvertures sont moites. Et c'est ainsi que se termine notre première journée à Breendonk. »

Le lendemain, la chambrée des « Sept de Mons » est déjà réveillée à 4 heures au cri de *Aufstehen*. C'est exceptionnellement tôt. Pendant l'été 1941, un horaire spécial est en effet entré en vigueur : en fonction de ce « régime d'été », les détenus doivent travailler d'une traite de 6 à 14 h. En périodes normales, les prisonniers sont réveillés à 5 h 30 ou à 6 h l'été, et à 6 h ou 6 h 30 l'hiver (les sources ne sont pas toujours concordantes).

Dès la première minute, ils sont mis sous pression : ils s'habillent en toute hâte jusqu'à la taille, vont se laver aux lavabos dans le couloir et se rendent ensuite en double rang et par chambrée aux toilettes. Pendant ce temps, les camarades de chambrée qui sont « de corvée » vont vider les seaux de nuit pleins à ras bords et nettoient les chambres. En attendant qu'ils aient terminé, les autres prisonniers revenus des toilettes communes attendent dans le couloir : un court moment de relative détente et une des rares occasions d'échanger des contacts furtifs avec les occupants des autres chambrées.

Ensuite, chacun doit faire son lit : c'est le *Bettenbau*, qui doit se faire dans les règles et est soumis à un contrôle strict. Après cela, c'est le petit déjeuner. Le *Essenholer* de corvée va chercher les bols et le bidon de café à la cuisine, et les y rapporte. Pendant ce temps, celui qui nécessite des soins peut se rendre au *Revier* (infirmerie), à ses risques et périls : s'il n'est pas jugé malade, il se fait tabasser. Après l'inspection de la chambrée par le SS, a lieu l'appel général dans la cour intérieure. Ensuite, dès 7 h 30 ou 8 h suivant la saison, commence la journée de travail proprement dite : deux fois quatre heures, entrecoupées par une pause de midi à 13 h 30. Au retour, on refait chaque fois un appel. Les repas de midi et du soir se déroulent selon le même rituel que le petit déjeuner. Après le souper, il y a encore un temps où on peut se parler en chambrée, jusqu'à l'extinction des lumières à 20 ou 21 h.

La vie dans l'*Auffanglager*

À l'été 1941, un nouvel horaire entre en vigueur. Paul M. G. Lévy, qui séjourna, comme *Häftling* n° 19, à Breendonk pendant quasi un an (du 29 novembre 1940 au 20 novembre 1941) et qui, dans les années cinquante, fut l'initiateur de l'ancien musée du mémorial, a reconstitué l'horaire détaillé d'une journée de cet été 1941. Celui-ci fut déjà publié en janvier 1944 dans la revue *Message*. En voici une version quelque peu complétée :

| | |
|---|---|
| 4 h : | lever |
| 4 h 05 : | s'habiller se laver |
| 4 h 10 : | vider les seaux de nuit et WC collectif |
| 4 h 20 : | *Bettenbau* |
| 4 h 30 : | appel dans le couloir et nettoyage des chambrées |
| 4 h 50 : | *Essen holen* |
| 5 h : | appel dans la chambrée |
| 5 h 05 : | petit déjeuner ou toilette |
| 5 h 25 : | sortie de la chambrée |
| 5 h 30 : | gymnastique |
| 5 h 50 : | rassemblement et appel par chambrée |
| 5 h 55 : | arrivée du lieutenant, présentation |
| 6 h : | répartition du travail, distribution des outils, départ par équipes au chantier |
| 14 h : | fin du travail |
| 14 h 10 : | nettoyage des outils et des vêtements |
| 14 h 20 : | rassemblement |
| 14 h 30 : | appel |
| 14 h 45 : | présentation au lieutenant et au major |
| 14 h 55 : | défilé et retour à la chambrée |
| 15 h : | lavage des mains |
| 15 h 05 : | appel dans les chambrées |
| 15 h 10 : | repas, vaisselle |
| 15 h 30 : | reprise du travail pour les équipes de l'après-midi (tailleurs, cordonniers, cuisiniers, punis, chargés de corvée) |
| 15 h 45 : | nettoyage des chambrées |
| 18 h : | appel du soir |
| 18 h 30 : | *Essen holen* |
| 18 h 45 : | café |
| 19 h 30 : | WC collectif |
| 19 h 55 : | appel dans la chambrée |
| 20 h : | coucher |

## Bettenbau

Ce qui frappe dans cet horaire, ce sont les nombreux contrôles, appels et inspections qu'il prévoit. On peut y voir des éléments de discipline empruntés à l'armée, mais poussés ici à l'extrême. Le *Bettenbau* en constitue un excellent exemple: juste comme à l'armée, on inspecte chaque matin les chambrées en vérifiant notamment si les lits sont faits dans les règles de l'art. Avec une paillasse plus ou moins informe comme matelas, c'est loin d'être évident…

---

**Le *Bettenbau* vu par Jacques Ochs:**

« Dès le lever, la chambrée donne l'impression d'un chantier affolé. Les hommes s'affairent, plus une minute à perdre ou gare… Les SS flamands sont là, ils hurlent dans leur jargon mi-flamand, mi-allemand. Eux aussi tiennent à prouver qu'ils sont à la hauteur de leur mission. Ces fantoches sont si fiers de porter l'uniforme boche aux parements noirs…

Après le débarbouillage hâtif (tout est hâtif à Breendonck), torse nu dans les courants d'air du couloir, commence le terrible *Bettenbau*, textuellement: la construction du lit. Il s'agit de transformer sa paillasse, un informe sac de toile rempli de paille, en un parallélépipède rectangle aux arêtes nettes et vives… Pour y arriver, on introduit le bras dans l'échancrure ménagée dans la partie supérieure de la paillasse, on s'efforce savamment de répartir la paille sur les côtés et dans les coins, puis on enveloppe impeccablement cette espèce de catafalque dans une couverture ; ensuite, une seconde couverture, pliée selon des règles déterminées, est allongée sur le tout. Enfin, avec une latte de bois, le lit est ratissé soigneusement, une horizontalité parfaite étant exigée et tous les lits de la rangée devant atteindre le même niveau. Et tout cela doit être exécuté dans un temps record effarant de six à sept minutes. Si vous songez que l'espace entre les lits n'est que d'environ soixante centimètres, qu'il y a trois étages de couchettes et que la chambrée compte plus d'une quarantaine d'hommes, vous réaliserez les difficultés inouïes de l'opération.

Le *Zugführer*, les SS, des sous-offs et parfois le terrible lieutenant surveillent le travail ; malheur aux maladroits qui ne réussissent pas ce quotidien chef-d'œuvre. Ni café, ni pain, si la réalisation n'est pas parfaite, mais des coups, des invectives. Et tandis que le malheureux s'énerve, le temps passe. Soudain un coup de sifflet strident: *"Eintreten, eintreten, Marsch, Marsch…"*

Au pas de course, les rangs se forment dans la cour ; c'est l'appel au travail. L'infortuné qui n'a pu bâtir correctement son lit trimera, le ventre creux, huit ou dix heures d'affilée, sans trêve ni repos.

Et maintenant vous comprendrez, si je vous dis que quelques-uns de ces malheureux ont perdu la vie à cause du *Bettenbau*. »

Jacques Ochs, *Breendonck. Bagnards et bourreaux*, Bruxelles 1947, p. 38-39

## L'appel

Les nombreux appels de la journée – leur fréquence peut varier, comme cela ressort des différents horaires – ont pour but de compter les prisonniers, de les inspecter et de les intimider. À tout moment, les coups peuvent tomber. Il y a les appels par chambrée et surtout les appels généraux de tous les détenus dans la grande cour.

Le matin, les détenus quittent leur chambrée au pas de course pour la cour de rassemblement où le chef de chambrée les place en rangs de trois. Les SS exigent le silence complet, un alignement parfait, et punissent le moindre écart. Les rangs de détenus comptent cependant certains boiteux ou éclopés qui ne tiennent plus très bien sur leurs jambes ; il y en a même eu un avec une jambe de bois. Le lieutenant SS Prauss dirige toutes les opérations en vociférant ; le commandant du camp Schmitt contemple le spectacle avec l'air nonchalant qui le caractérise. Des ordres sont hurlés en allemand, les gardiens font le salut hitlérien en claquant les talons. Prauss est le spécialiste des apostrophes cyniques. Selon Ochs, sa formule favorite, quand il est de bonne humeur, est : « *Wollen Sie still stehen, Ihr aufgewärmte Leichen ?* » (« Voulez-vous rester tranquilles, espèces de cadavres réchauffés ? »). Son répertoire est cependant plus varié. L'otage malinois Frans Boon a entendu Prauss crier un matin : « *Die Schweine haben gut gefressen und geschlafen, und können schnell arbeiten* » (« Les porcs qui ont bien bouffé et bien dormi peuvent travailler vite »). Prauss ne s'est peut-être pas exprimé exactement dans les termes rapportés par ce témoin quelques années plus tard, mais qu'il tienne à ses *Häftlinge* un langage cynique et ordurier, ne fait aucun doute.

Pendant l'appel, on compte les détenus : quand le compte n'est pas juste, on recommence, jusqu'à ce qu'on soit sûr du nombre exact. Les détenus soupçonnent les SS de se tromper parfois expressément pour faire durer l'appel, de façon à laisser les détenus pendant des heures dans le froid et la pluie. Le nombre relativement limité de détenus – qui représente normalement un désavantage, car il permet un contrôle individuel beaucoup plus poussé – joue ici en faveur des prisonniers, car il limite aussi la durée de l'appel. Dans les grands camps de concentration comme celui de Buchenwald, l'appel peut en effet prendre quatre à six heures. L'appel du 22 juin 1941 à Mauthausen a duré pas moins de 18 heures. Le 14 décembre 1938 à Buchenwald, les gardiens constatent l'évasion de trois détenus : suite à cela, tous les détenus sont tenus de rester 19 heures durant sur place par une température nocturne de – 15 degrés. Il en résultera septante morts. Breendonk n'a connu aucun cas comparable. Chaque appel n'en est pas moins une expérience éprouvante : à aucun autre moment, les détenus ne se sentent davantage en point de mire de leurs gardiens.

*Les cellules*

Certains détenus sont dispensés de l'appel. Ils n'ont même pas le droit d'y participer, de même qu'ils ne peuvent participer au travail après l'appel. On les appelle les «*Arrestanten*», les «arrestants». Ce sont des prisonniers que la Sipo-SD veut maintenir en état d'isolement : des résistants capturés dont le dossier est encore à l'examen et qu'elle veut empêcher de se concerter entre eux ou de rejeter leur défense l'un sur l'autre. Les autres prisonniers, les *Häftlinge*, ne peuvent même pas les voir.

C'est à cette fin que deux chambrées sont aménagées en blocs cellulaires. Ce ne sont toutefois pas les premières cellules du camp. Comme tout autre fort, Breendonk dispose, depuis le début, de cellules où on enfermait les soldats mis aux arrêts. La direction du camp décide de transformer ces trois cellules d'origine en six plus petites. Elles se trouvent à gauche du tunnel d'accès. Les SS leur assignent au début la même fonction de détention disciplinaire que l'armée belge.

À l'été 1941, elles sont pour la première fois utilisées pour enfermer des «arrestants» : un des premiers est André Hanssens, qui est incarcéré au camp le 17 juin 1941. Hanssens est l'homme à l'initiative duquel a paru, le 1er juillet 1940, le premier numéro de *La Libre Belgique* clandestine. Pour quitter sa cellule, il doit porter une cagoule. La première apparition dans le camp d'un détenu cagoulé et menottes aux poings, escorté par des soldats, suscite une réaction immédiate : « En une fois, écrit Solonevitch, comme si on avait donné le signal, chacun abandonna son travail et se dirigea vers la cour centrale. "C'est un des rédacteurs de la vaillante *Libre Belgique*", murmurèrent les "anciens" parmi les prisonniers. » Fischer se souvient de son côté : « Chaque jour, à la tombée de la nuit, des soldats, baïonnette au canon, menaient vers les fosses d'aisance deux prisonniers enchaînés, portant en mains, pour qu'il ne traînât pas par terre, un boulet de fer. L'un d'eux avait la tête tout entière dissimulée sous une cagoule violette. »

Hanssens passe environ deux semaines dans un des cachots situés du côté gauche du tunnel. Le 3 juillet, il est transféré dans une sorte de cage construite dans le local de garde. À côté de celle-ci, on maçonne encore six cellules au cours de la première moitié de 1941. D'après Hanssens, on y boucle chaque nuit des prisonniers punis. Hormis Hanssens dans sa cage, les cellules ne servent pas encore à ce moment pour de vrais « arrestants », mais pour des *Häftlinge* récalcitrants. Une délégation de l'administration militaire allemande, venue inspecter le camp le 24 septembre 1941, note que « les cellules d'arrêt, où un homme peut à peine se mouvoir, sont insuffisantes, mais tolérables pour de gros gibiers ; le fait que six cellules d'arrêt sont aménagées dans un même local, ouvertes par au-dessus et séparées par de simples barbelés, permet aux prisonniers de se parler entre eux. Dans le local de garde, il y a une cage en treillis métallique où celui qui est soupçonné de tentative de suicide se trouve sous surveillance constante de la garde. Cette cage n'est en tout cas pas adaptée. » Le 24 septembre, Hanssens se trouve déjà depuis quatre jours à la prison de Saint-Gilles. Il est bien possible qu'on ait mis un candidat au suicide dans la cage après son départ. C'est ce qu'accréditent les mémoires de Vladimir Lasareff. Il y raconte l'histoire de W. qui, ayant été retransféré de l'hôpital d'Anvers à Breendonk pour raison de rébellion, y rate une tentative de suicide et « fut placé, pendant un mois, dans une de ces terribles cellules punitives de Breendonk ».

En 1942, le local de garde de la chambrée 8 disparaît et est entièrement transformé en bloc cellulaire de seize cellules isolées ; il en va de même de la chambrée 9 contiguë, de sorte que les deux chambrées comptent ensemble trente-deux cellules. Certaines sont entièrement isolées par une porte dans laquelle on a ouvert un petit passe-plats ; l'avant des autres cellules consiste en un ensemble de maçonnerie et de barreaux, de sorte que le détenu – comme dans la cage de Hanssens – peut être mieux tenu à l'œil : les détenus appellent ces cellules à moitié ouvertes des « cages à poules ». La construction des cellules n'est pas confiée à une firme extérieure, mais réalisée par quelques prisonniers comme Henri Van Deuren, maçon de son état, sous la direction de l'architecte Armand Coppens. Membre du Verdinaso, celui-ci réalise depuis l'occupation des travaux dans des casernes allemandes en tant que responsable des travaux publics de la ville de Malines. Il ne s'embarrasse guère de l'obligation de porter l'uniforme SS à Breendonk et traite les prisonniers sous ses ordres comme des ouvriers, plutôt que des *Häftlinge*. Il invite Wyss, qui le trouve trop laxiste, à « s'occuper de ses propres prisonniers ».

### *La vie en cellule d'isolement*

Le séjour dans une cellule varie d'un jour à plusieurs mois ; René Raindorf, par exemple, y passera pas moins de huit mois. Certains prisonniers restent en cellule pendant toute la durée de leur séjour à Breendonk. D'autres sont mutés après un certain temps. Le 9 avril 1943, le SS Wyss déverrouille la porte de la cellule de Benoît Michiels qui s'y trouve enfermé depuis le 24 décembre 1942. « *Raus* » (« Dehors »), lui crie Wyss. Sans autre explication, Michiels et onze autres occupants de cellules sont conduits au chantier et mis au travail ; après celui-ci, ils ne sont plus ramenés dans leur geôle, mais doivent suivre les autres prisonniers dans une chambrée. Après 106 jours de cellule, Michiels passe 305 autres jours en chambrée et au chantier.

Les « arrestants » ne peuvent quitter leur cellule que pour se rendre aux toilettes, toujours accompagnés, et la tête recouverte d'une cagoule violette. Certains gardiens s'amusent à les faire marcher à l'aveuglette en trébuchant et en se cognant à gauche et à droite. Il est évidemment interdit d'ôter sa cagoule un seul instant pour chercher son chemin. Celui qui s'y risque tout de même le paie immédiatement.

Le reste du temps, ils ne quittent pas l'espace exigu de leur cellule. Du lever au coucher, ils sont obligés de rester debout. Chaque cellule contient une planche en bois qui peut être redressée de l'extérieur au moyen d'une manette en fer. S'appuyer contre le mur est également interdit. Il n'est pas rare qu'on mette deux hommes dans une même cellule : dans ce cas, l'un dort sur la planche et l'autre par terre. Ils ne reçoivent jamais de paillasse. Lorsqu'on leur donne une couverture, celle-ci est généralement usée, souillée et pleine de trous. Ils doivent d'ailleurs dormir tout habillés.

Le seul objet disponible est un pot de confiture vide ou *Kübel* destiné à y faire ses besoins. Ces pots ou boîtes en fer blanc n'ont pas de couvercle et ne sont vidés qu'une seule fois par jour. Dans chaque cellule règne donc en permanence une pestilence pire que dans les chambrées.

Pendant les mois d'hiver, on allume un poêle dans le couloir central. Pour éviter que le garde ne prenne trop froid ? Plus d'un détenu l'aura certainement pensé… Les cellules sont aussi humides que les chambrées. L'humidité y dégouline des murs.

Tout comme les occupants des chambrées, on les réveille à 5h30 ou 6h au cri de *Aufstehen*. Pour éviter que des «arrestants» ne rencontrent d'autres prisonniers, certains points de l'horaire sont délibérément intervertis. Le *Aufstehen* est d'abord suivi d'un contrôle des présences par le lieutenant ou un autre SS. Celui-ci s'arrête devant chaque cellule, et quand il ouvre le judas de la porte, le détenu doit lui dire son numéro. Comme lors des appels généraux dans la cour centrale, le comptage doit parfois être recommencé à plusieurs reprises. Après ce comptage, ils reçoivent finalement le café qui a eu le temps de refroidir dans le bidon déposé à l'entrée du couloir avant le début de l'appel.

Ce n'est que vers 9 h, lorsque les autres détenus sont depuis longtemps sur le chantier, que les «arrestants» sont autorisés à sortir pour aller vider leurs pots de chambre. C'est le seul court moment, avant de mettre leur cagoule, où ils peuvent se saluer d'un regard ou d'un mouvement de la tête. Après les latrines, ils sont conduits vers les lavabos dans le couloir où ils peuvent se laver la figure et la poitrine. Un nouveau contrôle des présences se fait avant les repas de midi et du soir, qui consistent, comme pour les autres prisonniers, en une maigre ration de soupe claire à midi, et de pain avec du café le soir. Entre ces points fixes de l'horaire, on ne peut se faire une idée de l'heure que d'après les bruits qu'on perçoit.

À 8h du soir, les planches sont abaissées. Au moindre bruit, les gardiens peuvent faire irruption dans les cellules et forcer les «arrestants» à rester debout pendant des heures. Parfois, le commandant du camp Schmitt vient jouer les perturbateurs d'une manière bien à lui. Complètement éméché, il fait tournoyer son revolver et lâche même quelques coups. Un soir d'été de 1943, il s'en prend en particulier au détenu berlinois Arthur Hellmann, qu'il roue de coups avec son fouet et laisse mordre par son chien. Une autre nuit, un prisonnier se met à délirer dans sa cellule. Obler défonce la porte et Kantschuster se rue sur le malheureux pour lui donner une correction. Il a failli ne pas en réchapper.

Dans une cellule, le visiteur peut encore voir aujourd'hui une paire de fers, attachée à des chaînes fixées dans le mur. Au procès de Malines, le SS flamand Wyss déclara: «Je sais que dans une cellule au moins, on avait placé des chaînes avec des fers. Ces fers ont servi pour un certain Dumonceau de Bruxelles, une véritable armoire à glace, qui s'était échappé d'une de ces cellules. Plus tard, d'autres ont encore été attachés de la même manière sur ordre de Prauss. » Parmi ceux-ci, le fondateur de la *Witte Brigade - Fidelio,* Marcel Louette, qui fut mis aux fers, enchaîné par les pieds et par les mains. Les fers et les menottes ne réduisent pas seulement à l'extrême la liberté de mouvement, mais provoquent aussi des lésions aux pieds et aux poignets en éraflant continuellement la peau.

La vie en cellule n'offre qu'un avantage : la dispense de travaux forcés. À partir de 1943, on en tiendra compte pour le calcul des rations : les « arrestants » reçoivent dorénavant moins à manger que les détenus ordinaires. Mise à part cette dispense du travail, la vie de l'« arrestant » est cependant nettement plus dure encore que celle du détenu de chambrée.

Il y a tout d'abord l'extrême exiguïté de l'espace disponible : 1,5 m². Celui qui, comme Léon Halkin, se retrouve en cellule dans le *Kriegswehrmachtgefängnis* de Saint-Gilles, y jouit d'un espace de 2 m 50 sur 4 : le soleil peut y pénétrer et le prisonnier dispose d'un lit avec matelas et draps, d'une table, d'une chaise et d'un miroir. Bref, un paradis en comparaison avec Breendonk.

Ensuite, il y a l'isolement. L'arrivée d'un deuxième homme atténue ce sentiment, mais limite encore l'espace déjà si réduit. Jour après jour, minute après minute – à l'exception des quatre à cinq minutes qu'on accorde au détenu pour vider son seau et se faire conduire aux latrines – ce petit espace est le seul monde qu'il connaisse. Lazer Finkelstajn ne l'a pas encore oublié : « Vous ne pouvez vous imaginer ce que cela signifie que de se retrouver dans une telle cellule… Mon horizon s'arrêtait là, le sol était mon paysage. »

L'obligation de rester debout toute la journée constitue une redoutable épreuve. Finkelstajn en a gardé de grosses varices toute sa vie. Le fait de rester debout est un martyre en soi : après une heure, on manque de s'écrouler, témoigne pour sa part Robert Schriewer, alors un jeune étudiant de vingt ans. S'appuyer contre le mur est néanmoins strictement interdit.

Dans les chambrées, les détenus peuvent se parler, mais en cellule, ils sont tenus au silence absolu, même s'ils enfreignent cette obligation dès que le gardien n'est plus dans les parages. Tout nouvel arrivant dans une cellule est interrogé avidement par les autres dans l'espoir d'apprendre quelque chose sur l'évolution de la guerre. L'homme de la première cellule avertit les autres au moyen d'un mot de code, par exemple « vingt-deux », de l'arrivée du gardien. Le terme renvoie, selon l'historien Gie Van den Berghe, à la paire de motards de la gendarmerie, symboles de contrôle et de danger.

René Raindorf est sévèrement tabassé pour avoir été pris en flagrant délit de communiquer avec ses voisins de cellule en donnant des petits coups dans le mur. Il y a toutefois aussi des gardiens allemands plus humains : via l'un d'eux, Raindorf pourra même établir des contacts avec le monde extérieur.

Beaucoup dépend de ces gardiens, qui sont de simples soldats de la *Wehrmacht*. Mais un gardien n'est pas l'autre. Un tel, faisant preuve d'une certaine humanité, permettra parfois aux détenus de rester allongés une heure de plus le matin sur leur planche. Tel autre restera posté à l'entrée, plutôt que de faire continuellement les cent pas entre les cellules, permettant ainsi aux détenus de se parler à voix basse. Tel autre encore se laissera amadouer pour maintenir la porte du bloc cellulaire fermée pendant l'hiver, même si cela est interdit par le *SS-Untersturmführer* Prauss.

On tue le temps et l'ennui en pensant à sa maison, aux siens et à ses amis, ou à certains livres marquants qu'on a lus : Benoît Michiels, par exemple, revit en imagination *Le comte de Monte Cristo* d'Alexandre Dumas, dont le héros réussit à s'évader d'un bagne bien gardé. Beaucoup essaient aussi avec les moyens dérisoires dont ils disposent de graver des graffiti sur les murs, avec leur nom, un symbole religieux comme une tête de Christ, ou un cri de rage comme « mort aux traîtres flamands ». Après la libération, on retrouvera un texte qu'on croira écrit par un détenu polonais ou tchèque ; en réalité, il s'agit d'une sorte de testament philosophique écrit en néerlandais à rebours.

Les « arrestants » sont également amenés plus souvent que les autres pour un interrogatoire « plus poussé » dans la salle de torture. La suite de leur existence sera davantage marquée par l'angoisse d'y repenser que celle les autres détenus. Marguerite Paquet a vu des codétenus mourir à la suite d'un interrogatoire de ce genre, entre autres son voisin de cellule Hersch Sokol, qui avait été mordu à plusieurs reprises par le chien de Schmitt. Elle est par ailleurs persuadée qu'à un certain moment, on l'a volontairement empêchée de dormir deux nuits de suite pour la prédisposer de la sorte à son prochain interrogatoire.

Marguerite Paquet fait partie de la petite trentaine de femmes qui ont été détenues à Breendonk. Les femmes ne sont pas logées dans les mêmes locaux que les hommes : ou bien elles reçoivent une casemate pour elles toutes seules, ou bien – c'est la solution la plus courante – elles sont enfermées dans des cellules. L'isolation en cellule est cependant relative. Le communiste alostois Bert Van Hoorick a comme voisines d'en face quelques femmes : « On me fourra avec Blume dans la dernière cellule, face au "poulailler" des femmes. On pouvait les voir de notre cellule. Les leurs avaient des barreaux en fer à la place de portes. Chacun de leurs gestes, aller sur le pot, tout ce qu'elles faisaient, le gardien pouvait le voir. »

Même après qu'on a mis plus d'un détenu dans chacune des 32 cellules d'isolement, il manque des places pour tous les « arrestants ». On sera donc obligé d'en mettre certains dans une chambrée ordinaire. Celle-ci se composera parfois uniquement d'« arrestants », parfois d'un mélange d'« arrestants » et de *Häftlinge* ou prisonniers ordinaires. En tant que « arrestant », Léon Halkin se retrouve dans cette dernière catégorie : « Deux groupes composent la chambrée : les travailleurs et les "arrestants". Alors que les premiers sont astreints, à l'intérieur du camp, à de dures besognes, les seconds, dont je suis, passent toute leur captivité aux arrêts de chambre ; il leur est interdit, au moins théoriquement, de quitter le garde-à-vous pendant que leurs camarades travaillent. Au cours de la soirée et des repas, les conversations sont tolérées.

Les fenêtres grillagées, bleuies pour l'obscurcissement, restaient fermées durant le jour ; elles étaient obligatoirement ouvertes la nuit. Jamais donc le soleil ne venait nous visiter et, comme aucune promenade n'était prévue au programme des "arrestants", ceux-ci ne tardaient pas à s'anémier, à se débiliter, à pâlir et à jaunir. La corvée de tinette restait le seul moyen de prendre l'air, mais elle comportait le risque d'une bastonnade, tandis que la cagoule interdisait de voir le fort et ses habitants. »

### *Les baraques*

Pour parer au manque de place, quatre baraques en bois seront construites dans la cour ouest pendant les mois qui suivent juin 1941. Les « Sept de Mons » assistent en août 1941 à la construction de ces baraques par une main-d'œuvre civile extérieure, avec laquelle tout contact est interdit. Une réunion de l'administration militaire du 10 octobre 1941 fait toujours état de « baraques en cours de construction ». La première des quatre doit déjà être terminée à ce moment : elle est connue comme le *Jugendzug* (le train des jeunes) et héberge des juifs de moins de trente ans.

Un des pensionnaires est le jeune Harry Gurman, 16 ans, qui a été arrêté en même temps que son père le 22 juin 1941, et reste incarcéré à Breendonk jusqu'au 25 septembre 1941. Après un certain temps, il est séparé de son père et se retrouve dans la première baraque. Cette séparation lui pèse énormément. Il n'a jamais oublié l'atmosphère oppressante qui règne dans ces baraques. La figure de son chef de chambrée ne le quitte pas non plus : un jeune ayant à peu près son âge, qui arrive un jour au camp en uniforme de la *Hitlerjugend*, et qui invective et frappe ses codétenus. Son nom est Peter John, un jeune Viennois qui a réussi pendant un certain temps à cacher ses origines juives. Comment ce garçon est arrivé jusqu'à Breendonk, n'a jamais été très clair, pas plus que la suite de son existence. Fin 1941, il est libéré de Breendonk ; il séjourne alors dans un foyer pour orphelins juifs à Bruxelles. Certains ex-détenus prétendent mordicus l'avoir reconnu sous un uniforme allié après la libération de Bruxelles.

### L'ambiance parmi les détenus

Dans son livre *À l'ombre de la mort*, Léon Halkin a consacré un passage devenu classique à l'atmosphère qui régnait dans sa chambrée : « Toutes les classes sociales, toutes les professions, toutes les opinions sont représentées. Tous les accents de la Wallonie, tous les patois de la Flandre, toutes les nuances de la politique nationale fraternisent dans un accord pittoresque. Les Flamands pardonnent aux Wallons de ne pas être Flamands, les manuels ne méprisent pas trop les intellectuels, et les croyants peuvent prier sans risque d'éveiller l'ironie des communistes. Un même esprit rapproche et réunit tous ces hommes, égaux devant l'Allemand et devant la mort. Je n'ose pas l'appeler patriotisme, mais bien amour de la liberté. Peu à peu, la communion dans la souffrance crée une véritable intimité, les barrières s'abaissent, les préjugés s'effacent, la méfiance s'oublie et de belles amitiés se nouent malgré le cadre infiniment antipathique dans lequel il nous faut vivre. »

Dans ses mémoires intitulés *Chronique vécue d'un époque. 1930-1947*, son compagnon de chambrée, le communiste Jacques Grippa, décrit l'ambiance de la chambrée 6 en termes quasi identiques à ceux du très catholique Léon Halkin : « Ensuite, l'impression d'ensemble de la chambrée où je me trouvais : celle d'une magnifique unité qui m'émeut encore aujourd'hui, rassemblant fraternellement dans le même esprit de résistance à l'ennemi, à son idéologie et à ses pratiques, ouvriers, artisans et intellectuels, otages, résistants civils et résistants armés, incroyants et croyants, hommes de toutes les opinions, des communistes, des socialistes, des chrétiens, des libéraux. Nous avions en commun le même refus total du nazisme et de sa barbarie, le même espoir de la libération de la nation, dans un monde en tout cas meilleur que celui que nous avions connu avant guerre et qui avait permis que l'on connaisse la catastrophe que nous vivions. Hebbelinck, Moetwil, Jean Blume, Léon Halkin, André Simonart, Norbert Van Eynde, De Backer, Vital Delattre… Il faudrait les citer tous, mes amis de la chambrée 6. »

Les noms cités par Grippa peuvent faire croire que la *Stube 6*, loin de refléter la moyenne de la population belge, constitue plutôt une association de figures exceptionnelles réunies par hasard : l'ingénieur Grippa lui-même, chef d'état-major des Partisans Armés ; le journaliste Georges Hebbelinck, futur rédacteur en chef de *De Roode Vaan* et de *Vooruit*, et auteur d'une série de livres ; André Simonart, professeur à la faculté de médecine à l'université de Louvain et futur premier président du mémorial national ; Jean Blume, intellectuel et écrivain communiste ; Léon-Ernest Halkin, un des plus éminents historiens belges du vingtième siècle, etc. En tant qu'« arrestants » regroupés en chambrée, ils ont aussi beaucoup plus l'occasion de se parler que ceux qui sont isolés en cellule ou qui peinent sur le chantier. Ils ne s'en tiennent pas à de purs bavardages : les amis de la chambrée 6 se donnent mutuellement des leçons dans leur discipline respective et se livrent à de grandes discussions politiques et philosophiques.

La chambrée 6 qu'a connue Halkin présente toutefois un caractère unique, et pas seulement en raison de cette concentration exceptionnelle de cerveaux dans le même local. L'ambiance dans les autres chambrées n'était pas toujours aussi amicale. « Quand on parle de la camaraderie dans les camps, je me montre toujours sceptique », écrit Galanter. « À Breendonk, vous n'avez pas d'amis », et « de solidarité, il pouvait difficilement être question », reconnaissent d'autres ex-détenus. Seuls les camarades du même village ou de la même ville, avec lesquels on a été arrêté ensemble, font exception à ce constat ; et encore, pas toujours.

Un autre ancien détenu, Gaston Gillis, va plus loin encore. « On craignait même ses propres camarades de chambrée : on n'osait rien dire, on n'osait strictement rien faire. » Dans la chambrée de René Bauduin, c'est le silence le soir : on n'ose pas parler parce que le chef de chambrée, Valère De Vos, est considéré comme un mouchard qui est de mèche avec les SS. On trouve des témoignages de détenus qui, ayant tenu des propos désobligeants sur un SS, se font interpeller à ce sujet le lendemain. Robert Schriewer relève la solidarité qui règne au sein du groupe des détenus communistes, mais reconnaît que les non communistes en étaient exclus. La vie sociale dans les chambrées se situe dans une zone intermédiaire entre l'authentique fraternité et la méfiance généralisée.

Un des chapitres où la solidarité entre détenus est le plus mise à l'épreuve, est celui de la nourriture. Comme l'a formulé Victor Trido dans un style imagé et un brin excessif, mais non sans une part de vérité : « Vous avez vu des chiens attachés à leur niche au moment où on leur apportait la pâtée. Vous les avez vus, hargneux d'abord, et bientôt prêts à s'égorger si une seule gamelle leur était laissée. C'est comme cela qu'on nous trouvait aux heures de distribution… »

## « Des squelettes en haillons » : la faim à Breendonk

Au cours de l'automne 1943, l'organisation caritative « Le Foyer Léopold III » réussit à obtenir l'autorisation de procurer des vivres aux détenus du fort de Breendonk. Le chef de ravitaillement du Foyer, Nève de Mévergnies, veut surveiller personnellement la livraison. Nève est un grand aristocrate, marié à la baronne Greindl ; il est ingénieur des mines à la prestigieuse Union Minière du Haut-Katanga. Des gens comme lui ne connaissent pas la faim pendant la guerre. À Breendonk, il assiste au déchargement de ses camions par les détenus. Cela lui fait un choc : « C'étaient des squelettes habillés en haillons », déclarera-t-il à la justice belge en 1948.

Rien ne caractérise autant le régime de Breendonk que la faim. L'exécution sera le sort d'une minorité ; beaucoup quitteront Breendonk sans avoir connu la torture ; coups et brimades touchent les uns plus que les autres ; même les travaux forcés ne concernent pas la totalité des détenus. Mais à la faim, nul n'échappe, à part quelques chefs de chambrée privilégiés qui ont choisi le camp des SS. « Nulle part ailleurs on a souffert de la faim comme à Breendonk », écrit Victor Trido. Et Frans Fischer d'intituler un chapitre de son ouvrage *L'enfer de Breendonk* : « Le camp de la famine ». « Celui qui n'a pas été à Breendonk ne sait pas ce qu'est la faim ; ce n'est pas parce qu'on a envie de manger qu'on sait ce que c'est que d'avoir faim », témoigne Léopold Gaelens devant ses amis et connaissances après la guerre.

Faim, travaux forcés et sévices sont les trois éléments constitutifs du régime de Breendonk. Même si on ne peut qualifier Breendonk de camp de concentration au sens propre du terme, sous l'angle du régime, l'*Auffanglager* peut se comparer sur bien des points avec des camps comme Buchenwald et Dachau. Comme l'a écrit le célèbre psychologue Bruno Bettelheim, ancien détenu de ces deux camps, les SS « veulent nous briser en tant qu'individus, nous réduire à une masse amorphe et, ce faisant, répandre la terreur parmi le reste de la population. » Il n'en va pas autrement à Breendonk.

Lors de la fameuse réunion du 17 septembre 1941 au cours de laquelle l'administration militaire exprime la crainte de voir le camp entrer dans l'histoire comme «l'enfer de Breendonk», les autorités d'occupation se penchent entre autres sur le problème des rations insuffisantes des détenus. Les rations belges, constatent-ils, ne sont déjà pas suffisantes dans le cas de la prison de Louvain; que faut-il dire alors pour un camp comme Breendonk avec un régime de travaux forcés? Avec les rations actuelles, prévient le médecin général Blum, le médecin militaire allemand le plus haut gradé en Belgique occupée, «un séjour prolongé doit mener selon toute probabilité à la mort.»

Depuis septembre 1940, la ration se compose officiellement comme suit: le matin, 100 grammes de pain et 2 tasses d'ersatz de café, une décoction de glands torréfiés; le midi, 2 assiettes de soupe; le soir, 125 grammes de pain et 2 tasses de décoction de glands torréfiés.

En 1940, on sert le dimanche quelques grammes de viande avec une cuillerée de pommes de terre bouillies. Lorsque la ration de viande de la population belge tombe de 75 grammes par jour en octobre 1940 à 35 grammes en février 1941, cet extra est supprimé.

La ration de pain de 225 grammes est la même que celle de tous les Belges. Ceux qui assument des travaux lourds reçoivent toutefois plus: les mineurs, par exemple, ont droit, à partir d'octobre 1940, à 450 grammes de pain. Le travail qu'un détenu doit effectuer à Breendonk est cependant tout aussi dur physiquement. Des pommes de terre, des légumes et, au mieux, une quantité minime de viande sont ajoutées à la soupe, qui s'éclaircit cependant de plus en plus avec le temps. Des aliments comme de la confiture et du sucre, du saindoux, du beurre ou de la margarine, sont servis occasionnellement: cela varie selon les périodes et il est très difficile d'en évaluer les quantités exactes. Un rapport provenant du territoire occupé et reçu à Londres en juin 1943 parle d'une «cuillerée de confiture, une cuillerée de sucre et un peu de beurre ou de margarine» servis chaque soir.

Frans Fischer n'en voit cependant pas grand-chose au cours de l'été 1941. Une fois par semaine, quelques cuillerées de marmelade et une once de saindoux ou de margarine au début de chaque mois: c'est tout ce qu'il voit dans son assiette. Il est persuadé que sa ration de pain fait à peine 100 grammes: deux tranches d'une épaisseur d'un pouce par jour. Georges Canivet, une autre victime de l'opération *Sonnewende*, estime aussi qu'il ne reçoit pas plus de 85 à 100 grammes de pain. Lorsqu'en été 1941, la population du camp augmente tout à coup très fortement, les détenus ne reçoivent donc plus leur ration complète. Depuis le début de 1941, ils ne pouvaient déjà plus recevoir de colis, ce qui les prive désormais des extras envoyés par leurs familles ou par la Croix-Rouge. Il s'ensuit une série de décès, même si ceux-ci ne peuvent être imputés uniquement à la malnutrition.

Les juifs constituent la grande majorité des décès. Le grand rabbin Salomon Ullman recourt à monseigneur Georges Colle, l'aumônier de la reine Élisabeth, lequel, à son tour, alerte la reine. Le 15 juillet 1941, il lui adresse un courrier alarmant : les détenus de Breendonk sont « pour ainsi dire des condamnés à mort ». Puisqu'ils ne peuvent plus recevoir de colis, « ils doivent périr… » Il implore « notre si bonne et maternelle souveraine » de bien vouloir « peser sur la Croix-Rouge afin que celle-ci fasse une démarche énergique pour obtenir que ces malheureux puissent recevoir à nouveau leurs paquets. » Les premières démarches du côté belge ne débouchent sur rien. Le prince de Ligne fait buisson creux chez le lieutenant-général Günther Freiherr von Hammerstein, l'*Oberfeldkommandant* de Bruxelles. Le vieux général visite le fort le 25 juillet 1941 et trouve tout cela très exagéré : « Le régime paraît normal et supportable ; si les colis ne sont pas remis à leurs destinataires, c'est qu'ils contiennent des objets interdits ; quoique je ne souhaiterais pas y être, il ne faut tout de même pas prendre Breendonk pour le paradis terrestre », note-t-il dans son rapport.

Ce n'est qu'en septembre 1941 que l'administration militaire commence à prendre les plaintes au sérieux. Le *Militärverwaltungschef* Reeder, son adjoint von Craushaar et le chef de la Sipo, Constantin Canaris, rendent visite au camp où l'infirmerie déborde de cas d'œdèmes de carence. Les colis sont à nouveau admis et les détenus voient leur ration augmenter ; si l'on peut en croire les rapports allemands, ils reçoivent même jusqu'à 500 grammes de pain par jour, et plusieurs fois par semaine 50 grammes de levure de bière et des légumes frais. Une livre de pain par jour ? Ce chiffre provient d'une grosse liasse de rapports et de correspondance de l'administration militaire, intitulée *Ernährung der Häftlinge*, alimentation des détenus. On y jongle avec des quantités très précises d'aliments servis aux prisonniers : autant de grammes de ceci, autant de grammes de cela…

À une exception près, la plupart des témoignages de détenus parlent un autre langage. Selon Fischer, on reçoit une tranche de pain supplémentaire le jour où l'administration militaire vient faire son inspection. Ce que corrobore Georges Canivet quand il parle d'un doublement de la ration habituelle de 85 à 100 grammes. On constate en tout cas que la série de décès s'interrompt provisoirement après septembre 1941, même s'il faut tenir compte ici du départ d'une centaine de breendonkistes pour le camp de Neuengamme le 22 septembre 1941 : au moins six d'entre eux décéderont encore dans ce camp avant la fin de 1941, contre à peine deux des 144 détenus de la citadelle de Huy appartenant au même convoi.

À partir de ce moment, la situation va se stabiliser : d'après les chiffres du Service des victimes de guerre, en-dehors d'un seul cas en janvier 1942, il n'y aura plus de décès de détenus entre octobre 1941 et septembre 1942. Pourtant, la réception de colis est à nouveau interdite de janvier à mars 1942. La population du camp atteint à ce moment-là un niveau relativement bas : entre cent et deux cents détenus. Il faut attendre septembre 1942 pour que leur nombre dépasse à nouveau les trois cents. Moins de détenus, moins de problèmes de ravitaillement ? C'est l'impression qu'on a. De son côté, Heym prétend que lors d'une inspection de la *Militärverwaltung* en septembre 1941, il a constaté que l'*Auffanglager* disposait de stocks de vivres plus que suffisants : c'est la faute, selon lui, non pas à la *Wehrmacht*, responsable du ravitaillement, mais à la direction SS du camp. Son témoignage n'est naturellement pas désintéressé : Heym veut disculper l'administration militaire de toute responsabilité dans les décès dus à la malnutrition survenus dans le camp. Le *SS-Auffanglager* s'approvisionne en effet auprès du *Heeresverpflegungslager*, le dépôt de vivres de l'armée de terre allemande à Anvers. En l'absence de statistiques de l'époque sur le ravitaillement et les stocks de vivres du camp, il est difficile de porter un jugement.

Lorsqu'au printemps 1942, quelques cas d'œdème de carence apparaissent à nouveau, l'administration militaire réussit à obtenir la reprise des distributions de colis. À partir d'avril 1942, les rations des détenus ne sont plus mises sur le compte du contingent de la *Wehrmacht* (c'est-à-dire la part des réserves de vivres allouées à l'armée allemande en Belgique), mais du contingent civil belge. Le chef de cuisine allemand achète désormais tous les vivres à des commerçants des environs. Chaque famille de détenu de Breendonk reçoit une lettre signée par Schmitt lui demandant de transmettre la carte de rationnement de X à l'*Auffanglager Breendonk*. Par la même occasion, elles sont informées qu'il est dorénavant permis d'envoyer deux fois par mois un colis de 2,5 kg, pouvant contenir «uniquement du pain complet et de la marmelade sous emballage d'origine. Tout autre envoi de vivres pourra toujours servir à la cuisine des prisonniers.»

Le postier Piens raconte en 1947 comment se passait la remise des colis:

« La remise des colis se faisait généralement dans une annexe de l'atelier réservé aux tailleurs. Tout devait se dérouler dans l'ordre le plus parfait. Prauss présidait, assisté de Wyss et de Raes. Il fallait se présenter immédiatement quand on appelait votre numéro matricule, pas une seconde après, sinon on vous renvoyait. Bien souvent, on vous remballait, disant qu'il n'y avait pas de colis pour vous. Quelques instants plus tard, on vous rappelait en vous engueulant parce que vous ne vous étiez prétendument pas présenté au premier appel.

... Les colis de la Croix Rouge contenaient un pot de confiture et une boîte de pâté de foie notamment. Mais son principal attrait pour nos ventres affamés étaient des biscuits de farine de soja.
Ne nous doutant pas des propriétés laxatives de cet aliment, au lieu d'en conserver une partie pour le lendemain, nous en fîmes sur le champ une consommation massive. Résultat: les deux tinettes qui nous servaient de WC durant la nuit furent bientôt remplies et nous n'eûmes bientôt d'autres ressources que d'éjecter où nous pouvions: c'est-à-dire à même le sol de la chambrée. C'était charmant... Une vraie mer de m... »

Désiré Piens, *Les postiers à Breendonk*, p. 63-67

La famille de Jean Dubois reçoit une telle lettre en octobre 1942. Toutefois, il ressort d'un courrier de Reeder à Blum que la réception de colis est à nouveau interdite depuis septembre 1942. Le règlement du camp (*Lagerordnung*) du 19 août 1942, rédigé en commun par la *Militärverwaltung* et la Sipo-SD, donne le droit à la direction du camp de prendre une telle mesure si des «abus» sont constatés. Celle-ci ne tarde pas à en faire usage, mais, comme en témoigne la lettre à la famille Dubois, elle laisse les familles des prisonniers dans l'illusion que leur colis arrivera bien à destination. Le postier Piens, interné à Breendonk du 1er septembre 1942 au 25 janvier 1943, ne recevra pendant tous ces cinq mois que quatre des vingt et un colis expédiés par sa femme.

À partir de l'été 1942, l'administration militaire tire de nouveau la sonnette d'alarme concernant le régime alimentaire des prisonniers. Ces plaintes iront en crescendo jusqu'à la fin de l'année. Le Dr Pohl, l'inspecteur-médecin de la *Wehrmacht*, décrit une situation des plus préoccupantes dans ses rapports à son supérieur, le médecin général Blum. Il pointe sans ambages le nombre de cas d'œdèmes de carence, le faible degré de résistance à la maladie chez les détenus sous-alimentés, l'état de sous-alimentation dans lequel les détenus arrivent au camp en ce troisième hiver de l'occupation, les cas de décès par malnutrition etc. «En l'espace d'un mois, entre la fin novembre et la fin décembre 1942, six détenus sont morts à Breendonk, dont cinq par suite de malnutrition», fait-il savoir à la *Militärverwaltung*. Au total, plus de quarante détenus périront entre octobre 1942 et mars 1943, la plupart à la suite de mauvais traitements. De cela, Pohl et Blum ne soufflent mot. La situation au plan alimentaire, très inquiétante en effet, prend dans cette perspective des proportions hallucinantes. La faim semble être à la base de tous les décès. C'est le cas aussi, du moins en partie, pour les décès à la suite de sévices : ceux-ci ne sont souvent que le coup de grâce porté à quelqu'un qui est déjà très affaibli. L'homme dans cet état ne peut plus suivre le rythme de travail et s'attire d'autant plus vite l'agressivité des gardiens : c'est le cercle infernal. L'autopsie d'un prisonnier exécuté révèle que les tissus adipeux ont complètement disparu et que les organes internes ont quasiment dépéri par suite de malnutrition.

En janvier 1943, Blum et von Craushaar, avec l'appui de quelques experts, reviennent à la charge. Le temps est venu de trancher. Dans un plaidoyer de style assez administratif, ils posent la question : « Va-t-on laisser les prisonniers mourir d'inanition sous prétexte que ce ne sont que des sous-hommes ? Il faut bien avoir à l'esprit que le camp fort controversé de Breendonk est devenu une sorte de "carte de visite" du *Militärbefehlshaber*. Face aux symptômes de la faim, la propagande ennemie aura beau jeu de conclure, ou bien que les prisonniers n'ont pas reçu toutes les rations qui leur étaient destinées, mais qu'elles ont été détournées par les services allemands (et en premier lieu par la direction du camp), ou bien que Breendonk est la preuve que les rations fixées n'atteignent même pas le minimum de survie de la population en général. Si l'on ne veut pas en arriver là, les prisonniers doivent recevoir plus à manger. Les faire travailler moins ne résoudrait le problème qu'en partie et compromettrait la finalité pénitentiaire du camp. »

Une grande réunion avec les principaux responsables devra trouver la solution. Le 11 février 1943, von Craushaar, Blum, Pohl et Schmitt se penchent sur la question. Schmitt fait remarquer qu'une bonne partie des prisonniers provenant des milieux de la résistance, il n'est pas possible de leur obtenir des cartes de ravitaillement. Leur présence à Breendonk est un secret. Il ne s'oppose donc pas à une augmentation des rations. À nouveau, on assiste à un important échange de correspondance entre les services compétents de l'administration militaire. On rédige des quotas de rationnement pour les détenus de Breendonk, variant en fonction du travail lourd ou léger, et détaillant le nombre de grammes et la teneur en calories des divers aliments : pain, saindoux, viande, pommes de terre, ersatz de café, sucre, marmelade, fromage maigre, gruaux d'avoine et légumes secs. La *Militärverwaltung* doit en effet « être lavée du reproche selon lequel les internés d'un camp sous sa responsabilité crèvent de faim.» Fin mai 1943, elle se pose toutefois la question de savoir si les détenus reçoivent effectivement les rations fixées : lorsqu'elle met en regard les relevés de l'évolution du poids des détenus effectués par le médecin-inspecteur et ses quotas de ravitaillement, quelque chose ne colle manifestement pas…

L'état physique d'un certain nombre de prisonniers libérés – émaciés, édentés, couverts d'ecchymoses – incite en juin 1943 le secrétaire général du ministère belge de la Justice, Gaston Schuind, à faire pression sur l'administration militaire pour obtenir une amélioration de la nourriture. Schuind demande entre autres si le Secours d'hiver ne pourrait pas fournir un repas supplémentaire, mais il n'est pas entendu. Son interlocuteur de la *Militärverwaltung*, un certain Apetz, balaie la requête en arguant que son plaidoyer n'a aucun rapport avec la situation du moment. À l'été 1943, l'administration militaire estime avoir fait assez d'efforts pour l'alimentation des détenus de Breendonk et que ceux-ci reçoivent plus qu'assez à manger. Von Craushaar écrit à von Falkenhausen que les légumes à Breendonk – où l'on a entre-temps créé un potager – sont même meilleurs que dans la plupart des villes allemandes. Un mois plus tard, en septembre 1943, le général médecin Blum suspend également ses critiques à propos de Breendonk. Après une visite au camp de 18 septembre, il trouve que «la nourriture y est maintenant visiblement très riche. Chaque détenu reçoit une et demie à deux gamelles de potée composée de pommes de terre, de légumes et d'un peu de viande ; la qualité du pain s'est aussi beaucoup améliorée.»

---

**Le potager**

Vers le milieu de 1941, Petrus Van Praet est engagé comme jardinier au camp. Il doit d'abord défricher des parcelles à l'extérieur du fort et ensuite créer un potager à l'intérieur, côté ouest. Sur le terrain à l'extérieur, des prisonniers travaillent sous la surveillance de quelques soldats et, vers la fin, de quelques SS roumains sous la direction de Brusselaers ; à l'intérieur du fort, sous celle de Van Praet.
Malgré sa propre production non négligeable de légumes, le camp en achète aussi au maraîcher malinois Van Wilder. Selon différentes sources, celui-ci se livre à la fraude en ne fournissant jamais la quantité exacte commandée. En échange, il aurait fait profiter certains SS des bénéfices de l'escroquerie.
Schmitt prétend qu'il doit de temps à autre céder une partie de la récolte du potager à la *Wehrmacht*, mais que la plus grande partie aboutit bien aux détenus.
Ce qu'il en est au juste n'est pas très clair, mais la manière dont les SS gèrent les stocks de légumes du camp – production propre et commandes – paraît en tout cas louche.

L'administration militaire brosse en fait un tableau beaucoup trop flatteur de la situation. D'une note de Blum lui-même, il ressort qu'en septembre 1943, de nombreux prisonniers souffrent d'œdèmes de carence. Selon Moens, le cuisinier du camp, il faut attendre le début de 1944 pour constater une amélioration sérieuse de la nourriture. C'est vrai que le nombre de décès diminue sensiblement après mars 1943; d'après le Service des victimes de guerre, on n'aurait même enregistré qu'un seul cas de décès entre juillet et novembre 1943. Edgard Marbaix, qui est arrivé à Breendonk le 2 avril 1943, entend dire par quelques «anciens» que la nourriture s'est nettement améliorée. La ration quotidienne de pain se monte maintenant à 350 grammes. La potée de pommes de terre aux carottes qui constitue l'ordinaire est certes insipide, mais «auparavant, il n'y avait même pas de pommes de terre, mais seulement d'infâmes navets.» Ce qui ne l'empêche pas de souffrir de faim en permanence et de descendre en sept semaines de 89 à 61 kg.

Du côté belge, les tentatives répétées de fournir des colis de vivres aux détenus de Breendonk sont enfin couronnées de succès. Début septembre 1943, la princesse Eugène de Ligne et le baron Albert Donny, respectivement présidente et administrateur-délégué du Foyer Léopold III, réussissent à obtenir un entretien avec le commandant du camp Schmitt. L'entretien peut avoir lieu grâce à l'entremise du bourgmestre pro-allemand de Breendonk, le brasseur Albert Moortgat, qui se rend compte que la situation est en train de changer en faveur des alliés. Le Foyer Léopold III reçoit l'autorisation de faire remettre des vivres et des vêtements aux détenus. Le responsable du ravitaillement, Nève de Mévergnies, fera, à partir du 14 septembre 1943, quarante-quatre fois le trajet de Breendonk en camion pour y livrer au total 45 821 kg de pain, 82 850 kg de pommes de terre et 20 840 kg d'autres denrées telles que légumes, beurre et sardines. Schmitt se comporte tout à fait correctement vis-à-vis de Nève. Lors d'une de ses premières visites, il lui demande toutefois pourquoi on se préoccupe tant dans les hautes sphères du pays du sort de ces gens «qui ne sont que des bandits et des criminels, capables de tuer père et mère». Nève répond diplomatiquement que ses commettants et lui «n'ont d'autre souci que de soulager la misère de leurs compatriotes, en-dehors de toute arrière-pensée politique».

Mais pourquoi Schmitt et son successeur tolèrent-ils qu'on procure des suppléments de vivres à ces misérables «bandits»? La réponse tient pour une bonne part à ce qu'il advient de ces vivres: parce qu'eux-mêmes et d'autres SS en détournent une bonne partie pour leur propre consommation ou pour la revente sur le marché noir. La Commission belge pour les crimes de guerre estime l'ampleur de ces détournements à 40 %. Le solde représente tout de même une amélioration substantielle du menu des prisonniers. Lorsque le médecin général Blum vient inspecter Breendonk, le 9 février 1944, en compagnie de Schönwetter et du médecin du camp, il se montre très satisfait de l'alimentation et de l'état sanitaire des détenus : « Vu qu'au cours des derniers mois, il n'y a plus eu de travaux lourds à effectuer (les travaux de terrassement sont quasi terminés), on pourrait même parler de suralimentation… Tous les témoignages de détenus s'accordent en effet sur le fait que la nourriture s'est nettement améliorée la dernière année de l'existence du camp. Ce qui n'empêche pas un témoin aussi fiable et objectif que Léon Halkin d'écrire : « À Breendonk, la faim n'a jamais manqué. »

---

Selon la Commission pour les crimes de guerre, la ration au cours de la dernière année d'occupation se compose ainsi :

- le matin : café ;
- à midi : soupe assez épaisse ;
- le soir : 400 à 500 g de pain, 25 g de beurre (ce qui est difficile à croire, car c'était une denrée rare en Belgique occupée), 25 g de fromage et 5 morceaux de sucre.

---

Le régime alimentaire ne s'améliore donc sérieusement que grâce à l'apport du Foyer Léopold III. On ne peut toutefois nier que l'intervention de la *Militärverwaltung* ait aussi eu un effet positif, quoique plus limité, et même si son argumentation en faveur d'une telle amélioration est parfois teintée de remarques antisémites. En juillet 1942, par exemple, von Craushaar juge la solution du problème alimentaire plus urgente que précédemment, « parce qu'on trouve maintenant aussi beaucoup d'aryens (communistes) parmi les prisonniers ».

Le prisonnier qui entre à Breendonk ne reçoit généralement son premier repas que le lendemain de son arrivée. S'il a emporté avec lui un casse-croûte, il risque fort de se le voir confisquer. Beaucoup ne prennent cependant ce premier repas qu'avec répulsion. Le contraste avec la table familiale est trop grand ; le choc du premier contact avec l'univers du camp trop violent. Les autres prisonniers ne se privent pas des restes laissés par ces capricieux… Ceux-ci ne persévèrent cependant pas longtemps dans leur comportement. La faim prend vite le dessus. À tel point qu'elle pousse beaucoup de prisonniers à manger tout ce qui leur tombe sous la main.

Le sénateur socialiste limbourgeois Pierre Diriken témoigne en 1945 : « Nous avons assisté sur le chantier au spectacle de la faim. Au bord de l'eau, il y avait ici et là un arbre, un saule, je crois. Les feuilles étaient arrachées et mangées par les prisonniers. Tiges de chou, épluchures de pommes de terre, herbe, racines et chardons, tout était bon à consommer. J'ai vu un prisonnier qui avait trouvé un nid avec des oisillons les fourrer en bouche de la tête à la queue. J'en ai vu un autre recevoir vingt-cinq coups pour avoir retiré du fumier et mangé l'arrière-faix d'un mouton. » Cette histoire du jeune Russe qui consomme l'arrière-faix d'un mouton se retrouve dans des versions légèrement différentes chez plusieurs témoins : c'est leur anecdote favorite pour illustrer la faim qui règne dans le camp. Elle montre aussi combien il est risqué de vouloir compléter sa ration de manière clandestine : schlague ou fouet, cachot, obligation de porter un sac rempli de pierres, sont le lot de celui qui est pris sur le fait. Les détenus peuvent toujours être fouillés pour vérifier s'ils n'ont pas d'herbe sur eux. Ces « *Grünfresser* » (mangeurs d'herbe) mettent parfois leur propre santé en danger dans leur quête pathétique de nourriture. Hector Urbain y succombera le 2 septembre 1941. L'acte de décès rédigé par le médecin allemand indique comme cause de décès : « *Magendarmkatarrh durch Grasgenuss* (inflammation de l'estomac et de l'intestin par consommation d'herbe) ».

Dans l'enceinte du camp, on a installé une porcherie et plus tard aussi un clapier et un potager : autant d'endroits où les prisonniers tenteront de grappiller quelques déchets de nourriture de porcs ou de lapins, ou quelques bouts de légumes. Parfois il ne s'agit que d'une épluchure de pomme de terre ou d'un débris de légume piétiné par les porcs et mélangé à leurs excréments. Il est nettement plus intéressant de se faire désigner pour la corvée pommes de terre, qui offre l'occasion de dérober non seulement des épluchures, mais toute une pomme de terre crue. Un bon contact avec un prisonnier affecté au travail en cuisine est également toujours une aubaine. Certains ouvriers de l'extérieur qui viennent travailler dans le camp remettent parfois aussi un peu de nourriture en catimini aux détenus.

La faim finit par devenir une obsession : on se raconte les bons repas d'antan ou on imagine des recettes à faire rêver. Cette obsession met la solidarité de la chambrée à rude épreuve. Les rations congrues font du partage du pain une opération délicate. L'impartialité de celle-ci est de la responsabilité du chef de chambrée. L'un, Paul Lévy par exemple, parle d'arbitraire : « Un bol de soupe épaisse ou claire selon qu'on est en bons termes ou non avec le chef de chambrée qui la sert »; un autre, Victor Trido, raconte comment les restes de soupe et de pain sont tirés au sort. « Les élus emportaient chacun un bidon vide de la soupe qu'il avait contenue, pour en lécher les parois. » Beaucoup plus délicat encore s'avère le partage de la margarine.

La jalousie que le partage de la nourriture peut entraîner « pouvait faire du repas du soir, qui aurait dû être le moment le plus détendu de la journée, le plus pénible. La faim pouvait ravaler les hommes au rang de bêtes. » Au début, cela pouvait encore aller, mais lorsqu'on vit dans le camp depuis un certain temps, la faim commence à vous ronger : « Bientôt, elle mènerait non seulement à des prises de bec ou à des altercations, mais très vite après, à mesure que la faim saisit chacun tour à tour, à des rixes et à des violences du plus mauvais aloi. »

Piens et Gysermans, les auteurs de ces citations, font cependant partie d'un groupe de collègues, les postiers de Bruxelles 1, qui se connaissent de longue date. Le malade Georges Hebbelinck enfonce encore le clou dans une lettre à sa femme, écrite depuis l'hôpital militaire de Bruxelles : « C'est du joli là-bas (à Breendonk) avec la solidarité entre prisonniers. On s'étripe carrément pour une croûte de pain. »

La vraie solidarité n'est cependant pas absente. Un midi, Maurice Rimé se voit privé de son repas : « Heureusement, mon camarade Pierre Landsvreugt m'a donné la moitié de sa ration dont il avait cependant tant besoin. Jamais je n'oublierai son geste. »

Un groupe fortement discipliné comme celui des prisonniers communistes réussit à organiser la solidarité en son sein. Selon le chef des partisans communistes Jacques Grippa, ceux qui se portent le mieux cèdent une partie de leur ration aux nécessiteux. Le « gros et gras » leader communiste Van den Boom ne veut cependant rien entendre, car « l'essentiel (pour lui) est que les leaders puissent survivre. »

Comme ustensiles de table, les prisonniers ne disposent que d'une assiette, d'un bol et d'une cuiller. Dans les premiers mois, on mange, selon Paul Lévy, dans des assiettes du 15$^e$ régiment d'artillerie sur lesquelles figurent des faits d'armes de notre histoire. Les couteaux – du moins les vrais – sont interdits : seuls sont admis les couteaux en bois, et encore pas toujours. Dans la chambrée de Marbaix, on a réussi à cacher un canif de poche et un couteau sans manche. Les bols servent aussi bien pour l'ersatz de café que pour la soupe. À part ce café au petit déjeuner et au souper, les détenus ne reçoivent rien à boire. Seul Frans Fischer rapporte que, à l'été 1941, on recevait par chambrée et par jour deux cruches à lait pleines d'eau, dont on ne pouvait boire qu'en dehors des heures de repas. Mais, selon le cuisinier Moens, les prisonniers ne recevaient jamais d'autre boisson que l'ersatz de café du matin et du soir.

Lodewijk Moens est un habitant de Willebroek qui, à partir du début de 1942, vient travailler au camp comme cuisinier. Après la libération, il prétendra y avoir été contraint par le chef local du mouvement de collaboration DeVlag. Son prédécesseur Cleyman avait été licencié pour avoir servi de «boîte aux lettres». Lorsque Schmitt arrive à Breendonk en septembre 1940, il fait d'abord préparer ses repas par madame Verdickt-Reyniers, chez qui il prend ses quartiers avec d'autres SS. D'après Jacques Frydman, qui arrive au camp le 21 septembre 1940, la première cuisine du camp n'est rien d'autre qu'une cuisine de campagne roulante; après cela, la cuisine est aménagée dans la première casemate, au même endroit où, selon l'historien militaire Bart Legroux, se trouvait déjà la cuisine pour les troupes dans le fort de 1914.

À l'été 1941, une nouvelle cuisine, très moderne pour l'époque, est installée dans le local à droite du tunnel d'entrée, qui avait été transformé en salle de douches en novembre 1940. Les Allemands installent aussi une pompe électrique pour amener l'eau potable. Elle tombe régulièrement en panne, ce qui oblige les prisonniers à aller chercher l'eau sous escorte chez madame Verdickt.

## Les travaux forcés

Bien que sous-alimentés, les prisonniers – à l'exception des «arrestants» – sont soumis aux travaux forcés. À Breendonk, le travail est tout indiqué: une gigantesque couche de terre de 250 000 à 300 000 m$^3$ recouvre les ouvrages défensifs du fort; même l'intérieur se trouve à moitié sous terre. Il revient aux détenus de déblayer cette couche de terre.

Éreinter et briser les prisonniers est l'unique objectif. Le travail n'a pas la moindre utilité économique. Sous ce rapport, l'*Auffanglager Breendonk* échappe complètement à l'évolution suivie par les camps de concentration.

Après l'invasion de l'Union soviétique en juin 1941, l'économie de guerre nazie connaît un besoin toujours croissant de main-d'œuvre. En 1941, les SS et l'industrie allemande commencent à établir les premiers contacts en vue d'obtenir un plus grand engagement des camps de concentration dans l'industrie de guerre. Auparavant, le travail productif effectué dans les camps n'est que marginal : c'est la fonction de « rééducation » qui prime. Il faut attendre jusqu'à l'automne de 1942 pour voir engager les prisonniers à grande échelle dans l'industrie de guerre et les camps de concentration s'intégrer pleinement à l'économie de guerre du Reich.

En raison de leur nouvelle importance économique, les camps de concentration ressortissent, à partir du 16 mars 1942, au *Wirtschafts- und Verwaltungshauptamt* (WVHA) – le « Service central pour l'économie et la gestion » – dirigé par le *SS-Obergruppenführer* ou général Oswald Pohl. L'*Inspektion der Konzentrationslager* devient désormais une section de ce WVHA. À l'été 1942, Pohl destitue même un tiers de tous les commandants de camp, devenus incapables à ses yeux de diriger un camp depuis que la fonction économique de celui-ci est devenue prépondérante ; la plupart se sont par ailleurs rendus coupables de corruption et d'alcoolisme.

---

Ordonnance de von Falkenhausen concernant « l'organisation du camp de Breendonk » du 12 mai 1942 :
« Le camp de Breendonk est un camp d'incarcération dont les détenus sont soumis à un travail physique. »

Extrait d'une lettre du *Leiter der Verwaltungsabteilung* von Craushaar au *Oberkriegsverwaltungsrat* Duntze du 23 juillet 1942. Von Craushaar signale qu'une grande partie des prisonniers sont dans un tel état de faim et d'épuisement qu'ils sont incapables de travailler. La solution ne peut toutefois venir d'une diminution du travail :
« Une diminution substantielle de la charge de travail (…) mettrait en péril la nature pénitentiaire qui a été assignée au camp par le SD. »

Dossier *Ernährung der Häftlinge*.

Extrait de l'audition de Karl Fielitz, membre de la Sipo d'Anvers, le 6 septembre 1966 à Göttingen, par le Dr Kuhlbrodt de Ludwigsburg. Fielitz avait un jour fait une visite éclair au camp, au cours de laquelle il s'entretint pendant dix minutes avec Schmitt sans avoir vu véritablement le camp :
« J'ai compris à partir des explications de Schmitt que les prisonniers étaient astreints à un travail inutile. »

*Bundesarchiv Ludwigsburg*, I-124 AR-Z 18/61 Bd III, audition Fielitz, p. 149

---

Breendonk paraît toutefois ressortir au *Reichssicherheitshauptamt* de 1940 jusqu'en 1944. « Dans la vision du monde raciste du RSHA », a écrit l'historien allemand Zimmerman, « l'économie ne joue qu'un rôle secondaire. » Le fort de Breendonk jouera bien un rôle économique dans la région autour du camp, en fournissant du travail à diverses firmes des environs, mais le travail de ses détenus ne sera jamais orienté vers des objectifs de production. Qu'il s'agisse d'un camp situé en territoire occupé et non dans le Reich lui-même, n'a rien à voir avec ceci, puisque les prisonniers de Vught aux Pays-Bas, le KZ Herzogenbusch, sont bien enrôlés dans l'industrie de guerre, en travaillant pour le compte des usines Philips.

Les 250 000 m$^3$ de terre seront déblayés par les prisonniers en l'espace de quatre ans au moyen de pelles, de pioches, de brouettes et de wagonnets. Le 13 juin 1941 arrive à Breendonk Otto Kropf, un reporter de guerre allemand qui fait partie d'une compagnie de Propagande. Il vient entre autres photographier le travail des prisonniers. L'unique reportage de Kropf montre un fort encore enseveli pour la plus grande partie. Les cours intérieures sont presque dégagées, mais là où s'élèveront plus tard les «baraques des juifs», il y a encore une montagne de terre. Les terres enlevées sont déplacées à l'arrière du fort pour y édifier des terrasses. À l'intérieur de l'enceinte, on a installé des rails pour faire rouler des wagonnets poussés par des équipes de détenus. Ces rails traversent même – ce que les photos ne montrent pas – le tunnel d'entrée ; ils vont jusqu'à une plaque tournante disposée sur la place devant le pont. Le chemin de fer à petit écartement et les wagonnets sont loués au fort par la firme L. & F. Van Mensel de Berchem.

### Otto Kropf

Otto Kropf est un photographe professionnel. Avant la guerre, il possède un studio à Pforzheim. En 1939, il se fait convoquer par la *Wehrmacht*. Il reçoit une formation de correspondant de guerre à Potsdam et est enrôlé dans la 612$^e$ *Propagandakompanie*. Il participe à ce titre à la campagne des dix-huit jours en Belgique. Jusque fin 1941, il reste avec sa compagnie en Belgique, où il fixe sur la pellicule les résultats de l'invasion allemande et des scènes de la vie quotidienne en Belgique occupée, aussi bien en couleurs qu'en noir et blanc. Le collectionneur néerlandais Otto Spronk, qui retrouve les œuvres de Kropf (décédé en 1970) dans une salle de ventes allemande au cours des années nonante, cède la collection complète de ses photos au Centre d'Études et de Documentation Guerre et Sociétés contemporaines (CEGES) à Bruxelles. Un des films négatifs de Kropf portait l'étiquette : *Juden. KZ Breendonk. 13-6-1941*. Lors de son passage à Breendonk, Kropf ne photographie que des scènes extérieures : l'appel, le travail sur le chantier, les principaux SS allemands du camp et la visite au fort d'un officier haut gradé de la *Wehrmacht* avec deux civils. Bien que l'objectif de son reportage soit de montrer le caractère pénitentiaire du camp, il occulte néanmoins les aspects les plus durs de la vie des détenus. Fidèle à sa formation, Kropf ne fait de gros plans que sur ceux qui présentent un profil «typiquement juif» pour des yeux nazis.

Le camelot juif d'origine polonaise Israel Neumann, 41 ans, est à cet égard un sujet tout désigné. Il est petit et laid, presque nain, et apparemment simple d'esprit ; aux

La vie dans l'*Auffanglager*

Israel Neumann. Derrière lui, Israel Steinberg, le porcher.

> yeux d'un SS, le prototype parfait de l'*Untermensch* juif. À peine un mois après le reportage de Kropf, le 24 juillet 1941, le petit Neumann succombe aux rigueurs du camp et aux mauvais traitements d'Obler. « Il meurt, écrit Galanter, au milieu de l'indifférence générale. » Voyant son cadavre, Prauss remarque en ricanant que Neumann a vraiment « l'air d'un singe » (« *wie ein Affe* »).
>
> Quelques mois après la visite de Kropf, Schmitt promulgue une interdiction de photographier dans le camp. Une telle interdiction valait en principe pour tous les camps. On estime cependant que des millions de photos y ont été prises, dont des dizaines de milliers ont été conservées. Cette interdiction n'a pas été mieux respectée à Breendonk. Divers témoins – Marbaix et Wilchar notamment – ont évoqué la visite d'une équipe allemande de cinéastes en 1943, mais on n'a jusqu'ici retrouvé aucune trace de leur travail.

Le chantier – l'énorme monticule de terre dans le fond du fort – grouille de prisonniers, pelles à la main. Un individu manie une pioche. Deux mois plus tard, les SS font construire un pont en bois derrière le fort. Le Gantois Victor Baeyens est incorporé à l'équipe de construction du pont le lendemain de son arrivée, le 21 août 1941 : via ce pont, la terre sera transportée sur l'autre rive pour y « édifier une grande digue, de sorte que tout le camp soit soustrait aux regards ».

Les gardiens ne répartissent pas l'outillage. Ils laissent les prisonniers choisir leurs instruments. Vu que chacun essaie de s'approprier une pelle légère plutôt qu'une lourde plus dure à manœuvrer, il en résulte « une pagaille épique entre prisonniers qui s'arrachaient les instruments, se blessaient mutuellement et ne parvenaient pas à être dans les rangs à la seconde prescrite. » Landsvreugt et Lemaître, les auteurs de cette citation, sont persuadés que les SS veulent ainsi attiser délibérément la rivalité entre prisonniers.

À l'aide de pelles et de pioches, les prisonniers retirent la couche sablonneuse et la déplacent du niveau inférieur ou « terrasse » au niveau supérieur, d'où elle est emportée en wagonnets. Parfois un pan de sable, miné par le creusement, s'effondre sur les travailleurs. Les SS s'efforcent alors de les dégager pour mieux les harceler ensuite.

D'autres doivent brouetter sans relâche la terre ou les pierres d'un point à un autre. Ce sont de lourds chargements, difficiles à manier, mais qui doivent être véhiculés à un train d'enfer. Lorsque le sol est boueux, ils s'enlisent facilement. Au sujet de ces brouettes, la rumeur circule pendant la guerre qu'elles auraient des roues carrées, ce qui est évidemment absurde. Leur usage intensif déforme cependant leurs roues et les use rapidement. La rugosité de leur bois augmente fortement le risque d'échardes. Selon le Russe Solonevitch, le travail à la brouette a pour principal inconvénient de n'offrir aucun moyen de souffler: celui qui travaille avec une pelle peut de temps à autre ralentir la cadence lorsque le garde tourne la tête de l'autre côté, mais les conducteurs de brouettes doivent sans cesse maintenir le rythme. Celui qui casse le tempo reçoit instantanément des coups.

Solonevitch et d'autres sont persuadés que le dur travail de brouettage est confié délibérément aux nouveaux arrivants, dont la force physique n'est pas encore entamée par un séjour prolongé dans le camp. Il n'est cependant tenu aucun compte de l'âge ni de l'état de santé, si bien que des nouveaux prisonniers âgés ou de faible constitution peuvent très bien se voir confier les travaux les plus pénibles.

Si pénible soit-il, le brouettage individuel est selon d'autres témoins encore préférable au maniement de wagonnets par équipes. Il est difficile d'évaluer la pénibilité de l'un et de l'autre travail. Chacun a en effet tendance à juger son propre travail le plus dur. Le coiffeur lierrois Marcel Arras est toutefois convaincu qu'il n'a survécu à Breendonk que parce qu'il a pu, après quinze jours aux wagonnets, se glisser dans une autre équipe. Ces wagonnets sont appelés «decauvilles», «bennes» ou «*Lorren*». Decauville est le terme technique pour chemin de fer amovible à voie étroite: lorsque la terre a été remblayée à un endroit, les rails sont tout simplement déplacés à un autre. Les Allemands emploient le terme *Lorren*: au commandement «*Lorrenfahrer heraus*», les équipes pour huit à douze wagonnets sortent des rangs. Le nombre de détenus par équipe peut varier, mais est généralement de quatre. Les «Sept de Mons» sont affectés tous les sept au même wagonnet, mais se voient imposer des temps de travail parfois doubles.

Ces chariots ont une contenance pouvant aller jusqu'à 1 000 kg, et franchissent une distance moyenne de 300 à 400 m. Ils déraillent régulièrement, le plus souvent aux aiguillages ou aux plaques tournantes. Les SS s'amusent parfois à sauter sur un wagonnet pour le faire rouler plus vite et provoquer des déraillements et des collisions. La remise sur les rails expose facilement à des accidents aux jambes et aux pieds: c'est ce qui est par exemple arrivé au postier Lecat qui devra marcher le reste de sa vie avec une canne. Maurice Bruyère, l'un des «Sept de Mons», qui a eu le pied droit pris sous un wagonnet, a dû passer un mois à l'hôpital d'Anvers. Ce travail parfaitement inutile doit naturellement être effectué à une cadence très rapide, comme s'il n'y avait aucun moment à perdre. Pour remplir un chariot, on ne dispose que de quelques minutes. Les SS organisent un jour un concours pour les prisonniers: une cigarette pour l'équipe qui remplit le plus vite un chariot. Ils honorent leur promesse, mais brutalisent ensuite tous ceux qui n'arrivent plus à tenir le rythme du concours. Le garde posté à la plaque tournante tient un tableau où il note le nombre de passages de chaque «benne», ce qui conduit de nouveau à une émulation malsaine entre prisonniers.

Même en-dehors des tracasseries, un accident est vite arrivé. Le député socialiste Gaston Hoyaux raconte dans son ouvrage *32 Mois sous la matraque des SS* comment, arrivé à la plaque tournante, son chariot se met brusquement à basculer et verse dans le fossé. Deux hommes, dont Hoyaux, sont poussés à l'eau par le SS Wyss: «Il faisait un froid de chien. Nous descendîmes tout habillés dans le canal. Nous avions de l'eau jusqu'au cou, mais nous parvînmes heureusement à accrocher la benne avec une chaîne qui dut être tirée par une colonne de vingt-cinq hommes. Le travail terminé, dégoulinant et transi de froid, je gravissais la berge.»

Les détenus doivent aussi enlever les sacs de ciment et le vieux fer qui avaient été disposés autour des coupoles du fort en 1914. Le transport manuel de grosses pierres est une des tâches les plus lourdes. On s'y écorche facilement les membres et les épaules. À chaque coup de pompe, on est prié de reprendre la cadence au plus vite.

Les prisonniers handicapés ou inaptes au travail sont incorporés à l'équipe des casseurs de pierres. Celle-ci regroupe, écrit Émile Marchand, prisonnier en 1943, «des éclopés, des unijambistes, des manchots, des infirmes, des vieillards, des malades etc.» Le travail n'est pas excessivement lourd. Il consiste à casser les grandes pierres en morceaux avec de petits maillets. Le malvoyant Boris Solonevitch obtient, après un jour de travaux lourds sur le chantier, de pouvoir rejoindre cette équipe. Il y travaille, pendant l'été 1941, avec quelques invalides de la Première Guerre comme le Belge Désiré Herman et le capitaine russe Nicolaj Taranov. À en croire les mémoires de Solonevitch, celui-ci donne à ses compagnons des leçons de techniques de simulation. Herman suit si bien ses instructions gestuelles que même le redoutable *SS-Untersturmführer* Prauss n'y voit que du feu et croit que Herman ne peut plus remuer un doigt. Solonevitch aurait su si bien colorier la jambe blessée du capitaine Kouskin au crayon à l'aniline qu'elle paraissait gangrenée, ce qui permit à ce dernier de rester un mois avec les casseurs de pierres alors que sa jambe était déjà rétablie après deux semaines. Solonevitch doit seulement lui rappeler de temps en temps de continuer à boiter.

Solonevitch en rajoute sans doute un peu, mais ses anecdotes n'en sont pas moins véridiques; il sera d'ailleurs déjà libéré après quelques mois

La vie dans l'*Auffanglager*

en même temps que Herman et Taranov. Après la guerre, il se verra condamner par la justice belge à un an d'emprisonnement pour collaboration. Au cours de son procès, certains anciens détenus l'accuseront de s'être comporté d'une manière trop obséquieuse vis-à-vis de ses gardiens.

En 1943, le déblaiement de la couche de terre est déjà bien avancé. Certaines équipes de détenus sont commises à d'autres tâches: le fossé doit être rectifié, sa berge extérieure consolidée avec des pierres et des blocs de béton provenant du démantèlement des coupoles est et ouest, et le

Les casseurs de pierres au travail. Une sentinelle de la *Wehrmacht* monte la garde sur une des coupoles.

terrain entre l'ouest du fort et le fossé, aménagé en zone cultivable. Pour démanteler ces coupoles, la direction du camp a toutefois fait un appel, fin 1942, à des firmes civiles belges, comme elle l'avait déjà fait en 1941 pour la construction des baraques des juifs. Il est bien sûr formellement interdit à ces travailleurs extérieurs d'avoir le moindre contact avec les détenus. Pour la consolidation de la berge extérieure, on commandera en outre du gravier d'escarbilles à l'usine ASED (Ammoniaque Synthétique et Dérivés) de Willebroek, connue dans la région sous le vocable «den Ammoniak». Escortés par leurs gardiens, les détenus sont conduits en camion à «den Ammoniak» pour y charger le gravier.

Après l'appel, les détenus sous conduits, toujours sous escorte, à leur lieu de travail. On travaille tous les jours, sauf le dimanche. Il arrive que le travail soit interrompu par la pluie battante ou par le brouillard, que les Allemands jugent des occasions trop dangereuses d'évasions ou de «sabotage»: vu la nature du travail, il faut plutôt parler de tirer au flanc et de travailler au ralenti. On peut difficilement parler de vrai sabotage à Breendonk: on n'y travaille pas, comme au camp de concentration de Dora, à la construction de missiles par exemple.

### *La surveillance*

Essayer de tirer au flanc est chose quasi impossible à Breendonk. Le contrôle y est beaucoup trop sévère. Le camp compte trop de gardiens pour un nombre relativement limité de détenus. Sur les lieux de travail, on est tenu à l'œil par quatre catégories de surveillants: des détenus désignés comme surveillants de travaux, appelés *Arbeitsführer*, des soldats du détachement de la *Wehrmacht*, des SS allemands et des SS flamands.

Le travail des détenus est contrôlé en première instance par l'*Arbeitsführer* ou *Vorarbeiter*. Les premiers sont Willy Giersch et Walter Obler. Le juif allemand Walter Obler, qui arrive au camp en octobre 1940, est même désigné comme *Oberarbeitsführer* ou *Obervorarbeiter*. Il exerce un grand pouvoir sur ses codétenus et en abuse grandement. Plus tard, on désignera même deux *Obervorarbeiter*. On les reconnaît à leurs trois sardines sur la manche. Les *Vorarbeiter*, un cran au-dessous, reçoivent un ou deux galons. Normalement, ce sont les *Zugführer* ou chefs de chambrée qui sont nommés *Arbeitsführer*. Ils répartissent les travaux et surveillent leur exécution. Eux-mêmes ne travaillent pas. Ce sont, pour reprendre les mots d'Edgard Marbaix, «les plus grandes gueules parmi les prisonniers, qui frappent et donnent du fouet le plus facilement, même s'il y a des exceptions. » Il y a naturellement une grande différence entre une «grande gueule» d'*Arbeitsführer* aux mains nues, et un véritable criminel comme Obler, qui se rend coupable de lourds sévices, de coups mortels ou d'assassinats.

Un caractère doux ne peut résister longtemps comme *Arbeits-* ou *Zugführer*. Les prisonniers-surveillants sont en effet eux-mêmes tenus à l'œil par les soldats de la *Wehrmacht* et les SS. Les gardes de la *Wehrmacht* (les soldats chargés de la surveillance du chantier) ont l'obligation de signaler à leur supérieur ou *Wachzugführer* les *Arbeitsführer* qui ne remplissent pas leur tâche comme il se doit. Ainsi est-il précisé dans le règlement de surveillance, établi le 1er novembre 1942 à l'intention des soldats de la *Wehrmacht* stationnés à Breendonk. Ce document intitulé *Wachvorschrift u. besondere Wach- und Postenanweisungen für das Wachkommando A-Lager Breendonk* prescrit qu'il faut toujours deux brigades de surveillants de travaux, avec un officier et neuf soldats, dont l'une est effective et l'autre de réserve. Le *Wachvorschrift* de 1942 prévoit l'emplacement précis de ces sentinelles : l'une doit surveiller le pont qui conduit au fort, et les rives à gauche et à droite de celui-ci ; la deuxième et la troisième doivent occuper les postes d'observation (il s'agit probablement des miradors) à l'ouest et au nord-est. Les six autres se posteront sur les lieux de travail des détenus ; elles doivent se tenir à au moins dix pas des *Häftlinge*, mais veiller à ce que ceux-ci restent toujours dans leur champ de vision. Elles ne peuvent pas battre elles-mêmes les détenus, ni les «harceler de façon prolongée» ; c'est là la tâche de l'*Arbeitsführer*.

La garde de la *Wehrmacht* ne s'occupe donc qu'indirectement, via la surveillance de l'*Arbeitsführer*, du contrôle des lieux de travail. Les soldats y ont pour mission principale d'empêcher les évasions et de réprimer les tentatives de rébellion. En cas – fort improbable – de mutinerie, ils doivent alerter leurs camarades par trois coups de feu, avant d'étouffer la rébellion dans l'œuf par tous les moyens («*rücksichtlosen Einsatz aller Waffen*»). Les mutins n'auraient pas eu beaucoup de chances, car sur la grande coupole du fort, d'où la vue embrasse tout le chantier, se tient un soldat armé d'une mitrailleuse et de grenades.

Concernant la disposition des soldats, le *Wachvorschrift* du 1er novembre 1942 n'est probablement qu'une confirmation de la situation existante. Pour ce qui est de leur mission de surveillance du chantier, ce règlement ne décrit pourtant que la situation d'après septembre 1941, lorsque les premiers SS flamands sont engagés dans le fort. Les témoignages ou mémoires faisant état du comportement brutal des soldats de la *Wehrmacht* sur le chantier proviennent de détenus présents dans le camp avant l'arrivée des SS flamands. Avant septembre 1941, ils semblent effectivement avoir molesté et «harcelé de façon prolongée» les prisonniers. Ils agissent ainsi pour une part parce qu'ils sentent eux-mêmes l'haleine du *SS-Untersturmführer* Prauss dans leur nuque: «Parce que le lieutenant est là, les gardiens crient encore plus fort et se remettent à frapper de plus belle», lisons-nous dans le témoignage des «Sept de Mons».

Le lieutenant SS Prauss est la dernière instance du contrôle des prisonniers. C'est l'homme avec lequel ceux-ci ont le plus de contacts. Avant l'arrivée des SS flamands, ils ont peur en premier lieu de Prauss, en second lieu d'Obler. En-dehors de ceux-ci, ils sont rarement confrontés à d'autres SS allemands. Quand Schmitt se montre sur le chantier, il est généralement accompagné de son chien, parfois de sa femme. Le seul autre SS qui vient régulièrement inspecter les détenus au travail est le *SS-Obersturmführer* ou premier lieutenant Johann Kantschuster, commandant faisant fonction de septembre 1942 à avril 1943. Kantschuster est un ivrogne et un cas psychiatrique, qui se promène déjà soûl sur le chantier tôt le matin. Il se sert volontiers de son fouet et n'hésite pas à abattre le juif polonais de 34 ans, Oscar Beck, en plein chantier.

Après septembre 1941, les soldats de la *Wehrmacht* se tiennent, comme nous l'avons dit, en retrait et leur tâche de contrôler les travaux est reprise par les SS flamands. La plupart des anciens détenus évoquent en ordre principal la sinistre paire Wyss et De Bodt. D'autres SS flamands ont pourtant aussi exercé la fonction de surveillants des travaux, fût-ce à une autre période: on sait que Willemsen (septembre-décembre 1941), Baele (septembre 1941 à 1942), Raes (octobre 1941 à novembre 1942), Pellemans (avril 1942 à juin 1943), Vermeulen (1943), Cuyt (fin 1943 à 1944) et Brusselaers (juin à août 1944) ont ainsi participé à la surveillance des travaux pendant toute la durée ou une partie de leur séjour à Breendonk.

---

Le soldat de la *Wehrmacht* Xaver B. du *Landesschutzbataillon 525* a été gardien à Breendonk en 1943-1944:

«Il arrivait que le soir, au retour du travail des prisonniers, certains étaient ramenés inconscients, ou tombaient dans les pommes pendant l'appel. Ces hommes étaient transportés au *Revier* et il arrivait que certains d'entre eux y décèdent; les autres devaient reprendre le travail dès le lendemain. Je ne peux dire exactement qui avait maltraité ces prisonniers. Ce doivent être ces types qui étaient chargés de surveiller l'ardeur au travail des détenus. »

Nordrhein-Westfälisches Hauptstaatsarchiv Düsseldorf, Ref. 118/Nr. 1396, p. 151, audition de Xaver B. en date du 14 février 1970

## Les conditions de travail

Travailler à Breendonk signifie travailler à un rythme soutenu tandis qu'on souffre de faim et de fatigue, et qu'on se sent continuellement terrorisé. Il n'est sans doute aucun détenu qui, au cours du travail forcé, échappe à la violence verbale ou physique. Combien de fois ne risque-t-on pas des coups? Après soixante ans, impossible d'en faire le compte. Cela dépend des jours, des gardiens, des périodes, des victimes elles-mêmes... On ne doit pas nécessairement recevoir beaucoup de coups pour se sentir terrorisé.

Pour commencer, le travail lourd constitue déjà en lui-même une épreuve quotidienne. Pourtant, tous les jours de travail ne se ressemblent pas pour tout le monde. Comme nous l'avons montré plus haut, il faut un peu de chance avec les outils qu'on vous met entre les mains. Beaucoup dépend aussi de la condition physique et du passé professionnel: si on est jeune et en bonne santé ou vieux et affaibli, un mineur costaud ou un intellectuel délicat. Edgard Marbaix, par exemple, un haut fonctionnaire du ministère du Travail et de la Prévoyance sociale dans la quarantaine, doit se rendre compte que ses « fines mains de bureaucrate » ne sont pas faites pour ce travail. Un gardien se montre par ailleurs plus dur qu'un autre.

Le même Marbaix a laissé une bonne description d'une journée de travail. Elle illustre comment la constitution des équipes de travail le matin est déterminante pour la suite de la journée. Au temps de Marbaix, au cours des mois d'avril et de mai 1943, il y a trois équipes, chacune sous la direction d'un SS « indigène » : une équipe qui doit consolider la digue sous la direction de Richard De Bodt, l'équipe des casseurs de pierres sous la direction de Pellemans, et l'équipe qui doit charger et décharger les decauvilles sous celle de Fernand Wyss. Selon Marbaix, l'équipe de De Bodt, en dépit de la réputation d'assassin de ce dernier, est la moins à plaindre, du moins ce jour-là. De Bodt se montre bien sûr hypocrite, et signale à Wyss les « paresseux », mais le travail est moins lourd, et De Bodt moins tatillon et moins cruel. Les casseurs de pierres de pierres, sous la férule de Pellemans, ont l'avantage que leur équipe est moins tenue à l'œil par

Prauss. Pellemans lui-même est brusque et nerveux, et passe par des accès de fureur – au cours desquels il roule par exemple quelqu'un à terre et le tabasse à coups de pied et de poing – entrecoupés de moments de léthargie. Le pire sort est celui des hommes qui doivent charger et pousser les wagonnets sous l'œil sadique de Wyss, la bête noire du camp avec Prauss, qui n'arrête pas de frapper les détenus.

Même au sein d'une même équipe, le travail peut être plus ou moins lourd d'un jour à l'autre. C'est ainsi que Marbaix décrit la semaine du 10 mai 1943 comme «presque une cure de repos». L'humeur des gardiens peut aussi varier avec le temps. L'expérience de Marbaix avec De Bodt en est la preuve: un jour, Prauss ordonne à Marbaix de porter un sac de ciment de quelque cinquante kilos. Marbaix peut à peine soutenir le poids du sac; celui-ci lui glisse constamment des épaules. À deux reprises, De Bodt l'aide à le lui remettre sur le dos et finit par appeler un juif pour venir aider Marbaix. Cet homme qui a donné la mort à d'autres prisonniers montre ici qu'il est capable d'un acte humain: on ne peut en imaginer la raison. Cela démontre en tout cas combien la chance et le hasard peuvent déterminer le cours d'une journée de travail.

Il faut dire aussi qu'il y a des détenus plus futés que d'autres pour se débiner ou pour se rendre «invisibles» aux yeux des gardiens. Certaines personnes ont une apparence physique telle qu'elles attirent automatiquement le regard et deviennent le point de mire. Une certaine forme de fierté peut aussi s'avérer un handicap: le général russe Koussonsky ne veut pas se montrer plus lent au travail que les autres, bien qu'il ne puisse suivre la cadence, et y laissera sa vie. Celui qui émet un avis négatif sur un SS risque de se faire dénoncer sur le champ. La force de caractère individuelle et l'instinct de conservation ont aussi leur importance et sont peut-être encore plus décisifs que la pure force physique. Enfin, la manière dont les détenus sont traités pendant leur travail dépend aussi de la race. Sauf pendant les premiers mois, les juifs travaillent à part des autres. Des prisonniers non juifs, comme Marbaix et Halkin, témoignent explicitement de ce que les juifs sont traités plus durement que les «aryens».

Arriverai-je au bout de cette journée? Comment la passer le moins mal? Le prisonnier n'a guère le temps de se poser d'autres questions ou de penser à autre chose. Il est trop bousculé pour cela: «J'espérais pouvoir réfléchir. Mais personne n'a jamais réussi à réfléchir durant ces huit heures de travail, sous une surveillance permanente. On comptait le nombre de brouettes, on pensait à la manière dont on pourrait prendre son repas, on pensait aux outils qu'on utilisait. Malheur à celui qui se disait: "Je n'en peux plus." Il fallait trimer, souffrir en silence. Tout cela concourait à rabaisser les hommes, à leur ôter leur dignité. Cette déchéance était quelque chose d'affreux. On sentait à quel point la capacité d'indignation s'estompait. On sentait qu'on commençait à accepter les scandaleux règlements des Allemands. Les hommes étaient si angoissés qu'ils ne pouvaient plus s'adresser une parole aimable», témoigne Paul Lévy au cours d'une conférence en 1945. Les prisonniers épient leurs gardiens pour voir si leur attention ne se relâche pas quelque peu, de sorte qu'ils puissent se reposer un moment. Depuis le chantier, ils peuvent apercevoir un bout du monde extérieur : le petit cimetière tout proche, ce qui ne doit pas leur inspirer des idées très réjouissantes, et la route le long du fort. Ils essaient de deviner l'heure d'après les passages des bus. Il leur arrive même d'apercevoir au loin, le long du chemin, la silhouette d'une épouse, d'une fiancée, de parents ou de membres de leur famille. Leur faire un signe leur vaudrait cependant d'être roués de coups sur-le-champ.

### Des travailleurs privilégiés

«Si j'avais dû prester les travaux forcés sur le chantier pendant les dix-sept mois que j'ai passés dans le camp, je ne serais pas ici pour vous parler de Breendonk.» De cela, Jacques Frydman est bien convaincu. Prisonnier à l'âge de seize ans, il fut retiré du chantier après six mois, pour aller rejoindre son père et ses frères comme tailleur. Tailleurs, cordonniers, menuisiers, porcher, forgeron : le camp compte aussi un certain nombre de détenus privilégiés qui ont la chance de devoir effectuer un travail moins lourd. C'est-à-dire un travail d'intérieur, à l'abri de la pluie et du froid. Cela signifie un travail qui, dans bien des cas, est le même que celui qu'on exerçait dans son métier d'avant. Cela signifie surtout qu'on peut travailler sans être soumis au contrôle quasi constant des gardiens, qu'il s'agisse de soldats, de SS ou d'un chef comme Obler.

Ce qui est frappant et peut-être surprenant, c'est que ces travailleurs privilégiés étaient pour l'essentiel des juifs : un forgeron, un porcher, plusieurs tailleurs et un cordonnier. En dépit de multiples recours à des firmes belges pour l'exécution de travaux importants, le camp veut manifestement se suffire à lui-même dans un certain nombre de domaines et dispose de son propre personnel pour des fonctions mineures. Au début, le camp compte un nombre important de juifs : il y en a suffisamment qui disposent des qualifications professionnelles requises, et il n'est pas nécessaire de chercher plus loin. Plus tard, quelques-uns de ces détenus juifs seront remplacés par des travailleurs extérieurs de la région.

Oskar Hoffmann sera le premier forgeron de Breendonk. C'est un Autrichien d'origine juive. Né à Vienne en 1898, l'année où son impératrice Élisabeth, alias Sissi, est assassinée par un anarchiste, il épouse Heidi Mitzi et gagne sa vie comme forgeron et serrurier. L'invasion et l'annexion de son pays par les nazis mettent un terme à cette paisible existence.

En 1939, Hoffmann se réfugie en Belgique. Comme tant de ses compatriotes, il est considéré en mai 1940 comme un suspect, en raison de sa nationalité, et expulsé par l'État belge. Hoffmann échoue finalement dans un camp d'internement à Saint-Cyprien dans le midi de la France. Selon ses propres dires, il n'y aurait pas fait mystère de ses sentiments antihitlériens. Un de ses anciens compagnons d'internement ébruite la chose. La Gestapo l'arrête et le jette en prison à Saint-Gilles. Le 5 décembre 1940, il est transféré à Breendonk. Il y devient le numéro 21. Le 24 février 1942, il est relaxé. Par la suite, il sera encore deux fois arrêté et incarcéré à la caserne Dossin, mais jamais pour longtemps. Après la Libération, Hoffmann essaie de refaire sa vie en Belgique. Il se verrait volontiers serrurier, mais est prêt à accepter tout autre emploi. Mais la chance ne lui sourit pas.

Fin 1945, il retourne à Vienne où il réussit cette fois à monter une affaire. Il reste en contact avec ses anciens camarades de Breendonk, en particulier avec son voisin de couchette Paul Lévy. Lévy, qui travaille pour le Commissariat au Rapatriement, entretient des contacts à un haut niveau. « Pourrais-tu, *lieber Paul*, confier un colis à mon intention au chauffeur du ministre, lorsque celui-ci passera par Vienne ? », lui demande Hoffmann en août 1946 ; « tu sais combien la vie est difficile ici. » Hoffmann aura plus que mérité son colis : c'est notamment grâce à lui que Walter Obler a été arrêté à Vienne quelques mois avant.

Hoffmann reçoit de temps en temps un coup de main à la forge. Comme il boite à la suite d'un accident d'avion, Jacques Ochs est dispensé du chantier. Il reçoit un travail plus léger et peut pendant quelque temps aider à la forge. Le triste sort de Kirschenbaum illustre lui aussi le caractère privilégié du travail à la forge. Kirschenbaum, témoigne Paul Lévy au procès de Malines, est tantôt dans les bonnes grâces de son chef de chambrée, tantôt non. Tombé en disgrâce pour de bon, il est renvoyé comme aide forgeron, retourne sur le chantier et s'y épuise à la tâche. Ce juif polonais de cinquante ans meurt à Breendonk en août 1941.

Hoffmann sera remplacé par un civil, le forgeron Carleer de Londerzeel.

La viande de porc n'est pas casher. Néanmoins – ou précisément pour cette raison – les SS désignent un juif d'origine comme premier porcher de

Oskar Hoffmann et sa femme Heidi.

l'*Auffanglager*. Le *Schweinemeister* ou gardien de porcs Israel Steinberg est né en 1890 à Vilna en Russie tsariste, ville qui appartiendra par la suite à la Pologne, puis à la Lituanie, sous les noms de Wilno et Vilnius. Steinberg ne reste pas cantonné à Vilna, mais poursuit une « carrière » véritablement internationale d'aigrefin : entre 1927 et 1950, il est condamné pas moins de quatorze fois pour escroquerie dans six pays différents. Pour sa part, la police belge l'arrête à trois reprises. Par deux fois, il est reconduit à la frontière. La troisième fois, la guerre ayant éclaté, il faut bien l'enfermer dans une prison belge.

Steinberg fait partie du petit groupe de prisonniers de droit commun qui, sur ordre de la Sipo, sont transférés début octobre 1940 de Merksplas à Breendonk. Il y reste jusqu'en mars 1943. Mais une menace plus grande plane au-dessus de sa tête. Steinberg est conduit à la caserne Dossin à Malines, en attendant sa déportation vers Auschwitz. Il a cependant de la chance, car il fait partie du fameux « vingtième convoi », attaqué et stoppé en avril 1943 près de Boortmeerbeek par trois jeunes résistants. Steinberg réussit à s'échapper du train.

Les vieilles habitudes sont tenaces. Steinberg est à nouveau arrêté par la police belge pour vol et faux en écriture, et se fait interner à Rekem. Sa détention dans une prison sous contrôle belge le sauve d'une seconde et sans doute fatale déportation par les Allemands. C'est la raison pour laquelle on a souvent suggéré que Steinberg aurait volontairement cherché à se faire arrêter par la police belge.

Garder des porcs dans un camp de travail où l'on souffre de faim, est certes une position privilégiée. Non seulement le travail n'est pas des plus lourds, mais on profite parfois de la possibilité de compléter la ration officielle avec la nourriture des cochons. Pour les autres détenus, voler de la nourriture de porcs s'avère une entreprise très périlleuse : celui qui s'y laisse prendre paie le prix en coups de fouet. À l'initiative de l'administration militaire, les prisonniers sont régulièrement pesés : tandis que la plupart perdent constamment du poids, le détenu 26, Israel Steinberg, prend trois kilos pendant l'hiver particulièrement rigoureux de 1943. Il n'est même pas chargé de nettoyer lui-même sa porcherie : Paul Lévy est témoin que cette corvée est confiée à l'ancien ministre Désiré Bouchery.

Jean-Charles Burkel, auteur de *Survie au bagne de Breendonk*, voit la position privilégiée du *Schweinemeister* d'un très mauvais œil. Il met le gardien des cochons dans le même sac que Walter Obler, les qualifiant ensemble de « paire de juifs rondouillards ». N'ayant été arrêté qu'en juin 1943, Burkel ne peut pourtant avoir connu Steinberg, car celui-ci ne reste à Breendonk que jusque mars 1943. En a-t-il entendu parler par ouï-dire, ou s'en prend-il au successeur de Steinberg ? Quoi qu'il en soit, il y a toute vraisemblance que Steinberg soit de mèche avec le chef de chambrée et *Obervorarbeiter* Obler. Celui-ci vient lui aussi nourrir les cochons de temps à autre. Obler planque son butin – bijoux et argent qu'il parvient à extorquer aux familles de prisonniers en échange d'une promesse de travail allégé pour leur parent – dans la porcherie, ce qui semble corroborer une certaine connivence entre Obler et Steinberg. D'un autre côté, il n'aurait pas été facile pour Steinberg de dire non à quelqu'un occupant une position de force comme Obler, pour autant qu'il l'eût voulu. Comme tout le monde au camp, Steinberg ne pense qu'à survivre le mieux possible. Et on ne peut pas dire que son attitude porte préjudice aux autres détenus, même si on conçoit fort bien que certains d'entre eux le regardent avec envie.

## La vie dans l'*Auffanglager*

Certains détenus sont mis au travail dans la menuiserie du camp. Norbert Van Eynde, un Malinois dans la trentaine, passe près de trois ans à Breendonk jusqu'à ce qu'il soit finalement déporté en Allemagne. Après un an de dur labeur sur le chantier, il se voit offrir la chance d'exercer à Breendonk son métier dans la vie civile. Un beau soir d'été, les détenus voient Prauss et Schmitt déambuler dans la cour centrale. Prauss s'arrête devant la chambrée de Van Eynde et crie par la fenêtre ouverte : « Y aurait-il quelqu'un qui saurait construire un clapier pour la villa du major ? » Van Eynde n'hésite pas une seconde et se propose. On lui donne quelques outils et quelques planches, et on l'enferme dans une baraque. Van Eynde exécute la commande avec succès, ce qui donne des idées à d'autres Allemands. Prauss lui aussi veut maintenant sa cage à lapins. Les réparations à faire ne manquent pas – ici une fenêtre, là une porte qui ne ferment plus – et les travaux dans le camp – les cellules, la nouvelle infirmerie etc. – prennent de l'extension. Van Eynde saisit sa chance à deux mains. Dans un premier temps, on ne l'enferme plus à clé dans la baraque ; ensuite, il reçoit son atelier de menuiserie à lui, à côté de la forge dans la cour centrale. Il peut se déplacer un peu partout dans le camp pour effectuer des petits travaux, et reçoit même des aides. Comme « chef menuisier », il a désormais sous ses ordres les Flamands Joseph Van Acker et Karel Van Daele, et le garde champêtre wallon Joseph Morias. Van Eynde, qui souffrait auparavant d'un œdème de carence, se remet physiquement : après un petit temps, il ne se plaint plus d'eau dans les genoux.

Le travail présente encore d'autres avantages. Le fait surtout de pouvoir aller et venir où on veut – il suffit pour cela d'avoir sa boîte à outils à la main – est un luxe inédit dont Van Eynde et les siens profitent à fond pour ramasser partout des mégots de cigarettes, jusque dans la salle de torture. Cette liberté relative lui permet aussi de rendre service à ses codétenus, par exemple en leur procurant du bois et des allumettes – obtenues au compte-gouttes d'un travailleur extérieur comme l'électricien De Schutter – de sorte que le poêle peut être allumé.

Van Eynde est le responsable de la chambrée 6. Grippa le cite avec Halkin, Simonart et d'autres comme « un de mes amis de la chambrée 6 ». Van Eynde est la preuve vivante qu'il y a aussi de bons chefs de chambrée. Il est vrai qu'il est dispensé de la pénible tâche de devoir surveiller ses camarades sur le chantier. Le peu de pouvoir qu'il détient en tant que détenu privilégié, il semble s'en servir positivement. Ainsi parvient-il à faire retirer Van Daele, tombé en disgrâce, du chantier et à lui faire réintégrer son poste dans la menuiserie. Van Eynde est certes un privilégié, mais cela ne l'empêche pas de devoir assurer en contrepartie un certain nombre de charges très désagréables, comme l'aménagement de la salle de torture. C'est de l'atelier de menuiserie que sortent les portes des cellules ainsi que les potences auxquelles seront pendus au moins 21 prisonniers.

Son adjoint Van Daele, qui restera à Breendonk du 20 août 1942 au 10 juin 1944, se serait proposé comme volontaire lorsque Prauss demande, en novembre 1942, s'il y a parmi les détenus des menuisiers, des ferronniers ou des électriciens de métier. C'était juste avant qu'un grand convoi de plus de deux cents prisonniers ne parte pour le camp de concentration de Mauthausen en Autriche. Après la première évacuation du camp, un mois avant le débarquement de Normandie, il fait partie de l'équipe qui « devait vider tout le camp et enlever les potences et les poteaux d'exécution ». Van Daele racontera plus tard ses mésaventures dans la presse, aussi bien dans un propre article que par l'intermédiaire de Marcel Polfliet dans *Zoo was het in Breendonk en Buchenwald*. L'un comme l'autre ne craignent pas les histoires corsées. Il faut cependant dire que la position relativement privilégiée de Van Daele lui évite parfois les coups et les sévices, sauf quand il est attrapé par exemple pour vol de nourriture.

La famille polonaise juive Frydman émigre en Belgique au début des années vingt. Alors que les fils aînés David et Joseph sont nés à Lodz, le cadet Jacques voit le jour à Bruxelles en 1923. Le père, Herszel Frydman, monte sa propre affaire de confection à Bruxelles et acquiert une certaine aisance à force de travail. Comme on l'a dit plus haut, ils suivent l'exode en France en mai 1940 et se font arrêter à leur retour. Lorsque les Frydman arrivent au fort le 21 septembre, ils sont priés de choisir un uniforme dans la réserve du fort. Ils doivent y coudre eux-mêmes un insigne avec du fil et une aiguille. C'est là qu'ils vont flairer leur chance.

Au bout d'un certain temps, le chef de famille, 55 ans, obtient du commandant du camp Schmitt de l'utiliser comme tailleur. Selon son fils Jacques, il va carrément se présenter chez Schmitt – une entreprise toujours risquée –, lui montre sa hernie qui lui rend le travail de chantier très pénible, et lui offre tout simplement ses services de tailleur. Son professionnalisme convainc assez vite le SS. Herszel arrive à obtenir qu'un atelier entièrement équipé soit mis à sa disposition et que ses fils puissent l'y rejoindre. Les Frydman confectionnent de beaux uniformes pour Schmitt, Prauss et d'autres SS encore. Ils ne manquent pas d'y mettre tout le temps – par crainte de tomber à court de travail et de voir leur belle planque s'évanouir. En signe de satisfaction pour leur travail, les SS leur octroient certains avantages dont les autres prisonniers ne peuvent que rêver: c'est ainsi que Schmitt pourvoit les Frydman en cigarettes, alors

Un beau jour à la mer : le père et les trois fils Frydman à Blankenberge en 1937 ou 1938. À gauche, Jacques, le cadet.

qu'il est strictement interdit aux autres détenus de fumer et qu'ils peuvent même être sévèrement châtiés pour le ramassage d'un mégot.

Fin janvier 1942, les trois frères Frydman sont remis inopinément en liberté, sans aucune explication. Le père est moins chanceux. Il est transféré à la caserne Dossin, d'où il sera déporté à Auschwitz. Il n'en reviendra pas. Jacques apprendra plus tard, de la bouche d'autres survivants de Dossin, que Schmitt, au titre de commandant de la caserne Dossin, aurait exprimé ses regrets au sujet de la déportation de Frydman pendant son absence : c'est que Herszel était pour Schmitt le « bon juif » en personne…

Outre des tailleurs, la direction du camp installe aussi des cordonniers dans la *Schneiderei* (atelier de confection). Après le départ des Frydman, on pourvoit à leur remplacement. Jusqu'au dernier jour, il restera des tailleurs et des cordonniers juifs à Breendonk. À partir de 1942, un certain Jacques Katz, un juif immigré de la région de Charleroi, se voit confier la direction de l'équipe de tailleurs. Son assistant Gustave De Backer le décrit comme un homme un peu timoré, mais fondamentalement bon, qui protégeait ses collaborateurs, ce qui lui valait pas mal d'ennuis. Katz sera lui aussi déporté et ne survivra pas aux camps. Comme les noms l'indiquent, des non juifs aussi bien que des juifs se retrouvent à la *Schneiderei* : les Frydman, Katz, De Backer, Robert Gardyn, le major Hullebroeck, Albert Procès, Albert Meeuws, Arnold Teitel, Isaac Teitelbaum, Eisig Rosenstrauss, Fernand Stippelmans, Aron Baumgard, Arnold Brucker, Szmul Minchenberg, Peter De Braeckeleir, Alfred Heilberg et probablement d'autres encore. Alfred Heilberg déclarera plus tard à la justice allemande qu'il était l'*Obervorarbeiter* ou chef d'équipe d'un *Arbeitskommando* de tailleurs et de cordonniers qui, au milieu de 1944, furent envoyés de la caserne malinoise Dossin à Breendonk. Ils devaient y préparer des tenues de prisonniers en y cousant des numéros. Les gardiens allemands et flamands leur demandaient régulièrement de ravauder des vêtements pour eux. Selon Heilberg, cet *Arbeitskommando* resta du ressort de la caserne Dossin et n'aurait de ce fait – et aussi en raison de sa fonction – pas été autant maltraité que les prisonniers politiques.

Alors que les Frydman peuvent travailler dans leur *Schneiderei* sans être trop dérangés, c'est beaucoup moins le cas pour leurs successeurs. Début 1942, le SS gantois Robert Baele est préposé comme chef magasinier. En janvier 1944, il est remplacé par le SS roumain Schneider sous prétexte, dixit son collègue flamand Van Hul, que « les Allemands n'ont pas confiance en un Flamand comme magasinier ». Le *SS-Unterscharführer* Jürgens a lui aussi travaillé un petit temps au magasin de vêtements,

Le magasin d'habillement déménage plusieurs fois : il est installé tantôt dans une casemate, tantôt dans le local de gauche du tunnel d'accès (à droite sur la photo), ou encore dans ces baraquements en bois (entre-temps disparus) situés dans la cour de l'appel.

de fin janvier à fin février 1944. Au-dessus de Baele et de Schneider se trouvent d'autres SS allemands : le *SS-Unterscharführer* Ernst Normann, qui se souvient de Baele comme adjoint, et après lui le *SS Hauptscharführer* Georg Franz, de qui l'équipe de Heilberg reçoit ses ordres. Sauf quand il faut remettre leurs vêtements à de nouveaux entrants, Normann et Franz ne se montrent guère dans la *Schneiderei*. On doit subir dans l'atelier la même surveillance constante de la part des SS que sur le chantier. Schneider, par exemple, est condamné en 1950 par la justice belge à cinq ans de prison pour mauvais traitements infligés à des prisonniers. La plupart de ses victimes n'ont jamais travaillé dans l'atelier de couture, à l'exception de De Braeckeleir et du docteur Reynaers. Le premier ne reçut de coups que le jour de son arrivée et le second eut droit à la schlague à la suite d'une erreur de comptage ; il ne resta d'ailleurs que deux jours dans le magasin. Schneider est même reconnaissant aux magasiniers – c'est du moins ce qu'il prétend à la justice – parce qu'ils lui ont inculqué les rudiments de la comptabilité. La coopération en petit groupe avec des gens de métier crée en tout cas une toute autre ambiance que sur le chantier.

## L'habillement

« C'est la glorieuse défroque de nos combattants de l'autre guerre », répond Frans Fischer avec un air de défi au sous-officier qui lui tend son uniforme de camp. Il paie sa remarque d'une bonne gifle. C'est sûrement pour des raisons purement pragmatiques que les détenus reçoivent comme tenues de camp de vieux uniformes de l'armée belge. Il en reste en effet encore tout un stock dans le fort. Tout insigne militaire en est bien sûr ôté. On coupe également le pompon des bonnets militaires belges, jugé trop ridicule et peu martial. D'une enquête de l'auditorat militaire, il ressort cependant que tous les détenus n'ont pas reçu ce bonnet.

L'uniforme du camp ? Un pantalon, une veste et généralement aussi un bonnet. Quant au reste de l'habillement, les vêtements reçus à l'arrivée et les vêtements civils qu'on peut garder, les témoignages varient. Après la libération, la Commission des crimes de guerre a établi que les détenus ne pouvaient généralement garder que leurs chaussures et leurs sous-vêtements ; certains privilégiés ont aussi pu garder leur propre pull-over. Sur les photos d'Otto Kropf, on peut voir les détenus sur le chantier en manches de chemise, parfois avec des bretelles ou un pull. Un coup de sonde dans les principales sources montre à quel point les expériences sont diverses : dans un ouvrage de 1985, Paul Lévy affirme qu'à son arrivée en novembre 1940, il a reçu un caleçon, une chemise, un pantalon kaki, des chaussettes et des bottines militaires. Les dix otages malinois qui arrivent le 23 juin 1941 déclarent, en 1945, qu'ils pouvaient garder leur chemise, leur mouchoir et leurs bas. Jean-Charles Burkel, qui a relaté son expérience avec un grand souci des détails, prétend de son côté que lui et ses codétenus ont pu garder leur chemise, leurs chaussettes et leurs chaussures, et ont reçu de Walter Obler « une chemise de rechange, un essuie-mains, un ou deux mouchoirs et une ou deux chemises à manches courtes ». Il vit aussi un gardien fourrer leurs vêtements civils en boule dans des sacs en ersatz de jute. Selon le SS Wyss, les détenus qui arrivèrent au camp les derniers mois reçurent tous une chemise bleue identique. Cela peut paraître des détails insignifiants, mais pour celui qui séjourne dans un bagne pendant plusieurs mois, chaque pièce d'habillement a son importance.

D'après le tailleur Jacques Frydman, on ne commence à distribuer des chaussures qu'à partir du moment où l'on aura découvert dans le fort un stock de chaussures de l'armée belge. Sur les photos d'Otto Kropf, on voit que tout le monde porte les mêmes chaussures. Ceux qui arrivent au camp plus tard – comme Gysermans en 1942 et Burkel en 1943 – garderont leurs propres chaussures. Ceux qui arrivent au cours de la dernière période, comme Léon Halkin fin 1943, recevront des sabots. Les chaussures totalement usées sont également remplacées par des sabots. Après le travail, tout comme les outils, elles doivent être nettoyées dans les cuvettes situées dans la grande cour : le contact quotidien avec l'eau n'est naturellement pas idéal pour l'entretien du cuir. Juste comme les uniformes, les chaussures remises aux détenus ne sont pas toujours à la bonne pointure : Vladimir Lasareff a dès les premiers jours les pieds en compote ; à défaut de soins, ses ampoules provoqueront de sérieuses lésions. Avec les sabots, c'est pire encore. Celui qui doit en porter sans de grosses chaussettes de protection souffre le martyre. Hertz Jospa n'oubliera jamais le geste de ce codétenu juif condamné à mort qui, dans l'heure précédant son exécution, glissa sa paire de chaussettes sous sa paillasse.

Il n'est pas question de pardessus pour les détenus. Chemise et veste doivent suffire contre le froid. Même en hiver, ils doivent enlever leur veste sur le chantier. Avant le début du travail, lisons-nous chez Jean Blume, retentit l'ordre : « *Mütze ab* » et « *Rocken ausziehen* » (« Ôter le bonnet » et « retirer la veste »). Certains fourrent du papier, des morceaux de sacs de ciment par exemple, sous leur chemise pour se protéger contre le froid, bien que cela soit interdit et sévèrement puni. Le jeune et futé Solonevitch prétend qu'il a réussi à mettre la main sur un fond de bidon d'huile dont il enduit sa veste pour la rendre imperméable. Sur les photos d'Otto Kropf – prises un beau jour de printemps – les détenus travaillent presque tous en bras de chemise. Un individu a cependant gardé sa veste ou son chandail. Kropf travaille pour une section de propagande: ses photos ne visent pas à fixer des scènes brutales; peut-être a-t-on fermé les yeux ce jour-là sur certains points du règlement. Nève de Mévergnies, qui, à partir de la fin de 1943, est venu plusieurs fois à Breendonk pour le compte du Foyer Léopold III, prétend n'avoir jamais vu de prisonniers avec un pull, même au creux de l'hiver et qu'ils tremblaient de froid.

Nève se rend régulièrement à Breendonk parce que son organisation, «Le Foyer Léopold III», a obtenu de pouvoir livrer aux prisonniers, non seulement des vivres, mais aussi des vêtements et des chaussures. Une bonne partie de ces vêtements – tout comme avec les colis de nourriture – est toutefois détournée par les SS à leur profit ou écoulée par eux sur le marché noir. L'ampleur précise de ces détournements est naturellement très difficile à évaluer. Des détenus travaillant dans l'atelier de couture ont remarqué que certains SS, comme par exemple le chef magasinier gantois Robert Baele, camouflent régulièrement quelque chose. Mais selon Nève de Mévergnies, on était en présence de beaucoup plus que de menus larcins commis par du personnel subalterne – celui-ci aurait en effet eu bien du mal à écouler de grandes quantités vers l'extérieur – : il s'agissait bien de vol systématique et à grande échelle des vêtements destinés aux prisonniers.

Au cours de ses premières visites, Nève constate en effet qu'aucun prisonnier ne porte un des vêtements livrés, à part les chaussettes. Il est surtout frappé de voir que personne ne porte un pull alors qu'il fait un froid hivernal. Nève s'en ouvre à la direction du camp, mais le commandant Schönwetter, le successeur de Schmitt, jure ses grands dieux que rien n'a été dérobé ni détourné. Nève informe aussi fidèlement sa propre direction – en l'occurrence la princesse de Ligne – , mais il s'entend répondre que des livraisons n'arrivant que partiellement à destination valent mieux que pas de livraisons du tout. Après la libération, l'auditorat militaire, la Commission belge des crimes de guerre et l'armée britannique tâcheront d'évaluer l'importance des livraisons dérobées, mais ce ne seront jamais que des estimations. Ainsi, d'après la Commission, la plus grande partie du linge de corps fourni par le Foyer Léopold III n'a jamais été distribuée aux prisonniers, et sur les 2 000 tricots livrés en janvier 1944, à peine la moitié. Si l'on voit les choses d'un point de vue positif, cela signifie qu'une partie des vêtements destinés aux prisonniers de Breendonk leur est tout de même parvenue. Le détenu Thys témoignera en décembre 1945 qu'au début 1944, des sabots, des sous-vêtements et des vêtements chauds ont bien été distribués aux prisonniers. Il est certain que ceux-ci ne reçoivent ces nouveaux vêtements que lorsque leurs vieilles hardes sont usées jusqu'à la corde.

Le textile est une denrée particulièrement rare pendant l'occupation. Dès juin 1940, le *Ministry of Economic Warfare* britannique qualifie la pénurie en fibres textiles d'un des trois problèmes majeurs de l'économie de guerre allemande. L'industrie textile est un des secteurs industriels belges les plus exploités par le Reich: 75 à 80 % de la production de guerre belge prennent ainsi la direction de l'Allemagne. De plus en plus, on recourt à des ersatz de fibres. « Après quelques années de guerre, observe le sociologue de l'ULB Guillaume Jacquemyns, la situation de beaucoup de familles est devenue réellement pénible. Les garde-robes et les armoires à linge se sont vidées. Beaucoup de vêtements sont usés jusqu'à la trame... Certains individus portent tout leur trousseau sur le dos. »

À partir de juillet 1943, les Allemands organisent des *Bombengeschädigtenaktionen* à l'occasion desquelles ils achètent des produits textiles belges en grosses quantités à l'intention des victimes des bombardements des villes allemandes par les alliés. Inutile de préciser que, pour les victimes et les opposants du Reich enfermés dans un camp comme Breendonk, il ne reste que la portion congrue. En fait, les actions du Foyer Léopold III en faveur des détenus de Breendonk contrecarrent précisément cette tendance à l'exploitation sans cesse croissante de notre industrie textile et de nos stocks par l'Allemagne. La direction du camp ne tolère ces fournitures que parce qu'elle en profite elle-même; elle laisse parvenir une partie des vêtements aux prisonniers pour ne pas pousser le Foyer Léopold III à suspendre ses convois de camions remplis de vêtements pour Breendonk. C'est du moins l'explication la plus plausible.

Lave-t-on parfois les vêtements et à quelle fréquence? On ne dispose que de peu de témoignages à ce sujet. La Commission pour les crimes de guerre a prétendu que les chemises n'étaient lavées qu'une fois tous les six mois. Cette affirmation ne cadre guère avec le témoignage des exploitants de la blanchisserie Tempo à Willebroek. Les propriétaires de cette firme, fondée en 1935, ne sont pas connus à Willebroek comme pro-allemands ou «noirs». Fin 1940, Prauss vient se présenter chez le patron. Il lui demande s'il ne veut pas s'occuper du linge des détenus du fort de Breendonk. «Ma femme a accepté. Dire non n'aurait d'ailleurs pas servi à grand-chose. Depuis lors, nous avons régulièrement travaillé pour le fort. Au début, nous devions faire une lessive tous les quinze jours; mais vers la fin de l'occupation, c'était presque chaque semaine... Pendant les mois d'hiver, nous lavions pour les détenus du fort des chemises, des caleçons, des mouchoirs et des bas. En été, la même chose, à part les bas. Tantôt nous allions nous-mêmes enlever ces effets au fort avec une charrette à bras, tantôt ils nous étaient apportés par les soins du fort jusque chez nous.»

Selon Burkel, les chemises étaient remplacées après la douche collective. Les détenus doivent alors remettre leur linge de corps pour le donner à la lessive, mais «il nous était tout simplement volé s'il était en bon état... Parfois, l'une ou l'autre pièce nous revenait cependant, mais rongée, mangée par les produits corrosifs utilisés pour la lessive de masse. Le linge prêté était marqué de grandes lettres noires: L.B., c'est-à-dire *Lager Breendonk*. Il avait été soustrait à d'autres détenus transférés, pendus ou fusillés.»

L'obligation d'échanger son linge contre du linge d'autrui procède moins d'une intention maligne que de la manière dont s'organise le ramassage du linge sale et la remise du propre, même s'il est très possible que les SS en prélèvent les meilleures pièces lors du retour de la blanchisserie. Selon le chef magasinier SS Schneider, le linge sale est réuni par lui et par les détenus juifs sous ses ordres dans la *Wäschekammer*, tandis que le linge propre est conservé dans la *Kleiderkammer*. S'agissant des produits de lavage, Burkel n'exagère certainement pas. D'après Jacquemyns, les poudres à lessiver du temps de l'occupation sont effectivement de piètre qualité: on ne trouve plus que des produits corrosifs qui ne ressemblent en rien aux produits de lessive d'avant la guerre. Les ménagères font d'ailleurs moins de lessives qu'avant pour ne pas user les rares vêtements encore plus vite.

Parfois les lessives chez Tempo ne suffisent plus, parce que les vêtements, tout comme les paillasses et les draps, sont remplis de vermine. De temps en temps, la direction du camp organise une désinfection des chambrées: on brûle les draps et les paillasses, et on désinfecte les vêtements.

## L'hygiène

Des paillasses et des vêtements remplis de poux, un voisin de couchette atteint de dysenterie… : le manque d'hygiène fait aussi de Breendonk un enfer. Comme le dit l'ancien détenu Robert Schriewer : « On croit toujours que la souffrance dans les camps vient des coups et des brutalités dont on est l'objet, mais on ne doit pas nécessairement être battu pour souffrir. » La souffrance, c'est aussi se sentir sale, puer, être rempli de poux, devoir aller collectivement aux latrines au commandement etc.

### *Les toilettes à Breendonk*

La visite aux toilettes est un exemple typique de l'humiliation quotidienne à laquelle vise toute l'organisation pratique de la vie du camp. Rares sont les anciens détenus qui n'ont pas souligné cet aspect. L'un d'eux le qualifie même d'« un des souvenirs les plus détestables et les plus humiliants de ma vie ». Selon Solonevitch, c'est, pour beaucoup, « mentalement plus éprouvant que tous les sévices corporels. » Cela dépend naturellement de l'expérience globale que chacun vit à Breendonk : Solonevitch, par exemple, échappe pour ce qui le concerne aux travaux forcés et aux graves sévices physiques.

Avant la fin de 1943, les installations sanitaires du fort sont totalement déficientes. Dans chacune des deux cours intérieures se trouve un petit bâtiment en briques contenant chacun quatre toilettes dites « françaises » ou « turques ». Ce sont de simples trous pour s'accroupir, sans porte devant. Sur le côté se trouve un urinoir. Ces latrines n'existaient pas encore en 1914. Selon l'historien militaire Bart Legroux, elles furent construites entre les deux guerres et reliées à la fosse d'aisance située sous la cour de rassemblement.

Pour la population du camp qui, début 1941, dépasse déjà la centaine, c'est naturellement tout à fait insuffisant. Cela restera pourtant pour un bon bout de temps le seul système sanitaire pour les détenus. Même encore durant l'été 1941, Frans Fischer doit constater qu'il n'y a que huit latrines pour trois cents prisonniers, « si on peut appeler ainsi les cloaques infects, mal entretenus, dépourvus de toute chasse d'eau, où les infortunés forçats devaient satisfaire leurs besoins naturels. » Plus tard, la direction du camp fera cependant installer à côté des « toilettes françaises » une cuve géante d'un diamètre de 2,5 mètres. Celle-ci permettra à une douzaine d'hommes de s'y asseoir en rond, sous les yeux de leurs gardiens.

La vie dans l'*Auffanglager*

«En cercle»: la séance de toilettes collective sur un fût, vue par l'artiste-détenu Wilchar. «S'asseoir postérieur contre postérieur sur un fût, telle était l'hygiène de Breendonk» (Eugeen Heimans). La plupart des témoins situent ce fût dans la cour de l'appel. Wilchar prétend dans une interview à la RTBF que de son temps, ce fût a été déplacé à côté du fossé d'enceinte; le contenu en aurait été utilisé comme engrais pour le potager.

La pestilence des toilettes se répand jusque dans les chambrées et sûrement aussi dans le bureau voisin des SS. La direction du camp décide dès lors de faire construire un nouveau local de toilettes, mais l'entrepreneur Frans Tierens interrompt la construction en avril 1942, en raison d'un problème de payement. Les travaux sont arrêtés pendant un an, jusqu'à ce qu'ils soient repris par la firme Van Mensel. Il faut ainsi attendre jusqu'en 1943 avant que les installations sanitaires ne connaissent une amélioration effective. Lorsque le médecin général Blum, le *Leitende Sanitätsoffizier* de la *Wehrmacht* en Belgique, vient inspecter Breendonk en juillet 1943, il note «l'amélioration générale des conditions sanitaires», visant en particulier les latrines. Une nouvelle salle de toilettes est donc construite à côté de l'aile ouest du «front de gorge»: un grand local où peuvent prendre place pas moins de 55 détenus. Le 7 février 1944, Blum note lors d'une de ses inspections suivantes que les nouvelles latrines sont déjà opérationnelles et font bonne impression. Elles furent probablement mises en service entre la mi-octobre 1943 – Burkel, qui quitte Breendonk le 16 octobre 1943, ne parle que des anciennes latrines – et le début de février 1944, sans doute après le remplacement de Schmitt par Schönwetter comme commandant du camp en novembre 1943.

Même dans la nouvelle salle de toilettes, il s'agit encore de «toilettes françaises», bien peu confortables au regard des normes actuelles. Ces normes ont certes beaucoup évolué avec le temps. Le WC ou *watercloset*, c'est-à-dire la toilette avec chasse d'eau, ne se répandra dans de larges couches de la population qu'après la Seconde Guerre mondiale. Bien après la guerre, beaucoup de toilettes à la campagne ne sont encore qu'une planche avec une lunette au dessus d'une fosse d'aisance. Comme les casemates, ces «toilettes françaises» avaient été construites dans la cour centrale du fort pour l'usage des soldats belges. La plupart des détenus de Breendonk avaient fait connaissance avec ce type de toilettes au cours de leur service militaire, car il était largement répandu dans nos casernes. Pour de grands groupes, elles étaient en effet considérées comme plus hygiéniques que les toilettes assises. Les «toilettes françaises» ne furent cependant jamais populaires dans notre pays.

Toutefois, ce ne sont pas tant les installations sanitaires elles-mêmes qui présentent un caractère si répugnant à Breendonk, que la «mise en scène» de leur utilisation par les détenus: en groupe, sous surveillance, sans aucune intimité, ni hygiène, ni aise. Pour ceux qui doivent aller en cercle sur la cuve, le manque d'intimité est encore plus criant que pour ceux qui peuvent aller dans les autres toilettes, à tel point que le détenu 2236 Burkel est convaincu que les SS l'y envoient expressément en guise de punition.

Le temps accordé pour aller aux toilettes est strictement minuté. «À Breendonk, rapporte l'avocat et homme politique communiste Jean Fonteyne, vous n'aviez jamais un moment de repos, tout devait se faire à la hâte.» La durée tolérée pour une visite aux toilettes est de deux minutes en moyenne, ce qui est bien peu, surtout pour celui qui souffre de dysenterie, un mal très répandu dans les camps. Les gardiens font déguerpir les détenus qui s'attardent et gratifient les traînards de coups de botte et de trique. Le papier de toilette est bien sûr inexistant (celui-ci est d'ailleurs encore un luxe à cette époque; la plupart des gens utilisent du papier de journal). Seuls quelques débrouillards réussissent à mettre la main sur un morceau de journal ou un vieux chiffon.

**Témoignages de deux « arrestants » sur les toilettes à Breendonk**

Remy Libotton :
« Après être rentrés et nous être habillés, nous étions rappelés dehors. En rangs par deux. On nous mettait un sac bleu sur la tête. Il fallait le tenir de manière à voir où on mettait les pieds, et en même temps tenir celui qui marchait devant par le pan de sa veste, et puis : *Links-zwo-drei-vier, links-zwo-drei-vier. Vort-vort*. Pour aller où ? Nous ne le savions pas. On entendait bien parfois un groupe d'une autre chambrée venant en sens inverse. Et puis, *stop, stop, halt*, et nous étions arrivés : aux toilettes françaises, sans cuvette, bien sûr. Chacun à son tour. Hop, défaire le pantalon. Hop, baisser le pantalon. Hop, *Hinsitzen*. Hop, ressortir. Combien de temps ? Je n'oserais le dire. Nous n'avions plus de montre. Mais je crois que cela pouvait durer une demi-minute. »

VRT, émission *Boulevard*, 1995.

Hertz Jospa :
« Tout devait se faire au commandement : baisser le pantalon, s'accroupir, *scheissen* ; très souvent, le dernier commandement était suivi d'un autre : se lever. Avec pour conséquence que beaucoup de camarades n'osaient pas se soulager. De crainte d'être surpris par l'ordre de se relever – et sans papier à notre disposition – , ils préféraient se retenir. »

Témoignage dans le *Wiener Library*, 1956

Celui qui a un besoin pressant pendant les heures de travail doit demander la permission à un gardien. La formule exigée est : « *Herr SS-Mann, bitte austreten zu dürfen* ». La demande est acceptée ou refusée selon le bon plaisir du SS en question. Si on a obtenu une réponse positive, on peut aller se soulager un peu plus loin, par exemple derrière une haie ou en contrebas du fossé. Edgard Marbaix assiste à la scène où son compagnon S. s'adresse malencontreusement au SS pour lui demander où il peut aller. « Dans la casquette du lieutenant, ricane le massif De Bodt, avec une grande claque sur l'épaule du trop naïf S., qui doit rentrer ses tendances éjectrices et faire ceinture jusqu'à des moments meilleurs… »

La gêne de se soulager à la vue des autres s'estompe rapidement par la force des circonstances. Parfois, quelques prisonniers font une demande commune et vont alors faire leurs besoins à quatre ou cinq derrière une haie. Edgard Marbaix fulmine d'indignation lorsqu'il voit le lieutenant SS Prauss uriner lui aussi en plein chantier, « n'éprouvant nulle gêne, dans son inconscience morale, à se déboutonner face à ses prisonniers sans se détourner le moins du monde ». La femme du commandant a la réputation, lors de ses visites au chantier, de prendre un malin plaisir à regarder les détenus s'y soulager.

« Faire ses besoins pendant la journée, c'était aussi toujours une aventure », dit Wilchar dans le film *Les larmes noires* que lui consacrera Richard Olivier en 1993.

Les détenus essaient autant que possible de faire leurs besoins sur le chantier parce qu'on y est moins bousculé qu'aux séances de toilettes collectives. Ce sont en outre de brefs moments de détente : chaque minute où on peut ne pas travailler est la bienvenue. On se garde pourtant de le demander trop souvent. À chaque nouvelle demande, on est tenu de dire : « *Herr SS-Mann, von austreten zurück* ». Il arrive que celui qui essuie un refus ou qui craint seulement d'en essuyer un, aille se soulager dans un creux du terrain en espérant ne pas être repéré par les gardiens. Se soulager clandestinement est punissable. Le contrevenant qui se fait attraper par le SS anversois Fernand Wyss risque plus que la bastonnade habituelle : en plus de coups de fouet, il doit trimballer un sac de pierres pesant 30 à 40 kilos, marcher à quatre pattes avec une bêche en main ou rester sans bouger avec un outil dans chaque main.

Une fois rentrés dans la chambrée, les détenus doivent se contenter de deux seaux de nuit pour 48 hommes. Cela s'avère bien souvent insuffisant, notamment quand il y a des cas de dysenterie. Lorsque les seaux, auxquels adhèrent encore des restes d'excréments des nuits précédentes, sont pleins, le surplus s'écoule sur le sol. Chaque matin, deux détenus par chambrée sont chargés d'aller vider les seaux pleins à ras bords. Les « arrestants » doivent vider leur propre seau, ou ce qui en tient lieu. Une corvée particulièrement précaire : celui qui se dépêche verse inévitablement à côté, celui qui essaie de ne pas verser est trop lent au goût des gardiens. « Saligaud ou traînard, on recevait toujours des coups », se souvient Remy Libotton.

## Les douches

Comme les visites aux latrines doivent se faire dans une telle précipitation, et que pendant la toilette journalière on ne peut se laver que la figure et le torse, on peut s'imaginer dans quel état de saleté se trouvent le plus souvent les détenus. Pour maintenir un niveau d'hygiène minimum, les SS introduisent donc des séances de douche régulières. En novembre 1940, ils font installer une vingtaine de douches dans la grande salle à droite de la poterne, un local sans lumière naturelle, encore recouvert de terre du côté extérieur, contre la place de rassemblement. C'est la firme August

## La vie dans l'*Auffanglager*

Pas de Londerzeel qui vient faire les travaux. Lorsqu'à l'été 1941, le local de douches primitif est transformé en cuisine, la direction du camp fera construire un nouveau bâtiment de douches dans la cour de rassemblement est. Les anciennes installations étaient manifestement devenues trop petites, compte tenu de l'accroissement de la population du camp. Le nouveau bâtiment abrite 64 douches. Des deux côtés de l'espace douches proprement dit, il y a un vestiaire de quelque 6 m$^2$ où doivent se déshabiller 32 hommes à la fois.

D'après la plupart des témoignages sur la période 1942-1944, les *Häftlinge* ou prisonniers ordinaires vont à la douche le samedi midi après le travail, et les «arrestants» le vendredi après-midi. En 1941, il faut se passer de douche pendant tout le temps où on installe la cuisine et la nouvelle salle de douches. L'obligation de se laver tout le corps une fois par semaine reste cependant en vigueur pendant cette période. Auparavant, fin 1940 et début 1941, la douche hebdomadaire est également prévue en principe, même si, d'après Moiske Fingherman qui arrive au camp en janvier 1941, les installations sont devenues défectueuses.

Tout comme pour les toilettes, les séances de douche doivent également suivre un rythme accéléré, sur l'air de «*schnell, schnell*». Edgard Marbaix, que l'on ne peut soupçonner de vouloir dramatiser ces séances – il en parle plutôt positivement – estime que 400 hommes doivent s'y succéder en une heure. Ce qui signifie que chaque contingent de 64 hommes dispose en moyenne de dix petites minutes. D'après Landsvreugt et Lemaître, Prauss réussit un jour à atteindre un record de 7 minutes. Les détenus doivent se pousser et se bousculer pour arriver à se déshabiller dans l'espace réduit du vestiaire. Après peu de temps, ils ressortent déjà, souvent mal rhabillés, avec leurs vêtements à moitié trempés. D'autres détenus doivent déjà se déshabiller dans la chambrée et attendre tout nus dans la cour de rassemblement jusqu'à ce que le groupe précédent ressorte de la salle des douches. La femme du commandant ne déteste pas non plus de venir contempler ce spectacle, prétendent certains.

Lors de ces séances, les coups peuvent pleuvoir, exactement comme pendant le travail, l'appel ou les temps de toilettes communes, parce que cela ne va pas assez vite au goût du SS, ou pour d'autres prétextes. Beaucoup dépend des gardiens: en dehors du sinistre duo Wyss - De Bodt, le forgeron Carleer, un VNV qui travaille au camp comme ouvrier civil, s'avère aussi un redoutable garde-chiourme. De nombreux témoignages rapportent qu'on alterne continuellement l'eau chaude et l'eau froide. D'autres prétendent même que les SS font exprès de faire alterner de l'eau très chaude et de l'eau glaciale en guise de brimade. D'après Gie Van den Berghe, auteur de maints ouvrages et articles sur les camps, « cette rumeur circulait dans tous les camps nazis. Les détenus épuisés interprétaient naturellement ces douches dans ce sens ; les situations extrêmes amplifient la tendance à chercher des intentions et à penser en termes de complot. On oublie qu'au milieu du siècle dernier, et encore par la suite, l'alternance d'eau chaude et froide était la norme habituelle dans les douches collectives, par exemple au pensionnat ou à l'armée. » Gaston Vanpee, détenu en août 1944, prétend néanmoins avoir été vraiment mis à la torture en se faisant immerger successivement dans un bain chaud et un bain froid.

À Breendonk, il n'y a pas de miroirs : à la douche, on se voit pour ainsi dire dans le miroir de l'autre. Le détenu Jean Engels se rend un samedi pour la première fois aux douches et se saisit à la vue de ses compagnons. « Certains d'entre eux se trouvaient dans un état pitoyable. » Dans le style plus pathétique du *Chemin de croix de Breendonk*, cela devient : « Quel spectacle que ces corps décharnés, couverts de bleus et de plaies purulentes… »

---

**Témoignages à propos des douches**

Edgard Marbaix en 1944 :
« Samedi 10 avril… Les samedis de Breendonk, jour le plus attendu de la semaine. À 11 heures, après une demi-journée écourtée de travail, rendu plus allègre par la perspective d'une bonne après-midi de tranquillité, bains-douches.
Ah la fraîche sensation de l'eau courante sur tout le corps. Nous sommes soixante, serrés à se toucher sous la pomme d'arrosoir, qu'importe. La douceur bienfaisante de l'eau trempe les muscles, assouplit les corps. Instants trop brefs, hélas. Car les quatre cents détenus doivent passer en une heure, et le temps est, dès lors, évidemment compté. »
*Breendonk-la-Mort*, p. 47

Piens :
« Chaque semaine aussi nous passions à la douche. L'installation du camp, sous ce rapport, était parfaite ou presque. (…) chassés par les *schnell-schnell* des SS, nous nous retrouvions dans la cour, mal vêtus et tout mouillés encore, attendant dans le froid et sous la pluie que toute la fournée fut sortie. Encore une fois, ce qui devait nous faire du bien, risquait de nous causer plus de misères encore. »
*Les postiers à Breendonk*, p. 85

François De Coster en 1999 :
« Les douches étaient ou bien trop chaudes, ou bien trop froides. Ils s'amusaient bien, les SS. C'étaient toujours ces deux types, Wyss et De Bodt, qui s'amusaient à tourner

les robinets, du chaud au froid, du froid au chaud. C'était quand même parfois assez terrible. »

Belleflamme & Welling, IV-V

Déclaration du député communiste Henri Glineur :
« ... Raes, un samedi de fin 1942, dans les douches, après le bain, alors que j'étais nu et baissé, mettant mes chaussettes, me porta un tel coup de matraque dans le dos, atteignant la colonne vertébrale, que je pensais qu'il me tuait. »

Cité dans Jules Wolf, *Le procès de Breendonk*, Bruxelles 1973, p. 71

## Les soins médicaux

Ces « plaies purulentes » que Landsvreugt et Lemaître remarquent chez leurs codétenus pendant la douche ne sont qu'une des nombreuses sortes de lésions ou de maladies auxquelles le détenu de Breendonk est exposé : maladies résultant du régime de camp, lésions consécutives aux mauvais traitements, sans compter les maladies infectieuses « courantes ». Les soins sont limités au minimum. Les médicaments sont rares, le service infirmier très insuffisant, la liberté d'action et parfois même la bonne volonté des médecins et du personnel, limitées.

Le 17 février 1941 est marqué par la mort du premier détenu : Julius Nathan, un juif d'un certain âge, né à Bâle en 1878. Nathan arrive au camp le 4 février, au moment où les conditions de travail connaissent un net durcissement. Souffrant d'asthme, il passe la première nuit assis sur sa couchette. S'il reste couché, il étouffe. Il n'arrive pas à suivre le rythme de travail. Après deux semaines, il s'écroule sur sa brouette à l'entrée du pont. Il est considéré comme un tire-au-flanc, brutalisé et envoyé au bloc disciplinaire. Il y décède le soir ou la nuit même. Le chétif Nathan avait voulu se porter malade, mais le *SS-Untersturmführer* Prauss l'avait rembarré en disant qu'il ne considérait comme malade que « celui qui arrive chez moi avec sa tête sous le bras ». C'est manifestement une de ses finesses favorites, relevée aussi bien par Lévy que par Ochs : « *Für mich, um krank zu sein, muss man sich melden mit dem Kopf unter dem arm* ».

On comprend donc que le compagnon de captivité de Nathan, Paul M. G. Lévy, ait pu écrire dans son témoignage sur Breendonk *Un témoin raconte* qu'au cours de la première année d'existence du camp, il n'y avait pas le moindre service médical, pas de pavillon pour les malades, et qu'il était même interdit d'être malade. Dans la réalité, la situation est cependant moins négative. Le 31 octobre 1940, le journal de bord de la *Wehrmacht* mentionne pour la première fois « *1 Häftling ins Lazarett* »; ce jour-là, un détenu malade est conduit de Breendonk à l'hôpital militaire (*Kriegslazarett*) de Bruxelles ou d'Anvers. À partir du 9 novembre 1940, on trouve une annotation de ce genre pour chaque jour. En 1940, il ne s'agit jamais de plus de trois détenus à la fois. Ce n'est qu'en mars et avril 1941 que le nombre passe à quatre et même six, même s'il retombe parfois en dessous. À la date du 21/22 mars, on lit: « *Um 10.00 Uhr 1 Häftling von dem Revier nach Lazarett Brüssel.* » C'est la seule fois qu'est mentionné un lieu, ce qui laisse supposer que dans tous les autres cas, les prisonniers sont conduits à l'hôpital militaire d'Anvers, la destination traditionnelle des malades de Breendonk.

Il est question pour la première fois du *Revier*, le pavillon des malades dans le jargon des camps, dans le livre de bord en date du 22/23 février 1941 : « *126 davon 2 Lazarett 6 Revier* ». Au cours des premiers mois, il n'y a pas de pavillon des malades à Breendonk, mais « seulement un petit local pour l'examen des malades », déclare Lévy à la justice belge peu après la guerre, à un moment où il a la mémoire plus fraîche que lors de la rédaction de *Un témoin raconte*. Deux chambrées vides au bout du couloir, les numéros 13 et 14, sont utilisées comme *Revier* : deux chambrées, car ici aussi, il convient de séparer les juifs des « aryens ». Selon l'infirmier allemand Fliegauf, l'infirmerie « aryenne » offre une quarantaine de places, la juive une vingtaine. La séparation entre malades, inspirée par l'idéologie nazie, a pour résultat paradoxal que les juifs si méprisés bénéficient d'une salle plus commode – car moins peuplée – que les « aryens ».

On n'a conservé que quelques-uns de ces livres de bord de la *Wehrmacht*. Seul le premier (qui couvre la période du 2 octobre 1940 au 19 juin 1941) consigne le nombre de détenus recueillis chaque jour à l'infirmerie, fût-ce de manière non systématique. Ainsi faut-il attendre du 22 février jusqu'à la mention déjà citée du 21 mars pour voir réapparaître le mot *Revier* dans le *Wachbuch*. Selon toute vraisemblance, l'infirmerie n'est pas restée vide entre-temps. Sur la porte de chaque chambrée est apposée une affichette indiquant outre le nombre total de détenus, le nombre de ceux recueillis à l'infirmerie et de ceux mis aux arrêts.

D'après le livre de bord, un premier détenu décède à l'infirmerie le 6 avril 1941 à 20 heures (l'acte de décès mentionne toutefois la date du 6 mars): c'est le *Häftling* n° 64, le Polonais de 43 ans Jasher Frenkel. Il n'a même pas six mois de camp et est, pour autant que l'on sache, le deuxième détenu qui y décède.

Le local du *Revier* n'est pas spécialement aménagé en salle des malades. C'est une casemate comme les autres. La pièce n'a même jamais été désinfectée. Selon Eugen Braun, qui a servi de mai à novembre 1943 comme infirmier de la *Wehrmacht* à Breendonk, l'état d'hygiène y laisse fort à désirer et les médicaments y sont rares; il n'y a même pas assez de lits. Et d'après son prédécesseur Fliegauf, les malades s'y trouvent trop près les uns des autres. Le manque de place est général dans le camp, qu'il s'agisse du nombre de toilettes ou de lits pour les malades. Le camp n'est pas adapté à la croissance continue de sa population, consécutive à l'évolution de la guerre. Comme pour les toilettes, il faudra longtemps avant de constater un changement dans ce domaine.

Cependant, la construction d'un nouveau *Revier* est entreprise relativement tôt, dans le courant de 1942. D'après le souvenir de l'infirmier Fliegauf, le gros œuvre est achevé à l'hiver 1942-1943. Les postiers Piens et Gysermans, qui séjournent au camp durant la même période que Fliegauf, parlent d'une « salle pour les visites médicales en construction » qui n'est encore qu'un « hangar sans portes ni fenêtres ». Les détenus vont s'y montrer au médecin de la *Wehrmacht*, mais les vrais locaux d'infirmerie sont encore toujours dans les mêmes casemates qu'avant. C'est là également qu'on prend les mesures et le poids des nouveaux arrivants. Lorsque le médecin général Blum, le médecin militaire le plus haut gradé de la *Wehrmacht* en Belgique occupée, vient inspecter le camp le 9 février 1944, il note avec satisfaction que le nouveau *Revier* est enfin entré en fonction et qu'il fait bonne impression. Il exprime également sa satisfaction devant l'état de santé des détenus qui y séjournent.

La construction et l'aménagement du nouveau *Revier* a, en fait, pris un temps considérable. Le 28 avril 1943, la direction de la Sipo-SD en Belgique insiste auprès de Schmitt pour procéder à l'extension du *Revier* et des toilettes: elle estime celle-ci absolument nécessaire étant donné l'augmentation constante du nombre de prisonniers politiques. Schmitt a déjà introduit, le 16 février 1943, une (nouvelle?) demande de permis de bâtir auprès de la *Bauleitung* d'Anvers, le service compétent de l'administration militaire. La *Bauleitung* exige toutefois une attestation confirmant la nécessité militaire de ces travaux. Les matériaux de construction se font rares et la construction du Mur de l'Atlantique bat son plein. Le jour même – le 28 avril –, se référant à la lettre du *Beauftrager* de la Sipo-SD, Schmitt fait la demande d'une telle attestation à la *Kreiskommandantur* de Malines. Selon divers témoignages, il faut encore attendre le remplacement de

Schmitt par Schönwetter pour que le nouveau *Revier*, dont la construction est terminée depuis des mois, devienne opérationnel.

Tant que le manque de place à Breendonk n'est pas résolu – et peut-être encore par après – on transfère régulièrement des malades vers les hôpitaux militaires d'Anvers et de Bruxelles. Dans beaucoup de cas, cela se passe à la requête de l'administration militaire. D'ordinaire, ce sont les plus grands malades qui profitent de cette mesure. Parfois, ils sont dans un état si grave que tout secours arrive trop tard : pas moins de quatorze détenus de Breendonk décéderont, entre le 1$^{er}$ août 1941 et le 17 janvier 1944, au *Kriegslazarett* d'Anvers, dont neuf au cours des seuls mois d'août et septembre 1941. Ce ne sont pourtant pas toujours les plus gravement atteints qui sont envoyés à Anvers : un détenu privilégié comme Walter Obler pourra aller y faire soigner son mal de dents. Un séjour à Anvers est parfois aussi le prélude d'une libération : c'est par exemple le cas de l'artiste liégeois Jacques Ochs. On imagine mal qu'une personnalité dont la libération est réclamée dans les plus hautes sphères du pays, et dont l'administration militaire juge important qu'elle n'aille pas répandre des bruits négatifs sur Breendonk, puisse être renvoyée dans ses foyers dans un état physique lamentable. Ochs pourra se retaper durant presque deux mois à l'hôpital militaire d'Anvers, d'où on le renverra à Breendonk pour le libérer aussitôt.

L'hôpital militaire d'Anvers est situé Marialei, 53. Les détenus de Breendonk y sont placés dans une section spéciale. Jacques Ochs, qui y séjourne de fin décembre 1941 à fin février 1942, y retrouve de vieilles connaissances. En comparaison avec Breendonk, Anvers est un paradis. Ochs y reçoit « un bon bain, un pyjama, un lit, un vrai lit avec des draps blancs… Pendant près de deux mois, je pus me reposer, manger à ma faim. Finies les vociférations… Je voudrais que vous compreniez tout ce que ce silence signifiait pour moi ». « Ici, vous n'êtes pas dans le "Parti" », lui dit un infirmier, « nous sommes plus humains. » Le trajet de Breendonk à Anvers rend Ochs encore plus lyrique, s'il se peut, que son séjour à l'hôpital lui-même : « Jamais ne s'effacera de ma mémoire le souvenir de ce voyage ; la sortie du fort, la route. J'oubliais que j'étais prisonnier. Des cyclistes, des enfants, des passants, des arbres, des maisons, l'espace, la lumière, quel éblouissement… Et la pompe à l'entrée d'Anvers, où le médecin se ravitailla en essence, la curiosité sympathique du peuple à mon égard, car comme je vous l'ai dit, j'étais revêtu d'un vieil uniforme de soldat belge. »

Tous les détenus qui ont séjourné Marialei, 53, n'en ont cependant pas laissé une description aussi idyllique. Le juif russe Vladimir Lasareff est également heureux de pouvoir échapper à Breendonk, mais brosse tout de même un tableau beaucoup moins rose : négligences médicales, cas de décès par suite de soins inadaptés, brusqueries de la part des médecins et du personnel soignant. Au chevet de Lasareff, pas de scènes comme chez Ochs, avec l'infirmier qui lui dit toute son admiration pour ses exploits comme officier aviateur pendant la Première Guerre – scène qui semble sortie tout droit du film de Jean Renoir *La grande illusion* (1937), où l'on voit Eric von Stroheim dans le rôle de l'officier prussien aristocrate traitant son prisonnier français (Pierre Fresnay) avec beaucoup d'égards. Lasareff, quant à lui, se fait invectiver par l'acariâtre *Schwester Gertrud*, une longue perche efflanquée avec une grande croix gammée sur la poitrine. Elle en veut surtout aux juifs. Elle n'est pas la seule. L'antisémitisme semble la principale explication du mauvais traitement réservé à une partie des prisonniers. Après quelque temps, les patients venant de Breendonk sont d'ailleurs séparés en chambrées « aryenne » et « juive » (Ochs, qui était d'origine juive, mais qui s'en cachait, fut incontestablement traité en « aryen » à l'hôpital).

Un séjour à l'hôpital militaire n'est cependant pas suivi automatiquement d'une libération. D'autres détenus, une fois remis sur pied, sont reconduits à Breendonk pour y rester. C'est le cas de Georges Hebbelinck, le futur rédacteur en chef de *De Roode Vaan* et du *Vooruit*. Il est envoyé, fin avril 1943, à l'autre hôpital militaire, le *Kriegslazarett* de l'avenue de la Couronne à Bruxelles, pour y faire soigner ce qu'il croit être une diphtérie, une maladie infectieuse fort dangereuse, appelée communément le croup. Ses lettres à sa femme témoignent de son bonheur d'être bien soigné et de ne plus être à Breendonk : « C'est une aubaine que tous les hommes du camp m'envient. » Il y est bien nourri et reçoit, par exemple, comme repas du soir « trois tartines de pain blanc dont un avec du fromage d'avant guerre, un grand bol de soupe de légumes bien épaisse, un bol de panade de macaronis et deux petites pommes. Tout cela avec du café au lait. » Le médecin, « un type en or », se montre fort aimable, car « il connaît l'enfer d'où nous sortons ». Cet intermède paradisiaque ne va malheureusement pas durer. Le 10 mai 1943, après environ deux semaines d'hôpital, Hebbelinck doit reconnaître qu'il est rétabli, et qu'il est de nouveau « bon pour aller casser des pierres ou pousser des wagonnets de sable ». Un an plus tard, Hebbelinck est déporté à Buchenwald. Il en réchappera, mais souffrira tout le reste de sa vie d'une santé précaire et mourra prématurément en 1964, à l'âge de quarante-huit ans.

Au printemps de 1943, le camp compte officiellement trois cas de diphtérie. Certains détenus sont aussi atteints de la tuberculose: ainsi, le correspondant de *Reuters*, Ludwig ou Louis Weill qui, selon ses propres dires, lui devra sa libération en mai 1942. Il est clair que les détenus de Breendonk sont plus facilement sujets aux maladies infectieuses, étant donné leur moindre capacité de résistance.

La plupart des pathologies constatées sont directement liées à la malnutrition. L'histoire des maladies à Breendonk ne peut donc être séparée de celle de l'alimentation. Les cas d'œdème de carence y sont monnaie courante. Il s'agit d'un gonflement des tissus causé par la sous-alimentation. Lorsque le corps a brûlé ses réserves de graisse, il couvrira ses besoins en énergie en pompant ses propres réserves en albumine: quand la teneur en albumine du sang diminue, le système circulatoire absorbe moins de liquide et celui-ci va s'accumuler progressivement dans les tissus, surtout dans les jambes.

D'autres maladies typiques des camps sont la diarrhée et sa forme extrême, la dysenterie. Elles sont favorisées par la ration composée invariablement de pain et de soupe claire. Les détenus essaient de les combattre autant que possible en mangeant du charbon de bois. Pour ce faire, ils mettent dans le poêle de petits morceaux de bois, qu'ils grappillent par-ci par-là ou qu'ils arrachent de leurs lits. Selon Burkel, beaucoup de prisonniers qui en souffrent n'osent pas se porter malades par crainte d'être mis à la diète jusqu'à la guérison. Il n'est en tout cas pas facile d'être admis au *Revier* pour cause de diarrhée. Le Dr Pohl, un des médecins allemands du camp, soutient qu'un détenu sous-alimenté et affaibli est aussi sujet à des pertes de l'ouïe et de la vue. Jacques Ochs se plaint de bourdonnements d'oreilles et d'évanouissements. Une tension trop basse est également un symptôme classique chez tous les concentrationnaires.

Les affections de la peau sont également légion: furoncles, furonculose, eczéma etc. Ce sont, là aussi, des conséquences des rations déficientes qui ne permettent pas aux tissus de la peau de se régénérer suffisamment. Le travail avec les decauvilles et le maniement d'outils rouillés occasionnent également de nombreuses écorchures et éraflures, ou pire encore.

> « Le plus handicapé est pourtant Daniel L., dont la jambe est ulcérée profondément, en deux endroits, de plaies noirâtres, comme gangreneuses, nauséabondes à dix mètres à la ronde, et qui nous font craindre l'amputation. Et tout cela, soigné à la diable, emplâtres sur une jambe de bois, iodex, cascara et coups de gueule, les furoncles vus, soignés avec un bon coup de cravache. »
>
> Edgard Marbaix, *Breendonk-la-Mort*, p. 42

L'association des travaux exténuants à l'humidité permanente des logements occasionne ou favorise aussi des affections comme des rhumatismes et des hernies, qui, d'après Ochs, ne sont même pas reconnues comme maladies.

Enfin, il y a encore les effets des brutalités de toutes sortes, des coups de fouet, des morsures de chien et de la torture. Le détenu, qui pour l'une ou l'autre raison, est pris en grippe par un des SS, peut faire une croix sur tout soin ou aide médicale. L'exemple de Frans De Keuster, arrêté le 3 mars 1944 et décédé le 16 mars, est suffisamment éloquent. Le Dr Goethals, un des médecins-prisonniers de Breendonk, en témoignera ainsi au procès de Malines : « De Keuster, de Herent, fut frappé jusqu'au sang avec un nerf de bœuf; il souffrait de lésions à l'estomac et fut apporté à l'infirmerie. Mais Prauss vint l'en retirer pour le reconduire à la baraque. Quelques jours après, il était mort. »

Le personnel médical du camp dispose de bien trop peu de médicaments pour combattre toutes ces affections. Au début, selon le médecin-prisonnier juif Adolphe Singer, il n'y a guère plus que de l'aspirine et de la quinine. Le médecin allemand Köchling, qui arrive début 1941, parvient à augmenter quelque peu l'assortiment. D'après quasiment tous les témoignages de prisonniers, il apparaît cependant que la pharmacie du camp ne dispose que des moyens les plus rudimentaires : de l'aspirine pour « ceux qui ont la chance de souffrir de la grippe », dixit le Dr Jodogne, un peu de gaze et de plâtre, de l'onguent et de l'iode. Aux cas les plus graves de sous-alimentation admis à l'infirmerie, on administre, selon le Dr Pohl, de l'huile de foie de morue. Selon le Dr Goethals, on trouve dans la pharmacie du *Revier* en février-mars 1944, « quelques médicaments, mais il n'y avait pas de morphine. Par après, des médicaments furent apportés par la Croix-Rouge, mais après quelques jours, la plupart avaient déjà disparu de l'infirmerie, notamment l'huile de foie de morue ». Goethals montre ici du doigt l'autorité allemande, mais pas le *Sanitäter* ou infirmier de la *Wehrmacht* de l'époque, qui est un antinazi. Le Foyer Léopold III est lui aussi venu livrer des médicaments à cette époque.

La vie dans l'*Auffanglager*

« Quant au pauvre Singer, il reçoit sa ration journalière d'invectives. »
Jacques Ochs, *Breendonck. Bagnards et bourreaux*, p. 58.

Le Dr Goethals est un médecin-prisonnier, c'est-à-dire un détenu dont la profession dans le civil est médecin, et qui a été affecté au *Revier* à titre de médecin de ses codétenus. Le premier, et pendant tout un temps le seul, est le médecin juif viennois Adolphe Singer, qui arrive à Breendonk le 3 mars 1941. Il est alors âgé de quarante ans. Il reste au camp jusqu'au 31 mars 1944, mais sur ces trois ans, il ne travaillera à l'infirmerie qu'un an et demi, soit jusque mars-avril 1943. Singer fait ce qu'il peut, mais se trouve sous la coupe de Prauss. Il vit, écrit Fischer, « dans la crainte permanente des crises de colère du lieutenant, qui le soupçonne de traiter ses "clients" avec trop d'humanité ». À l'époque de Fischer, Singer fait chaque dimanche après-midi le tour des casemates, une petite caisse de médicaments sous le bras. D'autres jours, Fischer le voit parfois traverser furtivement la grande cour, tête baissée, vers une des chambrées pour y soigner un malade qui a osé demander un médecin en dehors des « heures de consultation » réglementaires. Après la guerre, Singer restera domicilié en Belgique, Place Colignon à Schaerbeek. Il sera un témoin important au procès de Malines. En 1973, la justice allemande voudra également l'interroger, mais il mourra d'une crise cardiaque la veille de son audition.

En mars-avril 1943, à l'intervention d'Obler, Singer est pour la seconde fois, et cette fois définitivement, révoqué comme médecin et envoyé sur le chantier. Dès le jour où d'autres médecins « aryens » sont internés dans le camp, le travail est scindé en deux : le Dr Singer soigne les malades juifs dans une salle, tandis que les médecins « aryens » s'occupent des non-juifs dans l'autre. Le médecin anversois Raymond Casman est apparemment le premier de ces médecins « aryens ». Il est interné au camp au tournant de l'année 1942 avec ses deux fils. Le chef de chambrée Van Borm se rappelle que Casman « recevait des coups lorsqu'il osait soigner quelqu'un ». Plus tard, Van Borm reverra encore Casman gravement malade à Bergen-Belsen. Au cours de l'hiver 1942-1943, les médecins Leclercq et Thys succéderont à Casman au *Revier*, se souvient l'infirmier Fliegauf. Les successeurs de ce dernier, Braun et Schmid, y travailleront surtout aux côtés du médecin hutois Jean Royer. On verra encore occasionnellement d'autres médecins passer par le *Revier*, tel le pédiatre bruxellois Van Wien ou le Dr Jules Jodogne, originaire d'Eben-Emael. Le reste du temps, Jodogne travaille sur le chantier comme les autres prisonniers ; il aboutit même dans la salle de torture. Jodogne rend aussi service à gauche et à droite en catimini. Van Wien est prisonnier de guerre jusqu'en 1941. Il peut ensuite rentrer en Belgique où il se fait brusquement arrêter en mars 1943 avec sa sœur et ses parents. L'entourage de la reine Élisabeth intervient en faveur des Van Wien auprès de l'ambassade d'Allemagne, mais n'obtient la libération que des membres de sa famille. Le médecin lui-même reste prisonnier, en dépit de nombreuses démarches de ses collègues.

La reine Élisabeth se préoccupe aussi du sort d'Antoine Goethals. Ce médecin brugeois est un invalide de la guerre 1914-1918 qui choisit de travailler pendant la seconde occupation de son pays pour le réseau de renseignement Clarence. Goethals est condamné à mort le 19 mai 1944. On ne sait si c'est grâce à l'intervention de la reine Élisabeth, mais il survit en tout cas à la guerre, bien qu'il succombe prématurément le 1$^{er}$ janvier 1949 aux séquelles de sa détention. Il n'a que 56 ans. Goethals est resté plus de trois mois en cellule à Breendonk, du 4 novembre au 11 février 1944. Ce n'est que le dernier mois de son séjour dans l'*Auffanglager* qu'il pourra travailler au poste des malades.

Avant son transfert à la prison de Saint-Gilles le 21 mars, Goethals a juste le temps de voir arriver à Breendonk, le 3 mars 1944, un grand groupe de prisonniers de la région de Louvain. Parmi eux se trouvent le Dr André Simonart, professeur à la faculté de médecine de l'Université catholique de Louvain, et un de ses étudiants, Henri Van Molkot. Celui-ci souffre d'une « angine diphtérique ». Simonart ne peut qu'assister impuissant à la dégradation de son état jour après jour. Le malheureux Van Molkot n'est admis au *Revier* qu'après une semaine. Bien souvent, témoigne Simonart au procès de Malines, les malades qui viennent se présenter au poste des malades se voient brutalement montrer la porte. « Un personnage particulièrement odieux était l'infirmier en service au moment de notre départ de Breendonk le 6 mai. Il se vantait du reste d'écourter les consultations en molestant les malades. Je l'ai vu personnellement rouer un malade de coups et envoyer son poing dans la figure de prisonniers pour des broutilles. »

Simonart ne connaît pas le nom de l'infirmier en question, mais c'est un certain Konrad Bock de Munich. Bock est le dernier de la série des *Sanitäter* mis en service au *Revier* de Breendonk. C'est aussi un des plus brutaux. Ces *Sanitäter* sont des soldats de la *Wehrmacht* qui ont reçu une formation d'infirmiers. Heureusement, ce ne sont pas tous des spécimens comme Bock : certains de ses prédécesseurs se montrent bons pour les prisonniers. Leur position n'est toutefois pas facile, car eux aussi sont particulièrement tenus à l'œil par les SS et par Prauss. Ils donnent des soins aux malades, renouvellent leurs pansements, distribuent les médicaments et opèrent la première sélection lorsque les candidats malades se présentent le matin. C'est Prauss qui se charge de la sélection définitive.

Infirmier Fliegauf :

« D'habitude, le lieutenant Prauss n'était pas présent à l'appel des malades le matin. Il n'arrivait généralement à l'infirmerie que plus tard. Pourtant, je me rappelle deux occasions où il était bien présent et où il a alors frappé des prisonniers avec son fouet en ma présence. Il ne les a naturellement pas tous frappés, mais quelques-uns ici et là. »

L'appel des malades avec Prauss. Gravure de Jacques Ochs.

René Bauduin :

« J'ai été battu par le lieutenant parce qu'il avait jugé que je n'étais pas suffisamment malade du fait que je n'avais que trois plaies purulentes, dont deux à la main et une au pied, et dont le pus coulait jusqu'à terre. »

Cité dans Jules Wolf, *Le procès de Breendonk*, Bruxelles, 1973, p. 72

Ces *Sanitäter* font partie du *Landesschutzbataillon* établi à Malines et qui envoie à tour de rôle de nouveaux détachements à Breendonk pour la surveillance du fort. Un infirmier émanant de leur sein est désigné pour la première fois en 1941, sans doute lors de l'affectation d'une des casemates en infirmerie. L'« excellent » Kemp, dixit Singer, est probablement le premier. Selon la Commission pour les crimes de guerre, il est remplacé, la même année encore, par le brutal Felsegger, qui restera en service jusqu'en 1942. Singer ne dit pas un mot à son sujet. Selon le médecin de la *Wehrmacht* Köchling, qui officie à Breendonk de février-mars 1941 à février 1942, il n'y aurait même pas eu de *Sanitäter* de son temps. D'autres sources relatives à cette période – par exemple Fischer – mentionnent pourtant bien un infirmier.

Le Wurtembergeois Ernst Fliegauf, 37 ans, arrive au camp à la Toussaint 1942. Il y restera jusqu'à la fin avril 1943. Avant la guerre, il était coiffeur à Augsbourg. En mai 1938, il y devient membre du parti nazi. Après avoir été appelé sous les drapeaux par la *Wehrmacht* en avril 1940, il suit en mai son unité, le *Landesschutzbataillon* 525 de Munich, en Belgique. Il y sert comme infirmier, mais ne reçoit une formation à cet effet qu'à l'automne 1941. En 1942, il est promu sous-officier du service de santé. Fliegauf est envoyé à Breendonk en même temps qu'un *Wachzug* ou détachement de surveillance d'une quarantaine d'hommes de la deuxième Compagnie. Auparavant, il doit se présenter chez le Dr Pohl. L'*Oberstabartz* le prévient qu'il « ne doit pas se laisser intimider, car le service médical du camp est tel qu'on ne peut éviter de temps en temps un mort ». Pohl, tout comme le *Sanitätsfeldwebel* Frank, croient devoir eux aussi lui conseiller de ne pas se montrer trop amène, ni trop généreux avec les médicaments. Schmitt l'exhorte également à se montrer ferme.

Fliegauf n'est pas capable de résister à l'influence de son entourage et se laisse entraîner par les circonstances. « J'étais un bon garçon lorsque je suis arrivé à Breendonk, mais par crainte de Prauss et sous ses ordres, je me suis laissé avilir », dira-t-il à la justice belge en 1948 pour essayer d'expliquer son attitude. Selon le Dr Singer, il se montre cruel vis-à-vis des malades, même si lui-même n'a pas à s'en plaindre. Alors que certains détenus accusent Fliegauf de brutalités, d'autres se montrent plus compréhensifs à son égard. Pour le postier Livin Verheirstraeten, Fliegauf est quelqu'un d'humain qui se laisse terroriser par Prauss et Kantschuster, qui l'invectivent comme un *Häftling*. Quand Prauss n'est pas dans les parages, constate le Dr Casman, il y a moyen de parler avec lui. Fliegauf débarque dans le camp à l'un des moments les plus difficiles de son histoire, lorsque le psychopate Kantschuster y est commandant faisant fonction. Il n'a pas la force morale de s'opposer aux SS. Il se serait également laissé dominer par le sentiment de frustration né de la défaite allemande à Stalingrad. Willy Colassin l'entend un jour refuser des soins sous prétexte que les soldats allemands meurent sur le front de l'est sans médicaments. En 1948, Fliegauf reconnaît que son attitude a été déplorable. « *Befehl ist Befehl* » (« un ordre est un ordre »), est sa justification : en tant que soldat, il estimait n'avoir pas le choix.

Qu'un soldat puisse avoir le choix, son successeur Eugen Braun est là pour le démontrer. Son attitude humaine vis-à-vis des détenus est d'ailleurs approuvée, selon son compagnon d'armes A. W., par les autres soldats de la *Wehrmacht*, alors qu'il en va pas de même pour celle de Fliegauf. Braun, qui est du même âge que Fliegauf, est originaire de Schweinfurt en Bavière. Après quatre semaines de cours à la *Sanitätschule* de Bruxelles, il est également promu sous-officier. Braun est antinazi. Lui aussi est prévenu par Prauss qu'il «doit garder la tête froide et soutenir les intérêts de la direction du camp». Il ne donnera cependant aucune suite à cet appel: pour lui, sa conscience et la Convention de Genève passent avant. Son *Sanitätsausweis* (livret d'infirmier) renvoie d'ailleurs explicitement à cette convention. Braun travaille de fin avril à fin novembre 1943 comme infirmier à l'*Auffanglager*. Le détenu Frans Michiels le décrit comme «un type aimable qui osait défier les SS». Après la guerre, Braun rendra visite à Breendonk et y nouera des liens d'amitié avec un des gardiens du Mémorial, l'ex-détenu Frans Peeters. Il mourra en 1981, sept ans après Fliegauf.

Entre le bon Braun et le brutal Bock se situe un intermède de deux mois, de fin 1943 à début 1944, au cours duquel on trouve Georg Schmid comme *Sanitäter*. Schmid, qui est installé dans le nouveau *Revier*, ne tient que deux mois dans cette fonction. De l'avis de Fliegauf, il est «trop faible pour les circonstances exigeantes» dans lesquelles il doit accomplir sa tâche. Trente ans plus tard, Schmid déclarera à la justice allemande que «les conditions inhumaines qui prévalaient à Breendonk» l'ont tellement marqué psychologiquement qu'il avait l'intention de déserter s'il n'obtenait pas d'être relevé de ses fonctions. Schmid s'y plaint également que le *Standortartz* (le médecin de garnison) du *Landesschutzbataillon* établi à Malines ne cesse de le critiquer les rares fois – uniquement lorsqu'il y a des exécutions – où il apparaît dans le camp.

Dès le début, il est fait appel à ces médecins de garnison pour assurer le service médical du fort de Breendonk. Sur les deux premiers, Schultze et Flatz, on ne sait pratiquement rien. Ils ne sont pas seulement médecins de garnison, mais ont aussi la responsabilité médicale du camp de prisonniers de guerre installé à Malines jusqu'au printemps 1941. Les premières semaines où Singer est à Breendonk, à partir du 3 mars 1941, un médecin inconnu passe deux fois par le camp; Singer se souvient seulement que c'est «un type antipathique et peu aimable». Le contrôle médical exercé par ces médecins aurait été très irrégulier. L'institut allemand pour les crimes de guerre nazis à Ludwigsburg doute même qu'il ait été question d'un quelconque contrôle médical au cours de ces mois. Quelqu'un a tout de même dû envoyer les détenus malades aux hôpitaux militaires de Bruxelles et d'Anvers.

Lorsque ces médecins disparaissent en même temps que le camp de prisonniers de guerre de Malines, l'*Auffanglager* fait appel à l'unique médecin allemand encore présent dans la région, le *Unterartz* du *Landesschutzbatallion*. Cet homme est appelé pour la première fois au fort par Schmitt, en février ou mars 1941, pour un détenu avec des ulcères ouverts à l'estomac. Schmitt frappe à la bonne adresse. Les maladies internes sont la spécialité du Dr Johannes Heinrich Köchling, *Facharzt für innere Krankheiten*. Le jeune Köchling – il est né quelques mois avant le début de la Première Guerre mondiale à Burgsteinfurt en Rhénanie du Nord-Westphalie – est un docteur en médecine frais émoulu de vingt-sept ans. Après cette première visite, au cours de laquelle il décide de conduire personnellement le détenu malade à l'hôpital militaire d'Anvers, il revient à plusieurs reprises à Breendonk à la requête de Schmitt. Après avoir traité pendant des mois des soldats de la *Wehrmacht* malades ou blessés, le voilà maintenant chargé de la responsabilité médicale de prisonniers juifs ou ennemis du Reich. En 1967, il définit la mission qu'il reçoit de Schmitt en ces termes : « traiter les malades et décider si quelqu'un est ou non apte à travailler ». Schmitt l'informe que Prauss et Singer ont souvent des divergences de vues à ce sujet. D'après Singer, c'est cependant toujours Prauss qui aura le dernier mot : « Köchling m'a un jour dit qu'en son absence, je pouvais admettre à l'infirmerie qui je voulais, mais lorsque j'essayais de mettre cette permission en pratique, Prauss me frappait et me le défendait. C'est Prauss qui décidait en dernière instance si un prisonnier pouvait entrer à l'infirmerie. »

Au début, Köchling vient une à deux fois par semaine, mais après cela, il s'absente parfois pour de longues durées – absences que Singer attribue à la passion de Köchling pour la chasse et les courses.

Le jeune médecin allemand se montre néanmoins toujours aimable à l'égard de son collègue juif et « est en général bon pour les malades ». Singer trouve tout de même que Köchling « manque parfois d'humanité ». Ce reproche est à mettre en rapport avec un incident au cours duquel Köchling déconseille à un collègue médecin de retransférer le détenu Ludwig Weill vers un hôpital. Lors d'un séjour précédent à l'hôpital, le correspondant de *Reuters* et prisonnier politique Weill y avait en effet injurié un sous-officier de la *Wehrmacht*. Pour Weill, Köchling est un nazi pur jus. Georges Canivet, un des patients de Köchling au cours de l'été 1941, ne parle cependant de ce dernier qu'en termes avantageux, comme d'un homme qui fait tout son possible pour ses malades. Pour Vladimir Lasareff également, le « jeune médecin allemand » anonyme – il doit sûrement s'agir de Köchling en cet été 1941 – qui l'envoie à l'hôpital militaire, est un « homme de cœur », un courageux même. En l'absence de Köchling, on fait appel pour les cas d'urgence aux deux médecins flamands de Willebroek, les docteurs De Boe et Schuermans. C'est vraisemblablement l'un d'eux qui est déjà requis par Schmitt pour soigner trois détenus malades le 9 janvier 1941.

Köchling n'est que depuis quelques mois au camp lorsque la situation y prend subitement une tournure dramatique. Au moins seize détenus y trépassent au cours des seuls mois de juin à septembre. C'est Köchling qui rédige leurs actes de décès. Excepté Mozes Luft, tous sont morts des effets cumulés de la faim, des travaux forcés et des sévices endurés. Ceux-ci s'avèrent plus ou moins graves selon les cas. Köchling n'a pu manquer d'établir l'origine de ces marques de coups et de ces blessures: Singer en est en tout cas persuadé, même si Köchling « ne vient examiner les corps

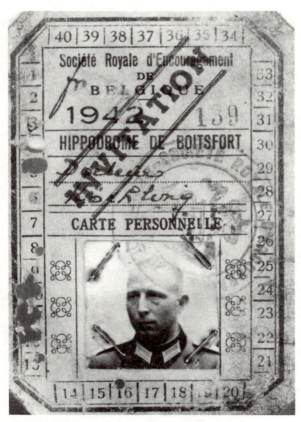

Hans Köchling: un grand amateur de courses.

que de loin» et si Singer «ne peut naturellement lui raconter toute la vérité». Sur les actes de décès, Köchling ne mentionne pourtant jamais que des causes naturelles de décès, telles que «*Kreislaufstörung*» (altération du système circulatoire) ou «*Marasmus*» (affaiblissement général). Des années plus tard, Köchling déclarera à la justice allemande que Singer en discutait effectivement parfois avec lui, mais que lui-même ne pouvait plus constater de traces de mauvais traitements. Les corps «amaigris jusqu'aux os et marqués par l'œdème de carence» étaient en effet déjà couverts d'ecchymoses et de marques de dépérissement. Mais attribuer la cause de la mortalité dans un camp à «l'état d'épuisement», c'est bien sûr reconnaître implicitement combien les conditions de vie doivent y être terribles. Köchling remet ces actes de décès à Schmitt. La direction du camp les transmet à son tour à la commune de Breendonk. Ce qu'on en pense là-bas, nul ne le sait.

Köchling a tendance à détourner quelque peu la tête lorsqu'il est confronté aux corps. On le croit plus volontiers lorsqu'il prétend signaler les mauvaises conditions de vie du camp à ses supérieurs, en particulier au *Leitende Sanitätsoffizier, Generalartz dr.* Blum. Lorsqu'à partir de septembre 1941, l'administration militaire commence à s'inquiéter de la situation à Breendonk, elle le fait selon toute évidence sur base des informations fournies par Köchling. L'intervention de l'administration militaire porte ses fruits. Sur le plan purement médical, elle soulage l'infirmerie surpeuplée de l'*Auffanglager* en faisant transférer les plus grands malades vers les hôpitaux militaires. Köchling voit étendre ses compétences : au lieu des quelques heures qu'il consacre par semaine au *Revier*, il se voit confier toute la responsabilité en ce qui concerne la situation sanitaire et l'état d'hygiène dans le camp. Il n'est en effet pas possible, se plaint Reeder auprès du chef de la Sipo Canaris, que le contrôle médical des détenus et la responsabilité de décider si un détenu est ou non médicalement apte au travail, soient confiés à un médecin juif. Cette plainte attribue à Singer un pouvoir qu'il n'a pas. S'agit-il chez Reeder d'antisémitisme ou de pure tactique : jouer sur l'antisémitisme des SS pour mieux atteindre son but ? Ou d'un mélange des deux ? En septembre 1941, la présence de Köchling au camp est signalée plus souvent qu'auparavant : il y vient même tous les deux jours. En 1942, il doit à nouveau réduire ses visites pour cause de restrictions de carburant.

C'est pour la même raison que son successeur, le Dr Pohl, ne vient lui aussi que tout au plus une fois par semaine au camp, parfois même une fois toutes les deux ou trois semaines. Le *Sanitäter* peut en effet toujours le consulter par téléphone lorsqu'un problème particulier se présente. Entre Köchling et Pohl, il y aura encore l'intermède du Dr Kruger, mais on ne sait quasiment rien sur ce dernier, sinon que Singer le qualifie de «bon». On sait également beaucoup moins sur Pohl que sur Köchling. Étant donné le nombre de médecins allemands qui portent ce patronyme, ce sera pour la justice allemande au début des années septante tout un problème pour retrouver le vrai Pohl. Lorsqu'on le retrouvera finalement en 1974, le pédiatre, alors âgé de 77 ans, ne pourra ou ne voudra plus se souvenir de grand-chose.

Pohl est en service à Breendonk de novembre 1942 à juillet 1943 et peut-être un peu plus longtemps. Eugen Braun et Adolphe Singer s'accordent à reconnaître qu'il fait ce qu'il peut pour les malades. Singer le décrit comme étant «plus consciencieux» que Köchling, quoique «peureux». Pohl a en effet peur de Kantschuster. Il n'est pas le seul. Le *Sanitäter* Fliegauf se sent lui aussi terrorisé par ce sbire. Pohl a pourtant un grade supérieur à celui de Köchling: il est *Oberstabartz* et devrait donc pouvoir en remontrer à la hiérarchie SS davantage que son prédécesseur. Pourtant, cela ne se remarque guère. À l'époque de Pohl aussi, on doit rédiger des actes de décès. Contrairement à Köchling, Pohl n'a presque plus l'occasion d'examiner les corps. Selon la déclaration du SS flamand et secrétaire du camp De Saffel, Pohl se voit soumettre une attestation rédigée à l'avance qu'il signe à contrecœur après discussion, avec la mention «pas vu le corps». D'après Singer, Pohl jouit tout de même d'un plus grand pouvoir de décision que Köchling en ce qui concerne l'admission des malades au *Revier*.

Est-ce sous Pohl ou déjà sous Köchling qu'on commence à organiser l'inspection médicale régulière de toute la population du camp? Les SS y font attendre leur tour aux prisonniers nus, même en hiver. L'inspection elle-même se passe en moins de temps qu'il n'en faut pour le dire. «Une farce», comme le dit Halkin: «Des centaines d'hommes nus et claquant des dents défilaient devant un médecin pressé, qui les regardait à peine ou pas du tout; à ses côtés était assis un infirmier allemand, le *Sanitäter*, qui apposait automatiquement le cachet *arbeitsfähig* (apte au travail) sur notre carte de vaccinations.» Le médecin ordonne parfois l'envoi d'un détenu à l'hôpital militaire, mais une fois qu'il a tourné les talons, Prauss ne se gêne pas pour mettre régulièrement ces instructions de côté. Sur le chapitre des mauvais traitements, Pohl ne nous apprend rien. La direction du camp cache autant que possible les détenus gravement maltraités aux yeux des médecins inspecteurs. Lorsque le médecin général Blum vient en personne inspecter Breendonk le 23 octobre 1942, Prauss dissimule un certain nombre de prisonniers torturés dans les douches, où Blum les découvrira néanmoins. Mais Blum ne rapporte l'incident que le 24 juillet 1943 à von Harbou, de l'administration militaire. Celui-ci avale tout cru les explications du *SS-Untersturmführer* Prauss comme quoi les meurtrissures constatées peuvent avoir été causées par «des rixes entre prisonniers»... La conclusion de Blum se veut rassurante: «L'impression qu'on a pu se faire lors des faits et depuis lors du côté médical concernant la direction du camp et le traitement des détenus, est qu'il n'y a aucune raison de penser que des mauvais traitements auraient été ou puissent être infligés à des prisonniers du camp par un membre quelconque du personnel de surveillance.»

Köchling, Pohl, Blum, l'administration militaire: tous détournent le regard lorsqu'ils sont confrontés aux mauvais traitements. Les médecins de la *Wehrmacht* et l'administration militaire choisissent plutôt de se concentrer sur la situation alimentaire et sanitaire des détenus. Les médecins écrivent des rapports. Pohl fait régulièrement peser les détenus et informe l'administration militaire de la perte ou de l'augmentation moyennes de poids.

---

Extrait d'une allocution de Prauss aux prisonniers le lendemain d'une inspection médicale:

«Lorsque toutes les compagnies de prisonniers étaient au garde-à-vous et alignées dans la cour, le lieutenant se mit à nous invectiver en allemand. (...) mais bientôt le traducteur attitré, le SS De Bodt, répéta textuellement ce qui suit:
"Hier, à la visite du médecin, beaucoup de prisonniers ont déclaré qu'ils avaient des hémorroïdes. Le lieutenant fait savoir que les médecins allemands ne viennent pas à Breendonk pour soigner votre derrière... Dorénavant, ceux qui se plaindront encore de ce mal seront soignés par nous avec des coups de pied dans le c.." »

Victor Trido, *Breendonck. Le camp du silence, de la mort et du crime*, Charleroi-Paris, 1944, p. 74

---

Ces rapports contiennent aussi des données sur un certain nombre de malades dans le camp. Le 24 septembre 1941, une délégation de l'administration militaire constate que sur un total de 346 prisonniers, il y en a 59 au *Revier* et 62 au *Kriegslazarett*. Les deux postes de malades sont ainsi archicomplets. Seuls les cas graves de sous-alimentation y sont admis: des squelettes vivants, souffrant ou non d'œdème de carence, quelques autres détenus couverts de plaies plus ou moins purulentes, et un cas de tuberculose, dont l'administration militaire demande le transfert immédiat. Combien de malades le camp compte-t-il encore, si seuls les « cas graves de sous-alimentation » sont admis à l'infirmerie ?

À l'été 1942, il n'y a que quatre à huit prisonniers malades en moyenne, lit-on dans un rapport de la *Militärverwaltung* ; lors d'une inspection de l'administration militaire en juillet 1942, on constate toutefois qu'un quart des détenus n'est physiquement pas en état de travailler et est alité dans les chambrées. En 1943, apprend-on de sources allemandes, les détenus affaiblis se voient accorder une réduction de leur durée de travail, décidée par le médecin allemand : on en trouve un écho dans les mémoires de Burkel et de Michiels relatant que des détenus très affaiblis et inaptes au travail sont réunis dans une chambrée à part et dispensés de travaux toute la journée ou la moitié de la journée.

Le 26 novembre 1942, le *Revier* compte 48 patients « aryens » et 17 juifs. Environ un quart des 238 prisonniers sont ainsi reconnus malades. Cependant, en raison du manque de place, on éjecte régulièrement des malades « qui ne sont pas entièrement guéris, mais dont le rétablissement est suffisamment avancé pour que le médecin du camp puisse justifier leur sortie » : celui qui est plus ou moins convalescent doit céder sa place aux cas plus graves. Certains malades font dès lors tout pour pouvoir rester, fût-ce au détriment de leur santé, morts de peur qu'ils sont de devoir reprendre le travail. Pour certains détenus de Breendonk, le *Revier* devient effectivement, comme le dit Burkel, « une autre sorte de prison pour les malades terminaux ».

### Sévices, peines et torture

Après la guerre, la troupe anversoise *De Luna Troubadours* monta une pièce de théâtre intitulée *Folterkamp Breendonk*, « Breendonk, camp de torture ». Camp de torture, de crimes et de mort : autant d'expressions utilisées tour à tour par les auteurs. Ce n'est qu'en 1942 qu'une véritable chambre de torture est mise en place dans le camp. Aux yeux des détenus, il règne cependant en permanence une « atmosphère de torture », parce que, du matin au soir, ils vivent dans un climat d'intimidation, où la menace de violence est toujours présente.

L'intimidation commence avec la violence verbale. Cela peut paraître banal, mais ce ne l'est pas. Le Dr Fritz Thys, détenu du 30 juin 1943 au 15 mars 1944, en a très justement exprimé les effets en 1945 : « Il régnait à Breendonk une véritable atmosphère de torture dont l'une des manifestations les plus constantes était l'impossibilité d'une détente physique ou morale, par suite des bruits dont on était entouré et que provoquaient les gardiens par leurs "beuglements", les ordres hurlés plutôt que donnés, les claquements de portes à tous propos et l'absence de toute conversation sur un ton normal. Cette atmosphère avait le don d'énerver, puis de déprimer de nombreux prisonniers politiques. »

On se trouve confronté à cette violence dès qu'on met les pieds à Breendonk. La violence physique ne tarde généralement pas à suivre. Dès l'arrivée, puis durant le travail ou au cours d'une inspection, les coups peuvent tomber à tout moment. L'occasion, ou le prétexte, peut en être le moindre « délit », tel que travailler trop lentement, ne pas saluer correctement, se présenter sans raison suffisante au poste des malades. Comme ce sont les gardiens qui fixent les normes, la frontière entre délit réel et délit fictif est des plus floues. Tout cela fait sur le prisonnier une impression d'arbitraire et d'imprévisibilité. Ce qu'on pourrait appeler la violence ordinaire – un coup de poing à gauche, un coup de pied à droite – peut soudain dégénérer en graves sévices, voire en coups mortels ou en meurtres. Au surplus, des mesures disciplinaires peuvent être imposées pour certains délits, même si ceux-ci restent mal définis, telles que travailler avec un sac de pierres sur le dos, où la mise aux arrêts en cellule. Enfin, la violence est utilisée systématiquement lors de tout interrogatoire dit « plus poussé » d'un détenu.

### *Sévices et peines*

Au début, la violence à Breendonk reste encore relativement limitée. « Dans les premiers temps, déclare le détenu-médecin juif Singer, on ne frappe pas encore tellement ; seuls Obler et Prauss distribuent constamment des coups. » Bien que certains autres chefs de chambrée, tels Lewin, Schmandt et Giersch, aient eux aussi la main assez lourde, le chef de chambrée et surveillant de travaux juif Walter Obler et le lieutenant SS Prauss sont les figures les plus redoutées au cours de la première année du camp. Mais il n'est pas encore question de lourds sévices au cours des premiers mois.

Le fragile Julius Nathan, qui a déjà un certain âge, est le premier détenu dont la mort est en partie imputable aux mauvais traitements ; Walter Obler sera condamné plus tard pour complicité dans le meurtre de Nathan. La mort de ce malheureux appelle deux considérations : d'un côté, un homme plus jeune, plus fort et en meilleure santé n'aurait probablement pas succombé au même traitement ; d'un autre côté, on peut penser que c'est précisément son état de faiblesse qui pousse ses bourreaux à lui infliger de mauvais traitements. Le profil d'une majorité de détenus qui décéderont pendant l'été 1941 correspond en grande partie à celui de Nathan : ils sont juifs et ne sont plus tout jeunes. Les juifs sont plus vite visés que les non juifs. Celui qui est faible risque de tomber dans un cercle vicieux : il supporte plus difficilement le travail, reçoit de plus en plus de coups et s'affaiblit encore. Celui qui est à la fois juif et faible a une moindre chance de survivre que les autres en l'été 1941. Parmi les seize détenus qui, selon les chiffres publiés après la Libération par le Service des victimes de guerre, périssent au camp de Breendonk de juin à septembre 1941, il y en a onze d'origine juive : un de ceux-ci est abattu par un SS, et deux se suicident ; dans cinq autres cas, la justice belge condamnera Obler et Lewin pour meurtres ou complicité de meurtres ; dans un sixième cas, Obler est le seul coupable. En revanche, aucun chef de chambrée ou SS ne sera condamné après la guerre pour meurtre ou coups mortels portés contre cinq victimes « aryennes ».

---

Lewin et Obler sont condamnés pour complicité dans le meurtre de Swirsky. Le récit de Jasques Ochs montre l'enchevêtrement des causes de décès : comment Lewin et Obler finissent par mettre un faible jeune homme à mort, non seulement par les sévices qu'ils lui infligent, mais aussi en le privant régulièrement de sa maigre ration :

« Vous parlerai-je de Swirsky ? Ce jeune Polonais avait demandé à pouvoir rejoindre son frère cadet au bagne, pour le protéger. Mais, impuissant, il assista à son long martyre. Le frère cadet, cet enfant, c'en était un, avait une très belle voix, grave et bien timbrée ; on l'avait surnommé le *"Sängerknabe"*, le jeune garçon chanteur. Il était maladroit et naïf. Pris en grippe par Lewin, le chef de chambrée, puis par les autres, il était à tout moment roué de coups et privé de nourriture. Les travaux qui lui étaient imposés étaient bien au-dessus de ses forces. Cette loque humaine tombait et retombait... Il était vidé.
*"Er maskiert, Er maskiert, der Schweinhund..."*
("Il simule, il simule, le cochon...")
J'aurai toujours présente l'image de ce malheureux, étendu sur le pavé de la cour, les yeux complètement révulsés...
Transporté à l'infirmerie, il y rendit le dernier soupir. Son frère, fou de douleur, donna bientôt des signes de démence... »

Jacques Ochs, *Breendonk. Bagnards et bourreaux*, Bruxelles, 1947, p. 34-35

---

Pour autant que les décès soient dus à la sous-alimentation, l'augmentation des rations impulsée par l'administration militaire y mettra fin. Au cours de sa visite au camp du 24 septembre 1941, von Craushaar ordonne aussi qu'il soit mis fin aux mauvais traitements des prisonniers par « des gardiens qui sont eux-mêmes des détenus ». C'est la seule fois qu'un document de la *Militärverwaltung* reconnaît des mauvais traitements à

## La vie dans l'*Auffanglager*

Breendonk. Début octobre, l'administration militaire décide que « le pouvoir disciplinaire conféré aux *Vorarbeiter* désignés parmi les détenus, est abrogé ». On peut dire, selon toute vraisemblance, que la fin de la première série de morts à Breendonk après septembre 1941 est due, outre l'augmentation des rations, à cette mesure de l'administration militaire.

En septembre 1941 entrent en service les premiers SS flamands, dont certains se révéleront des gardes-chiourmes parmi les plus cruels. Cela ne semble pourtant pas avoir conduit dans l'immédiat à un accroissement sensible de la violence. Entre octobre 1941 et septembre 1942, on n'aurait en effet noté qu'un seul mort. Les mois suivants, d'octobre 1942 à mars 1943, seront par contre les plus sanglants de l'histoire de Breendonk : en l'espace de six mois, il y aura plus de quarante morts, sans compter les victimes d'exécutions. On a dit plus haut à quel point les détenus souffraient de sous-alimentation et le grand nombre de cas d'œdèmes de carence que l'infirmerie comptait à cette époque. Ces mêmes mois,

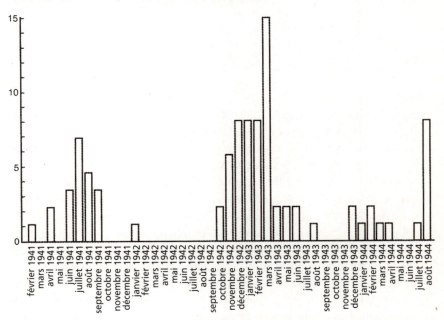

Décès à Breendonk (en-dehors des exécutions)

Le Service des victimes de guerre a identifié 84 personnes décédées à Breendonk. Pour deux d'entre elles, on ne connaît que l'année du décès ; pour une troisième, on ne dispose d'aucune information sur la date du décès. Ce graphique se limite donc à 81 cas de décès.

février et mars 1943 spécialement, sont en même temps témoins d'une explosion de violence sans merci qui donnera le coup de grâce à une vingtaine de corps décharnés.

Après la guerre, la justice identifiera dans l'affaire Schmitt douze prisonniers mis à mort d'une manière quasi identique du côté du fossé : Kolinski, De Leeuw, Lubka, Flichtenreich, Magnée, Altbaum, Hartloper, Loitzansky, Schönnagel, Spiero, Genger et Auguste Leleu seront les victimes des petits jeux sadiques des SS Wyss et De Bodt, assistés dans deux cas par les chefs de chambrée Walter Obler ou Valère De Vos.

---

Le chef caporal Johann K. témoigne en 1972 de ce que fut la mort présumée d'Altbaum :

« Une autre fois, je fus témoin d'encore un autre forfait de ce SS. Je vis comment un détenu d'un certain âge (il était en effet chauve) devait s'asseoir dans un trou creusé par un autre détenu. Ce détenu fut alors enterré jusqu'au cou. Lorsque l'homme, mort de peur, fut sur le point de suffoquer, on le relâcha. Mais auparavant, le SS le jeta entièrement à l'eau. Après l'avoir déterré, quatre hommes durent l'emporter sur un chariot pendant que le SS le frappait avec une matraque en caoutchouc. Comme il les pressait tellement, le chariot prit de la vitesse et se renversa dans le tournant, faisant rouler le prisonnier dans l'eau. Comme l'homme, d'après ce que j'ai vu, ne bougeait plus après qu'on l'ait repêché, il devait être mort. Les détenus le rechargèrent sur le chariot et l'emportèrent. »

*Nordrhein-Westfälisches Hauptstaatsarchiv* Düsseldorf, Rep. 118/Nr 1397, p. 460-461, audition de J. K.

---

À quelques détails près, le scénario est chaque fois le même : les détenus sont frappés et jetés dans le fossé. Tandis qu'ils les frappent à coups de pelles et de bâtons, et qu'ils leur jettent des pierres et de la terre par dessus, les SS les forcent à rester dans l'eau glaciale jusqu'à ce qu'ils se noient, ou tout juste. Certains arrivent encore, plus morts que vifs, à se hisser sur la berge pour aller rendre leur dernier soupir dans leur chambrée ou à l'infirmerie. Le 5 mars 1943, à l'issue d'un tel traitement, Hartloper, Loitzansky, Schönnagel et Spiero, couverts de boue, sont conduits aux douches où une nouvelle séance sous l'eau froide donne le coup de grâce à ceux qui n'ont pas encore rendu l'âme en cours de route. Deux jours avant, le 3 mars, c'est Isaac Altbaum qui a été poussé dans le fossé par Wyss et De Bodt. Lui aussi est gratifié des coups de pelle du duo et se fait bombarder de pierres et de boue. « Touché », crie chaque fois Wyss, et à Jozef Altbaum, le cadet de dix ans de la victime : « Ne pleure pas, ton tour viendra ». Lorsqu'ils laissent enfin sortir Isaac Altbaum de l'eau, c'est pour l'enterrer jusqu'à hauteur du nez. Après cela, Jozef peut aller conduire son frère moribond à l'infirmerie. Ces atrocités se déroulent sous les yeux des soldats de la *Wehrmacht* comme des autres prisonniers.

Un des cas les plus poignants est celui du jeune Auguste Leleu, enlevé à la vie à la veille de son dix-huitième anniversaire. Est-ce son très jeune âge qui le rend si émouvant, le fait qu'il appelle sa mère en agonisant, ou parce que la plupart des témoins qui survivront à la guerre l'ont mieux connu que les autres victimes? Leleu est en effet une des rares victimes non juives éliminées par les SS dans les parages du fossé.

«On les entendait parfois (Wyss et De Bodt) parler de molester des juifs, en les poussant dans l'eau du fossé. Mais je ne les ai jamais entendus parler de les liquider», se contentera de déclarer le commis de bureau SS Lampaert après la guerre. Témoignage peu crédible: selon l'infirmier de la *Wehrmacht* Fliegauf, le *SS-Obersturmführer* Johann Kantschuster charge explicitement Wyss et De Bodt d'éliminer une vingtaine de juifs. La défaite allemande de Stalingrad se doit en effet d'être vengée. Le détenu juif Klibanski atteste lui aussi que c'est Kantschuster qui désigne les victimes à Wyss et De Bodt sur le chantier. «Cela nous coûte moins cher qu'un détenu crève ici qu'en Allemagne», entend Walter Obler dans la bouche de l'officier SS. La série de décès coïncide d'ailleurs avec la présence du psychopathe Kantschuster à la direction du camp; Breendonk ne redeviendra à nouveau le théâtre d'atrocités comparables en nature et en quantité que dans les circonstances particulières des derniers mois de l'occupation.

Sur les quarante cas de décès identifiés entre les mois d'octobre 1942 à mars 1943, un nombre disproportionné – près de la moitié – appartiennent à la petite minorité de juifs parmi la population du camp. Un autre groupe qui paie un lourd tribut est celui des 48 postiers de Bruxelles 1. Au petit matin du 1$^{er}$ septembre 1942, 39 postiers sont tirés de leur lit et conduits à Breendonk. Neuf autres de leurs collègues subissent le même sort dans les mois qui suivent. Ils resteront des mois durant dans la chambrée 7: *Zug 7* sera le titre des mémoires du postier Gyserman. Ces fonctionnaires ne sont pas des résistants armés qui commettent des attentats audacieux contre des collaborateurs ou font dérailler les trains. Ce sont des gens ordinaires qui, dans l'exercice quotidien de leur métier, ont le courage de mettre le plus possible de bâtons dans les roues des Allemands. Ils ont refusé de travailler pour la censure allemande, intercepté des lettres de délateurs, contrôlé la correspondance de l'occupant ou aidé à la diffusion de journaux clandestins. Ils le paieront cher: un postier sera fusillé le 12 décembre 1942, cinq mourront entre le 12 décembre et le 3 janvier d'inanition et de mauvais traitements, huit seront déportés en Allemagne. Les trente-quatre autres seront libérés, maigres comme des clous, entre novembre 1942 et juin 1943.

C'est une fois de plus la sinistre paire Wyss et De Bodt qui sera l'exécuteur des hautes œuvres pour les cinq postiers ; dans un cas, assistés par le chef de chambrée Valère De Vos, également coresponsable de la mort du jeune Leleu. Henri Tissen, 39 ans, est leur première victime. Les postiers Jacques Bonnevalle, 42 ans, et Sébastien Degreef, 52 ans, se font méchamment agresser lorsqu'ils retournent sur le chantier après quelques jours passés au *Revier*. Est-ce ce séjour à l'infirmerie qui a provoqué l'ire des SS ? Pierre Crockaert, 30 ans, devient à son tour la « bête noire » de Wyss après avoir un soir lâché dans la chambrée qu'il « aura tôt ou tard la peau de Wyss ». Albert De Pondt, 57 ans, est le postier le plus âgé qui devra sa mort à Wyss et De Bodt. Le médecin général Blum cite nommément Tissen, Degreef et Bonnevalle dans son rapport du 4 janvier 1943 à l'administration militaire : ils sont, selon lui, décédés d'infection pulmonaire, de faiblesse cardiaque, de sous-alimentation et d'œdème de carence...
« Pas un "facteurke" ne sortira d'ici », avait dit Fernand Wyss aux postiers, tout en montrant la tête de mort sur son képi de SS. Pour six d'entre eux, cela s'avéra hélas la vérité. L'expression de Wyss reflétait, selon le procureur Hallemans, le représentant du ministère public au procès de Malines et au procès Schmitt, l'intention du personnel du camp de ne pas laisser une partie des postiers sortir vivants de Breendonk. Même si cette thèse n'est pas exclue au regard du nombre élevé de postiers décédés, rien n'est moins sûr. La question reste également ouverte de savoir dans quelle mesure Wyss et De Bodt agissaient de leur propre chef ou à l'instigation de la direction du camp.

La barre de treize morts en mars 1943 ne sera plus atteinte par la suite : le maximum sera de deux par mois. Seul le mois d'août 1944 voit une dernière recrudescence de la violence. Il faut sans doute voir à la base des atrocités de ce dernier mois de l'occupation le même réflexe de défoulement chez les SS que lors de l'hiver 1942-1943 face aux nouveaux revers essuyés par l'armée allemande. Sept détenus au moins perdent la vie au cours de ce seul mois. La victime la plus connue est le substitut du procureur du roi d'Anvers, Dirk Sevens, décédé en quelques jours à la suite de sévices bestiaux.

La vie dans l'*Auffanglager*

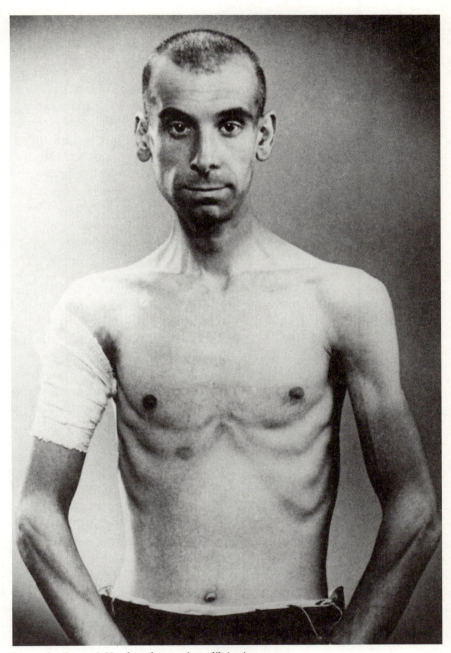

Le postier François Vanderveken après sa libération.

Fin juin 1943, le secrétaire général du ministère belge de la Justice, Gaston Schuind, interpelle l'administration militaire au sujet des mauvais traitements qui ont cours à Breendonk. L'état physique d'un certain nombre de détenus libérés est en effet suffisamment éloquent. Schuind a appris que des membres belges du personnel du camp se sont rendus responsables de ces mauvais traitements. Selon la formule bureaucratique consacrée, on lui répond qu'«une enquête sera ouverte». Apetz, de la *Militärverwaltung*, concède qu'«il faut éviter tout acte de sévérité inutile», mais rappelle les «circonstances exceptionnelles» qui prévalent à Breendonk. C'est là en effet que se trouvent les «malfaiteurs les plus dangereux». Aussi bien pour des raisons de sécurité (*Sicherheit*) qu'en raison du «caractère pénitentiaire» du camp, un traitement plus sévère qu'ailleurs s'y impose.

Il n'est nulle part question, dans cet échange, de l'ordonnance relative à l'organisation du camp de Breendonk (*Verordnung betr. Organisation des Lagers Breendonk*) rendue le 12 mai 1942 par von Falkenhausen. Cette ordonnance stipule que «le traitement doit être dur mais équitable. Tout mauvais traitement de prisonniers est interdit. Il ne peut être fait usage de violence que pour briser la résistance». D'après ce document de pure fiction juridique, seuls le commandant du camp et son remplaçant peuvent infliger des peines disciplinaires bien définies. Depuis septembre-octobre 1941 déjà, l'administration militaire a insisté sur ce point: on ne peut punir un détenu ayant commis de graves infractions à la discipline du camp qu'en le mettant aux arrêts en cellule d'isolement ou en le soumettant à un régime de travail spécial (*Sonderbeschäftigung*).

Huit mois plus tard, von Falkenhausen ne veut plus autoriser que l'arrêt en cellule comme peine disciplinaire. Il distingue à cet égard trois différents régimes selon la gravité de l'infraction: l'arrêt simple, l'arrêt «renforcé» au pain sec et à l'eau, et l'arrêt «strict» au pain sec, à l'eau et sans paillasse, mais avec seulement une planche pour dormir. L'arrêt simple peut être ordonné pour un mois, l'arrêt renforcé pour trois semaines, et l'arrêt strict au maximum pour deux semaines. Pour chaque cas, un «carnet pénitentiaire» doit être tenu, dans lequel sont consignés le nom de l'intéressé et les données de sa sanction, entre autres les motifs. Le carnet pénitentiaire doit être envoyé une fois par mois au quartier général bruxellois de la Sipo-SD.

Le *Lagerordnung* du 19 août 1942, élaboré en commun par von Falkenhausen et le chef de la Sipo, prescrit que l'état de santé des détenus aux arrêts doit être contrôlé par le médecin-inspecteur de la *Wehrmacht*, qui peut demander la suspension de la peine.

L'administration militaire avait également voulu abolir, en septembre 1941, la *Dunkelhaft*, littéralement la réclusion dans le noir. Les plus anciennes cellules du fort, situées à gauche du tunnel d'entrée, sont en effet appelées les « cellules obscures » parce qu'elles ne reçoivent aucune lumière du jour. Selon le carnet pénitentiaire, on y enferma quelqu'un pour la première fois le 11/12 décembre 1940. Lorsqu'à l'été 1941, on aménage une des casemates en bloc cellulaire, c'est là qu'on envoie les détenus ayant fait l'objet de mesures pénitentiaires, mais ces nouvelles cellules serviront assez vite aux « arrestants » plutôt qu'aux détenus frappés d'une peine disciplinaire. Les anciennes cellules seront ensuite de nouveau remises en usage – René Bauduin, par exemple, y restera enfermé à la fin de septembre 1943 en attendant son transfert à Saint-Gilles – mais on ne sait trop dans quelle mesure. Quoi qu'en disent tous les *Lagerordnungen*, l'arrêt comme peine disciplinaire semble avoir été pratiquement abandonné après la première année.

En 1940 ou 1941, Paul Lévy est mis aux arrêts pour avoir réagi à un ordre d'une manière « effrontée » : prié d'accélérer le travail, il avait répondu qu'il « allait essayer ». Pareille réponse s'appelle de la « mutinerie ». Frans Fischer est condamné en 1941 aux arrêts pour « *Grünfressen* », c'est-à-dire pour avoir mangé de l'herbe. À la même époque que Fischer, Solonevitch est témoin qu'un détenu qui a essayé de dissimuler de l'herbe doit rester en position avec un sac bourré de pierres sur le dos. En 1943, Marbaix note le tarif en coups de fouet appliqué à ce genre de larcins : vingt pour vol d'épluchures de pommes de terre à la porcherie, dix pour vol de déchets de carottes ou de navets. Les surveillants SS ne semblent toutefois pas disposer de directives précises quant aux peines à appliquer aux divers types d'infractions.

Les estimations concernant le poids des sacs de pierres, dont parle Solonevitch, sont variables : on avance dix, trente, et même le nombre invraisemblable de cinquante kilos. Le chiffre évoqué par Paul Lévy de dix kilos est apparemment le plus réaliste : c'est Lévy qui fera plus tard exposer un tel sac de pierres au musée du Mémorial national. Quel qu'ait pu être ce poids, pour certains détenus au bord de l'épuisement, c'est en tout cas insupportable. Les travaux forcés sont déjà en soi exténuants. Avec un fardeau supplémentaire sur le dos, ils deviennent mortels. Entre novembre 1942 et avril 1943, le « sac de pierres » signera l'arrêt de mort de Jean Van Boven, Alexis Nasulia, Désiré Mouffe et Roger Poquette.

Roger Poquette néglige la règle numéro un pour survivre dans les camps : ne pas se faire remarquer de ses tortionnaires, et surtout ne pas les défier. Victor Trido décrit son calvaire :

« Roger Poquette, originaire de Marcinelle, était un ouvrier mineur que ses idées avaient signalé à l'attention de la Gestapo. Il en était à sa seconde arrestation. Ce qui plaisait en cet homme, c'était sa sincérité, car, comme tous les simples, Roger disait tout ce qu'il pensait. (…) Ses os faisaient saillie et sa poitrine était déchirée par une toux opiniâtre. Malgré ce qui précède, Roger conservait un moral excellent et savait, à l'occasion, trouver le mot pour rire. (…) Incapable de taire ce qu'il pensait, il lui était arrivé de dire à Daumerie (le chef de chambrée, originaire de Jumet, qui choisit le camp des SS et fut exécuté après la libération) :
– *Grand fènêyant, èl djou qui dji vud'ré d'idci, t'arras à pwènne èl timp d'meètte tes pîds su l'pavée qui dji t'cass'rai t'gueûle.* (Grand fainéant, le jour où je sortirai d'ici, à peine auras-tu mis les pieds dans la rue, que je te casserai la gueule).
(…) Sitôt que son adversaire se tut, Daumerie laissa tomber les paroles suivantes :
– *Dimwain, Poquette, quand t'arriv'ras sur l'travail, on t'mett'ra l'satch.* (Demain, Poquette, quand tu arriveras sur le travail, on te mettra le sac).
La croyant vaine, personne ne releva cette réplique, mais le lendemain, à peine étions-nous poussés au travail que Poquette fut appelé auprès du SS Wyss, qui lui asséna de terribles coups de chicote…
C'est en titubant que Poquette, sur l'ordre du SS, partit chercher un sac. Il s'agissait de sacs de l'armée belge, bourrés de pierres. Leur poids était de 40 kilos.
Je n'exagère pas en disant que Roger ne pesait plus 40 kilos. On aurait pleuré à le voir revenir… Il pliait sous le faix, tendait le cou et respirait en saccades par la bouche. (…) Notre malheureux compagnon parvint, en travaillant, à résister jusqu'à l'heure de la soupe. Son sac fut posé près des bennes, car il devait le reprendre durant les heures de travail de l'après-midi. Rentré dans la chambre, il n'eut plus une parole pour Daumerie, il se jeta sur sa paillasse et se mit à pleurer. Chaque fois que sa poitrine se soulevait, nous entendions comme un bruit de soufflet, un bruit de râles, et sa figure marquée par la chicote prenait une teinte grise.
L'après-midi et jusqu'à la fin de la journée, le petit Roger fit appel à toute sa volonté, tendit ses nerfs pour ne pas tomber, chargea et roula les bennes de sable. Sans cesse il s'informait de l'heure qu'il pouvait être, ses jambes se dérobaient, il ne tenait plus que par un effort surhumain de volonté. Jusqu'au coup de sifflet marquant la fin de la journée, les SS surveillèrent notre équipe.
Poquette rentra, soutenu par deux camarades. La peau de sa figure était tirée, rétrécie ; les lèvres s'apercevaient à peine, le nez était aminci, et, sous les yeux, de fortes protubérances. Au faciès squelettique s'ajoutait la détresse d'un corps qui n'en pouvait plus, qui semblait supplier pour qu'on le laisse tranquille.
Roger fut étendu, on lui donna à boire, que pouvions-nous faire de plus ? Bien peu purent dormir, car de toute la nuit il ne cessa de se plaindre. Le lendemain matin, il ne put quitter sa paillasse, et à ce moment tous sentaient qu'il allait mourir. Les SS vinrent s'assurer qu'il était impossible de le mettre sur ses jambes, et quelques heures après, à notre retour, nous apprîmes que la mort venait de lui clore les yeux. Roger Poquette était mort victime des criminels Wyss et Daumerie. »

Victor Trido, *Breendonck. Le camp du silence, de la mort et du crime*, Charleroi-Paris, 1944, p. 39-42.

Les peines ne sont pas seulement individuelles, elles peuvent aussi être collectives : par exemple rester travailler plus longtemps ou être astreint à des exercices de gymnastique après le travail. La gymnastique a été introduite à l'origine pour occuper les détenus le dimanche, jour sans travail : c'est le régime normal à Breendonk. En semaine, par contre, une séance d'exercices « *Hinlegen – Aufstehen* » (« couché – debout »), où l'on doit alternativement se plaquer au sol, puis se relever, se veut une mesure punitive. Cela peut se faire, soit après le retour du travail, parce que les détenus n'ont prétendument pas montré assez de zèle, soit sur le chemin de la cour de rassemblement au chantier, si les gardiens trouvent que les détenus ne marchent pas bien au pas. Le Dr Jodogne a décrit une de ces « séances d'exercices » : « En allant au travail, sous prétexte qu'on ne marche pas au pas, on les oblige tous à courir, à se coucher, à se relever sur leurs mains, à camper dans la boue ou dans l'eau jusqu'à l'exténuation complète. S'il y avait une flaque d'eau qui ne permettrait pas aux SS de passer sans se salir les bottes, ils faisaient coucher les prisonniers sur le ventre dans la flaque d'eau et c'est sur leur dos qu'ils passaient de l'autre côté de la flaque. »

### *La torture*

L'installation d'une salle de torture à Breendonk doit être mise en relation avec le développement constant de la résistance en Belgique occupée. Ce n'est qu'à partir du moment où des résistants, appartenant à des groupes plus ou moins organisés qui s'en prennent avec un succès croissant aux Allemands et à leurs affidés, sont envoyés à Breendonk après leur arrestation que s'impose la décision d'y créer une salle destinée aux interrogatoires dits « plus poussés » de ces prisonniers. On n'a jamais retrouvé de document officiel instituant une telle salle. Pour l'auditorat militaire de Bruxelles, qui a mené l'enquête sur les activités de la Sipo-SD de Bruxelles, ni Schmitt, ni Prauss ne peuvent en endosser la responsabilité. L'ordre doit être venu de Bruxelles. Selon Schmitt, cet ordre est effectivement venu du chef de la Sipo-SD, Ehlers. Pour le chef de la Gestapo Straub, Schmitt aurait seulement insisté auprès de lui pour qu'il mette à la disposition de ses collaborateurs (à lui, Straub) un bureau fixe pour l'interrogatoire des prisonniers. Il n'aurait appris l'existence d'une véritable salle de torture qu'après son arrestation en 1946.

Ce sont habituellement les gestapistes des divers quartiers généraux de la Sipo-SD qui se chargent de l'interrogatoire « plus poussé » de résistants à Breendonk et non les SS de Breendonk même, quoique ceux-ci y assistent généralement. C'est en effet au quartier général de la Sipo-SD à Bruxelles et dans ses *Aussendienststellen* ou services extérieurs de Gand, Liège, Anvers et Charleroi que les enquêteurs de la Sipo-SD se livrent à leurs investigations sur les activités de la résistance belge et y ouvrent des dossiers à leur sujet. Ils n'y disposent toutefois pas d'une véritable salle d'interrogatoire avec instruments de torture appropriés comme à Breendonk: seules les salles de bain de l'avenue Louise à Bruxelles sont plus ou moins équipées dans ce but.

---

Déclaration de Straub à propos de la salle de torture:

« Je n'exclus pas que, lorsque je parcourus le camp, j'ai effectivement vu cette salle, mais, d'après les objets qui pouvaient s'y trouver, je n'aurais jamais pu m'imaginer à quoi cette salle pouvait servir. »

Archives du Royaume de Beveren, Parquet d'Anvers, 355, p. 119, audition de Franz Straub le 5 mai 1948

---

**Les quartiers généraux de la Sipo-SD:**

1. Bruxelles: la Sipo-SD s'installe successivement avenue Ernestine, avenue Louise 453 et avenue Louise 347, ce dernier déménagement ayant eu lieu en février-mars 1943 à la suite de l'attaque aérienne réussie contre le n° 453 par le pilote belge de la RAF Jean de Sélys Longchamps. En 1943 est instituée une commission spéciale (*Sonderkommission*) chargée d'enquêter sur les attentats commis contre des membres des forces d'occupation dans le Brabant, et dont le bureau est installé dans un premier temps rue de l'Aurore, ensuite aux 7$^e$ et 8$^e$ étages du 347 de l'avenue Louise. D'autres bureaux se trouvaient également rue Traversière.
2. Anvers: dans une villa de la Della Faillelaan à Wilrijk, ensuite à la Koningin Elisabethlaan.
3. Liège: Boulevard d'Avroy.
4. Charleroi: Boulevard Audent.
5. Gand: De Smet de Naeyerplein.

---

Non que cela les empêche d'y cuisiner méchamment des prisonniers: il n'est en effet pas besoin de nombreux instruments spéciaux pour passer quelqu'un à tabac. Marcel Louette, de la *Witte Brigade-Fidelio*, est une véritable épave lorsqu'il est conduit à Breendonk: « plus mort que vif », selon l'auditorat militaire d'Anvers. Le substitut du procureur du Roi d'Anvers Dirk Sevens arrive lui aussi dans un état pitoyable après ses interrogatoires à Anvers. Même s'ils comptent un certain nombre de cellules – une vingtaine au 347 de l'avenue Louise à Bruxelles – les quartiers généraux de la Sipo ne tiennent pas lieu de prisons. Elles n'ont pas la place pour

La vie dans l'*Auffanglager*

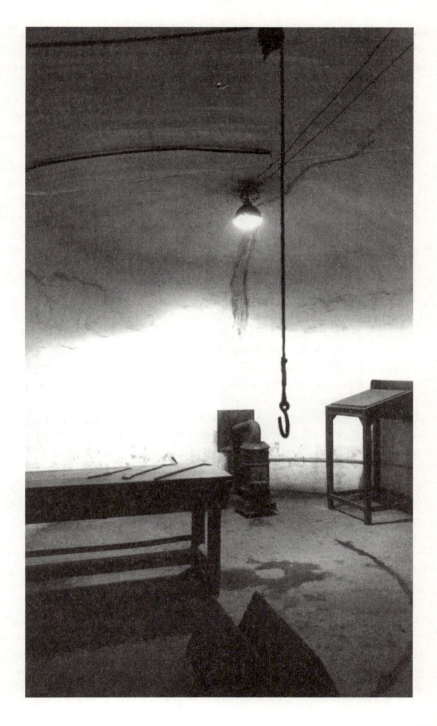

abriter un grand nombre de détenus pendant une longue durée. Sans doute la Sipo-SD juge-t-elle aussi qu'en combinant un régime de camp rigoureux avec la torture, Breendonk est le lieu idéal pour mater les résistants récalcitrants.

L'auditorat militaire de Mons confirme après la guerre que la Sipo de Charleroi considérait l'envoi à Breendonk comme « un moyen d'intimidation pour faciliter l'enquête » et « savait pertinemment bien depuis le début ce que signifiait le régime de Breendonk ». Breendonk est un nom qui peut être brandi comme menace. Lors de son interrogatoire au 453 de l'avenue Louise, le Dr Jodogne s'entend dire que s'il accepte de parler, il sera envoyé à Saint-Gilles ; autrement, ce sera Breendonk. Les prisonniers qui après un interrogatoire musclé avenue Louise sont envoyés à la prison de la *Wehrmacht* de Saint-Gilles, n'y sont le plus souvent transférés qu'après la disparition de toute trace de violences. La Sipo veut de cette manière éviter tout problème avec les officiers de la *Wehrmacht* de Saint-Gilles.

La chambre de torture de Breendonk est appelée le « bunker ». Le terme est emprunté au monde des camps. Le bunker d'un camp de concentration est une prison dans la grande prison qu'est le camp. C'est un bâtiment avec des cellules isolées, un bloc cellulaire où la Gestapo vient interroger et torturer les prisonniers.

Même après son installation dans la seconde moitié de 1942, la salle de torture n'est cependant pas le seul lieu à Breendonk où des prisonniers sont soumis à la question. Tandis que les chambrées des détenus se situent sur le « front de tête » du fort, les SS se sont aménagé une série de petits bureaux dans les couloirs du « front de gorge » : celui de Prauss se serait situé dans le couloir de gauche. Ici aussi, les gestapistes de Charleroi, de Bruxelles et d'ailleurs viennent interroger « leurs » détenus : ce sont ces bureaux auxquels Straub fait allusion. Même si ces interrogatoires concernent surtout la seconde moitié de l'occupation, il s'en est probablement déjà déroulé dans ces locaux auparavant. « Jour et nuit, écrit Léon Halkin, les interrogatoires se succédaient dans de petites salles blanchies à la chaux, ornées d'une immense tête de mort et de l'inscription gothique de la devise SS : "Mon honneur s'appelle fidélité" – "*Meine Ehre heisst Treue*" ». On peut y recevoir sa ration de coups, quoique la violence y reste encore contenue. Ayant été interrogé en 1943 dans un de ces bureaux, Marbaix ne parle même d'aucune violence. Celui qui ne se montre pas suffisamment coopératif à l'occasion de ces interrogatoires « ordinaires » peut toujours se faire envoyer au bunker pour une interrogatoire « plus poussé ». Certains y sont d'ailleurs envoyés du premier coup.

Le premier interrogatoire à Breendonk peut parfois se faire attendre longtemps. Ce n'est qu'à la mi-octobre 1942 que la Sipo procède à l'examen de l'affaire des postiers bruxellois qui ont à ce moment déjà un mois et demi de détention derrière le dos. Une décision délibérée pour laisser s'étioler l'esprit de résistance à travers l'expérience du camp ? Dans l'espoir que l'affaiblissement de l'état général, la confrontation quotidienne avec la violence physique et les cris provenant du bunker pendant la nuit fassent se dégonfler la victime avant le début de son interrogatoire ? La Sipo-SD ne peut toutefois avoir appliqué cette tactique que dans les cas les moins sérieux. Il est impensable qu'elle ait pu faire montre de tant de patience dans une affaire majeure. Un interrogatoire réussi peut en effet livrer les noms d'autres membres de la résistance, grâce à quoi la Sipo-SD pourra identifier tout un réseau ou prévenir d'autres attentats.

On est en août ou septembre 1942 lorsqu'on commence l'installation d'une chambre de torture. La Sipo choisit pour cela un local situé sous une des anciennes coupoles du front de tête droit. En collaboration avec le travailleur civil Carleer, les détenus Van Eynde et Van Deuren sont chargés de l'aménagement des lieux. Sur ordre de Prauss, Van Deuren doit murer le couloir vers la redoute de droite. Le ferronnier Carleer confectionne la poulie qui y sera placée fin 1942 ; le menuisier Van Eynde les montants en bois placés sous la poulie, ainsi qu'un banc et une table qui compléteront l'installation en 1943 avec un poêle à feu continu et un pupitre. Dans le sol, on creuse une rigole menant à un petit égout, par laquelle pourront s'écouler le sang, l'eau et l'urine. Van Eynde et Van Deuren rapporteront que l'eau stagne parfois à dix centimètres au-dessus du sol de la chambre de torture : l'infiltration d'humidité est un problème tenace avec lequel le fort aura toujours eu à lutter, même encore des années après la guerre.

On installe l'électricité ainsi qu'une ligne téléphonique et télégraphique qui permet d'appeler directement Bruxelles depuis le bunker pour obtenir la permission de passer à un « interrogatoire plus poussé ». Ce n'est pourtant pas systématique, loin de là. Dans la pratique, comme l'a montré l'instruction relative aux agissements de la Sipo-SD de Charleroi, les hommes de la police allemande se savent toujours couverts par leurs supérieurs et ne demandent jamais d'autorisation. Schmitt et Prauss auraient également fait appel à la torture de leur propre initiative. Le successeur de Schmitt, Schönwetter, aurait mis fin à cette situation et obligé Prauss de lui remettre les clés du bunker. Les motifs de ce revirement auraient été « l'incident » de fin 1943, lorsqu'un détenu « oublié » fut retrouvé mort, encore suspendu à la poulie. Le SS Van Hul, qui était en service sous Schönwetter, déclara que le bunker ne pouvait plus être utilisé à cette époque que sous la responsabilité du gestapiste compétent de Bruxelles ou d'un des quartiers généraux locaux.

> Le chef caporal Johann A. du *Landesschutzbataillon* 525 était sellier et garnisseur dans le civil. Il avait 29 ans en 1943.
>
> « J'ai dû passer quelques semaines à Breendonk en février-mars 1943. Après six semaines, j'ai connu une dépression nerveuse suite à ce je vivais là-bas. C'était si horrible que celui qui ne l'a pas vécu peut à peine le croire. Lors des interrogatoires, les gens étaient terriblement maltraités. Il y avait par exemple une poulie par laquelle on soulevait le détenu par les bras pour être battu à coups de nerf de bœuf par les SS. C'est ainsi qu'on arrachait les aveux. J'ai souvent dû monter la garde dans ce local pendant ces interrogatoires. »
>
> *Nordrhein-Westfälisches Hauptstaatsarchiv* Düsseldorf, Rep. 118/Nr. 1397, p. 435-436, audition de J. A. en date du 17 décembre 1971

Début 1943, le communiste Jean Blume est extrait de sa cellule et conduit, la sinistre cagoule sur la tête, à travers le long couloir longeant les casemates. Après le coin, un nouveau couloir, plus étroit et en courbe. Tout d'un coup, on s'arrête et on lui retire sa cagoule. Blume reçoit un choc : « L'effet soudain de la lumière et de la vision des murs nus, de la poulie et de la corde qui s'y enroule, a de quoi foudroyer un cardiaque, lorsque le sac est enlevé. » C'est naturellement l'expérience de la torture elle-même qui continue d'obséder les victimes après la guerre, mais l'une d'elles, Jean Werné, a rendu compte de toute la mise en scène : sur la table, la machine à écrire sur laquelle est déjà enroulée la feuille pour enregistrer les aveux ; parfois aussi de la nourriture et des cigarettes, des revolvers et des matraques… La nourriture, destinée aux interrogateurs, sert aussi d'appât pour les victimes auxquelles, dans l'état de privation chronique où elles sont, on fait miroiter la perspective d'un bon repas au cas où elles consentiraient à parler. Les cigarettes ont elles aussi une double fonction, destinées aussi bien aux lèvres des SS qu'au dos nu de la victime. Le local, comme tous les locaux du fort, est froid et humide ; un interrogatoire « plus poussé » pouvant durer des heures, un poêle n'est pas un luxe. Non que tout interrogatoire s'éternise ainsi : le soldat de la *Wehrmacht* Xaver B., qui est chargé de conduire les détenus à la salle de torture, déclare en 1970 qu'il doit les reconduire en moyenne au bout d'une demi-heure.

Qui dit torture dit instruments de torture. À Breendonk, l'instrument favori est la poulie. Le résistant autrichien Hans Maier, mieux connu sous le nom de plume de Jean Améry, se fait conduire au bunker par Prauss. « Allons-y, me dit-il complaisamment avec sa voix de crécelle. (…) On me conduisit sous l'appareil. Le crochet fut passé dans les liens qui tenaient mes mains attachées derrière le dos. Puis, on me hissa avec la chaîne jusqu'à ce que mon corps pende à environ un mètre du sol. Suspendu ainsi par les mains liées dans le dos, on ne peut se maintenir à la force des muscles qu'un très court moment seulement dans une position proche de la verticale. Pendant ces quelques minutes, alors que l'on a déjà dépensé ses dernières forces, que la sueur vous coule sur le front et sur les lèvres et que le souffle se fait court, on n'est plus en état de répondre à aucune question. Complices? Adresses? Points de rencontre? C'est à peine si l'on entend encore. La vie alors concentrée tout entière en un seul endroit très circonscrit du corps, en l'occurrence les articulations des épaules, ne réagit plus, parce qu'elle s'épuise totalement à rassembler ses forces. Mais un tel appel d'énergie ne peut durer longtemps, même chez des êtres de forte constitution physique. En ce qui me concerne, je dus abandonner très vite. C'est à ce moment que se produisit dans le haut de mon dos un craquement et une déchirure que mon corps à ce jour n'a pas encore oubliés. Je sentis mes épaules de déboîter. Le poids même du corps avait provoqué la luxation, je tombai dans le vide et tout mon corps pendait maintenant au bout de mes bras disloqués, étirés vers le haut par derrière et retournés jusqu'à se retrouver par-dessus ma tête. Torture, du latin *torquere*, tordre: quelle leçon de choses par l'étymologie… En même temps, les coups assenés avec le nerf de bœuf pleuvaient dru sur mon corps et nombre d'entre eux transpercèrent purement et simplement l'étoffe légère du pantalon d'été que je portais ce jour-là, le 23 juillet 1943. »

Certaines fois, on laisse brutalement retomber le détenu, de sorte que ses genoux et ses tibias viennent violemment heurter les montants en bois sous la poulie. Ensuite, on le soulève à nouveau, et l'action se répète autant de fois qu'il semble bon aux tortionnaires. Celui qui perd connaissance est ramené à lui grâce à un seau d'eau froide ou à une injection administrée par l'infirmier de la *Wehrmacht*. Marguerite Paquet reçoit du *Sanitäter* Fliegauf une injection dans la poitrine: « Croyant qu'on voulait me droguer, je profitai d'un moment d'inattention pour mettre mes doigts dans ma gorge et me faire dégobiller. J'entendis l'infirmier dire au major Schmitt: "inutile, l'injection lui donne des nausées". »

Marguerite Paquet n'est pas la seule femme qui atterrit au bunker. D'ordinaire, la victime est entièrement déshabillée, même si cela ne se fait pas systématiquement, comme le montre le récit de Jean Améry. Alors que Marguerite Paquet est torturée complètement nue, selon Fliegauf, « Jeanne Grosvogel n'a pas été dévêtue jusqu'en bas ».

---

« Je, soussignée, Saintenoy Germaine, directrice d'école, déclare ce qui suit : le 22 octobre 1943, j'ai été internée à la prison de Saint-Gilles par l'autorité allemande, dans la cellule 391. J'ai été en cellule avec M$^{me}$ Bernard Paquet. La santé de ma compagne était à ce moment extrêmement déficiente. En effet, elle était si faible qu'elle restait assise tout le long du jour, et qu'elle ne pouvait pas se promener. J'appris qu'elle venait de faire un séjour en cellule à Breendonk. Elle avait le bout de tous les doigts aplatis et les ongles à peine repoussés : elle me confia qu'on lui avait écrasé les doigts sous une presse, par quarts de tour, pour la faire parler. Les bras, les jambes, le dos, portaient des traces de coups et de cicatrices.
Elle gagnait des accès de fièvre intense, au cours desquels elle délirait. Je lui ai distinctement entendu dire : "Brute, sale brute. Non, je ne dirai rien".
Une nuit que j'avais demandé de l'aide parce que l'accès était particulièrement violent, l'infirmier allemand Joseph Josseneck lui donna une piqûre et dit au surveillant : "Ce sont ces cochons de Breendonk qui l'ont mise dans cet état". »

---

Le supplice de la poulie est le plus courant. Ce n'est cependant pas le seul instrument de torture qu'on trouve dans le bunker. La Sipo dispose aussi de serre-pouces et de serre-doigts, de serre-tête avec des billes de plomb, de barres de fer rougies au feu ainsi que d'un appareil pour faire passer le courant électrique sur les parties sensibles du corps. La Sipo peut aussi parfois recourir à l'une ou l'autre forme de torture psychologique. Jacques Grippa s'entend dire que s'il refuse de parler, son compagnon Moetwil, un autre dirigeant de partisans, passera lui aussi par la salle de torture. Léon Halkin, interrogé dans un des bureaux, s'entend, lui, proférer des menaces à l'encontre de sa famille. On procède aussi à des confrontations entre prisonniers pour les surprendre en train de se contredire. Au cours de l'interrogatoire de Grippa, qui répète tout le temps le même refrain – « Je suis Paul Gilles et je n'ai rien à dire » – on introduit tout à coup dans le bunker un autre leader communiste, Xavier Relecom, qui l'identifie comme étant bien Jacques Grippa.

Une directive du *Reichssicherheitshauptamt* du 12 juin 1942 impose visiblement un certain nombre de restrictions à la pratique de l'interrogatoire « plus poussé » : ainsi, un médecin doit théoriquement être appelé dès qu'on dépasse les vingt coups de trique ou de fouet. Mais lorsque le médecindétenu juif Singer est appelé à la salle de torture, ce n'est que pour venir s'occuper de la victime «après coup».

Parfois, tout secours est même inutile: l'interrogatoire «plus poussé» coûtera la vie à quelques victimes, même si l'on n'en connaît pas le nombre exact. Le SS Wyss, qui n'y allait pas de main morte à la salle de torture, ne nie pas que des détenus soient morts après y être passés, bien qu'en 1945, il ne puisse se rappeler qu'un seul cas: un «Bruxellois avec un chapeau boule noir» qui succombe au bout d'une demi-heure à la suite d'un arrêt cardiaque. Selon l'instruction à charge de Schmitt, Joseph Goldenberg et Émile Van Gelder sont morts en mars 1943 des suites des tortures subies. Hersch Sokol, membre de l'Orchestre Rouge, décède lui aussi après avoir été mordu à plusieurs reprises par le chien de Schmitt: cela se passait au cours d'un interrogatoire.

### L'Orchestre Rouge à Breendonk

L'Orchestre Rouge se compose d'opérateurs radio, les «pianistes», qui, avant et pendant la Seconde Guerre mondiale, livrent des renseignements militaires à Moscou. Il dépend du GRU, le service de renseignement de l'Armée rouge. Le «chef d'orchestre» pour l'Europe de l'ouest est le communiste juif Léopold Trepper. Comme couverture de ses activités d'espionnage, Trepper se sert d'une série de maisons d'habillement spécialisées en imperméables: celui qui va acheter le sien «Au roi du caoutchouc» à Ostende, ne se doute pas que derrière cet établissement se cache un réseau d'espionnage dirigé par Moscou. Après l'invasion du pays par les Allemands, Trepper fuit à Paris. Il s'emploie à créer de nouvelles firmes, car les anciennes sont placées sous séquestre en tant que biens juifs. Détail amusant: la Simexco est logée à la même adresse bruxelloise qu'un bureau de l'*Abwehr* – deux services d'espionnage sous couverture commerciale dans les mêmes bâtiments…

Entre fin 1941 et fin 1942, l'*Abwehr* réussit à démanteler presque entièrement l'Orchestre Rouge en Europe de l'ouest. Selon Trepper, les Allemands parviennent à mettre la main sur pas moins de 217 de ses agents. Une vingtaine d'entre eux – ceux qui opèrent en Belgique – se retrouvent à Breendonk: parmi eux, le couple juif polonais Hersch et Myra Sokol. Leur sort est représentatif de celui de la plupart des membres de l'Orchestre Rouge qui tombent aux mains des Allemands: Hersch meurt à Breendonk et Myra en Allemagne. À peine un quart des agents arrêtés qui étaient actifs en Belgique survivront à la guerre. Les mésaventures de Myra à Bruxelles seront racontées – d'une manière quelque peu romancée – par l'avocate communiste Elisa Depelsenaire dans son ouvrage *Symphonie fraternelle*.

Certains membres de l'Orchestre Rouge vont craquer sous la torture ou la menace de torture; d'autres, comme le communiste allemand Johann Wenzel, acceptent même de jouer double jeu et d'envoyer des messages radio à Moscou sous le contrôle des Allemands. Selon certains témoignages de SS de Breendonk (Franz, Baele), on émet aussi depuis Breendonk, plus exactement depuis le local situé sous la grande coupole du fort. Les SS se réfèrent ici à un certain Hermann ou Hermann Weener. Probablement s'agit-il de Wenzel, qui dirigeait le *Gruppe Hermann* au sein de l'Orchestre Rouge. Selon Schmitt, Wenzel émet pour le compte des Allemands, mais il ne mentionne pas Breendonk à ce sujet. Il prétend même que Trepper *himself* aurait été enfermé pendant deux jours dans un bureau de Breendonk avec son amie juive. Mais Schmitt n'est pas un témoin très crédible, et l'arrestation de Trepper a lieu en novembre 1942, ce qui affecte ce témoignage d'un grand point d'interrogation.

Chez ceux qui en réchappent, la torture laisse diverses marques corporelles et morales. « Pendant des jours, témoigne Jacques Grippa, je souffris sur tout le corps des coups portés. Le sommeil était rare la nuit, à cause des douleurs. Pendant des semaines, je pus à peine bouger les bras et le cou. D'ailleurs, on a constaté après la guerre une cervicarthrose certainement provoquée par les coups reçus. Pendant des mois, j'eus de fortes douleurs aux poignets, aux pouces et aux épaules. » La torture peut entraîner des séquelles physiques et psychiques parfois indélébiles. Romain Demeulemeester de l'Armée secrète a été torturé à Breendonk au moyen d'une sorte de casque pourvu de serre-joints et souffre depuis lors de terribles maux de tête. Certains prisonniers resteront atteints moralement par ce qu'ils ont vécu dans le bunker. « On y a été brisés pour la vie », affirme Albert Meeus face aux caméras de la VRT en 1995. Jean Améry n'a plus jamais pu faire abstraction de son vécu d'homme torturé : « Vingt-deux ans plus tard, je me balance encore toujours avec mes bras désarticulés au-dessus du sol ; je dois chercher ma respiration et n'arrête pas de m'accuser moi-même. »

Son essai sur la torture à Breendonk, qu'il publie en même temps que des considérations sur la condition d'intellectuel rescapé d'Auschwitz qu'il est également, s'imposera comme un des classiques de la littérature de l'après-guerre sur les camps. Améry décrit l'étonnement après la torture : « Étonnement de constater l'existence de l'autre qui s'affirme dans la torture sans plus tenir compte d'aucune limite, et étonnement de voir ce que l'on peut devenir soi-même : chair et mort. » Il reste sa vie durant poursuivi par l'angoisse et la rancœur, et se suicidera en 1978.

Si pertinentes au plan philosophique et si remarquables au plan littéraires soient-elles, ces considérations ne peuvent cependant être tout à fait généralisées. Une partie de son angoisse et de ses ressentiments viennent de ce que la torture a réussi à le faire plier, ce qu'il confesse d'ailleurs courageusement lui-même. Améry a la chance de ne pas connaître l'information qu'on veut lui extorquer, autrement « il se serait peut-être, et même vraisemblablement, produit une catastrophe. Je me serais trouvé là comme le faible individu que je suis effectivement, et comme le traître que j'étais potentiellement. »

Quelle différence de ton dans les mémoires de Jacques Grippa... Ici, c'est le langage fort de l'inflexible et de l'intraitable chef des partisans qui s'exprime. Grippa se souvient lui aussi de tout comme si c'était d'hier, mais il veut faire part au lecteur de son état d'esprit sous la torture «pour la valeur d'enseignement et d'encouragement que cela peut avoir pour les combattants d'une juste cause, actuellement et à l'avenir, et en témoignage au nom de ceux qui ont supporté ce genre de sévices et souvent de pires...» Selon ses propres dires, il resta «moralement et intellectuellement tout à fait détendu, et maître de moi-même, de mes pensées, de mon comportement». Ce n'est pas de la forfanterie de sa part, car Grippa a effectivement tenu bon, à un moment où d'autres dirigeants du parti communiste ont plié sans connaître des circonstances analogues. Aucun cas n'illustre mieux les réactions différentes auxquelles la torture – ou la menace de torture – peuvent donner lieu. Grippa atterrit en effet à Breendonk parce qu'un membre important de son parti a craqué. Lors de ses interrogatoires, il est confronté à des personnalités du parti qui sont prêtes à un compromis avec l'occupant.

Paul Nothomb, le responsable national de l'appareil militaire du parti communiste, ancien héros des Brigades internationales de la guerre d'Espagne, et fils rebelle du très conservateur sénateur-baron Pierre Nothomb, est arrêté par la *Geheime Feldpolizei* le 13 mai 1943. Tabassé au cours de son interrogatoire, il se résigne à la conclusion qu'il ne pourra jamais résister à la torture. Il décide dès lors de collaborer spontanément. Selon son propre témoignage, qu'il publiera notamment sous pseudonyme dans son roman *Le délire logique*, il choisit la collaboration explicite plutôt qu'une collaboration contrainte par la torture.

Lorsqu'elle apprend l'arrestation de Nothomb, la Sipo le réclame et le conduit à Breendonk. Il y est confronté les 20 et 21 juin à Pierre Prévot, le responsable national de l'intendance du parti, arrêté près de deux mois avant lui. De ce que Nothomb lui raconte, Prévot – qui est sur le point de craquer – déduit qu'à l'extérieur, toutes les mesures nécessaires ont entre-temps été prises, telles que changements d'adresses etc. – et qu'il peut donc parler sans problème. Nothomb livre six adresses, Prévot trois. Le résultat est la grande rafle de juillet 1943, qui décapite à la fois le parti et son appareil militaire, les Partisans Armés. Nothomb fait même arrêter Develer, le frère de son amie, et arrive à le convaincre que «les jeux sont faits». Develer à son tour parle immédiatement.

Le 23 juillet 1943 voit capituler quatre dirigeants du parti à Breendonk: Xavier Relecom, Joseph Leemans, Pierre Joye et Georges Van den Boom.

Ils acceptent la proposition du sinistre agent belge de la Sipo, Max Günther, d'inciter les autres à parler en échange de la promesse qu'il n'y aura pas d'exécutions. Grippa, le chef de l'état-major des Partisans Armés, ne lâchera, lui, pas un mot. Joye et Relecom, qui veulent le pousser à parler, ne montrent selon Grippa aucune trace de mauvais traitements, et Van den Boom lui apparaît lui aussi en bonne forme.

Après la guerre, Nothomb, Prévot et Develer seront condamnés par le conseil de guerre le 29 mai 1946. En appel l'auditorat militaire alourdit les peines jusqu'à respectivement huit, trois et dix ans. Le parti communiste parviendra à garder l'attitude de Joye, Relecom, Leemans et Van den Boom sous le secret jusqu'à ce que les mémoires de Jacques Grippa fassent la lumière sur cette « affaire des quatre » en 1988.

Comme José Gotovitch, auteur d'un ouvrage de référence sur le parti communiste pendant la guerre, le fait observer dans un article sur Paul Nothomb, « personne n'est habilité à porter un jugement sur les victimes des pratiques barbares de la torture : c'est ce que doivent se dire l'historien comme le lecteur, tout en se posant beaucoup de questions sur eux-mêmes ». Pour Gotovitch, les contemporains ont néanmoins porté un jugement en distinguant bien les victimes de la torture des « retournés actifs, désignés comme des traîtres ». Quelques-uns seulement furent considérés comme de véritables « salauds », mis en quarantaine et souvent même liquidés. Comme en témoignent ces mots d'une femme communiste sur un billet sorti clandestinement de prison : « Interrogée une fois, la nuit du 7 au 8, par l'entremise de petit Pol, ce salaud. » (On peut deviner qui est ce « petit Pol » d'après ce qui précède). Vis-à-vis de ceux qui sont déterminés à résister, mais qui à la longue ne peuvent tenir le coup, on montre beaucoup plus d'indulgence. Celui qui a finalement craqué et parlé en restera de toute façon marqué mentalement et continuera à en faire des cauchemars des années plus tard.

Combien ont finalement succombé à la torture? Le nombre est difficile à estimer. La plupart des acteurs concernés suivent la consigne du silence à ce sujet. Selon Fliegauf, qui fréquente la salle de torture en qualité d'infirmier, il n'a même pas fallu suspendre deux détenus sur trois à la poulie : ils se mettent à parler dès qu'on commence à agiter le fouet. D'autres deviennent même diserts dès qu'ils mettent les pieds dans le bunker...

Pour ceux qui parviennent à résister, il y a la crainte constante de flancher la fois suivante. Cette crainte est une torture mentale en soi. Après son séjour à Breendonk, Léon Halkin sera traîné d'une prison et d'un camp à l'autre. Il débarque ainsi dans le terrible camp de concentration de Gross-Rosen en Pologne : « Gross-Rosen nous aurait laissé les pires souvenirs de la captivité, écrira-t-il, n'eût été la hantise des interrogatoires qui avait conféré à Breendonk une horreur inégalable. »

## Les exécutions

Le 19 novembre 1942, à 18 h 30, Jean Teughels quitte l'hôtel de ville de Charleroi. Teughels est bourgmestre du Grand Charleroi et un membre de poids du parti rexiste de Léon Degrelle. Il est abattu par quelques inconnus. Trois jours plus tard, le *Kommandostab* du *Militärbefehlshaber* envoie une lettre circulaire à une série de services allemands opérant en Belgique occupée : si l'on n'a pas découvert les auteurs avant mercredi 25 novembre 1942 à minuit, dix « terroristes communistes » seront passés par les armes. L'ultimatum est porté à la connaissance de la population via un communiqué dans la presse collaborationniste. Le délai expire. Les auteurs ne sont pas encore trouvés. L'occupant met ses menaces à exécution et fait fusiller le 27 novembre huit « terroristes et saboteurs communistes ». Par voie d'affiches et de journaux, l'annonce des exécutions est transmise à la population comme « un avertissement sévère et explicite à tous les éléments irresponsables qui, par leurs agissements criminels, troublent l'ordre et le calme publics, et plongent leurs propres compatriotes dans le malheur. »

Ce que la presse ne mentionne pas, c'est le lieu de ces exécutions : Breendonk pour six des huit, Hechtel dans le Limbourg pour les deux autres. Joseph Boulanger, Gustave Derard, François Lambert, Maurice Pierkot, Joseph Suy et Louis De Houwer sont les premiers d'une longue série de prisonniers de Breendonk qui passeront devant le peloton d'exécution, lorsque la multiplication des attentats sera inexorablement suivie d'une multiplication corrélative des exécutions. Entre novembre 1942 et juin 1944, von Falkenhausen fera exécuter 240 prisonniers politiques en représailles contre des attaques de la résistance. Son successeur, le *Reichskommissar* Grohé – au cours des derniers mois de l'occupation, l'administration militaire est remplacée par une administration civile – en fera encore exécuter 65. Plus de la moitié – au moins 164 – de ces 305 otages exécutés pendant l'occupation seront passés par les armes sur le terrain d'exécutions de Breendonk.

En droit international, les « otages » sont des civils d'une partie en guerre contre une autre, arrêtés par cette dernière en représailles ou à titre de gages dans le but de s'assurer du « bon comportement » de la première. L'occupant allemand prend deux sortes d'otages : les *Wahlgeisel* et les *Haftgeisel*. Les premiers sont faits prisonniers en représailles contre l'un ou l'autre attentat. Les Allemands les choisissent – *Wahl* signifie choix – parmi les notables du pays occupé : magistrats, hommes politiques etc. C'est ainsi que fin mai 1941, deux hommes politiques malinois bien connus, l'ex-échevin libéral Oscar Van Kesbeeck et l'ancien ministre socialiste Désiré Bouchery, sont incarcérés durant six semaines à Breendonk après qu'une grenade a été jetée devant les bâtiments de la *Kommandantur*. Le 23 juillet 1941, dix autres otages malinois sont à nouveau amenés à l'*Auffanglager*, parmi lesquels le procureur Jules 's Heeren. Cette fois, c'est une attaque à la bombe contre le siège malinois de la Banque nationale, réquisitionné en grande partie par les Allemands, qui en est le motif. Suite à une intervention du cardinal Van Roey, ils sont transférés seize jours plus tard à la citadelle de Huy. Huy est en effet pendant l'occupation le lieu d'internement par excellence des otages. À un certain moment, on y trouve tant de représentants des hautes sphères de la nation que la citadelle reçoit le sobriquet de *House of Lords*. Même un futur premier ministre – Joseph Pholien, chef du gouvernement de 1950 à 1952 – sera un de ses pensionnaires.

**Fusillés à Breendonk**

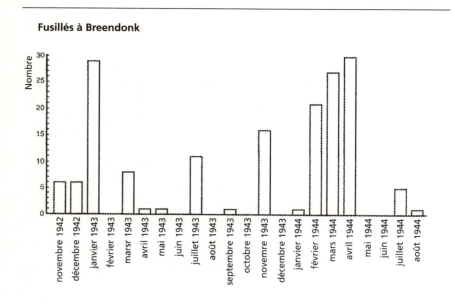

Ces statistiques sont basées sur les chiffres du Service des victimes de guerre. Il n'est pas exclus qu'il y en ait eu encore davantage. De nombreux témoins donnent en effet des chiffres plus élevés : le cuisinier Moens a parlé de minimum 350 fusillés, le Dr Singer de plus de 300 morts, l'aumônier Mgr Gramann de 400 morts. L'exagération du nombre de victimes est toutefois un phénomène propre à tout conflit ou événement dramatique, de Breendonk au Kosovo. Malheureusement pour l'histoire, le carnet de Mgr Gramann, dans lequel il notait toutes les exécutions auxquelles il avait participé, a disparu au cours d'un bombardement. On n'en connaîtra donc jamais le chiffre précis.

Selon le même Service, 86 prisonniers de Breendonk furent encore fusillés à un autre endroit, les uns en tant qu'otages, les autres après condamnation à mort pour des faits commis par eux. Furent par exemple fusillés au Tir national à Schaerbeek les deux frères Livchitz : Choura, qui fut transféré de Breendonk à Saint-Gilles après sa condamnation ; Youra en tant qu'otage.

Ces 86 personnes furent passées par les armes aux endroits suivants :
- 46 fusillés à Schaerbeek (Tir national) ; cela doit faire en fait 45, car on a compté parmi eux Hersch Sokol (voir titre précédent) ;
- 4 fusillés à Anvers ;
- 1 fusillé à Mons ;
- 15 fusillés à Hechtel ;
- 10 fusillés à Brasschaat (Maria-ter-Heide) ; il s'agit plutôt de 5, car au moins 5 d'entre eux, Jan Neutjens et 4 autres détenus exécutés le 27 septembre 1943, furent selon des témoins fusillés à 't Kiel (quai d'Herbouville) et ensuite enterrés à Maria-ter-Heide ;
- 11 via Saint-Gilles à Vught aux Pays-Bas, où ils furent pendus.

Comme nous l'avons dit dans l'introduction, ces chiffres sont certainement encore sujets à corrections, mais donnent néanmoins un ordre de grandeur.

Enfin, nombre de prisonniers de Breendonk furent encore exécutés en Allemagne.

---

Ces *Wahlgeisel* n'entrent pas en ligne de compte pour le bilan des exécutions : celles-ci concernent les *Haftgeisel*, les otages qui se trouvent déjà en prison (*Haft*). Le 19 septembre 1941, von Falkenhausen lance via la presse une *Bekanntmachung* (avis) à la population : chaque fois que les auteurs d'une attaque contre des membres de la *Wehrmacht* ou des services de police allemands ne seront pas retrouvés immédiatement, cinq personnes seront exécutées en représailles. Du même coup, von Falkenhausen assimile tous les prisonniers politiques de son ressort à des otages. Avec cette annonce, Breendonk, Huy, la prison de Saint-Gilles…, bref, tous les endroits où l'occupant détient des prisonniers politiques, deviennent une réserve potentielle d'otages.

Cela prendra cependant encore plus d'un an avant que la menace ne soit mise à exécution. Cinq prisonniers sont certes déjà passés par les armes le 28 décembre 1941, mais von Falkenhausen ne considère pas ceux-ci comme des otages (ce qu'ils sont pourtant en un certain sens, à moins de s'en tenir à une logique strictement juridique). Bien que des actions violentes de la résistance commencent déjà à faire problème à la

*Militärverwaltung* fin 1941, ce n'est que la vague de nouveaux attentats dans la seconde moitié de 1942 qui l'amène à joindre finalement le geste à la parole. L'administration militaire ne sera cependant jamais un grand partisan de sa propre politique d'otages.

Les mouvements de collaboration comme Rex et le *Vlaams Nationaal Verbond* insistent pourtant dans ce sens. On présume que c'est à la suite d'une démarche rexiste que von Falkenhausen ordonne les exécutions du 27 novembre 1942. C'est aussi l'occasion pour ce dernier de montrer à Berlin qu'il est capable de faire preuve de fermeté. La *Sicherheitspolizei* en Belgique n'est toutefois pas plus enthousiaste que von Falkenhausen. Le *SS-Obersturmbannführer* Ernst Ehlers, qui est à la tête de la Sipo-SD pour la Belgique et le Nord de la France, ne croit pas vraiment dans l'effet dissuasif de représailles. Même lors de la grande réunion du 15 avril 1943 avec les chefs de file des divers «mouvements de renouveau», comme les Allemands appellent les mouvements de collaboration, il ne peut cacher son scepticisme. D'ailleurs, son grand chef précédent, Reinhard Heydrich, n'en était pas partisan non plus, argumente-t-il entre autres – même si c'est précisément après l'attentat mortel contre Heydrich à Prague que les SS rayent de la carte la petite ville tchèque de Lidice et liquident toute sa population mâle. Chez les collaborateurs cependant, l'angoisse s'accentue: ils ont le sentiment que les Allemands ont la main moins lourde pour un attentat visant quelqu'un de leur milieu que lorsqu'il vise des militaires allemands. De fait, les dispositions légales allemandes ne prévoient pas de représailles pour des actions visant les acolytes de l'occupant.

Pour Ehlers, il est important que les otages proviennent des mêmes milieux que les auteurs présumés. Cette condition était d'ailleurs déjà inscrite dans les ordonnances allemandes de la seconde moitié de 1941. Lors des exécutions du 27 décembre 1942, on en a certainement tenu compte. Exceptés les Anversois Suy et De Houwer, il s'agit d'ouvriers communistes de la région de Charleroi, ayant des liens avec le groupe qui a liquidé Teughels. Celui-ci est abattu par un commando de Partisans Armés sous la direction de Victor Thonet, qui a combattu Franco aux côtés des Brigades internationales en Espagne. Sous la direction d'un autre ancien combattant d'Espagne et commandant de Partisans, Raoul Baligand, quatre des huit fusillés avaient en outre dérobé, le 27 avril 1942, un important stock de dynamite et de détonateurs dans une mine de charbon du Borinage.

Les Partisans Armés ont été fondés, fin 1941, au sein de la mouvance communiste. La direction en est entièrement communiste, même si nombre de non-membres du parti sont actifs dans leurs rangs. Moscou voit la résistance dans des pays occupés tels que la Belgique comme une guerre de partisans derrière les lignes allemandes, ayant pour but de soulager la pression sur l'Armée rouge dans son propre pays. Des actions violentes, comme l'élimination de « traîtres », doivent contraindre les Allemands à déployer des moyens militaires plus importants dans les territoires occupés et à y intervenir plus durement, ce qui doit à son tour réactiver l'esprit de résistance.

Attentats et représailles entraînent en effet une spirale de violence. La réaction des Partisans à l'exécution de leurs camarades ne se fait pas attendre : outre l'officier SS flamand August Schollen, ils assassineront entre le 23 décembre 1942 et le 12 janvier 1943 encore six militaires allemands, parmi lesquels deux membres de l'administration militaire. Ce qui amènera von Falkenhausen à envoyer, en l'espace de dix jours, soit entre le 4 et le 13 janvier, pas moins de cinquante détenus devant le peloton d'exécution : vingt-neuf à Breendonk, dix à la citadelle de Liège, cinq au Tir national à Schaerbeek et six à Hechtel. Pour Breendonk, c'est un chiffre record qui ne sera dépassé qu'en avril 1944.

Après cela, les Partisans suspendront leurs attentats systématiques contre des militaires allemands. Un de leurs dirigeants, le communiste bulgare Todor Anghelov, avait déjà exprimé son hostilité à ces méthodes bien avant cela : parmi les soldats de la *Wehrmacht*, avait-il fait valoir, se trouvent en effet aussi des camarades rouges. Les attentats contre des collaborateurs et les actions de sabotage suivent par contre leur train habituel. C'est ainsi qu'à partir de fin décembre 1942 et dans les premiers mois de 1943, la Sipo arrêtera au total 310 « terroristes » et 522 « agents communistes », ce qui revient à l'élimination quasi complète de toute la première levée de Partisans. Victor Thonet, par exemple, sera capturé le 23 décembre 1942, incarcéré à Breendonk et fusillé le 20 avril 1943 au Tir national.

L'organisation d'une exécution, de la décision à la mise en bière des corps, est une compétence de l'administration militaire. Les SS de Breendonk n'y sont impliqués pour ainsi dire qu'à titre d'« hôtes ». L'exécution du 7 mars 1944 est exemplative à cet égard. Le 4 mars 1944, à 20 heures, le *SS-Rottenführer* Toni Esser, du *SS-Leibstandarte Adolf Hitler*, est pris dans une embuscade et abattu par des inconnus chaussée de La Hulpe à Bruxelles. Esser décède pendant son transfert à l'hôpital. Le 6 mars, le *Kommandostab* du *Militärbefehlshaber* ordonne l'exécution de quinze « terroristes » à titre de représailles. La mesure est encore publiée le jour même dans deux journaux : la *Brüsseler Zeitung* et la feuille collaborationniste *Le Nouveau Journal*. Le *Sicherheitsdienst* propose une liste de noms : la victime de l'attentat est en effet un SS. Dans d'autres cas, les *Oberfeldkommandanturen* font également une proposition. Les listes aboutissent sur le bureau de von Falkenhausen à qui revient le choix définitif. D'après une déclaration faite après la guerre par Apetz de l'administration militaire, la *Militärverwaltung*, en particulier le *Gruppe Polizei*, contrôle si les personnes proposées par la Sipo-SD ont bien commis des délits justiciables de la peine de mort selon le droit allemand ; mais les moyens pour effectuer ces contrôles auraient fait défaut. Le chef du *Gruppe Polizei* niera même que son service vérifiait les listes.

Toujours le même 6 mars 1944, le *Kommandostab* soumet la liste définitive de quinze noms à l'*Oberfeldkommandantur* de Bruxelles, *OFK 672*. L'*Oberfeldkommandant*, le lieutenant-général Karst, est responsable de la suite des opérations. En concertation avec le SD, Breendonk est choisi comme lieu d'exécution : la majorité des quinze otages y sont en effet déjà incarcérés. Seuls quelques-uns se trouvent dans une autre prison, Saint-Gilles ou Louvain, et seront spécialement transférés à Breendonk pour leur exécution. La direction de l'*Auffanglager* n'intervient en rien dans la prise de décision concernant ces exécutions : elle en est seulement avisée par une circulaire de Karst. La direction de l'opération est confiée à von Märcker, le *Kreiskommandant* de Malines, qui, conjointement avec la direction du camp, doit veiller à ce que le terrain d'exécution soit en ordre et à ce que les otages et le peloton d'exécution soient présents à temps. L'exécution doit avoir lieu le lendemain, mardi 7 mars, à 14 heures précises, de sorte qu'on puisse encore en faire rapport à von Falkenhausen avant 16 heures.

C'est normalement le *Landesschutzbataillon* (LSB) de Malines, qui assure la garde à Breendonk, qui fournit aussi les soldats du peloton d'exécution. Le mémo de Karst, visiblement rédigé sur le modèle d'un précédent, mentionne même que le major Wittstock du LSB 770 en a été informé par téléphone. Un post-scriptum confie toutefois in extremis – et à titre tout à fait exceptionnel – la mission d'exécution à un détachement du 1er *SS-Panzerkorps Leibstandarte* sous la direction du *SS-Hauptsturmführer* Maas : aux SS l'honneur de venger un des leurs assassiné…

Le OFK 672 fournit un *Sanitätsoffizier*, c'est-à-dire un médecin de la *Wehrmacht* avec rang d'officier. L'*OK I/643 Brüssel* doit pour sa part livrer les quinze cercueils, ainsi que le personnel pour mettre les corps en bière sur place et les conduire, sous escorte, au cimetière du Tir national à

Schaerbeek. Un interprète et un aumônier complètent l'équipe mobilisée pour l'exécution.

Aux condamnés eux-mêmes, la décision du lieutenant-général Karst doit être notifiée une heure avant l'exécution. En général, c'est le major von Märcker qui se charge de la besogne, accompagné d'un interprète. Ce jour-là, les détenus sont ramenés du chantier dans leur chambrée, ou ne doivent même pas s'y rendre. Lorsque la porte de la chambrée est verrouillée derrière eux, l'atmosphère devient plus oppressante encore que d'ordinaire; tout le monde sent qu'une lourde menace plane dans l'air. On reconnaît le scénario d'exécutions antérieures: le camion de la *Wehrmacht* qui entre dans la cour intérieure, puis la porte de la chambrée qui s'ouvre tout à coup. Léon Halkin décrit ainsi la scène: «Lorsque la porte de la chambrée s'ouvrait, nous tremblions d'entendre crier nos numéros. Le lieutenant paraissait, une liste à la main. Je voyais pâlir, mouillés d'une sueur d'agonie, les camarades qui se sentaient ou se croyaient le plus directement menacés. Personne n'était à l'aise. Une peur animale me pénétrait jusqu'au fond de l'âme, oui, la peur de la mort. Ceux qui étaient appelés sortaient, sans un mot, sans un geste, sans un adieu. La porte refermée, nous osions à peine nous regarder, silencieux, atterrés. Les croyants priaient tout bas pour leurs frères.» De l'intérieur de la chambrée, Jacques Grippa entend encore «procéder à je ne sais quelles formalités dans le couloir»: c'est la lecture de l'acte de condamnation aux condamnés.

Après cela, pendant ce qui sera la dernière heure de leur vie souvent si jeune encore, ils reçoivent leur dernier repas du condamné, changent de vêtements et reçoivent l'assistance spirituelle d'un aumônier de la *Wehrmacht*. Au début, cette dernière heure se passe dans une chambrée; ensuite l'aumônier obtiendra qu'elle ait pour cadre la cantine. L'aumônier en question est l'aumônier général de la *Wehrmacht* en Belgique et dans le Nord de la France, le prélat autrichien Mgr Otto Gramann. Celui-ci n'assiste pas seulement les condamnés à mort à Breendonk, mais aussi à la citadelle de Liège et à la prison de Saint-Gilles. Dans d'autres prisons, un aumônier belge pouvait également assister les condamnés à mort, du moins au début, mais à Breendonk, seul l'aumônier de l'armée allemande peut avoir accès. À Saint-Gilles, rapporte Mgr Gramann au procès de Malines où il fait figure de témoin numéro un des exécutions, il a toute la nuit pour assister les condamnés, mais pour les otages de Breendonk, une heure doit suffire. Les catholiques parmi eux peuvent se confesser auprès du prêtre. «Être un prêtre pour les catholiques et un ami pour les autres», c'est ainsi que Mgr Gramann conçoit sa mission. Chaque condamné y reçoit aussi une feuille de papier pour écrire une lettre d'adieux à son épouse ou à sa famille. Les lettres doivent être remises au commandant du camp. Gramann recevra plus tard la visite de nombreux parents de condamnés à mort qui n'ont jamais reçu aucune lettre. Alors qu'à Saint-Gilles, il réussit à faire passer lui-même des lettres à l'extérieur, le temps lui manque pour cela à Breendonk. Des Belges dont il s'est fait ami lui confient parfois des friandises, du tabac ou de l'alcool qu'il parvient à introduire clandestinement dans le camp. Le *SS-Hauptscharführer* Georg Franz se souvient encore en 1967 de la scène où il voit les otages fumant leur dernière cigarette dans la cantine, ce qui semble indiquer que la distribution de cigarettes aux condamnés à mort n'était peut-être pas si clandestine. Le soldat de la *Wehrmacht* Johann G., à la faveur d'un tour de ronde dans le camp, a pu pour sa part les observer par la porte ouverte de la cantine, assis torse nu des deux côtés d'une longue table où s'étalent des assiettes de viande, de légumes, de pommes de terre ainsi que des verres et des bouteilles de bière, pendant qu'un petit homme, qu'il croit être le commandant du camp Schönwetter, les incite à manger.

---

Le 15 novembre 1947, Monseigneur Otto Gramann est inhumé dans le caveau de famille au cimetière Meidlinger de Vienne. L'ecclésiastique de 62 ans est décédé cinq jours auparavant. L'éloge funèbre est prononcé par le général Czulik von Thurya, un vétéran de l'armée austro-hongroise, tout comme Gramann lui-même.
Le jeune Otto Gramann a en effet d'abord embrassé la carrière militaire. Comme officier de cavalerie de l'armée austro-hongroise, il sert dans le quatrième régiment de hussards *Herzog von Connaught und Stradeau*, ensuite chez les uhlans. Mais quelques années avant la Première Guerre mondiale, à la grande surprise de son entourage, il répond à une vocation religieuse. Il est ordonné prêtre le 25 juillet 1914, trois jours avant la déclaration de guerre de l'Autriche à la Serbie. Fin 1915, il devient aumônier sur le front de l'Est, et plus tard sur le front italien. Selon Czulik, l'ancien officier de cavalerie ne peut de temps en temps résister à l'envie de se mêler à la bataille.
Après 1920, Gramann, qui a entre-temps reçu le titre de prélat domestique du pape, doit attendre jusque 1936 pour être à nouveau chargé de la pastorale des soldats. On le retrouve toujours aumônier militaire après l'*Anschluss* de son pays par l'Allemagne nazie et l'incorporation de l'armée autrichienne dans la *Wehrmacht*. Après l'invasion de la Belgique, Gramann, qui parle couramment le français, est nommé aumônier principal de la *Wehrmacht* pour la Belgique et le Nord de la France.
Gramann a son bureau à Bruxelles, dans les bâtiments de l'ex-ministère des Colonies à la Place Royale, où siège également le général von Falkenhausen. Il y reçoit de nombreuses familles endeuillées. Lorsque dans les derniers mois avant la libération, l'administration militaire de l'occupant est remplacée par une administration civile, Gramann n'a plus ses entrées à Breendonk.
Il relate ses expériences à Breendonk et en Belgique en langage codé aux sœurs du couvent des salésiennes de Vienne, où il est directeur spirituel (*Kirchendirektor*) depuis 1935: dans cette correspondance, il faut par exemple lire Breendonk pour

## La vie dans l'*Auffanglager*

Monseigneur Otto Gramann (Vienne 1885-Vienne 1947)

*Bahnhof* (gare) et exécution pour *Abreise* (départ). On y voit souvent Gramann faire ses adieux à quelqu'un à « la gare ». Ce « prélat autrichien au visage austère et distingué » (dixit Halkin) prend le sort des condamnés à mort belges très à cœur. « Comment supportez-vous », lui demande son compatriote Herbert Prack, le commissaire-adjoint allemand de la Banque nationale à Bruxelles, « d'assister chaque fois à toutes ces exécutions ? ». « C'est mon devoir », répond Gramann. Le recteur magnifique de l'université de Louvain, Mgr Van Waeyenbergh, dont il fait la connaissance à la prison de Saint-Gilles, a dit de lui après la guerre : « Il portait l'uniforme ennemi dans l'exercice sublime d'une mission de pure charité, mais par le cœur, par les sentiments, par ses convictions, il était des nôtres et tous ceux qu'il a aidés l'ont aimé. »
En 1946, Gramann retourne en Belgique comme témoin des exécutions de Breendonk au procès de Malines. Il va revoir Breendonk et concélèbre avec des prêtres belges rescapés des camps un office religieux à l'intention de toutes les victimes belges des nazis. Gramann se lie également d'amitié avec le correspondant de guerre belge et ex-détenu de Breendonk, Paul M. G. Lévy, qui deviendra l'une des principales chevilles ouvrières du Mémorial National érigé au fort en 1947. C'est principalement sous l'impulsion du néophyte catholique Paul Lévy qu'une place particulière – excessive aux yeux de nombreux non-catholiques – sera accordée à Mgr Gramann dans le Mémorial National tel qu'il se présentait avant la rénovation de 2003.
Si la charité et l'humanité de Mgr Gramann ne font aucun doute, d'autres aspects de sa personnalité ne sont peut-être pas aussi clairs. Ce qu'on a écrit sur lui – hormis un article dans l'hebdomadaire satirique *Pan* – l'a toujours été sur un ton très respectueux, frisant l'hagiographie. L'historien de l'Église autrichien Franz Loidl a emprunté la correspondance de Gramann conservée au couvent des salésiennes de Vienne, mais ne l'y a jamais rapportée. Heureusement, il l'a largement citée dans un article qu'il lui a consacré. Ainsi voit-on Gramann exprimer dans une lettre ou une carte postale du 10 juillet 1941, peu après l'invasion de l'Union soviétique, son espoir d'une issue rapide « *dieses siegreichen Krieges* ». Si « cette guerre victorieuse » s'était effective-

ment terminée à ce moment, toute l'Europe serait restée sous la domination nazie. Bien sûr, Gramann devait compter avec la censure – d'où les références codées à Breendonk – mais cette petite phrase nous permet tout de même de nous demander si la position de Gramann à l'égard de l'Allemagne nazie était réellement aussi négative et réprobatrice qu'on a voulu le dire après la guerre (Gramann aurait même été interrogé toute une nuit par la Gestapo, écrit Dom Cyprien Neybergh, moine et ancien prisonnier politique, en 1962). Ou bien le patriotisme pan-germanique (« l'espoir d'une guerre victorieuse ») va-t-il simplement de pair chez Gramann, comme chez l'opposition conservatrice antihitlérienne en Allemagne, avec son mépris pour la clique de parvenus criminels qui dirige alors l'Allemagne nazie ?

---

En rangs par deux, et escortés par des soldats de la *Wehrmacht* ou des SS, les condamnés sont alors conduits vers le lieu du supplice, situé à l'arrière du fort. Les poteaux y ont été plantés par d'autres détenus, sous l'œil des SS. Arrivés sur place, on leur enlève leur veste. Quel que soit le temps, ils seront fusillés torse nu. Les soldats de la garde qui les y amènent sont appelés le *Bandelkommando* (*Bandel* est la variante bavaroise de *Band*, lien) : leur tâche est de lier les condamnés au poteau. Le plus souvent, l'opération est déjà terminée lorsqu'arrive le peloton au pas militaire.

Comme nous l'avons dit, le peloton d'exécution se compose principalement de soldats de la *Wehrmacht* issus du *Landesschutzbataillon* de Malines, qui est chargé de la garde du fort. Au début des années septante, la justice allemande parviendra encore à en retrouver quelques-uns, mais leurs témoignages sont parfois contradictoires, soit que leur mémoire les trahisse, soit que les opérations ne suivent pas toujours le même schéma. Selon les uns, le peloton est constitué sur place, au fort lui-même, avec ceux qui ne sont pas de garde à ce moment-là ; selon d'autres, il vient spécialement de la caserne à Breendonk. Les tireurs doivent faire feu à une distance de cinq mètres des otages. Ceux-ci n'ont pas les yeux bandés. Au dernier moment, ils lancent des cris ou entonnent des chants patriotiques. Une seule fois, un otage entonne l'Internationale. L'atmosphère angoissante rend les *Landesschützen* nerveux. Plusieurs ratent leur cible ou la touchent à un mauvais endroit. Aussi Schönwetter ordonnera-t-il finalement qu'on bande les yeux des otages. Les dernières fois, un médecin ou un infirmier entourera la région du cœur d'un rond rouge. Les tirs maladroits obligent le plus souvent de donner le coup de grâce; à la fin, il sera même donné systématiquement. Initialement, c'est la tâche du médecin militaire; plus tard, Prauss et Kantschuster, ou Wyss et De Bodt se chargeront de cette besogne. Rentré au fort, De Bodt aime montrer aux détenus les traces de sang sur son uniforme ou sur son fouet…

Avant que les tireurs ne quittent le terrain d'exécution, on contrôle encore leurs armes pour vérifier s'ils ont effectivement fait feu. Les corps des suppliciés sont alors détachés des poteaux par les hommes du *Bandelkommando* et mis en bière. Ils seront emportés en camion ou en ambulance, les premières fois à Beverlo, ensuite au cimetière du Tir national.

---

«*Die Hinrichtung war kein krummes Ding*»: «l'exécution n'était pas quelque chose d'irrégulier…» Les vétérans des *Landesschutzbataillone* qui montaient la garde à Breendonk ne savent trop que dire lorsque la justice allemande les interroge en 1971-1972 sur leur participation aux exécutions.

Martin H., 70 ans:
Les interrogateurs signifient à H. qu'il peut ne pas répondre s'il estime qu'il reconnaîtrait sa culpabilité en décrivant les exécutions.
«Je ne me sens coupable de rien. J'ai agi, ou plutôt j'ai dû agir sur ordre. L'exécution n'était pas quelque chose d'irrégulier (*krummes Ding*). Tout se faisait d'après le règlement. (…) La sentence était lue par un officier. J'étais si retourné que je n'ai pas retenu pourquoi ces hommes devaient être fusillés…»

Ignaz M., 64 ans:
Note de l'*interrogateur*: «Le témoin a déclaré avoir participé à plusieurs exécutions. Il en avait chaque fois reçu l'ordre. Invité à donner plus de détails, il a répondu ne plus pouvoir se souvenir – du moins avec précision – et d'ailleurs qu'il préférait oublier tout cela.»
«L'agriculteur M. s'est montré renfrogné et peu coopérant, sans pour autant avoir été impoli. Il considère que ces interrogatoires, après tant d'années, ne servent à rien. Le témoin n'a pas donné l'impression de vouloir se protéger lui-même ou couvrir d'autres personnes.»

Johann M., 54 ans:
Le fusil de M. ne se déclenche pas, si bien qu'il passe un mauvais moment lorsqu'on contrôle les armes des tireurs après l'exécution.
«J'étais heureux comme tout que je n'aie pas, ou plutôt n'aie pas pu toucher l'homme, même si c'était involontaire. Comme j'étais à ce moment, ainsi que mes camarades, terriblement nerveux, je ne puis plus me souvenir des détails. Tout cela était trop affreux.»

Johann G., 68 ans :
« Nous autres tireurs et aussi notre chef, qui venait de notre compagnie, n'étions que des exécutants. Nous n'avions aucune influence sur l'événement. Je ne voyais pas la moindre possibilité de me débiner. J'avais trop peur pour cela. Je n'avais d'ailleurs pas envie d'être tué moi-même pour refus d'obéir. J'étais alors déjà marié et père de famille. Un pauvre homme comme moi n'avait rien à dire sur les ordres qui nous étaient donnés. (…)
Ce fut pour moi une terrible expérience de devoir participer à cela. J'étais alors dans un tel état que je n'ai pas retenu la scène dans tous les détails ; je ne le voulais d'ailleurs pas. C'était pareil avec presque tous mes camarades. C'étaient des moments terribles. »
*Note de l'interrogateur* : « Le témoin avait par moments les larmes aux yeux et redisait chaque fois combien c'était terrible de tirer sur des gens sans défense. Lors d'une des deux exécutions, un des otages a entonné l'Internationale ; les autres ont alors chanté avec lui. Le témoin paraissait vouloir coopérer honnêtement à remettre les choses en place. »

Alfred A., 48 ans :
« Je ne me sens coupable de rien ; j'ai n'ai fait qu'obéir aux ordres. (…) Je n'ai dû participer qu'à une exécution. Il me semble que nous avons été désignés comme tireurs à la caserne par le sergent-major. Sous les ordres d'un *Unterführer* (j'ai oublié son nom), nous avons été conduits au fort à une vingtaine d'hommes : là, on nous a d'abord donné à chacun un schnaps et un fusil. Les fusils étaient déjà armés. Après cela, on s'est rendu au terrain d'exécution. Tout de suite après notre arrivée, les prisonniers ont été amenés par d'autres soldats. Ils étaient une dizaine. Chacun devait prendre place devant un poteau. On a bandé les yeux à huit d'entre eux. Les deux autres, ce devaient être les plus jeunes, ne portaient pas de bandeau au moment de l'exécution. L'a-t-on fait à dessein ou par négligence, ou sont-ce les prisonniers qui l'ont voulu ainsi, je n'en sais rien. Comme on n'a pas lu de jugement, je ne pourrais pas dire pourquoi ces hommes ont été fusillés. Il paraît que c'étaient des saboteurs. (…)
(*Après la description de l'exécution :*) J'ai alors vu un SS haut gradé, un pistolet en main, aller de corps en corps et tirer dix coups de grâce… Après cela, on a détaché les morts et on les a mis dans les cercueils déjà préparés. Nous n'avions plus rien à voir avec la suite. Nous sommes repartis au pas…
(*Question :*) « N'aviez-vous pas d'objections contre ces exécutions ? »
« Non, qu'est-ce qu'un pauvre homme comme moi aurait pu faire ? L'exécution nous paraissait une chose normale. J'imagine, et c'est ce que nous avons tous pensé, qu'on nous réservait la peine de mort en cas de désobéissance. »

Johann A., 67 ans :
« J'ai dû participer trois fois à une exécution. Il y a eu chaque fois dix fusillés. C'est le *SS-Sturmbannführer* Schmitt qui donnait l'ordre de donner le feu au chef du peloton, un officier de notre compagnie. (…) Schmitt criait : *Achtung, fertig, los* (Attention, prêt, en avant). Là-dessus, le lieutenant Braun commandait au peloton : *Hoch, legt an, Feuer frei*. Schmitt et son staff – c'est-à-dire d'autres SS ; il n'y avait, à ma connaissance, personne de notre bataillon parmi ceux-ci – se tenaient tout le temps sur un monticule à côté du terrain d'exécution. (…) Pendant que le peloton se retirait immédiatement après la fusillade, une ambulance arrivait avec les cercueils. Moi-même et mes neuf camarades devions chacun aller chercher un cercueil, détacher notre mort et le déposer dans son cercueil. (…) Une fois que le terrain était libre, nous devions évacuer le sang avec de l'eau et effacer les traces. (…) Avant l'exécution, il y avait aussi toujours un prêtre. Je voyais que plusieurs des prisonniers baisaient la croix avec

La vie dans l'*Auffanglager*

Jésus, que le prêtre tenait dans ses mains. (...) Quand notre boulot était terminé, nous recevions du schnaps des SS. »

« À côté des poteaux se trouvait aussi une potence. (...) J'ai pu voir une fois une pendaison depuis la grande coupole. La personne fut conduite au gibet avec un sac sur la tête. Alors on a enlevé le sac, mis la corde autour du cou, ouvert la trappe, et l'homme est mort comme ça.
Après des scènes comme celles-là, vous pouvez comprendre qu'on avait les nerfs à vif... »
*Note*: « Rien ne dit que le témoin était toujours aussi nerveux. Par moments, on pouvait remarquer qu'il tremblait assez fort des mains. Le témoin jouit d'une excellente mémoire. Ses déclarations ne sont en rien exagérées. »

Jozef S., 68 ans:
« Je pense que j'étais présent à deux exécutions et que j'étais dans le peloton de tir. Pourquoi n'en ai-je plus la certitude? Cela s'est passé il y a déjà si longtemps, et puis on tâche d'oublier les affreuses expériences de ce genre; d'ailleurs, je souffre déjà depuis des années de problèmes de cœur, de circulation et de nerfs. »

Johann K., 68 ans:
« Je n'ai jamais fait partie du peloton, mais bien quelques fois du *Bandelkommando*. Quelques camarades avaient été retirés de ce *Bandelkommando* parce que la première fois qu'ils y avaient participé, ils sont tombés dans les pommes. Au moment de délier les corps et de les mettre dans les cercueils, certains s'étaient en effet évanouis ou étaient même tombés sur les morts. J'ai ainsi été désigné au moins sept fois, maximum dix fois. Lors d'une exécution, les otages ont tout à coup entonné un chant, juste au moment où le lieutenant criait *Attention, prêt, feu*. Comme ils criaient à tue-tête, les soldats n'ont pas ou pas bien entendu le *feu*. Par conséquent, ils n'ont pas bien tiré en même temps, et les tirs ont manqué de précision. C'est ainsi qu'un des hommes n'a été touché que dans le bras. Il a alors crié: "Sales cochons d'Allemands, remettez-moi ça"...
J'ai toujours été étonné du courage et du mépris de la mort de ces prisonniers. On aurait dit qu'ils allaient joyeux à leur exécution. »

*Nordrhein-Westfälisches Hauptstaatarchiv* Düsseldorf, Rep. 118/Nr 1397, p. 39396, 406-408, 415-419, 420-423, 427-430, 435-439, 452-454, 455-462

---

La besogne terminée, les soldats du *Bandelkommando* ont à leur tour droit à un schnaps. Ceux du peloton ont en effet déjà reçu le leur avant. Le mars 1944, le commandant SS du peloton d'exécution s'amène ivre mort. L'aumônier Gramann le presse de faire diligence, car les prisonniers tremblent déjà de froid, ce qui donne lieu à quelques plaisanteries comme « espèces de carcasses tremblantes... » Les SS du fort lui-même se montrent sobres, tout au moins avant et pendant l'exécution. Seul l'ivrogne chronique Kantschuster est, selon l'infirmier Fliegauf, déjà éméché avant le début de l'exécution: le 13 janvier 1943, fou furieux d'entendre les otages chanter l'Internationale, il donne l'ordre de tirer avant que le commandant du peloton ne soit prêt, avec le résultat qu'aucun otage n'est mort sur le coup et que tous doivent recevoir le coup de grâce.

À certaines rares occasions, la cantine du fort est aménagée en salle d'audience : ainsi, par exemple, le 25 février 1944, pour juger du sort de douze membres du « maquis de Senzeille ». À deux heures de l'après-midi, ils sont condamnés à la pendaison par le tribunal militaire de l'armée de l'air allemande en campagne, venu siéger pour l'occasion à Breendonk. À six heures du soir, après ratification de la sentence à Bruxelles, les maquisards sont pendus à la potence de l'*Auffanglager*.

---

**Le « maquis de Senzeille »**

Dans la forêt de Senzeille, qui jouxte le petit village du même nom dans le sud de la province de Namur, se cache en 1943 un groupe de maquisards. Ceux-ci y ont installé un véritable camp, avec cuisine, réserve d'eau potable et postes de garde. Le camp est ravitaillé en secret par Julien Lehoucq, un ancien champion olympique de saut, à ce moment châtelain, industriel et bourgmestre de Senzeille. À quelques jours de la fin de l'année, un bombardier quadrimoteur américain B-17 s'écrase dans la forêt. Les Allemands disposent une patrouille de trois hommes près de l'épave de l'appareil. Cinq semaines plus tard, le 8 février 1944, les trois hommes ont disparu. Les Allemands ratissent les bois et débusquent les maquisards. Les trois soldats allemands, des hommes plus très jeunes, qui, en échange d'une cigarette ou de quelques vivres, ne se formalisaient pas lorsqu'un curieux voulait venir voir le B-17 d'un peu plus près, ont tous les trois été abattus par les maquisards : le premier pendant l'attaque, les autres après qu'ils se soient rendus. Pour le conseil de guerre du *Luftgau* Belgique – Nord de la France, qui se réunit à Breendonk le 25 février 1944, l'affaire ne fait aucun pli. Il condamne la « bande des (douze) terroristes » à la peine de mort, exécutée le jour même par pendaison « en raison de l'horreur et de la brutalité particulières » des faits.

Tous les résistants de Senzeille n'ont pas un passé aussi « vierge ». Quatre d'entre eux ont collaboré avec l'occupant comme travailleurs volontaires dans des usines allemandes (telles que Siemens, l'avionneur Dornier, etc.) ou sur des champs d'aviation du nord de la France aux mains des Allemands (l'ouvrier de 23 ans Georges Colombin, le garçon boulanger de 35 ans Isidore Cordier, le garçon boucher de 26 ans Robert Wauquaire et le steward de 23 ans Maurice Warichet) ; un cinquième, l'employé de 18 ans René Hautem, a même travaillé un certain temps au *Nationalsozialistisches Kraftfahrerkorps* (NSKK), le corps national-socialiste motorisé (paramilitaire). Ils se rendent tous compte, vers le milieu de la guerre, qu'ils ont choisi le mauvais camp, et cherchent un moyen de réparer leur erreur. Deux autres, Albert Tielemans, 25 ans, et Marcel Verschaeren, 19 ans, s'ils n'ont pas travaillé pour l'ennemi, sont cependant recherchés pour des délits de droit commun. Fuyant les services de police allemands, ces deux ouvriers agricoles de Heist-op-den-Berg gagnent la Wallonie. Selon la commission consultative pour la reconnaissance des prisonniers politiques d'Heist-op-den-Berg, Tielemans et Verschaeren « sont connus sous l'occupation comme des éléments peu recommandables, suspects de toutes sortes de vols commis dans la région sous le couvert de la résistance ». Leur concitoyen, le partisan René Lambrechts, décrira en 1948 comment « Tielemans dépensait son argent sans compter dans les cafés, et se pavanait avec des femmes de mœurs légères auxquelles il achetait les cadeaux les plus chers… Les chefs de la bande prirent la fuite en Wallonie. Verschaeren et Tielemans en firent de même. Ils entrèrent alors dans le maquis, sans doute pour y être blanchis, obtenir de faux papiers et y trouver aide et assistance. » Après la guerre, on jettera le manteau de Noé sur les écarts des membres pas si « blancs » du maquis de Senzeille : Hautem et Tielemans recevront même le titre posthume de prisonniers politiques.

---

Les potences sont déjà installées là depuis une dizaine de mois. Elles ont été construites au printemps 1943 dans l'atelier de menuiserie du camp et montées sur le terrain des exécutions : un gibet avec trois potences, trois estrades et trois trappes. Elles sont utilisées pour la première fois le 10 mai 1943, trois ans jour pour jour après la début de l'invasion allemande. Les trois premières victimes s'appellent Maurice Raskin, André Bertulot et Armand Fraiteur. Elles ont respectivement 37, 23 et 19 ans. Dans ce cas-ci encore, c'est l'élimination physique d'un collaborateur qui est à l'origine de ces exécutions. Cette fois, ce ne sont pas des otages, mais les auteurs eux-mêmes qui sont exécutés : le trio a assassiné Paul Colin le 14 avril 1943. Paul Colin, un critique d'art renommé, qui se promenait toujours avec un loden vert, était le directeur-fondateur du *Nouveau Journal* qui prônait chaque jour l'Ordre Nouveau national-socialiste. Le conseil de guerre de l'*Oberfeldkommandantur* de Bruxelles condamne Fraiteur, Bertulot et Raskin le 6 mai à la pendaison : la sentence prononcée à Bruxelles sera exécutée à Breendonk.

Ces trois hommes sont les premiers d'un total d'au moins 21 – ou 25 ?[1] – personnes qui seront exécutées de cette manière à Breendonk à la suite d'une condamnation à la peine de mort. Fin 1942, le *Militärbefehlshaber* a en effet ordonné que la peine de mort pour les actes de terrorisme d'une gravité exceptionnelle, tels que des assassinats politiques, serait exécutée par pendaison. « Cela fait 180 ans qu'on n'a plus vu une chose pareille (la pendaison) en Belgique », note avec indignation le juriste et homme politique gantois Paul Struye dans un de ses rapports sur l'atmosphère qui règne dans le pays occupé, rapports qu'il destine à un public restreint de patriotes. Au total, quelque 1 100 personnes – otages non compris – seront exécutées d'une manière ou d'une autre (fusillés ou pendus) durant toute l'occupation après une condamnation pour « assistance à l'ennemi », « espionnage », « agissements bolcheviques » etc. Un nombre inconnu d'autres seront encore exécutés en Allemagne ou ailleurs. Certains membres de l'Orchestre Rouge, par exemple, seront décapités à Berlin.

---

[1] Voir l'addendum sur le Nord de la France concernant l'exécution éventuelle de six Français (dont cinq uniquement figurent sur les listes du Service victimes de Guerre) ; l'exécution de Wolf Flichtenreich par contre paraît incertaine.

Lors de l'exécution de Fraiteur, Bertulot et Raskin, Mgr Gramann n'est pas admis. La première série de pendaisons à laquelle il assiste est celle des maquisards de Senzeille. On les attache à la potence par trois, mais la grosseur de la corde provoque une agonie anormalement prolongée. Les trois premiers sont dénoués et mis en bière après dix minutes. Ils n'ont pourtant pas encore expiré et continuent à geindre jusqu'à ce qu'ils reçoivent le coup de grâce. Leurs camarades assistent à la scène. Gramann obtient que le trio suivant reste pendu pendant au moins vingt minutes, jusqu'à la mort certaine.

Après la libération, le ministère de l'Intérieur fera inhumer les corps des victimes belges d'exécutions au Tir national et en d'autres nécropoles. Le fait que le Tir national devienne la dernière demeure de nombreux prisonniers exécutés à Breendonk prête au début à certaines confusions: «Pendus à Saint-Gilles», écrit encore le journal *Le Rappel* en novembre 1945 au sujet des douze maquisards de Senzeille inhumés au Tir national. Sur base d'autopsies, la Commission belge pour les crimes de guerre établit que les prisonniers ont parfois encore été maltraités avant leur exécution. Selon Mgr Gramann, il ne s'agirait toutefois que d'un ou deux cas où un condamné aurait été battu avant l'exécution. Ce qui est vrai, c'est que les corps des suppliciés étaient traités sans ménagements, que ce soit au moment de les délier et de les mettre en bière, ou pendant le transport, avec les effets que l'on devine.

### Le départ du camp

Être emporté dans un cercueil est une des manières de quitter le camp de Breendonk: c'est la plus tragique, non la plus courante. Le nombre de prisonniers décédés à Breendonk même, sur un autre lieu d'exécution en Belgique ou à l'hôpital militaire d'Anvers, par exécution ou par suite de mauvais traitements, de maladie ou d'épuisement, n'excède pas beaucoup 10 % du total.

La majorité des prisonniers breendonkistes ont été déportés. Des centaines de juifs aboutissent à Auschwitz via la caserne Dossin à Malines. Les prisonniers politiques sont transférés dans des camps de concentration comme Neuengamme, Mauthausen, Vught et Buchenwald, ou aboutissent, généralement via le détour d'une prison belge comme Saint-Gilles, dans des prisons allemandes comme Essen ou Bochum. Essen, Bochum et le camp de travail d'Esterwegen sont les destinations des prisonniers

## La vie dans l'*Auffanglager*

Photographie clandestine d'un convoi de déportation en gare de Willebroek. Selon le sous-chef de la gare de Willebroek, les prisonniers étaient déportés dans «des wagons de marchandises fermés, sans paille, ni eau, ni chauffage.»

dits «*Nacht und Nebel*» : selon le décret «*Nacht und Nebel*» promulgué le 7 décembre 1941 par le commandant en chef de la *Wehrmacht* Keitel, les conseils de guerre allemands ne peuvent en effet plus juger en Belgique quelqu'un qui est soupçonné de faits justiciables de la peine de mort (attentats, sabotage, assistance à l'ennemi, «agissements communistes» etc.) à moins d'être sûrs de pouvoir décréter la peine de mort endéans une semaine ; sinon, la personne en question doit être transférée en Allemagne dans le plus grand secret : dans «la nuit et le brouillard». La famille et les amis en Belgique ne sont pas informés du sort du prisonnier.

Environ la moitié des prisonniers de Breendonk ne survivront pas à la guerre : la plupart d'entre eux périront dans les camps. Ce sujet relève cependant moins de l'histoire du camp de transit de Breendonk que de l'histoire de la déportation.

Certains sont transférés de Breendonk vers un autre centre d'internement en Belgique, d'où ils sont libérés après quelque temps : Edgard Marbaix, par exemple, est conduit en mai 1943 à la citadelle de Huy et libéré en octobre. Un nombre inconnu de prisonniers échappent donc à la déportation et recouvrent finalement la liberté.

Du camp de Breendonk lui-même, quelque 458 prisonniers, soit environ 13 % du nombre total, sont remis en liberté : un chiffre tout de même assez important, plus élevé que celui des décès. La raison pour laquelle certains prisonniers sont relaxés n'est pas claire. Les intéressés eux-mêmes

## La déportation des prisonniers de Breendonk

| Date de départ | Date d'arrivée | Via | Destination | Nombre |
|---|---|---|---|---|
| 22 septembre 1941 | 24 septembre 1941 | D | Neuengamme | 107 |
| 8 mai 1942 | 11 mai 1942 | D | Mauthausen | 120 |
| 5 juillet 1942 | 17 juillet 1942 | Aken (P) | Mauthausen | 26 |
| 30 septembre 1942 | 4 octobre 1942 | D | Mauthausen | 11 |
| 9 novembre 1942 | 14 novembre 1942 | D | Mauthausen | 236 |
| 21 avril 1943 | 8 mai 1943 | Saint-Gilles (P) | Bochum | 38 |
| 20 août 1943 | 22 août 1943 | Saint-Gilles (P) | Essen (P) | 30 |
| 2 octobre 1943 | 12 octobre 1943 | Saint-Gilles et Essen (P) | Esterwegen (P) | 7 |
| 19 octobre 1943 | 22 octobre 1943 | Saint-Gilles (P) et citadelle de Huy | Vught | 37 |
| 4 février 1944 | 7 février 1944 | Saint-Gilles et Essen (P) | Esterwegen (P) | 4 |
| 9 février 1944 | 9 février 1944 | D | Vught | 56 |
| 29 février 1944 | 29 février 1944 | D | Vught | 49 |
| | 4 mars 1944 | Saint-Gilles (P) et citadelle de Huy | Vught | 16 |
| | 8 avril 1944 | Saint-Gilles (P) | Vught | 3 |
| | 14 avril 1944 | Saint-Gilles (P) et citadelle de Huy | Vught | 7 |
| 6 mai 1944 | 8 mai 1944 | (P) | Buchenwald | 641 |
| | 8 mai 1944 | Via autres P | Buchenwald | 2 |
| | 12 mai 1944 | Saint-Gilles (P) | Bruchsal (P) | 4 |
| 10 juin 1944 | 19 juin 1944 | Saint-Gilles (P) | Buchenwald | 40 |
| 8 août 1944 | 10 août 1944 | P | Buchenwald | 53 |
| février-juillet 1944 | 10 août 1944 | Saint-Gilles et autres P | Buchenwald | 37 |
| 30 août 1944 | 4 septembre 1944 | P | Neuengamme | 144 |
| 30 août 1944 | 30 août 1944 | Vught | Sachsenhausen | 131 |
| | | | | Total : 2008 |
| Juifs déportés via la caserne Dossin | 1942-1944 | Malines | Auschwitz | Au moins 209, probablement bien plus |
| | | | | Total : au moins 2217 |

D = directement – P = prison

n'en reçoivent pas le motif : ils doivent seulement signer une attestation comme quoi ils s'engagent à ne pas ébruiter le moindre mot sur ce qu'ils ont vécu à Breendonk.

Après ses inspections de septembre et d'octobre 1941, la *Militärverwaltung* croit bon de faire libérer les prisonniers juifs dont le seul délit est d'avoir transgressé l'interdiction de rentrer de France en Belgique. Lors de la réunion du 17 septembre 1941, le chef de la Sipo, Canaris, promet à Reeder qu'il ordonnera la « libération des cas légers ». Mais le 10 octobre, cette mesure en est encore toujours au stade de l'« examen ». Un rapport rédigé à l'intention de Reeder par un des services de l'administration militaire note que « la possibilité est examinée de voir si tous les prisonniers, en particulier les juifs, qui ont été emprisonnés uniquement pour être rentrés sans permission en Belgique, avoir transgressé le couvre-feu ou commis des infractions de ce genre à des *Ordnungsvorschriften*, ne peuvent être remis en liberté. Ces libérations doivent s'effectuer progressivement et en fonction de l'état de santé apparent des détenus ; le cas échéant, ils seront libérés par le biais de l'hôpital militaire où ils sont soignés ».

Pour une fois, l'administration militaire évalue la situation d'une manière peut-être trop pessimiste. Le nombre de libérations augmente d'une façon spectaculaire dans la seconde moitié de 1941. Au cours des six premiers mois de l'année 1941, 28 détenus seulement retrouvent la clé des champs, par rapport à au moins 111 entre juillet et décembre : à peine un quart. On en libérera encore 25 autres en janvier et février 1942. Après cela, le nombre diminue à nouveau. Parmi les prisonniers libérés se trouvent beaucoup de juifs : ainsi par exemple Bention Galanter et les trois frères Frydman. Jacques Frydman, qui ne sait pas pourquoi il est libéré ce beau jour de janvier 1942, est avisé qu'il doit aller se présenter sans délai à la Gestapo. Mais il fait judicieusement fi de cette injonction, va se planquer et passe le reste de l'occupation dans l'illégalité. Quelques juifs se verront même encore remis en liberté en mai et juin 1942 : un à deux mois avant le déclenchement de la première rafle qui enverra de nombreux juifs à la caserne Dossin, d'où ils ne repartiront que pour les camps de la mort…

Entre novembre 1942 et octobre 1943, le nombre de libérations mensuelles se compte à nouveau par doubles chiffres. Il s'élève à pas moins de 196 pour toute la période. Celui qui se voit libérer en 1944 peut, par contre, parler vraiment de miracle.

Plus d'un parent d'un prisonnier de Breendonk s'adresse en désespoir de cause à la reine Élisabeth, la mère de Léopold III, qui est du reste allemande de naissance. En avril 1943, par exemple, la femme de François Steeno jure à la reine que son mari n'est pas un communiste, mais un bon chrétien, un brave traminot, qui traîne une hernie, et qui s'abstient de toute activité politique. Elle ne doit pas trop espérer, lui laisse entendre le Grand Maître de la maison de la reine mère. Steeno est cependant libéré, bien qu'on ne sache pas exactement si la chose doit être attribuée ou non à une démarche de la reine. Dans beaucoup de cas, elle est en effet impuissante. Parfois les solliciteurs arrivent trop tard avec leur requête : lorsque l'intéressé est déjà déporté en Allemagne, la chance d'une libération est nulle. Un exemple particulièrement navrant est celui de Désiré Mouffe. En août 1943, son épouse écrit à la reine qu'elle n'a reçu aucune nouvelle de son mari depuis son arrestation en décembre 1942. Elle sait seulement qu'il est enfermé à Breendonk. Or, à ce moment, son mari est déjà décédé depuis quelques mois : il a succombé sous le fardeau du « sac de pierres » le 2 avril 1943…

La libération du député socialiste Frans Fischer est, elle, apparemment bien due à l'intervention royale, même si celle-ci ne s'est pas faite de la meilleure grâce du monde. Dans une lettre – probablement du Grand Maître Guillaume de Hemricourt de Grunne – au vicomte Jacques Davignon, l'ex-ambassadeur de Belgique à Berlin et un familier du Palais, Fischer est décrit ironiquement et avec une pointe de mépris comme un « bon socialiste à l'eau de rose, plus bourgeois que n'importe qui. Il était le type du démocrate d'assez bas étage d'autrefois, mais n'avait rien de vraiment méchant. Je voudrais que ce papier concernât quelqu'un de plus reluisant, mais le régime de Breendonk paraît vraiment épouvantable »…

Concernant les raisons des autres libérations, on en est réduit à des supputations : est-ce parce les dossiers ne sont pas assez lourds ? René Raindorf s'entend dire après huit mois de réclusion en cellule isolée que l'examen de son dossier n'a rien livré : il a été poursuivi par méprise et sa détention à Breendonk n'est dès lors plus justifiée. En tant que juif – on est en mars 1944 – il ne sera pourtant pas libéré, mais transféré à la caserne Dossin.

Quelques rares détenus seulement arriveront à s'évader de Breendonk. En février 1941, c'est le cas d'un détenu non identifié avec certitude, surnommé « *de flitser* » (l'éclair). L'immigré allemand Kaufman et le Louvaniste Van den Eynde raconteront eux aussi après la guerre qu'ils se sont évadés de Breendonk. Van den Eynde a réussi à s'échapper par un égout menant vers le fossé.

S'évader de Breendonk est pourtant loin d'être évident. On a vu plus haut comment le chantier est surveillé tout au long de la journée. Des sentinelles sont également postées à la porte d'entrée et dans le couloir des casemates. Après la fermeture de la porte, la garde se retire pour la nuit devant le pont, tandis qu'un autre poste monte la garde dans la cour intérieure et surveille les fenêtres des chambrées. Le poste qui surveille le chantier pendant la journée à partir de la grande coupole, se tient la nuit, armé d'une mitraillette et de deux grenades à main, à l'extrémité ouest du couloir du bâtiment des prisonniers. Il tient toutes les portes à l'œil et a reçu l'ordre d'ouvrir immédiatement le feu sur tout détenu qui quitterait sa chambrée. La garde de surveillance du chantier pendant la journée se scinde en deux postes de nuit qui patrouillent, l'un le long des berges du fossé, l'autre à l'intérieur du camp ; une de ces sentinelles de nuit est armée d'un pistolet automatique. Dans les dernières années, la garde de la *Wehrmacht* est encore renforcée par un groupe d'une douzaine de SS belges qui aident à surveiller les cellules et assurent la nuit la relève des soldats de la *Wehrmacht* à l'extérieur du camp. Ces SS, qui sont régulièrement relayés et n'appartiennent pas au personnel fixe du camp, tels Wyss et consorts, font partie du *Wachgruppe* du SD, responsable de la garde des bâtiments de la Sipo-SD comme le quartier général de l'avenue Louise, la caserne Dossin et Breendonk.

Il y a aussi eu quelques tentatives d'évasion manquées. Isaac Trost doit aller aider à Willebroek au déménagement du SS Richard De Bodt. Il se dit que c'est maintenant ou jamais, file par la tangente, mais se fait rattraper et descendre dans un jardinet quelques maisons plus loin à coups de baïonnette, de crosse de fusil et quelques balles dans la peau. Samson Swaab saute en janvier 1943 du camion qui le conduit avec un groupe d'autres juifs de la caserne Dossin à Breendonk. Trois gardes se lancent à ses trousses. Swaab lève les bras, mais se fait néanmoins descendre. Fliegauf le prend sous son aile à l'infirmerie et Swaab aura la vie sauve.

Celui qui sort vivant du camp doit d'abord repasser par l'atelier de confection. Même si l'on est déporté en Allemagne, on reçoit ses anciens vêtements civils en retour. Le 8 septembre 1941, les sept camarades de Mons aperçoivent depuis la cour intérieure dans la *Schneiderei* l'uniforme de sapeur pompier que l'un d'eux, Demetsenaere, portait le jour de son arrestation. Leur espoir n'est pas déçu. Le lendemain, ils sont relaxés. Le 20 février 1942, c'est au tour de Jacques Ochs : « Je pris mes quelques objets, mes couvertures, je serrai un tas de mains… ; bien de pauvres yeux me regardaient avec envie. Et ce fut le coiffeur qui me rasa ;

les tailleurs, les frères Frydman, qui me remirent mes vêtements civils tout fripés, pleins de taches de moisissure. Ils essayèrent de leur donner rapidement un coup de fer. Ma chemise était moite, et tout fut jeté pêle-mêle dans ma valise d'où se dégageait une singulière odeur de cave humide. Ma cravate ne fut pas retrouvée, mes chaussures avaient pris une forme bizarre. Tant pis… »

Quasiment tous les prisonniers libérés font d'abord une halte au café du carrefour situé près du fort. Vers l'heure de midi, il se remplit d'épouses et de parents de détenus, en quête de nouvelles. Les «Sept de Mons» y reçoivent «de la nourriture sans qu'il ait fallu en demander; notre état physique en disait long, et nous n'étions pas les premiers clients de ce genre.»

Chapitre III
# LE PERSONNEL DU CAMP, LES AIDES ET COLLABORATEURS

## Les SS allemands

En 1946, les « bourreaux de Breendonk » comparaissent devant leurs juges. Les journaux de l'époque font un large écho à cette comparution. Et souvent en page une. Les noms des SS flamands – au moins ceux du célèbre duo Wyss et De Bodt – sont maintenant bien connus dans de nombreuses familles belges. Par contre, les SS allemands, pourtant les vrais maîtres, le sont beaucoup moins. Aux premières années de l'après-guerre, nombre d'entre eux échouent dans les prisons belges. La justice les interroge sur les délits commis dans le camp, mais ils ne sont pas jugés. Quelques-uns d'entre eux seulement, et en premier lieu Schmitt, le commandant du camp, comparaissent devant la justice belge, ce qui leur vaut provisoirement une certaine notoriété dans le pays. Les autres, pourrait-on logiquement penser, devraient au moins être bien connus des rescapés du camp, mais ce n'est même pas le cas. En effet, les prisonniers ne sont jamais en contact qu'avec quelques SS allemands : le « major », commandant le camp, ou le « lieutenant », chargé de la garde des détenus. Ce que les détenus savent d'eux se borne à leur propre expérience forcément limitée ou à des rumeurs et suppositions. Dans les procès-verbaux de la justice belge contenant les témoignages des anciens détenus, le nom de Prauss est tantôt épelé « Proost », tantôt « Praust » et parfois seulement « Prauss », alors qu'il s'agit du plus « célèbre » des SS. Et quand d'autres SS apparaissent dans des mémoires ou des témoignages, c'est rarement avec leur nom, sauf quand le prisonnier en question les a côtoyés de près, par exemple comme aide-cuisinier ou magasinier.

Qui sont-ils, ces autres, les SS du camp restés méconnus ? Que faisaient-ils avant d'arriver à Breendonk, quelle est leur fonction dans le camp et quel sort ont-ils connu après la guerre? Sont-ils tous des criminels de guerre comme Schmitt? La réponse à ces questions est restée longtemps enfouie dans les archives allemandes à Berlin, Ludwigsburg et Düsseldorf.

Une fois passés les premiers mois, le camp compte en moyenne huit SS allemands en même temps.  Et au total, l'ensemble des SS allemands ayant servi à Breendonk se chiffre au double : la durée de leur séjour varie d'environ quatre ans à quelques semaines. Le staff du camp se compose d'un cadre fixe de quatre officiers: un commandant, un commandant-adjoint, un officier responsable de la garde des prisonniers et un officier chargé de l'administration et de la gestion du camp. Ils sont assistés par trois sous-officiers: un administratif, un chauffeur et un chef de la cuisine. En 1944, le nombre des SS de grade inférieur sera même doublé.

## *Le premier commandant du camp: Philipp Schmitt (de septembre1940 à novembre 1943)*

L'homme qui, en 1950, va comparaître comme le seul criminel de guerre allemand exécuté en territoire belge, est né à Bad Kissingen le 20 novembre 1902. Bad Kissingen est une station thermale réputée, située au bord de la rivière Saale en Basse Franconie; Bismarck y a séjourné. Schmitt est donc un Bavarois, tout comme son successeur Schönwetter et leur grand chef, le *Reichsführer SS* Heinrich Himmler, né à Munich en 1900. Schmitt vient de la classe moyenne; son père est fonctionnaire dans un tribunal.

Les commandants du camp de Breendonk appartiennent à la même génération que la plupart des cadres supérieurs du *Reichssicherheitshauptamt* et le noyau des commandants des divers camps de concentration. Cette génération est trop jeune pour avoir combattu pendant la Première Guerre mondiale, mais trop âgée pour qu'elle ne soit qu'un souvenir de la prime enfance. Ils ont vécu cette guerre avec corps et âme, mais sans en subir les atteintes physiques, les blessures ou la mort, pour eux-mêmes ou pour des proches. Schmitt et son successeur Schönwetter ont douze ans lorsque éclate la Grande Guerre, dont chaque Allemand pense qu'elle finira à Noël. Ils ont seize ans quand le puissant empire allemand doit cesser le combat. C'est en novembre 1918. Quelques mois auparavant, Philipp Schmitt a quitté l'école moyenne.

Au lendemain de la Première Guerre mondiale, la Bavière est en pleine agitation. En 1919, y naît une république inspirée des soviets, mais qui est rapidement renversée par des corps francs radicaux de droite. «Au début de 1919 », écrit l'historien allemand Sebastian Haffner, « la future révolution nazie, mais sans Hitler, a déjà maturité et puissance : les corps francs (...) sont (...) tout simplement identiques aux futurs groupes d'assaut nazis ». Du 5 mars 1919 au 13 mars 1920, l'apprenti fonctionnaire de banque Schmitt s'affilie à deux de ces corps francs, le « *Grenzschutz Ost* » et la « *Eiserne Schar Berthold* ». Ces corps francs, forts d'environ 400 000 hommes, sont composés de vétérans de la guerre et d'étudiants qui n'ont pu la faire. Avec l'aide du gouvernement républicain et de l'armée régulière, ils combattent les ennemis de l'Allemagne aux frontières ou à l'intérieur du pays. Ils magnifient la combativité et la force brutale. L'écrivain Ernst von Salomon est l'un d'eux : « toute contrainte, tout scrupule sentimental, toutes les autres valeurs doivent être écartés sans hésitation afin que toute la force (du combattant) se libère ». Quand les corps francs attaquaient, clame la prose enflammée de von Salomon : « nous voyions rouge, nos cœurs n'avaient plus aucun sentiment humain ».

De 1922 à 1923, puis à nouveau de 1925 à 1930, Schmitt est membre du « *Bund Oberland* », un groupe bavarois d'extrême droite. Ce « *Bund Oberland* » est un des groupuscules extrémistes mêlés au « putsch de la brasserie » qui échoue à Munich le 9 novembre 1923. On ne sait pas si Schmitt a personnellement participé au putsch, mais c'est dans cette ambiance propre au milieu des corps francs et du « *Bund Oberland* » que ses conceptions politiques se concrétisent. Dans l'Entre-deux guerres, il a, en 1923, 1924 et 1931, subi trois condamnations pour coups et blessures, ce qui montre à quel point il est gagné par le culte de la violence.

C'est en septembre 1925 qu'il devient membre du *NSDAP*, le Parti National-Socialiste des Travailleurs Allemands, dirigé par un meneur qui a certes une petite moustache risible mais un incontestable talent pour mobiliser les masses : Adolf Hitler. Il y a quelques mois que Hitler a été libéré de la prison de Landsberg où il avait été enfermé après le putsch raté de la brasserie munichoise. Le 27 février 1925, il veut relancer son parti grâce à un grand meeting à Munich. Et le journal du parti, le *Völkischer Beobachter*, sort à nouveau des rotatives. En 1925, le NSDAP ne compte pas plus de 27 000 membres cotisants et cela dans un pays de plus de 60 millions d'habitants. Le NSDAP n'est alors qu'un des nombreux groupuscules radicaux de gauche ou de droite qui cernent la République de Weimar. L'économie allemande, et dans son sillage la démocratie allemande, connaît des temps meilleurs après 1925. L'hyper-inflation des années 1922-1923 est derrière elle. Les années grasses de la République de Weimar sont des années maigres pour le parti nazi, auquel Philipp

Schmitt parmi d'autres tourne le dos en 1926. Du moins, il ne renouvelle pas sa cotisation. La durée de ce premier engagement politique est aussi brève que les multiples emplois que Schmitt occupe entre 1918 et 1933 comme employé du secteur privé ou public, entrecoupés par des périodes de chômage. L'instabilité de sa carrière professionnelle s'explique partiellement par le contexte économique, mais au moins autant par sa répugnance à rester longtemps à la même place.

En décembre 1930, Schmitt s'affilie à nouveau au parti nazi. L'économie allemande est entraînée dans une chute libre provoquée par le crash de *Wall Street*. Les chômeurs se comptent par millions. Et Hitler sort grand vainqueur des élections organisées en septembre 1930 : les votes en faveur du NSDAP bondissent de 810 000 à 6 409 600 et ses députés au *Reichstag* de 12 à 107. Schmitt renoue donc avec un parti qui, d'un coup, est devenu le deuxième du pays. Il devient aussi membre de la SA, la *Sturmabteilung*, qui est la troupe de choc en chemise brune. Moins d'un an et demi plus tard, fin mars 1932, il passe de la SA aux SS, le corps d'élite des nazis. Il est le numéro 44 291. En 1931, la SA s'est montrée un peu récalcitrante à l'égard du chef du parti, Hitler, dont la stratégie est d'accéder au pouvoir par des moyens légaux et qui ne veut pas voir ses efforts contrecarrés par des dérapages violents dans la rue. On ne sait pas si ces frictions internes ont pesé sur le choix de Schmitt mais – par instinct ou par calcul – il a fait le bon choix compte tenu du futur. Fin 1933, il quitte même son emploi à la justice. À dater de là, il n'exercera plus d'autre métier que celui de SS, à part un poste bien payé d'*Informationsreferent* dans une autre organisation du parti, la *Deutsche Arbeitsfront*.

À en croire son dossier personnel au Parti, Schmitt est « un bon nazi ». À partir de 1937, il répond « *gottglaubend* » (croyant mais sans appartenir à une Église) dans son formulaire, ce qui cadre mieux avec l'idéologie des SS que « catholique » comme il l'indiquait précédemment. Schmitt est « fiable, motivé, de bon sens, a une bonne formation générale et une compréhension rapide ; il est discipliné et garde une 'attitude de soldat' - pendant son service comme au-dehors ». Son caractère est « contrôlé et calme ». Il est en outre sportif et a régulièrement participé aux exercices militaires comme réserviste. Bref, c'est un modèle. À dater de 1935, il grimpe rapidement dans la hiérarchie des SS : il devient *Untersturmführer* en septembre 1935, *Obersturmführer* en septembre 1936 et *Hauptsturmführer* en 1938.

Depuis 1935, Schmitt travaille donc au service Information de la *Deutsche Arbeitsfront* (DAF). Au début, il est informateur régional (« *Gau*

*Informationsreferent*») pour la région du Main en Franconie. Sa mission est, entre autres, de détecter à temps et « d'empêcher de nuire » les « éléments hostiles à l'État » dans les entreprises. Apparemment, il donne satisfaction dans ce travail de renseignement puisque, au début de 1936, les SS le déplacent de son poste bavarois du SS-Sturm 56 au SD, le service de renseignement du Parti, dirigé par Heydrich. La même année, la DAF le nomme au siège central de son service d'information à Berlin, où il devient chef de service. Ce Bavarois venu d'un milieu catholique passe pour un bon connaisseur du « catholicisme politique ». Au siège central du *Sicherheitsdienst* également, il accède au poste de chef de service. Il est donc un homme du *Sicherheitsdienst*. Il n'appartient pas au *SS-Totenkopfverbände* (les escouades SS à tête de mort), la division SS chargée des camps de concentration. Les cadres dirigeants du *Reichsicherheitshauptamt* (RSHA) ont une meilleure formation que la plupart des commandants de camp: deux tiers d'entre eux ont fait des études et leur efficacité administrative est tenue en haute estime. Schmitt appartient à la petite minorité qui n'a pas de diplôme.

En 1938, le service information de la DAF cesse d'exister. Peu de temps après, le SD détache Schmitt à une autre fonction, cette fois au *Sicherungsstab* de l'inspecteur général des routes allemandes à Wiesbaden. Ce service est chargé de la construction des autoroutes et du *Westwall*, le système de fortifications sur sa frontière ouest de l'Allemagne, confié à l'Organisation Todt (OT). Ce *Sicherungsstab* est placé auprès de l'OT par le chef de la *Sicherheitspolizei* pour maintenir l'ordre sur les chantiers. C'est avec l'OT que Schmitt participe à l'invasion de l'Europe occidentale en mai 1940. Après cet intermède, il est transféré au SD de Bruxelles où, le 1ᵉʳ août 1940, il est nommé *Sturmbannführer* et, le même mois, il est chargé par Hasselbacher, le premier chef de la Sipo-SD pour la Belgique et le Nord de la France, de fonder et de diriger un camp au fort de Breendonk.

Hasselbacher, puis ses successeurs Constantin Canaris et Ernst Ehlers, sont les supérieurs directs de Schmitt. Après la guerre, Canaris et Ehlers vont tenter de rejeter leur responsabilité dans le fonctionnement de Breendonk. Canaris prétend même que le *SS-Brigadeführer* Thomas, représentant de la Sipo pour la Belgique et le Nord de la France, lui a dénié toute compétence sur Breendonk et a refusé sa requête de remplacer Schmitt et Prauss. Le responsable de la Gestapo, Straub, déclarera, lui aussi, à la justice allemande que Schmitt recevait directement ses ordres de Thomas. Thomas, alors décédé, avec qui Schmitt allait parfois à la chasse, n'est plus là pour contester ces affirmations et, de toutes manières, cette justification ne vaut que jusqu'en décembre 1941, car ensuite la Sipo de Bruxelles dépendra directement de Berlin. Le papier à lettre du camp a d'ailleurs clairement comme en-tête « Représentant du chef de la Sipo et du SD Camp de Breendonk ». De même, Breendonk et Schmitt sont repris dans l'organigramme de la Sipo-SD. Selon Walter Hofmeister, chef des départements I et II (Personnel et Économie) des services bruxellois, Schmitt rencontrait Ehlers ou Canaris tous les quinze jours. Pour les problèmes de personnel, c'est Bruxelles qui est compétent : quand la gestion du fort nécessite une nouvelle recrue, c'est Canaris qui nomme à Breendonk le *SS-Hauptscharführer* Walter Müller.

Comme on ne lui oppose pas de preuves formelles, Ehlers est, après la guerre, en mesure de nier avoir su quelque chose des meurtres et mauvais traitements commis à Breendonk. Toutefois, selon Hofmeister, c'était un secret de polichinelle dans le service que Schmitt appliquait à Breendonk « *ein grausames Regiment* » (un régime cruel) et que des gens y étaient tués ou maltraités. Des années après l'exécution de Schmitt comme criminel de guerre, un autre SS, Otto Beusse, a prétendu qu'Ehlers avait régulièrement porté des jugements négatifs sur Schmitt, l'aurait qualifié de « prolo » et d'autres noms d'oiseaux. Pourquoi Ehlers déteste-t-il Schmitt à ce point ? À en croire Ehlers, cela s'explique simplement par une opposition ancienne entre « sa » Sipo et le SD à la suite de la fusion des deux services en un organe unique. Beusse, tout comme Ehlers, nient avoir discuté ensemble de possibles mauvais traitements à Breendonk.

Pour sa part, Schmitt déclare à Köchling, jeune médecin de la Wehrmacht, qu'il espère que Heydrich passera une fois en Belgique pour « mettre de l'ordre dans le bazar ». Selon lui, l'administration militaire et la Sipo-SD se montrent beaucoup trop molles. Schmitt est mécontent de devoir relâcher autant de prisonniers à la fin de 1941 et au début de 1942. Sa frustration devient telle que, en janvier 1942, il tente de se faire incorporer dans les *Waffen-SS*, mais sa demande reste sans réponse. Six mois plus tard, il va au contraire se voir attribuer de nouvelles compétences. En 1942, il est également nommé commandant du camp de regroupement des juifs établi à la caserne Dossin à Malines. Mais ce cumul de fonctions ne dure guère : en avril 1943, Schmitt est démis comme commandant de Malines En infraction avec les règlements économiques de l'administration militaire, Schmitt a acheté du textile au marché noir pour faire fabriquer des vêtements de travail par des tailleurs juifs détenus à la caserne Dossin. Plus tard, ils les écoulera à des prix très élevés par l'intermédiaire de l'association des juifs de Belgique. Un officier SS qui monte un petit trafic clandestin avec des juifs! Kaltenbrunner, successeur de Heydrich, ne trouve pas de mots pour dire sa stupéfaction et cela vaut à Schmitt un sérieux blâme.

Est-ce que ses mauvaises relations avec Ehlers ont influencé son éviction? Hofmeister aurait une fois signalé à Ehlers que Schmitt abusait de ses compétences. «J'ai déjà veillé à son éloignement», aurait répondu Ehlers. C'est possible, mais tout commentaire d'après-guerre sur Schmitt par ses anciens collègues doit être accueilli avec le scepticisme qui s'impose: cela vaut aussi pour le témoignage de Bernhard Ficke, selon qui Schmitt était ignoré par les autres invités lorsqu'il se rendait au *Kasino*, un lieu de détente de la Sipo-SD (probablement situé à Bruxelles). Schmitt lui aurait donné l'impression d'un «être maladif», en permanence «bourré», qui bredouillait des paroles incompréhensibles et toujours accompagné de son chien. Était-il à ce point mal vu par ses collègues? La question reste en suspens. Ce qui est incontestable, c'est qu'il était souvent tout à fait ivre et qu'il aimait les chiens à la folie.

Schmitt et son chien: ils sont inséparables. Le chien est présent à l'appel et l'accompagne dans sa tournée d'inspection. Quand les SS de Breendonk posent pour le photographe, Lump, le berger allemand, est aussi de la partie. Ce quadrupède est l'arme favorite de Schmitt. De nombreux prisonniers ont été mordus par lui. Le sous-officier de la Wehrmacht Xaver B. rapporte que l'animal «est le plus souvent présent lors de l'appel, qu'il agresse alors des prisonniers dont il mord les pieds». Bien sûr cela n'arrive pas toujours: que Schmitt lâche parfois son chien, Frans Fischer ne le sait que par ouï-dire.
Schmitt est un personnage imposant. Il vient parfois à la fabrique ASED de Willebroek en voiture décapotable. Cela impressionne la fille du concierge de la fabrique, qui a 14 ans: «C'était effectivement un homme plaisant à voir. Il avait de l'allure» se souvient-elle quelques décennies plus tard, après une carrière de chanteuse sous le nom de Jo Leemans. Il a un air distant et supérieur, qui fait que Fischer et Ochs le considèrent même comme le type même du hobereau prussien, du *Junker*, alors qu'il est un Bavarois issu de la classe moyenne. «Il y a quelque chose que je n'ai jamais oublié», rapporte Jacques Frydman, «c'est le regard de Schmitt. Quand Schmitt vous regarde, vous faites presque dans votre pantalon tant il vous terrorise, c'est à peine croyable. Je n'ai jamais rencontré de regard comme celui de Schmitt». Jean Blume aussi évoque «une réaction des intestins» quand cet homme lui demande avec son lourd accent allemand s'il

Schmitt et son berger allemand. Est-ce toujours le même chien ? D'autres témoins parlent d'un berger malinois, d'un grand limier roux et même d'une paire de lévriers.

a « *dout bien ragondé* » à la Gestapo. Schmitt a pénétré dans le bloc cellulaire où Blume est enfermé avec d'autres : « il est saoûl ou drogué, ou les deux. Son visage est bleuâtre ». D'autres prisonniers sont confrontés à un Schmitt ivre ou drogué. Est-il vraiment alcoolique ou toxicomane ? Ce n'est pas établi. Il est en tous cas pris de boisson le jour où, à travers les barreaux, il fait feu sur un camarade de Blume, le partisan bulgare Anghelov… et le manque. En général, Schmitt ne s'abaisse pas à exercer lui-même des violences sur les détenus : il a pour cela ses chiens et ses sbires. Il donne là carte blanche au *SS-Untersturmführer* Prauss. Selon

Fischer, il reste lui-même « impassible et insensible, passant les prisonniers en revue avec un air méprisant et sans être nullement affecté par leur martyre ».

Une qui a l'air d'être tout aussi peu sensible à ce martyre, c'est sa femme, Ilse Birkholz. Nous l'avons décrite accompagnant Schmitt dans ses rondes d'inspection du camp ou venant jeter un coup d'œil sur les prisonniers nus qui attendent la visite médicale ou la douche. Selon un témoin, elle regarde cela d'un air détaché ; selon un autre, elle assiste en « ricanant », observant « avec curiosité » les prisonniers qui s'accroupissent pour se soulager, ou « dégustant un morceau de tarte » à la face de travailleurs forcés en état d'épuisement. Dans un livre de mémoires, on l'accuse même d'avoir dénoncé à son mari des gardiens négligents, ce que l'auteur n'a évidemment pu vérifier. Le Dr Singer lui prête des tendances sadiques. Ce qui est certain, c'est qu'elle vient regarder les prisonniers ; le reste se situant dans la zone floue entre les faits et leur interprétation. Que la jeune épouse allemande du commandant du camp vienne les observer – que ce soit avec ingénuité ou avec un malin plaisir – est déjà provoquant pour les prisonniers. « Que peut représenter toute sa fraîcheur pour nous, pauvres hères crasseux ? », se demande Bert Van Hoorick. Il y a une connotation sexuelle évidente dans le mélange d'horreur et de fascination que cette « belle femelle » provoque chez des gens privés depuis des mois de toute présence féminine. Van Hoorick est le seul à évoquer ouvertement cette dimension. Il est vrai que ses mémoires ont été rédigés dans les années quatre-vingt, quand ce thème n'est plus un tabou comme il l'était dans les années quarante ou cinquante.

Dans certains mémoires, on la présente comme la « maîtresse » ou « la « petite amie » de Schmitt, ce qui ne se veut pas un compliment. En vérité, ils se sont légalement mariés le 23 septembre 1939, moins d'un mois après le début de la Deuxième Guerre mondiale. Comme toutes les candidates fiancées de SS, Ilse Birkholz fait l'objet d'une enquête attentive. Depuis que Himmler a édicté, en 1932, son « *Heiratsbefehl* » (ordonnance sur le mariage), tout SS doit soumettre ses projets de mariage à la direction des SS. Himmler y attache beaucoup d'importance : fin 1939, il avait personnellement examiné les demandes de mariage de 13 788 dirigeants SS. Le *SS-Rasse- und Siedlungshauptamt* consacre tout un dossier à chaque fiancée potentielle et à son prétendant. Ils doivent pouvoir établir leur généalogie depuis 1750 pour prouver leur ascendance aryenne. Pas une goutte de sang juif ne doit couler dans leurs veines. Ils

Philipp Schmitt et Ilse Birkholz. Selon son dossier auprès du *Rasse- und Siedlungshauptamt*, elle mesure 1,68 m et pèse 58 kg. Son ventre est «ferme» et elle est «bien formée» avec une poitrine d'une mensuration de 90/83 cm. Elle a des yeux verts, des cheveux blond foncé et des joues roses.

sont aussi examinés par un médecin des SS. Himmler veut, en effet, que ses SS fondent «une famille allemande saine sur le plan racial». Ce n'est qu'après le *nihil obstat* du *Rasse- und Siedlungshauptamt* que Schmitt peut convoler avec sa promise qui a douze ans de moins que lui. Ilse Birkholz est née le 5 avril 1914 à Hoboken, dans l'état américain du New Jersey. Elle est la fille d'immigrants allemands, le commerçant Johannes Birkholz et sa femme Elisabeth Weidlich. Ils ne deviendront jamais des Yankees. Quand la Grande Guerre éclate en Europe, le père Birkholz sent que sa patrie a besoin de lui. La famille retraverse l'océan, emmenant la petite Ilse qui est encore dans les langes. Johannes prend aussitôt les armes et est tout aussi vite tué en novembre 1914. À l'aube de la Deuxième Guerre mondiale, Ilse Birkholz travaille comme secrétaire à Potsdam.

Schmitt se marie relativement tard, alors que le mariage est quasi une obligation pour tout dirigeant SS. En outre, le couple Schmitt-Birkholz n'aura pas d'enfants, ce qui contredit le modèle idéal, propagé par Himmler, d'une famille allemande avec quatre enfants. Pendant la guerre, les deux conjoints ont souvent de longues périodes de séparation. Ce n'est qu'en octobre 1940 qu'Ilse Birkholz fait le voyage vers la Belgique. Elle y habite avec son mari, d'abord dans la maison de M$^{me}$ Verdickt près du fort, où Schmitt s'est réservé des chambres. À son anniversaire, le 5 avril 1941, le couple déménage vers une grande villa, le «Kasteeltje», située un peu plus loin à Willebroek. Aux yeux de M$^{me}$ Verdickt, qui la côtoie de près pendant quelques mois, M$^{me}$ Schmitt a des traits plus humains que ceux qu'elle montre devant les prisonniers. Quand M$^{me}$ Verdickt risque des ennuis à cause de son implication dans l'évasion d'un détenu connu sous le surnom de «Flitser», Ilse Birkholz la protège de ses compatriotes. Et elle lui confie ses déceptions conjugales : son Philipp boit et, ce qui est plus grave, il multiplie les aventures dans la région, des écarts dont ses chefs ne se préoccupent guère tant que cela ne provoque pas de scandale public et tant que le mari ne néglige ni sa famille, ni son travail. Schmitt aura-t-il jamais le «comportement chevaleresque» voulu à l'égard de sa femme ? La question reste posée. Ilse Birkholz dit à Valentine Verdickt que «son mari a toujours été un bon à rien et que même ses parents l'avaient chassé de leur maison».

Léo Schmandt prétend avoir entendu que Birkholz avait même offert de la nourriture à des prisonniers apportant le charbon chez les Verdickt. Ce n'est pas le seul chef de chambrée ou SS à livrer un témoignage positif sur l'épouse de son commandant. En particulier, elle se serait montrée aimable avec les femmes du camp, c'est-à-dire surtout avec l'important groupe de femmes juives qui, pendant une courte période, ont séjourné au camp à l'été 1942. Son intérêt pour les prisonnières est confirmé par le détenu Maurice Benedictus et par les dirigeant de l'Association des Juifs de Belgique. Dans ce concert d'échos positifs sur l'attitude de Birkholz vis-à-vis des femmes de Breendonk, la seule note dissonante vient de *Symphonie Fraternelle*, une œuvre romancée où l'auteur communiste Betty Depelsenaire décrit le sort de Myra Sokol. Depelsenaire, qui n'a pas vu l'épisode en question de ses propres yeux, met en scène une femme de commandant qui ne cherche qu'à humilier Myra et aurait même, suggère l'auteur, une attirance lesbienne malsaine envers elle.

En juillet 1942, Ilse Birkholz – qui était retournée en Allemagne en juillet 1941 parce que, selon Schmitt, elle y était réquisitionnée pour un emploi – fait usage d'un nouveau règlement qui autorise les femmes de policiers à occuper un emploi dans les services de police. Elle entre comme secrétaire à l'*Auffanglager Breendonk*. Elle y classe les documents entrants. Pendant cette période, elle se rend encore quelques fois à Berlin. Fin 1943, elle quitte le camp en même temps que son mari. Jusqu'à la Libération, elle travaille pour la Sipo-SD à Anvers. Selon une collègue secrétaire, M$^{me}$ Schmitt vit à Anvers une vie très retirée et envisage de divorcer; son meilleur ami est son chien.

Jusqu'en janvier 1944, Schmitt reste à Willebroek en congé de maladie puis il retourne au *Reichssicherheitshauptamt*, la direction centrale de la Sécurité du Reich. Là, on décide de l'envoyer au Danemark. En décembre 1943 déjà, le RSHA a constitué une équipe avec d'anciens collaborateurs du fameux Otto Skorzeny, l'homme qui, le 12 septembre 1943, a délivré Mussolini au Gran Sasso, «la plus haute prison du monde». Le Groupe Peter – du pseudonyme de son chef – forme une «unité spéciale antiterroriste» qui opère clandestinement à l'élimination des résistants danois. Le groupe est élargi à des collaborateurs danois et à d'autres SS comme Schmitt qui, transféré du Département III (le SD), est chargé de diriger la «Division Aarhus» du groupe. Schmitt est impliqué dans quatre des cinq meurtres attribués au groupe, tous commis entre juillet et octobre 1944. Au début des années nonante, la justice allemande découvre que l'«*Obersturmbannführer* Schmidt alias Römer» cité dans cette affaire est en réalité un certain «Philipp Johann Schmitt, né le 20 novembre 1902 à Bad Kissingen», autrement dit «le» Schmitt de Breendonk. Trois des quatre meurtres sont catalogués comme des «mesures antiterroristes justifiées» qui ne violent pas le droit international. Quant au quatrième, on estime qu'«une enquête supplémentaire n'apporterait aucun résultat».

Pendant que son mari fait à Aarhus la chasse aux résistants danois, Ilse Birkholz doit fuir la Belgique sous la pression des armées alliées. À la fin de 1944, le couple Schmitt-Birkholz se retrouve encore dans la capitale allemande où Ilse Birkholz travaille maintenant au service de la Gestapo berlinoise. En février 1948, on peut lire dans *La Wallonie* qu'Ilse Birkholz a été arrêtée à Berlin. Après avoir déménagé du secteur soviétique de la ville vers le secteur américain, elle tombe aux mains du *Counter Intelligence Corps* américain. Née aux États-Unis, elle tente en vain d'obtenir la nationalité américaine. Elle est transférée en Belgique comme témoin dans l'instruction judiciaire contre son mari et rapatriée en Allemagne six mois plus tard. Elle ne sera pas mise en accusation même si, note l'auditeur militaire Hallemans, « son attitude au camp est loin d'avoir été convenable ».

Des décennies plus tard, la justice allemande mène une enquête mais y met fin en 1989 : on ne connaît ni le sort, ni le lieu de séjour de M$^{me}$ Schmitt et il n'y a pas la moindre indication qu'elle se soit rendue coupable d'« agissements meurtriers », les seuls qui font encore l'objet de poursuites. Ce que la justice allemande sait d'elle peut être griffonné sur une seule fiche.

En mai 1945, Schmitt tombe aux mains des alliés et est enfermé dans une prison néerlandaise.

Au début, personne ne sait en Belgique que le fameux commandant de Breendonk est emprisonné si près. Le dimanche 18 novembre 1945, Paul Lévy, ancien détenu de Breendonk, passe à côté du quartier général de Montgomery à Bad Oeyenhausen. Lévy est à l'époque conseiller au Commissariat belge du rapatriement et revient d'une tournée dans plusieurs pays européens. A Bad Oeyenhausen, il tombe sur le colonel belge Branders, chef de la mission belge de liaison auprès de la Commission interalliée pour les crimes de guerre. « Demain, je vais chercher Schmitt en Hollande », dit-il à Lévy dont il devine la surprise. Ce dernier se joint à l'équipe de Branders. C'est ainsi que, le 20 novembre 1945, Branders, Lévy et quelques inspecteurs de la Sûreté ramènent Schmitt en Belgique. Le 20 novembre 1945 : cela fait tout juste quatre ans que Lévy a été délivré de Breendonk et c'est le 43e anniversaire de Schmitt. « Mauvais anniversaire ! », lui souhaite Lévy, à en croire son pétillant reportage de presse. A-t-il un peu accommodé les dates ? Selon la *Gazet van Antwerpen*, Branders aurait déclaré avoir ramené Schmitt en Belgique le 19 novembre.

Schmitt n'est plus que l'ombre du fier major SS d'antan. Il est pâle et malade, et marche avec une canne après avoir été blessé par l'artillerie américaine à Roermond. Avec sa barbiche, il n'est pas loin de ressembler à Méphisto. Sur la proposition de Lévy, il est conduit au fort de Breendonk qui est devenu un centre d'internement pour collaborateurs. Le soir tombe lorsque l'ancien commandant du camp y revient comme prisonnier. Il passe la nuit dans une cellule d'isolement et est, le lendemain, confronté à une série d'anciens détenus, que Lévy a alertés en hâte. « Enlève ta casquette », lui ordonne le postier Lemaître. « Pendant quinze ans vous avez vécu d'une fausse idéologie » lui lance Canivet. « Je dois me rééduquer », répond Schmitt.

Il faut attendre le 2 août 1949 pour que commence le procès de Schmitt devant le conseil de guerre d'Anvers. Au début, la législation belge n'autorise pas le jugement de militaires allemands, ce qui sera modifié ensuite. Entre-temps, Schmitt séjourne à la prison anversoise de la Begijnenstraat, où il s'occupe notamment à coller des enveloppes. Le gendarme Walter Brydenbach est chargé de le conduire de la Begijnenstraat à un local situé dans la cour de justice. Brydenbach monte la garde à la porte pendant que Schmitt est interrogé par l'inspecteur De Tobel. De Tobel se sert du tabagisme de Schmitt pour lui soutirer des informations : « Schmitt, tu es un menteur. Si tu veux une cigarette, tu dois dire la vérité ». Ainsi, par exemple, Schmitt « ne se souvient plus si son chien a mordu des prisonniers ». Pendant son procès aussi, l'ancien major-SS se montre insensible. C'est vêtu d'une longue veste de cuir noir qu'il pénètre dans le tribunal. Un avocat allemand assure sa défense. Lorsque, le 25 novembre 1949, la peine est prononcée – une condamnation à mort –, elle ne crée aucune surprise. Schmitt n'a personnellement tué personne mais, comme commandant du camp, il est tenu pour responsable des morts survenues sous son commandement. Le jugement est confirmé en appel. Le recours en cassation est rejeté et la grâce refusée. Le 8 août 1950, l'homme qui a si souvent assisté aux exécutions à Breendonk fait lui-même face au peloton d'exécution dans l'ancienne boulangerie militaire de Hoboken. Il est six heures du matin quand Schmitt tombe sous les balles des gendarmes belges.

### *Le deuxième commandant du camp : Karl Schönwetter (1943-1944)*

Karl Schönwetter est né le 18 août 1902 à Neufraunhofen. Il est le contemporain de Schmitt et est également Bavarois. Neufraunhofen est une petite commune qui ne compte que quelques rues, proche du château des comtes de Soden-Fraunhofen. Ses parents sont jardiniers au service du comte. Par rapport à Schmitt, Schönwetter vient non seulement d'un milieu plus modeste, mais il a fait moins d'études. Alors que Schmitt fréquente l'école moyenne, Schönwetter est apprenti-jardinier entre 13 et 16 ans. De mai 1918 à février 1921, il occupe quelques emplois de jardinier qui souvent ne durent que quelques mois. Son emploi le plus long – plus d'un an –, il l'occupe dans les jardins municipaux de Munich. Il en est licencié parce qu'il n'y a pas assez de travail. Après la perte de cet emploi, il peut travailler pendant quelques mois comme jardinier pour le comte de Soden-Fraunhofen, qui vient ainsi au secours du fils de ses jardiniers jusqu'à ce qu'il retrouve un autre emploi.

Chaque fois qu'il perd son travail, Schönwetter s'en va avec une recommandation de son ex-employeur. Chaque fois, on loue surtout son zèle au travail. Et chaque fois que l'actif Schönwetter se retrouve sans travail,

et ce n'est jamais pour longtemps, c'est toujours, au contraire de Schmitt, à cause du contexte économique. En 1921, Schönwetter en a assez du métier éphémère de jardinier salarié. Il opte pour une carrière militaire à la *Reichswehr*, l'armée de la République de Weimar. Quand, en avril 1928, il raccroche son uniforme, il a atteint le grade de caporal-chef au 19e régiment d'infanterie de Bavière. C'est un grade modeste : le futur officier SS n'est même pas devenu sous-officier dans l'armée allemande. Même s'il a ambitionné une fonction d'officier, la modestie de son origine et de ses études représentent un sérieux frein, pour ne pas dire un obstacle insurmontable. En outre, le Traité de Versailles a limité l'effectif des officiers à 4 000 dans l'armée allemande ; en compensation, la *Reichswehr* engage un nombre anormalement élevé - jusqu'à 40 000 ! - de sergents et de caporaux. Selon ses propres dires, Schönwetter a le projet de s'établir comme indépendant avec les économies rassemblées au fil des ans. Mais ce rêve se brise sur la crise économique. Après un mois à peine, il doit redevenir salarié, cette fois dans la ferme de son futur beau-père. Entre-temps, le caporal-chef Schönwetter a fait la connaissance de Thérèse Holzner, de deux ans sa cadette. Ils se marient en octobre 1928 ; peut-être l'a-t-elle incité à changer de métier : si le travail d'indépendant ne lui réussit pas, il peut toujours compter sur papa Holzner.

En mars 1933, Schönwetter change à nouveau de métier. Le nouveau régime nazi n'a qu'un mois et demi quand il entre au service du *Sicherheitsdienst* de Munich.

Dans son dossier chez les SS, Schönwetter est décrit comme un «vieux national-socialiste qui s'est toujours pleinement impliqué dans le mouvement». Pourtant, il n'est pas un de ces fidèles de longue date venus de la *Kampfzeit*, ce début des années vingt où le parti nazi commence à se manifester. Toute activité politique est en effet interdite aux soldats de la *Reichswehr*. Son affiliation au NSDAP vient donc inévitablement après celle de Schmitt. Lui-même prétend qu'il ne s'est affilié qu'en 1930, mais les dates ne sont pas son point fort (il se trompe même sur celle de son mariage). Il s'agit en réalité d'octobre 1931 ; et, un mois plus tard, il est incorporé aux SS. Il n'a jamais fait partie des bagarreurs des *Sturmabteilungen*. Au contraire de Schmitt, il n'y a pour lui, avant 1931, aucune trace d'activité politique ou paramilitaire dans un groupe d'extrême droite ou dans un corps franc, ce qui ne s'explique que partiellement par l'incompatibilité entre carrière militaire et appartenance à un parti politique. Même quand les portes de la caserne se referment derrière lui, Schönwetter ne se précipite pas dans un parti pour y prendre sa carte. Pour ce qui est de ses sympathies politiques dans les années vingt, nous en sommes réduits à des devinettes. Quand il adhère au NSDAP, l'Allemagne est en pleine crise économique. L'été 1931 se caractérise par une fuite des capitaux et par une panique financière, où les principales banques allemandes ferment leurs portes. En 1931-1932, le nombre des chômeurs atteint les six millions. Schönwetter lui-même semble à l'abri dans la ferme des Holzner. Ce qui le pousse dans les bras des nazis n'est pas évident.

Après peu de temps, il se heurte apparemment à la section locale du parti. Dans son dossier SS, quelques lettres de dirigeants locaux prétendent qu'en septembre 1932, il a volontairement quitté le NSDAP, «parce qu'il a changé d'avis». Plus tard, des notes internes du parti rejettent ces plaintes : Schönwetter a régulièrement continué à cotiser et est resté fidèle au national-socialisme.

Tout comme Schmitt, il passe ensuite d'une unité SS, un *SS-Sturm*, vers le service de renseignement du parti, le *Sicherheitsdienst*. La carrière des deux futurs commandants du camp de Breendonk prend ensuite un cours semblable : en 1935, tous deux commencent par devenir des officiers SS avec grade d'*Untersturmführer* ; tous deux ont le grade de SS-*Hauptsturmführer* lorsque la guerre éclate ; tous deux cumulent une fonction au SD avec une carrière à la *Deutsche Arbeitsfront*. Pour ses supérieurs, Schönwetter est «un officier sincère, compétent, sainement ambitieux et idéaliste».

Schönwetter a-t-il quitté le parti pour peu de temps en 1932? Il a en tout cas quitté les SS en 1935 ou 1936 pour y retourner en 1937. Dans son dossier SS conservé à la *Bundesarchiv* de Berlin-Lichterfelde, on ne trouve curieusement aucun document pour éclairer cet épisode étrange. Dans le dossier constitué à Ludwigsburg par les chasseurs de nazis, figure la copie d'une lettre de Reinhard Heydrich en personne. Elle date du 8 avril 1936. Selon le chef du *Reichssicherheitshauptamt*, Schönwetter a été exclu des SS en décembre 1935 parce qu'en 1924, soit tout de même 11 ans plus tôt, il a écopé d'une amende de 140 Reichsmark pour «infraction au paragraphe 175». Ce paragraphe 175 du code pénal allemand punit «la débauche entre hommes». En 1936, Heydrich estime que Schönwetter a suffisamment écopé. «Il n'y aura pas de nouvelle atteinte au paragraphe 175, car maintenant il est marié; de plus, il n'avait que 22 ans à l'époque». Par ailleurs, Schönwetter s'est bien acquitté des «lourdes missions du 30 juin 1934». Ce 30 juin 1934 est entré dans l'histoire sous le nom de la «Nuit des longs couteaux», où Hitler laisse les SS régler leurs comptes aux SA devenus trop puissants. Les SS éliminent des centaines de personnes, dont l'homosexuel Ernst Röhm, chef des SA.

Après l'Anschluss, l'annexion par l'Allemagne de l'Autriche, pays natal d'Hitler, Schönwetter est transféré à la Sipo-SD de Vienne. Juin 1940 connaît la rupture de son premier mariage. La raison officielle en est la maladie mentale de sa femme: Therese Holzner est schizophrène. Le couple a un enfant, un garçon de cinq ans. Moins de trois mois plus tard, le capitaine SS de 38 ans se remarie, cette fois avec la jolie Eugenie von Köppen à peine âgée de 21 ans. En 1941 et 1942 naissent deux filles, mais ensuite ce deuxième mariage échoue à son tour. Ils divorcent en 1945. Eugénie vient d'une famille allemande établie en Russie. Elle est née à Kiev en septembre 1919, en pleine guerre civile russe. La capitale de l'Ukraine est alors aux mains des Blancs. Les von Köppen y ont atterri durant leur fuite. Son mariage de Karl avec Eugénie n'a pu que renforcer l'anticommunisme de Schönwetter: deux de ses beaux-frères ont été tués par les Bolcheviques. En septembre 1942, la Sipo-SD l'envoie à Kiev. L'a-t-il demandé ou la direction des SS a-t-elle estimé que le mari d'Eugénie était l'homme tout trouvé pour punir les Bolcheviques? Le *SS-Sturmbannführer* Schönwetter y reçoit la direction d'un camp de détention pour partisans à Tchernigov, à une centaine de kilomètres de Kiev.

Un an plus tard, il est de retour à Vienne car, fin septembre 1943, les Soviétiques sont aux portes de Kiev. Schönwetter, qui avait déjà été malade avant son départ pour l'Ukraine, doit après son retour faire un long séjour à l'hôpital. Avec un tel état de santé, une nouvelle mission dans la rude

Union Soviétique, où les Allemands battent partout en retraite, paraît hors de question. Mais la Sipo-SD ne néglige pas l'expérience de Schönwetter en matière de camps. À l'automne 1943, il apprend à Vienne qu'il est envoyé en Belgique pour y prendre la direction de l'*Auffanglager Breendonk*. Il se présente d'abord au quartier général de la Sipo, avenue Louise à Bruxelles, puis il part vers sa nouvelle fonction. Deux jours après son arrivée au camp, il en reçoit la direction. Il n'y a pas d'entretien de passation entre son prédécesseur Schmitt et Schönwetter. «Au début, j'ai dû un peu me mettre au courant», dira-t-il plus tard. Il doit aussi attendre que Schmitt ait complètement disparu pour emménager au «Kasteelje», la grande villa située Dendermondsesteenweg. Régulièrement, le nouveau commandant est absent ou malade; son adjoint Kämper doit alors le remplacer. Toutes les semaines, Schönwetter se rend à Bruxelles. Il semble en bons termes avec la direction bruxelloise.

Quand les derniers SS quittent le camp en septembre 1944, Schönwetter n'y est plus. Depuis une semaine déjà, il est retourné en Autriche. Il est à nouveau hospitalisé, puis on le retrouve à Linz et enfin à Braunau où il se rend aux Américains. Il semble qu'à la fin de l'occupation en Belgique, le RSHA ait projeté de le nommer à la direction du Sipo-SD à Bruxelles: une note du 2 novembre 1944 porte nomination du «*SS-Sturmbannführer* Karl Schönwetter, inspecteur de la *Sicherheitspolizei* et SD de Vienne, comme représentant de la *Sicherheitspolizei* et SD de Bruxelles à partir du 26 août 1944». Toutefois, selon les informations connues, Constantin Canaris est resté jusqu'à la libération le chef de la Sipo en Belgique.

Schönwetter passe deux ans dans un camp de prisonniers américain. Bien que les Belges soient à sa recherche et que son nom figure sur les listes de personnes recherchées par la *United Nations War Crimes Commission*, il ne sera jamais, pour diverses raisons, livré à la justice belge. Alors que Schmitt attend son procès dans une prison belge et que les Alliés ont livré à la Belgique quelques autres SS, Schönwetter parvient à s'en tirer. Il est libéré en 1947. L'ex-prisonnier de guerre travaille d'abord pour un fermier. Dans les années cinquante, il s'établit à Witten, dans la Ruhr. Tout comme au lendemain de la République de Weimar, il trouve à nouveau du travail dans le bâtiment. La roue du destin a fait un tour complet. Schönwetter s'est à nouveau marié, pour la troisième fois. Il a 65 ans en 1967 et accède à la pension. Deux ans auparavant, il est interrogé à Darmstadt par la justice allemande dans une affaire de crimes nazis, mais sans être lui-même poursuivi. Il semble que l'ex-major SS coule des jours tranquilles lorsqu'en 1968 la justice allemande ouvre encore une instruction contre lui.

Depuis quelque temps, en effet, court un procès contre Ernst Ehlers comme chef du Sipo-SD de Belgique, à l'époque le supérieur de Schönwetter. L'affaire enfle ; les services allemands de poursuite contre les crimes nazis ont, au cours des années soixante, accumulé une information importante, notamment sur Ehlers et d'autres SS actifs en Belgique. C'est pourquoi il est décidé en 1968 de scinder l'affaire Ehlers avec un procès à part. Une instruction particulière va être menée sur les crimes que le personnel allemand de l'*Auffanglager SS* de Breendonk aurait commis entre 1940 et 1944 : l'affaire « Schönwetter et consorts » est lancée et est finalement confiée au ministère public de Cologne. Le magistrat Kelkel de Cologne mène une vaste enquête. Des masses de témoins sont recherchés et entendus tant en Allemagne qu'en Belgique, l'aide de la justice belge est requise, des piles de copies sont réalisées à partir du procès de Malines et du procès de Schmitt, et Kelkel visite Breendonk en 1973. Après sept ans, il en résulte une montagne de dossiers qui atteint une hauteur d'homme. En 1975, Schönwetter et les autres suspects dans cette affaire sont avertis par lettre que les poursuites judiciaires sont abandonnées. La justice allemande a décidé de ne plus poursuivre que les meurtres ou les coups mortels, des faits que Schönwetter n'a jamais commis.

La justice allemande constate que les Belges interrogés ne se rappellent pas tellement les détails ni les auteurs de certains faits criminels. Paul M.G. Lévy, vice-président du Mémorial national, exprime dans une lettre à Kelkel ses doutes sur la fiabilité de témoignages recueillis trente ans après les faits. Léon Halkin ne souhaite pas être entendu parce qu'il n'a plus qu'un vague souvenir des noms du personnel allemand. Les dossiers des procès des années quarante non plus ne contiennent pas tellement d'indications : Schönwetter a évidemment disparu et n'est pas vraiment l'objet de poursuites, mais cela vaut aussi pour Prauss, décrit comme un bourreau par chaque prisonnier. Les faits reprochés à Schönwetter sont finalement limités. La Commission belge sur les crimes de guerre le décrit surtout comme un traficoteur corrompu qui vend au marché noir une partie des vivres ou des vêtements fournis par le Foyer Léopold III. Dans les témoignages des prisonniers survivants, Schönwetter n'occupe pas la place prééminente de son prédécesseur. Ainsi en est-il de Jean Blume, enfermé à Breendonk de janvier 1943 à mai 1944 : alors que ses mémoires décrivent un Schmitt ivre et imprévisible, rien n'est dit de Schönwetter.

Le portrait de Schönwetter tel qu'il ressort des enquêtes judiciaires belges et allemandes est celui d'un commandant plutôt faible, qui a cherché à mettre un terme aux crimes les plus graves mais n'y a que très partiellement réussi. Un témoignage typique à cet égard : selon un prisonnier, Schönwetter réprimande un SS qui frappe un prisonnier, mais dès que le commandant est parti, la violence reprend.

Pour Schönwetter, Schmitt et Prauss, morts tous deux, servent opportunément de paratonnerres : tant que Schmitt a encore séjourné à Willebroek, dira son successeur en 1974, son ombre sinistre continue à planer sur le camp et « lorsqu'il propose de renvoyer Prauss et Wyss, il se heurte au *niet* du quartier général de Bruxelles ». Les 14 décès dénombrés en 1944 « surviennent tous pendant son absence à l'exception d'un cas de mort naturelle ». « Ce n'est qu'après deux mois » à Breendonk que Schönwetter y « découvre » une chambre de torture « dont il fait aussitôt disparaître tous les instruments ». Pitoyable, il reconnaît qu'il n'est pas « l'homme taillé pour diriger un camp ». Il n'a jamais pu se mesurer à Arthur Prauss.

Certaines des justifications avancées par Schönwetter sont invérifiables après tant d'années : est-il présent ou non quand des gens sont tués ? En partie, Schmitt aurait pu avancer les mêmes arguments : quand, à l'hiver 1942-1943, il y eut des morts en série, il était souvent fourré à la caserne Dossin. Comme commandants, tous deux sont responsables de ce qui se passe dans leur camp. Mais selon les règles en vigueur dans la justice allemande en 1975, Schmitt aussi aurait très probablement été acquitté.

Schönwetter ne profite pas longtemps de sa liberté. Sa santé, déjà pas fameuse à Breendonk, ne s'est pas améliorée quand s'ouvrent les poursuites en 1968. Lors d'un interrogatoire en 1974, il énumère ce dont il souffre : il a fait un infarctus il y a cinq ans, depuis trois ans et demi, son côté gauche est paralysé, son rein gauche ne fonctionne plus… Le deuxième commandant du camp de Breendonk meurt le 20 février 1976 à Witten.

### *Les remplaçants et adjoints du commandant : Lamotke, Kantschuster, Steckmann et Kämper*

Les absences fréquentes des deux commandants font qu'un remplaçant est nécessaire et certainement en 1942-1943, quand Schmitt commande également la caserne Dossin. D'ailleurs, tant le robuste Schmitt que le souffreteux Schönwetter n'ont qu'une présence irrégulière au camp et prennent de temps à autre des congés : c'est ainsi que Lamotke doit remplacer Schmitt pendant quelques semaines en septembre-octobre 1941 et en février-mars 1942. Lorsque le commandant est présent, son adjoint s'occupe de certains contrôles – de la nourriture, des chambres, des malades

– et surtout d'administration générale. En bref, du «travail de bureau». Même avec un commandant régulièrement absent, Kämper reconnaît qu'il n'est «pas surchargé». Malgré les sempiternels discours sur l'action, la bureaucratie nazie est très lourde.

Leurs remplaçants ont un ou deux grades de moins que les commandants : ils sont capitaines –comme les *SS-Hauptsturmführer* Lamotke et Steckmann – ou lieutenants – comme les *SS-Obersturmführer* Kantschuster et Kämper. Lamotke et Kantschuster appartiennent à la génération du front, celle qui est née avant 1900 ; Steckmann et Kämper ont dix ans de moins que leurs supérieurs et sont encore des enfants pendant la Grande Guerre. Dans le civil, ils sont ouvriers, employés ou comptables. Pendant la crise économique, Lamokte et Kämper connaissent des périodes plus ou moins longues de chômage. Ils viennent de diverses régions allemandes : de Bavière, à nouveau, pour Kantschuster, de Prusse occidentale pour Lamotke, du Brandebourg pour Steckmann et de Rhénanie du Nord-Westphalie pour Kämper. Tous sont mariés. Tous sont aussi des nazis de longue date, affiliés au NSDAP avant 1933, Kantschuster le plus tôt (en 1928) et le jeune Kämper le plus tard (en 1932, alors qu'il n'a que 19 ans).

Les remplaçants ont donc des profils assez semblables, leurs âges mis à part. Il y a pourtant de grandes différences entre la carrière dans les SS et le comportement à Breendonk de Kantschuster et des trois autres. Kantschuster est le seul dont les prisonniers continuent à se souvenir et qui, dans le panthéon démoniaque de Breendonk, occupe une place comparable à celles de Schmitt, Prauss, Wyss et De Bodt.

Lamotke, Steckmann et Kämper ont, tout comme Schmitt et Schönwetter, fait carrière dans le SD, le *Sicherheitsdienst.* Pour beaucoup de prisonniers, ils restent des inconnus bien qu'ils soient tous accusés d'avoir maltraité certains détenus. C'est contre Kämper que les suspicions sont les plus lourdes puisqu'il est accusé de meurtre : mais, dans l'affaire «Schönwetter et consorts», la justice allemande va écarter ces plaintes. Pour le reste, Lamotke se serait allègrement servi dans les colis de nourriture des prisonniers ; Steckmann, venu de la caserne Dossin, aurait, selon le SS flamand Baele, monté un petit commerce de vêtements et tissus volés à des juifs, et Kämper aurait largement volé dans les vêtements fournis par la Foyer Léopold III. À en croire le SS Vermeulen et le jardinier Van Praet, Steckmann est un type à part qui se conduit curieusement. Un jour que Schmitt est absent et qu'il règne un froid insupportable, il aurait même suspendu le travail obligatoire.

*Karl Lamotke*

né le 21 août 1895 à Kulm an See en Prusse Occidentale
comptable
1914-1918 soldat
1929 NSDAP
1930 SA
1934 SS et SD : postes à Berlin-Weissensee et Pankow
1935 se marie
1938 quitte l'Église évangélique
1940-1941 à Paris, à Rouen de l'été à septembre 1941
1942 Breendonk
1942 retour à la *SS-Aussenstelle* de Berlin Weissensee et Pankow
1949 l'auditorat militaire d'Anvers clôture son instruction : « sans suite, suspect en fuite ; poursuite par contumace provisoirement non souhaitée »
décès le 26 octobre 1973 à Hildesheim

*Gustav Kämper*

né le 24 octobre 1913 à Recklinghausen
maçon et plafonneur
marié
1934-1935 soldat (artillerie)
1937-935 *SS-Leibstandarte* Adolf Hitler
 *SD-Hauptamt* à Berlin
1940-1941 *SD-Führerschule* à Bernau
1941 Vienne
septembre 1943 Bruxelles puis Breendonk : remplaçant en fait, sinon en titre
1944 D-day à Cologne, en route vers son ancien poste à Vienne
1949 l'auditorat militaire d'Anvers clôture son instruction : « sans suite, suspect en fuite ; poursuite par contumace provisoirement non souhaitée »
Dans l'après-guerre, études d'ingénieur
Toujours vivant en 1975.

Le personnel du camp, les aides et collaborateurs

*Rudolf Steckmann*

né le 4 février 1912 à Berlin comme enfant illégitime du Dr Eggeling, sténographe au Reichstag
ouvrier et employé commercial
1936 mariage, divorce puis remariage en 1944
Caserne Dossin
mai-décembre 1943 à Breendonk
Disparu après 1945
1949 l'auditorat militaire d'Anvers clôture son instruction : « sans suite, suspect en fuite ; poursuite par contumace provisoirement non souhaitée »
1956 déclaration officielle de décès

*Johann Kantschuster*

né le 20 mai 1897 à Beuerberg
1910 valet de ferme
1916-1918 soldat
1928 SA et NSDAP
1933 gardien de camp
marié
septembre 1942-avril 1943 successeur de Lamotke à Breendonk
disparu après 1945

Les griefs contre Lamotke, Steckmann et Kämper sont des fautes vénielles à côté des crimes de Kantschuster. De tous les SS allemands, il est le plus brutal. En septembre 942, Isaac Klibanski revient à Breendonk après un long séjour à l'hôpital : il retrouve au camp un régime beaucoup plus dur que lorsqu'il a été hospitalisé en janvier 1942. En règle générale, le chantier est la chasse gardée du brutal Arthur Prauss, à qui le commandant du camp donne carte blanche. On n'y voit que rarement d'autres SS allemands. Kantschuster fait exception. Il circule armé et est presque toujours ivre : une combinaison mortelle. Très vite après son installation comme remplaçant de Schmitt, il abat le juif Beck quand celui-ci fait un geste pour protéger son visage des coups : pour cette « tentative de révolte »,

Kantschuster le tue sur place. Il pousse un autre prisonnier, Van Hoof, dans un baquet d'eau bouillante. On a déjà relevé que les « meurtres du fossé » de l'hiver 1942-1943 est plus que probablement à mettre sur son compte. Selon le Dr Singer, même le redoutable Prauss a parfois des traces d'humanité alors que Kantschuster est « un véritable assassin ». « Kantschuster ? *ein Schweinehund* » tranche aussi le soldat de la *Wehrmacht* Ignaz M.

> « Prauss était détesté et craint pour sa brutalité, mais il n'était pas le pire. Il était surpassé en cruauté par le lieutenant-colonel, véritable bête fauve. Il était nommé Katschutter (sic). Le premier jour de son arrivée, il nous a tous dévisagés, un par un, mais sans dire un mot. Il n'avait pas de cravache. « Est-ce vraiment un être humain ? » se demandait-on. Dès le lendemain, nous avons été fixés. Ce type n'était jamais à jeun, toujours complètement bourré ».
>
> Gysermans, *Zug 7*, p. 94

Kantschuster n'est pas un « *Schreibtischtäter* », un « acteur de bureau », selon le mot des Allemands pour désigner ceux qui, de derrière leur bureau, contribuent à l'organisation des camps ou des génocides. De tous les officiers allemands de Breendonk, c'est le seul, probablement avec Prauss, à avoir exercé une fonction dans un camp de concentration.

Johann Kantschuster est né le 20 mai 1897 à Beuerberg, un village de Haute-Bavière, situé à quarante kilomètres au sud de Munich, à deux pas du Starnberger See où, onze ans plus tôt, le roi de Bavière Louis II s'est noyé. De tous les SS allemands de Breendonk, c'est lui qui a le niveau social le plus modeste. Dès ses treize ans, il travaille comme valet dans une ferme. En 1916, il doit entrer à l'armée ; en juin 1918 il combat en Roumanie et est blessé à la main gauche. Sous la République de Weimar, il redevient ouvrier. Tout comme Schmitt, il est membre d'un corps franc, le *Freikorps Wolf*, pendant la période agitée de l'après-guerre. En 1928, il s'affilie aussi bien au NSDAP qu'aux SA. De tous les officiers SS de Breendonk, c'est lui qui a la plus longue appartenance ininterrompue au parti nazi ; seul Schmitt s'est encore affilié plus tôt mais il a ensuite quitté le parti. Tout comme Schmitt encore, Kantschuster, « un élément énergique et actif », encourt une amende pour faits de violence « dans la lutte pour le Mouvement ».

Peu après leur arrivée au pouvoir, les nazis établissent, en mars 1933, un premier camp de concentration à Dachau, près de Munich. En avril 1933, Kantschuster, SS frais émoulu depuis six mois, y est nommé gardien. Entre 1933 et 1939, les camps de concentration ne sont pas encore les enfers qu'ils deviendront pendant la guerre, quand des prisonniers de tous les pays occupés d'Europe y seront conduits. Pourtant, dès l'automne 1933, quelques meurtres sont commis à Dachau : ainsi, le 24 mai 1933, l'avocat allemand Dr Alfred Strauss, trente ans, est abattu par un gardien SS « pendant une tentative d'évasion »; Le tueur s'appelle Johann Kantschuster. À l'époque, l'emprise des nazis n'est pas encore totalement établie. La justice munichoise enquête sur ces meurtres et délivre des mandats d'arrêt contre les coupables, dont Kantschuster. La police politique s'en moque, mais Himmler se voit quand même obligé de renvoyer le commandant du camp.

Peu à peu, Kantschuster grimpe dans la hiérarchie des SS. Il est nommé *Obersturmführer* (lieutenant) le 1$^{er}$ septembre 1938, en pleine crise des Sudètes. L'ancien valet de ferme est au sommet de sa carrière. Après cela commence la descente. Une nuit de novembre 1938, Kantschuster sort son pistolet et se met à tirer sur la porte de la cantine des SS et dans le jeu de quilles. C'est le premier incident de ce genre, mais ce n'est pas le dernier. Il s'explique par l'ivrognerie. Les beuveries de l'officier SS prennent une telle ampleur qu'on commence à s'en inquiéter en haut lieu. Le chef des *SS-Totenkopfstandarte* – les SS servant dans les camps de concentration – avertit le commandant du camp de Dachau, l'*Oberführer* Loritz, que son subordonné risque tôt ou tard d'être éjecté des SS. Kantschuster est marié à Mathilde M., de la commune de Dachau. S'il boit, c'est parce que son ménage va mal, estiment ses supérieurs.

On lui glisse même un papier à signer où il doit reconnaître : « j'ai été averti que je risque les arrêts si je ne mets pas fin à mes pénibles bavardages ». Cela n'ira pas jusque là, mais, le 1er décembre 1939, il est tout de même déplacé vers un autre camp, sur ordre de l'Inspecteur Général des *verstärkten SS-Totenkopfstandarte*. Sa destination est Ravensbrück, un camp un peu plus petit, où ne sont pratiquement enfermées que des femmes. Cela signifie qu'il déménage de sa Bavière natale vers l'Allemagne du Nord. Si l'inspection des camps de concentration pense qu'un autre environnement va l'éloigner de la boisson, elle fait un faux calcul. Le 30 avril, Kantschuster, probablement ivre, fait une chute peu héroïque à vélo. Le commandant du camp n'a guère de doutes sur la cause de l'accident. Dès le lendemain, il prend la plume pour exprimer à l'inspection tout le mal qu'il pense de sa nouvelle recrue. Il veut se débarrasser de Kantschuster car son camp ne compte que quelques SS et « qu'il ne peut rien faire d'un ivrogne ». La présence de Kantschuster est « insupportable » dans un camp de femmes, parce qu'il devient violent quand il est saoul. Sa requête est entendue et Kantschuster est déplacé à un autre bout du Reich, au camp de concentration de Mauthausen, près de Linz en Autriche.

Là non plus, on n'est pas enchanté de sa venue. Début août, le commandant du camp veut à son tour s'en débarrasser. L'accident de Ravensbrück a laissé des traces : aux problèmes de boisson s'ajoutent maintenant les suites d'une commotion cérébrale. Elles sont apparemment plus graves qu'à leurs débuts. Fin août, un incident à la cantine attire l'attention. Selon le *SS-Untersturmführer* Heidingsfelder, qui a un grade de moins dans la hiérarchie, Kantschuster refuse de quitter la cantine à la fermeture. Il sort son pistolet et crie : « Allez tous au diable, il n'y a pas d'heure de fermeture pour moi, parce que je suis le plus élevé en grade ». Heidingsfelder lui retire son pistolet ce qui lui vaut quelques injures. Kantschuster nie son alcoolisme et quelques camarades le soutiennent en cela. Un autre *alter Kamarad* se souvient en 1939 avoir connu un Kantschuster exemplaire et attribue ses problèmes à son accident de Ravensbrück.

Après cet incident, la direction des SS décide de soumettre l'état mental de Kantschuster à un examen plus précis. En septembre 1940, l'*Obersturmführer* est admis pour deux semaines en observation à la section de neurologie et psychiatrie des *Waffen-SS* à Giese sur la Lahn. Quatre mois après son accident, on constate que sa commotion cérébrale est loin d'être guérie et que ses effets peuvent durer des années encore. Kantschuster a des accès de migraine et de pertes d'équilibre. Il voit des flammes devant ses yeux, a un sommeil agité et « montre des signes d'hypersensibilité nerveuse comme des tremblements des mains ou des douleurs oculaires ». Kantschuster se caractérise par « une forte irritabilité sous la forme d'une hypersensibilité, qui peut se traduire en actes violents, même en cas de légère contrariété », d'autant qu'il ne supporte plus, ou beaucoup moins, la boisson depuis son accident. Tant qu'il est admis à la clinique spécialisée des SS, il se conduit très bien et ne boit pas la moindre goutte.

En octobre, il peut séjourner dans une station de cure des SS, le centre de convalescence des *Waffen-SS* à Winterberg, mais il retombe dans les problèmes. Quand, début novembre, il doit pour la deuxième fois quitter son lieu d'accueil pour indiscipline, la mesure est pleine. Glücks, l'inspecteur des camps de concentration, se voit contraint de consulter son prédécesseur, l'ancien chef de Kantschuster Theodor Eicke, l'homme qui a fait de Dachau un modèle pour les autres camps. Glücks « ne sait plus que faire de Kantschuster ». Eicke, lui-même ancien patient de psychiatrie, ne se mouille guère pour son ancien subordonné. Kantschuster ne l'intéresse pas et celui qui se conduit mal doit être mis à la porte. Glücks lui accorde toutefois une dernière chance : il l'envoie à Sachsen-

## Le personnel du camp, les aides et collaborateurs

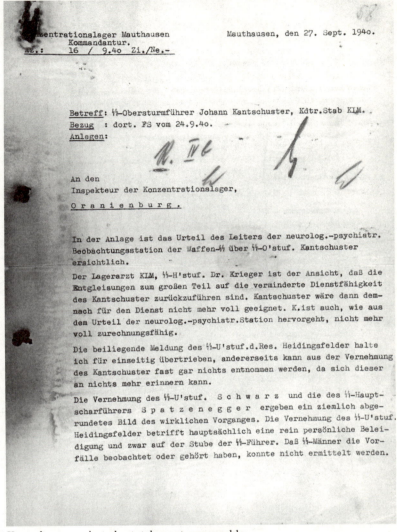

Kantschuster : « n'est plus totalement responsable ».

hausen dont le commandant est Loritz, un autre ex-commandant de Dachau et sous les ordres de qui Kantschuster s'est trouvé. Glücks estime que, de tous les commandants de camp, Loritz est le plus à même de traiter le cas Kantschuster. Sinon, ce seront soit les sanctions disciplinaires, soit le renvoi préconisé par Eicke.

C'est finalement cette dernière solution qui s'impose car Loritz non plus ne sait que faire. Le séjour à Sachsenhusen sera bref lui aussi : en janvier

1941, Loritz écrit à Glücks pour lui signaler la demande de «démission volontaire» de Kantschuster en le priant de ne lui accorder aucun congé, sinon les «beuveries de Dachau» vont reprendre. En plus de sa santé mentale, c'est aussi la santé physique de Kantschuster qui commence à décliner : il est affecté d'une gastrite chronique peut-être due à ses excès de boisson. À 44 ans, il paraît beaucoup plus que son âge, note l'un des médecins SS. Il le déclare physiquement inapte et, pour des raisons disciplinaires aussi (son alcoolisme), il ne peut rester davantage dans les *Waffen-SS*, «car il n'est plus supportable dans une troupe». Même comme simple SS, il est inapte. En bref, Kantschuster tombe plus bas que terre. Le 24 janvier 1941, l'inspecteur des camps de concentration le traite «sans hésitation de bon à rien dont on doit se réjouir d'être quitte».

Après février 1941, le lourd dossier de Kantschuster auprès des SS est silencieux à son sujet jusqu'au 20 novembre 1944 où une brève mention signale qu'il est admis dans la réserve des *Waffen-SS* avec le grade d'*Obersturmführer*. Que s'est-il passé entre ces dates ? Il ne fait aucun doute que, peu après le rapport destructeur du 24 janvier par l'inspecteur, il a été éjecté de Sachsenhausen. Et pourtant, cet homme, dont on ne veut plus dans aucun camp de concentration ni chez les *Waffen-SS*, réapparaît tout à coup au camp de Breendonk en Belgique occupée. Moralement déconsidéré par le nazisme, mentalement détruit par l'alcool, nerveusement par un accident et physiquement par une gastrite, Kantschuster devient le SS allemand le plus dangereux de Breendonk. Selon le témoignage de Fliegauf, il aurait ordonné après Stalingrad une campagne de liquidation systématique d'une grande partie des juifs restés à Breendonk. Que son choix porte sur des victimes juives démontre que ses crimes ne s'expliquent pas seulement par son alcoolisme ou par les séquelles de sa commotion, mais tout autant par son idéologie nazie.

Par quel canal et avec quelle recommandation se retrouve-t-il à Breendonk ? Les postiers de Bruxelles, dont le séjour au camp coïncide grosso modo avec la présence de Kantschuster, croient savoir qu'il revient du front de l'Est, à en croire *l'Album des Postiers* paru après guerre. Cela n'indique rien de plus qu'une rumeur en ce sens circule dans le camp, ce qui n'en prouve nullement la vérité : ainsi, on a souvent prétendu que Schönwetter était un Autrichien parce que ce Bavarois avait été envoyé à Bruxelles depuis Vienne. Le renvoi par les *Waffen-SS* rend une incorporation sur le front de l'Est vraiment peu probable. En mars 1942, l'inspection des camps de concentration devient une division du WVHA, le *Wirtschafts- und Verwaltungshauptamt*, office économique et de gestion. Dès lors, une nouvelle nomination dans un des camps de concentration qui dépendent dorénavant du WVHA paraît encore moins possible qu'avant. À l'été 1942, en effet, un bon tiers des commandants de camps sont licenciés parce qu'ils ne sont pas préparés aux nouvelles tâches économiques attribuées aux camps et/ou parce qu'ils n'ont pas été «*anständig*» (convenables), bien sûr selon les normes des SS («*im Sinne der SS*»). Loritz, par exemple, l'ancien chef de Kantschuster, est alors démis comme commandant de Sachsenhausen à cause d'une affaire de corruption. La WVHA, qui veut augmenter le rendement économique des camps, n'a manifestement pas besoin de gens comme Kantschuster. Est-ce qu'un de ses «*alte Kamaraden*» a des relations au sommet de la sécurité du Reich, ce qui expliquerait sa nomination à Breendonk ? Les intéressés ont emporté la réponse dans leur tombe.

Son séjour à Breendonk dure finalement sept à huit mois. Nous ne connaissons pas la raison officielle de son renvoi. Son penchant pour la boisson et ses accès de colère – au cours d'un délire éthylique, il renverse les tables dans le bureau des SS – font qu'il se heurte à Ilse Birkholz. Selon Baele et De Saffel, celle que beaucoup de prisonniers apprécient pourtant peu, doit un jour intervenir quand Kantschuster maltraite un prisonnier dans le bureau des SS. Un conflit devient inévitable. Selon Fliegauf, infirmier de la *Wehrmacht*, il est aussi question d'une dispute entre mesdames Kantschuster et Schmitt. Schmitt, selon Birkholz, demande à Ehlers de déplacer Kantschuster. En avril 1943, il disparaît de Breendonk.

Après la capitulation allemande, Kantschuster semble avoir disparu sans laisser de traces. Sa femme donne des explications contradictoires sur leur dernière rencontre : tantôt elle parle de février ou mars, tantôt de juillet 1945 ; il aurait alors appartenu à la première *Marschkompanie des Kraftausbildungs- und Ersatz-Regiment*, un régiment d'abord caserné à Berlin-Lichterfeld et plus tard à Weimar-Berlstedt. En 1945, il fait encore un enfant illégitime à Marianne S., sa cadette de 18 ans, une femme divorcée dont il a fait la connaissance dans un café à Weimar. Peu avant la fin de la guerre, elle le rencontre encore une fois et lui apprend qu'elle est enceinte. Kantschuster lui répond qu'il est marié et qu'il doit suivre son unité vers une autre destination. L'année suivante, elle met au monde l'enfant de Kantschuster, puis elle s'en sépare quelques semaines après. Elle déclare à la justice allemande que Kantschuster était violent et qu'il la menaçait parfois avec un pistolet, sans qu'on puisse dire si c'était sérieusement ou pour rire. Son épouse légitime le signale comme disparu auprès des services de recherche de la Croix Rouge. Elle perçoit une *Hinterbliebenenrente*, une allocation destinée aux femmes des disparus.

La justice le recherche en vain dans les premières années de l'après-guerre. En 1952, les services judiciaires allemands lancent un premier mandat d'arrêt. Dans les années soixante, une nouvelle instruction est ouverte à Munich, à la suite de témoignages sur Kantschuster rapportés par des ex-prisonniers de Breendonk dans une autre affaire. En 1966, le *Bundeskriminalblatt* publie sa photo. Il reste introuvable. Le tribunal du Land Munich II avance diverses suppositions : l'ex-lieutenant SS serait peut-être retourné à la Légion étrangère, à laquelle il aurait jadis appartenu ; ou il aurait été éliminé sans procès à Dachau ; ou encore il se cacherait quelque part sous un faux nom. En 1982, l'enquête est définitivement clôturée parce qu'on suppose que Kantschuster est maintenant décédé. S'il vit encore, il aurait alors 85 ans. Il a été accusé de meurtre dans plusieurs enquêtes : pas seulement à Breendonk, mais aussi à Dachau, Mauthausen et Ravensbrück. Dans ce dernier camp, on le suspecte du meurtre de plusieurs enfants ou nourrissons.

---

### La cantine

Schmitt, Kantschuster, Prauss : trois officiers SS de Breendonk dont on sait qu'ils boivent volontiers un verre. Une facture de juillet 1941 de l'entrepreneur Tierens signale la livraison d'« un comptoir pour la cantine ». Frans Fischer note que les Allemands appellent la cantine leur « casino ». On trouve aussi un tel « Kasino » dans les camps de concentration, à Sachsenhausen par exemple, où les SS sont servis par des prisonniers en gants blancs.
À Breendonk, les prisonniers ne pénètrent jamais dans la cantine, sauf s'ils sont requis pour balayer le sol ou pour y porter des bacs de bière. Combien cette bière a-t-elle dû être tentante les jours de chaleur estivale ! Mais elle n'est jamais pour leur gorge assoiffée, comme leurs gardiens ne manquent pas de le leur rappeler. Un de ces porteurs de bière, Frans Fischer, rapporte l'anecdote dans son livre, *L'Enfer de Breendonk*. Ceux qui passent dans la cantine leur dernière heure avant d'être exécutés ont moins de chance. Parmi ceux qui sont condamnés au poteau après une procédure judiciaire rapide, certains ont encore droit à un procès à Breendonk : le maquis de Senzeille par exemple, comme on l'a rapporté dans le chapitre précédent. Selon toute vraisemblance, la cantine est aussi fréquentée par des soldats de la *Wehrmacht* et l'on peut également y manger (la cuisine se trouve tout près) ; Fischer la décrit d'ailleurs comme un « mess ». Des civils, comme l'entrepreneur Tierens, peuvent y prendre un verre. Les haut gradés SS de Breendonk ne mangent pas à la cantine, mais dans « leur » villa de la Dendermondesteenweg. Après septembre 1941, le « casino » accueille aussi les SS indigènes comme Wyss et De Bodt, au sujet desquels court l'anecdote qu'ils auraient conclu un pari. L'enjeu : qui serait le premier, le lendemain, à tuer un prisonnier ? C'est le triomphant De Bodt qui gagnera le prix, une bouteille de cognac.

Le personnel du camp, les aides et collaborateurs

L'intérieur de la cantine : reconstitution d'après-guerre.

Les témoignages des prisonniers sur les beuveries de leurs gardiens sont légion. Les prisonniers ont peut-être exagéré ou généralisé l'emprise de l'alcool sur leurs maîtres, mais il est sûr qu'on y trouve nombre de gros buveurs, si ce n'est de véritables alcooliques au plein sens du mot. Cet alcoolisme n'a heureusement pas toujours des conséquences mortelles comme chez Kantschuster (chez qui il se combine bien sûr à d'autres facteurs). Parfois, les petites fêtes nocturnes réveillent « seulement » les prisonniers, ce qui est déjà très grave pour ceux qui seront, le lendemain, astreints à de lourds travaux. C'est ce qui arrive par exemple aux « Sept de Mons » en août 1941 : « cette nuit, un groupe de Boches rentrèrent en chantant, continuèrent à boire et à chanter dans leur cantine, menant un vacarme qui pouvait s'entendre dans tout le camp, empêchant de fermer l'œil alors que le repos nous était si nécessaire ». De tels excès ont lieu pendant les week-ends. Et leurs effets se ressentent encore les lundis matin, parfois en négatif et parfois en positif : selon Edgard Marbaix, les gardiens passent leur gueule de bois sur le dos des prisonniers ; selon les « Sept de Mons », le matin suivant est calme parce que « les ivrognes cuvaient leur boisson »

Les grandes fêtes aussi sont largement célébrées. Selon Lévy, pour la Noël 1940, « les SS ont fait bombance et ils sont complètement saouls ; ils viennent en pleine nuit faire du bruit et tirer des coups de feu dans les couloirs, ce qui terrorise les enfermés ». Au temps de Noël, un énorme sapin est dressé dans la cantine : ce détail nous est rapporté par le menuisier Van Eynde. Lorsqu'il a dû se rendre à la cantine pour un petit travail à faire, il en a profité pour couper la tête du sapin et la ramener dans sa chambrée. Le docteur Singer procure un peu d'ouate comme « cheveux d'anges ». Quand Prauss visite la chambrée, il ne trouve pas cela drôle : « gaspiller de l'ouate alors que les soldats allemands blessés sur le front Est en auraient tellement besoin... ».

Les SS ne voient pas d'un bon œil la fête chrétienne de Noël. Himmler préfère en faire une fête païenne, la fête du solstice d'hiver, et s'efforce d'occulter autant que possible les aspects religieux de la Nativité.

## *Le* SS-Untersturmführer *Arthur Prauss, officier SS chargé de la surveillance des prisonniers*

Il y a tout autant d'incertitude sur le sort d'Arthur Prauss qui, selon des sources allemandes, serait mort à Berlin le 19 avril 1945, dans un bunker de la *Kastanienallee*. On dispose même d'une attestation de la direction du cimetière de la *Dorotheenstädtischen Kirchengemeinde* où sa tombe est localisée. Le dossier judiciaire du SS flamand Lampaert comporte toutefois une pièce qui mérite l'attention : Lampaert y déclare avoir été démis de la Sipo-SD sur sa demande et c'est signé à La Haye le 3 mai 1945 par un SS-*Obersturmführer* dont la signature ressemble assez bien à celle de Prauss. Dans la traduction qu'elle en donne, la justice belge attribue le document à Prauss. Un Prauss qui ne serait donc pas mort mais vivant et monté en grade ? Les signatures ne sont pas suffisamment identiques pour l'affirmer. Des années plus tard, le SS roumain Schneider prétend avoir rencontré un SS hongrois qui aurait vu Prauss et De Bodt à Hanovre en février 1947, ce que De Bodt nie.

De tous les SS de Breendonk, seul Hertel, le chauffeur de Schmitt, reste plus longtemps que Prauss au camp. L'*Untersturmführer* y arrive en octobre 1940 et y reste jusqu'au 2 septembre 1944, le jour où les derniers SS sous ses ordres fuient en voiture vers Düsseldorf. C'est là que le chemin de Prauss se sépare des autres.

Durant les quasi quatre années qu'il passe à Breendonk, Prauss apparaît comme la terreur des prisonniers. « Nous ne sommes pas dans un sanatorium », leur dit-il souvent. C'est une expression classique que les prisonniers entendent dans tous les camps de concentration. Prauss a acquis l'expérience voulue au camp de concentration de Sachsenhausen. C'est du moins ce qu'il déclare fièrement à Breendonk. Dans les archives du Mémorial de Sachsenhausen, il n'y a cependant aucune trace d'un Arthur Prauss et son dossier personnel auprès des SS ne compte que deux fiches, qui ne rapportent aucune expérience dans des camps. Selon le répertoire des officiers SS des camps établi par l'Américain French MacLean, Prauss aurait effectivement servi à Sachsenhausen, mais MacLean ne précise pas sur quelle source il se fonde. Le dossier de Prauss, qu'il a consulté aux archives nationales de Washington, ne signale aucune expérience dans un camp. Quoi qu'il en soit, les prisonniers n'ont, eux, aucun mal à croire Prauss sur parole quand il se vante de son expérience des camps. Jacques Frydman se souvient que Schmitt s'occupe peu de l'*Auffanglager* pendant les premières semaines et que c'est Prauss qui commence à faire de Breendonk un camp organisé.

Arthur Prauss est né le 18 novembre 1892 à Berlin. Il a une formation de boucher. Selon Lais, qui ne l'aime guère, il ne sait même pas écrire. Pendant la Première Guerre mondiale, il est blessé et décoré de la croix de guerre de première classe. Alors qu'une brute comme Prauss correspond d'emblée au profil type du membre des SA, il n'est pas un nazi de la première heure. Dans l'Allemagne nazie, on qualifie de *Märzgefallenen* («ceux qui sont tombés en mars») ceux qui n'ont adhéré au NSDAP qu'en mars 1933, quand Hitler, chancelier depuis le 30 janvier, s'empare de tous les pouvoirs. Prauss fait encore moins bien et ne rejoint les SA qu'en avril 1933, entre la même année dans les SS et seulement en 1937 au parti! Il travaille comme chauffeur dans la firme *Reichskraftspirit GmhB* à Charlottenburg.

---

«Tout en lui est bassement vulgaire: son bégaiement, son accent enroué, l'odeur d'alcool qu'il dégageait...»
Jacques Ochs, *Breendonk. Bagnards et bourreaux*, 1947, p. 28

Prauss est petit, trapu et costaud. Il a toujours un nerf de bœuf à portée de main et, si nécessaire, se sert de ses poings. Sa force physique lui vaut le surnom de « Mathurin », d'après un personnage de bande dessinée qui a probablement pénétré en Flandre en 1937, d'abord dans *Ons Kinderland* (édité à Averbode), avant de se répandre sous le nom de « Popeye ». Ce surnom lui va mieux et lui est resté plus longtemps que le « Buster Keaton » accolé à Schmitt du temps de Frans Fischer. « Mathurin » préside aux appels, contrôle ceux qui veulent passer à l'infirmerie et surveille le chantier, du matin au soir. « S'imaginer Breendonk, c'est surtout avoir à l'esprit un personnage remarquable, le Herr Leutnant », écrira Ochs. Bien qu'il ait la cinquantaine, il déploie une énorme activité. Jacques Frydman ne se souvient pas que Prauss ait jamais pris congé : tout indique que le lieutenant vit pour son travail. En cela, il se conforme à l'idéal SS d'homme de devoir, pour qui « l'accomplissement désintéressé du devoir » n'est pas un vain mot, son devoir comme SS bien entendu. Pour le reste, ses loisirs consistent surtout à consommer des boissons fortes. Selon le SS Baele, il entretiendrait aussi une petite amie près de Berchem.

Schmitt lui donne carte blanche et, pour autant que Schönwetter veuille vraiment calmer son violent lieutenant, il n'y parvient qu'à moitié. « Quand Schönwetter et Kämper sont absents, Prauss est le maître et Breendonk devient un véritable enfer », reconnaîtra le *SS-Oberscharführer* Herbert Ehlert en 1948. Pour les soldats de la *Wehrmacht* non plus, Prauss n'est pas un inconnu : pour Josef S., qui s'est fait engueuler par lui, « c'est un sale type qui déteste la *Wehrmacht* » ; pour l'infirmier Georg Schmid, c'est un « fana de la torture ». En 1974, Eugen Braun témoigne d'une remarque que Prauss lui a faite, disant mot à mot : « plus il y a de prisonniers qui meurent, et mieux cela vaut pour notre avenir ».

Prauss est très irritable : Schönwetter l'appelle « cholericus ». Cela consiste non seulement à se servir du nerf de bœuf, mais aussi à proférer en masse les termes les plus orduriers de la langue allemande. Sa mort a fait qu'il n'y a jamais eu d'enquête judiciaire à son sujet et l'ampleur de ses activités criminelles à Breendonk n'a donc jamais été juridiquement établie. Comme ses chefs lui laissaient le champ libre et comme il est omniprésent dans le camp – dans les chambrées, à l'infirmerie, sur la place d'appel, sur le chantier et dans la salle de torture – il n'est pas injustifié de lui attribuer la même responsabilité qu'à Schmitt pour toutes les morts survenues à Breendonk. Faut-il y ajouter des meurtres de sa propre main ? Il est difficile de répondre. Il ne semble pas y avoir de mort attribuable à Prauss tout seul. On sait que certains des prisonniers décédés – en particulier Sevens, substitut du procureur à Anvers – ont été maltraités par Prauss aussi. Il a donc, pour le moins, joué un rôle actif dans la mort de certains prisonniers.

Comme chez beaucoup d'autres, son attitude se durcit à mesure que la guerre se prolonge : selon Paul M.G. Lévy, au début, il traite encore les prisonniers «avec un mélange de sévérité et d'une certaine sollicitude paternelle», les appelant «mes enfants». Cette attitude ne dure guère au delà de l'année 1940. À dater de 1941, les «enfants» de 1940 deviennent les «cadavres réchauffés», une formule de salutation qu'Ochs a bien notée. Rares sont alors ceux qui échappent à sa colère. Le Néerlandais Maurice Bolle est une exception. Comme on lui demande son nom, il répond qu'il s'appelle Bolle, comme «*der Milch-Bolle in Berlin*» (un célèbre distributeur berlinois de lait). Est-ce l'allusion à sa ville natale qui parvient à apitoyer Prauss ? Il ne portera jamais la main sur Bolle. Plus tard, celui-ci mettra l'anecdote par écrit pour montrer «comment la vie ou la mort (...) peuvent dépendre d'un mot, d'un geste ou du pur hasard».

À la fin de l'occupation, Prauss se fait encore plus méchant. Sa femme et ses enfants ont en effet péri lors d'un bombardement.

Pendant ses quatre années d'activité, le camp compte encore deux autres officiers-SS allemands : Wilms et Lais.

## *Le policier : Ernst Lais*

Le passé de Lais diffère autant de celui des hommes de la SD comme Schmitt, que de celui des gardiens de camp comme Kantschuster. Lais vient de la police judiciaire, la *Kriminalpolizei* (Kripo). En 1936, Himmler la rattache à son empire et elle devient un cinquième département de la *Sicherheitspolizei*. La police emprunte alors des méthodes et des objectifs inspirés de l'idéologie des nazis, et le chef de la Kripo, Arthur Nebe, fait son possible pour insuffler cette idéologie dans le corps qu'il dirige. Lais adhère au parti nazi en 1933.

En avril 1941, il est transféré de Strasbourg à Bruxelles. On l'envoie alors à Breendonk pour sept à huit mois, jusqu'en février 1942. À la fin de l'occupation, Lais travaille avec d'autres anciens de Breendonk, comme Ilse Birkholz, Adolf Lampaert et Gaston van de Voorde, à l'*Aussendienstelle* de la Sipo-SD à Anvers.

Le SS Müller se rappelle que Lais est chargé d'enquêter sur de possibles «magouilles» (du marché noir) dans le camp. «À Breendonk, il y a quelque chose de louche», lui aurait dit le remplaçant de Canaris. Sa mission n'est pas tout à fait claire. Lamotke se souvient que Lais rédigeait des rapports destinés au quartier général de Bruxelles mais selon Lais lui-même, dans une déclaration faite en 1967 quand il avait 77 ans, il devait d'abord transmettre ses rapports à Schmitt au lieu de les expédier directement. On ne lui accorde donc pas les compétences d'un véritable chef d'enquête, d'un «policier de la police». Il aurait mené des enquêtes sur les décès non naturels, les vols commis par le personnel du camp, le trafic de colis ou les maltraitances infligées aux prisonniers, en particulier de la part des chefs de chambrée juifs. L'autorité de ceux-ci sur leurs codétenus «aryens» exaspère également l'administration militaire. Il faut toutefois attendre que Prauss soit en congé pour que Lais puisse sévir contre Obler et l'enfermer provisoirement dans une cellule. Il enferme également le SS flamand Raes pour le punir d'avoir volé dans les colis. Dans les colis destinés aux détenus, il découvre une lime, ce qui provoque une des nombreuses suppressions temporaires dans la réception des colis.

Pour le reste, poursuit Lais dans la description de ses activités qu'il livre en 1967, il doit bien constater que Schmitt ne montre guère d'intérêt pour mettre un terme aux mauvais traitements dans son camp. Lorsque les Belges l'avaient interrogé en 1948, il avait donné une autre version, donnant une image plus positive de son ancien commandant, sur qui pesait alors la menace d'un procès: à l'époque Schmitt est jugé «sévère mais juste» et son chien «jouette mais pas méchant».

Lais est loin d'être un des SS les plus brutaux du camp. Il lui arrive toutefois de frapper des prisonniers, mais jamais les «aryens», seulement les juifs. Lais a-t-il, en 1933, rejoint les nazis par conviction ou par opportunisme? En tout cas, il partage leur antisémitisme. C'est ainsi qu'il ordonne au cuisinier Moens de réduire les rations des prisonniers juifs.

Aucun prisonnier ne garde de séquelles durables des coups reçus de Lais, juge le conseil de guerre d'Anvers en 1950 (mais beaucoup de juifs n'ont pas survécu à la guerre). Par ailleurs, Lais – il a alors déjà quitté Breendonk – est responsable de la mort par étouffement de neuf juifs pendant leur transport d'Anvers vers la caserne Dossin: mais dans cette affaire on ne l'accuse que de défaut de prévoyance. Pour le premier chef d'accusation, il risque quatre ans au maximum, pour le deuxième, deux ans. Comme il est détenu en préventive depuis 1948, le conseil de guerre décide d'arrêter les poursuites. Vingt-cinq ans plus tard, la justice allemande va aussi l'acquitter dans l'affaire «Schönwetter et consorts».

## Ernst Lais

né le 15 septembre 1890 à Schopfheim (Bade-Wurtemberg)
habite à Singen depuis 1931, mais sa femme périt dans un bombardement
juin 1940 - janvier 1941 : France
janvier 1941 à septembre 1944 : Belgique (Breendonk et Anvers)
septembre 1944 à février 1945 : Pays-Bas (Appeldoorn)
1948-1950 : détenu en Belgique

## *Les employés de bureau:* le SS-Untersturmführer *Franz Wilms,* le SS-Hauptscharführer *Walter Müller et le* SS-Oberscharführer *Herbert Ehlert*

Le *SS-Untersturmführer* Franz Wilms est le plus âgé de tous les officiers SS de Breendonk. Lorsque, dans les derniers mois de la guerre, le régime nazi appelle même les enfants et les vieux sous les drapeaux, Wilms, qui a 56 ans, doit encore servir dans une de ces unités du *Volksturm*. Il arrive à Breendonk en 1941, y fait son travail de bureau puis repart la même année. Wilms le « doux » aurait constamment vécu en hostilité avec Prauss et Schmitt.

En avril 1941 déjà, Wilms reçoit en renfort le *SS-Hauptscharführer* Walter Müller, fils d'un fermier de Saxe, qui exercera jusqu'à la fin la fonction de caissier. C'est lui qui, entre autres, garde l'argent et les objets de valeur des prisonniers. Enfin, le *SS-Oberscharführer* Herbert Ehlert est engagé en mai 1944 comme aide de Müller, mais retourne dès juillet à son ancien poste, au quartier général de la Sipo-SD de Bruxelles. Selon ses déclarations de 1967, il était peu enclin à partir à Breendonk car, par son travail administratif à Bruxelles, il a appris « que la situation n'était pas très drôle dans ce camp ». Une fois sur place, ses craintes se confirment et il cherche à partir. Pendant qu'il s'occupe des salaires et des frais de déplacement du personnel, les alliés débarquent en Normandie.

À la fin de la guerre, les alliés livrent à la Belgique Ehlert ainsi que Müller. Müller a le triste privilège d'être, avec Schmitt et le SS roumain Schneider, le seul SS non belge à être condamné par la justice belge. En janvier 1950, il est condamné à trois ans de détention, mais comme il a déjà séjourné en préventive depuis l'hiver 1946-1947, il est libéré dès mars 1950. Dans son cas, le ministère public conclut que Müller ne compte pas parmi les pires tortionnaires du camp, mais s'est tout de même livré à des voies de fait. On peut se demander pourquoi, par exemple, Lais n'a pas subi de condamnation, mais Müller bien. Tous deux ont subi une longue peine préventive et Müller est rapidement libéré après sa condamnation. Mais, dans les livres d'histoire, seul l'un des deux figure parmi les condamnés comme « bourreau de Breendonk ».

*Franz Wilms*

né le 7 janvier 1889 à Mönchengladbach
1941-1943 : Breendonk et Sipo-SD Bruxelles
en prison en Belgique après la guerre
1949 : fin de son emprisonnement en Belgique après l'abandon des poursuites par l'auditorat militaire d'Anvers
décédé le 19 septembre 1961 à Düren

## Walter Müller

né le 28 août 1900 à Neuhandelsleben en Saxe
juillet-décembre 1918 : à l'armée
fourreur
1930 NSDAP
1930-1931 SA
1931 SS
1935-1940 ouvrier à la *Deutsche Arbeitsfront* (DAF)
1940 en formation à la *SS-Totenkopfdivision* à Oranienburg, mais est renvoyé
1941-1944 Breendonk
1945 prisonnier de guerre en Italie
1946/47-1950 en prison en Belgique
vit encore en 1974

## Herbert Ehlert

né le 25 mars 1912 à Dodendorf près de Magdebourg (Saxe)
1934-1935 *Reichswehr*
1939-1940 *Wehrmacht*
1940 à l'école du SD à Bernau
1941-1944 Sipo-SD de Bruxelles et Breendonk
en prison en Belgique après la guerre
vit encore en 1969

---

Le plaidoyer de l'avocat de Müller témoigne de l'ambiance qui régnait dans le milieu d'origine de Müller et nous donne un exemple d'une mentalité qui, dans l'Allemagne de l'après-guerre, cherche parfois à enjoliver le nazisme :
« Dans les petites villes de Saxe, le nazisme offre quelque chose de simple, digne de la confiance sociale et souhaitable. Les gens de l'Allemagne centrale ne connaissent pas les autres pays d'Europe, ni les valeurs célébrées dans la démocratie occidentale. Les jeunes gens, surtout ceux de la classe moyenne, n'ont aucune possibilité de faire une critique comparée. En Saxe, la propagande des nazis a facilement pu se cacher derrière les traditions locales. Je pense donc qu'on ne peut pas lui reprocher sérieusement d'avoir adhéré aux SA ».

*Bundesarchiv Ludwigsburg, I-124 AR-Z 18/61 Bd 22, p. 186-187, lettre de l'avocat Erich M. au substitut Hallemans, 30 avril 1949*

## *Nourriture et vêtements : Zimmermann, Normann, Franz, Jürgens et Schneider*

Tout à tour, trois sous-officiers trentenaires – Zimmermann, Normann et Franz – sont responsables de l'approvisionnement du camp. Ils doivent veiller à ce que le ravitaillement soit toujours suffisant. En fonction des effectifs et des rations, ils achètent la nourriture nécessaire et la distribuent au cuisinier. Parfois, ils surveillent aussi la distribution des repas : cela dépend du sous-officier en question. Leur influence est limitée : ce ne sont pas eux qui fixent les rations.

Si les rations se réduisent sensiblement à l'été 1941, on ne doit pas en vouloir au premier des responsables, le *Hauptscharführer* Kurt Zimmermann. C'est un homme scrupuleux. Au contraire de ses successeurs, il ne prélève rien sur les vivres. Zimmermann semble avoir été le plus humain des SS du camp. Pour autant, ce n'est pas un antinazi comme Braun, l'infirmier de la *Wehrmacht*. Le parcours de Zimmermann ne diffère pas de celui de tant d'autres SS de Breendonk : après des études de tailleur, il découvre ce qu'est le chômage, rejoint les nazis en 1931, et passe des SA aux SS en 1936. Dès le 1er août 1940, il entre en fonction au à la Sipo-SD de Bruxelles. Il est un des premiers SS présents à Breendonk où il arrive deux jours après Schmitt. Ses relations avec ce dernier sont toujours tendues, dira-t-il en 1974. Zimmermann fait son travail, sans voler ni maltraiter, et « pour le reste, s'occupe peu de ce qui se passe à Breendonk ». Le 2 décembre 1942, il retourne au *Reichssicherheitshauptamt* où il travaillait déjà avant la guerre. Au printemps de 1944, il rejoint les *Waffen-SS*.

Fin 1942, arrive son successeur Ernst Normann, qui, dès avril 1943, demande sa mutation pour raisons de santé : le climat belge n'est pas bon pour sa bronchite chronique. Le grand Normann, mince et blond, est un policier berlinois qui n'a rejoint les SS qu'en 1940. Il doit attendre jusqu'à juin 1943 que sa demande aboutisse et peut quitter Breendonk. En avril 1947, il est appréhendé à la demande de la Belgique mais en 1949 il est décidé de ne pas le poursuivre. En effet, Normann s'est toujours conduit humainement même si le climat de terreur ambiant le pousse une fois à donner des coups. Quand Wyss veut tuer le jeune Leleu, Normann ne peut le supporter et intervient. Wyss ne pourra achever son forfait que lorsque Normann aura quitté les lieux.

## Kurt Zimmermann

né le 18 septembre 1912 à Horst
   (Mecklemburg-Vorpommern)
1931-1935 : SA
1931 NSDAP
1936 SS et RSHA
1935-1936 *Wehrmacht*
1940-1942 Breendonk
1942-1944 RSHA
1944 *Waffen SS*
1949 l'auditorat militaire d'Anvers
clôture son instruction : « sans suite, suspect en fuite ;
poursuite par contumace provisoirement non souhaitée »
toujours en vie en 1974 ; travaille comme postier

## Ernst Normann

né le 21 février 191 à Berlin
agent de police
1933-1934 SA
1940 SS
1947 détenu sur demande de la Belgique
vit toujours en 1974

## Georg Franz

né le le 30 août 1910 à Bensheim-Auerbach (Hesse)
chauffeur
1932 NSDAP et SS
1939 *Waffen SS*
1941 SD
1949 fin de l'instruction par l'auditorat militaire d'Anvers :
« provisoirement sans suites ».

*Hans Jürgens*

né le 13 juillet 1907 à Elmenshagen
maçon
comme chauffeur à la NSKK (*Nationalsozialistisches Kraftfahrerkorps*) parcourt la France
1941 chauffeur à la Sipo-SD de Bruxelles
livré à la Belgique après la guerre
1949 libération provisoire
vit encore en 1974

*Gustav Schneider*

né le 8 août 1920 à Temensburg (Timisoara)
« *Volksdeutsch* » de Roumanie
relieur
1943 dans le Reich comme volontaire SS
1950 condamné à cinq ans de prison

*Alfred Hertel*

né le 24 juin 1921 à Warzfelden/Ansbach
chauffeur de Schmitt
1949 l'auditorat militaire d'Anvers
clôture son instruction: «sans suite, suspect en fuite; poursuite par contumace provisoirement non souhaitée»

Pour son successeur Georg Franz, la justice n'a même pas le moyen d'enquêter. Après la guerre, Franz est retourné dans sa ville natale, Bensheim-Auerbach, située dans la zone d'occupation américaine de l'Allemagne. L'ancien chauffeur et sergent-major SS y dirige un commerce en gros de cosmétiques. La justice militaire américaine rejette la demande d'extradition introduite par la Belgique, parce que les accusations – Franz est notamment accusé d'être impliqué dans la mort de Sevens, le substitut du procureur d'Anvers – ne semblent pas étayées. Que Franz ait maltraité des prisonniers à Breendonk n'est donc pas prouvé. Par contre, il est connu dans sa propre ville comme un nazi fanatique: «En 1932, mes camarades et moi, nous étions au chômage», déclare Franz en 1948 à la police allemande «et le seul parti qui pouvait nous sauver était le NSDAP».

La police voudrait en savoir plus long parce qu'on l'accuse d'avoir tiré sur des adversaires politiques pendant une manifestation du printemps 1933. Mais les témoins se contredisent. Ce qui est sûr, c'est que Franz a la réputation d'être un fieffé bagarreur, prompt à chercher les querelles. Mais à Breendonk, il est plus connu comme voleur que comme violent : il a détourné beaucoup des vivres destinés à la cuisine du camp. Selon Wyss et Lampaert, il écoule ces vivres par le Café Picadilly de Willebroek. Avec ce qu'il en retire, il organise d'abondantes ripailles. Franz et Normann supervisent aussi l'atelier de couture où le *SS-Unterscharführer* Hans Jürgens et le SS Gustav Schneider sont engagés comme magasiniers en 1944.

## Les « Boches d'honneur » : les SS flamands

Les SS flamands présents à Breendonk viennent surtout des classes inférieures ou de la petite classe moyenne. On n'est certain d'une affiliation politique d'avant-guerre que dans six cas : trois de ces hommes appartiennent au VNV (Van Neck, Cuyt, Raes), deux à Rex (De Bodt, Van Hul) et un, De Saffel, vient de la famille socialiste. Si les autres se sont affiliés à un groupement politique, c'est après le 10 mai 1940.

### *Le pionnier*

En juillet 1940, Frans Van Neck, qui est boucher à Breendonk, revient d'un camp de prisonniers de guerre en Allemagne. C'est pour d'autres raisons qu'il décide de ne pas rouvrir sa boucherie. Il prétendra plus tard qu'il avait emmené ses outils à l'armée belge et qu'ils y ont été détruits. Vrai ou faux, de toute façon Van Neck n'a guère d'estime pour la Belgique, ni pour son armée rayée de la carte en dix-huit jours. Plus tard, sa femme confirmera qu'il était membre du Vlaams Nationaal Verbond (VNV) dès avant leur mariage en 1937. Dès l'été 1940, le parti de Staf De Clercq se montre prêt à la collaboration. Van Neck, qui est sans ressources, n'hésite pas à proposer ses services aux Allemands. Il est engagé comme chauffeur, d'abord près de chez lui, à l'aéroport de Wintham, ensuite plus loin, dans le Nord de la France.

Quand tout à coup une chance se présente de travailler pour l'occupant dans sa propre commune, Van Neck n'hésite pas : en 1940 ou 1941, il devient le chauffeur du *SS-Sturmbannführer* Schmitt, commandant du camp de Breendonk, dont le premier chauffeur, le *SS-Scharführer* Hertel,

## Les SS belges de Breendonk

| Nom | Lieu de naissance (1) | Date de naissance | Profession | À Breendonk de / à | Verdict |
|---|---|---|---|---|---|
| Frans Van Neck | Breendonk (A) | 30 juillet 1915 | Boucher | Fin 1940 ou 1941/ fin | Peine de mort mais gracié par AR |
| Fernand Wyss | Anvers (A) | 2 janvier 1920 | Technicien | Septembre 1941/ fin | Peine de mort |
| Robert Baele | Waarschoot (For) | 17 octobre 1901 | Chauffeur | Septembre 1941/ début 1944 | Prison à vie |
| Marcel De Saffel | Lokeren (For) | 26 août 1916 | Employé et journaliste | Septembre 1941/fin | Peine de mort |
| Adolf Lampaert | Merksem (A) | 17 juin 1909 | Comptable | Septembre 1941/ juin 1944 | Peine de mort |
| Eugène Willemsen (2) | Anvers (A) | 4 mai 1906 | Docker | Septembre / décembre 1941 | Prison à vie par défaut Conseil de guerre Anvers (8/12/47) |
| Jan Pellemans | Rumst (A) | 17 mai 1923 | Sans | Septembre 1941/ été 1943 | Peine de mort |
| Huygens | Gand (For) | | | Septembre/ octobre 1941 | Présumé disparu sur le front de l'Est |
| Fidèle Westerlinck | | | | Octobre 1941/ janvier 1942 | Identification incertaine |
| Eugène Raes | Laeken (Br) | 10 août 1919 | Menuisier | Octobre (12/40 –05/41) 1942 (?) | Peine de mort 1941/novembre |
| Jean Arras | | | | Octobre 1941/ mi-1942 | ? |
| Richard De Bodt | Bruxelles (Br) | 26 février 1908 | Éclusier | Août 1942 | Peine de mort commuée en prison à vie |
| Pierre Mevis | Heerlen (PB) | 13 juin 1917 | Enseignant | Juin/fin 1943 puis premiers mois de 1944 | Prison à vie |
| Georges Vermeulen | Berendrecht (A) | 4 avril 1911 | Ouvrier communal (nettoyage) | Juin/fin 1943 | Peine de mort |
| Emile Van der Meirsch | Mons (H) | 17 septembre 1920 | Ébéniste | 2e semestre 1943 | Prison à vie |
| Frans Van Hul | Bazel (For) | 6 juillet 1911 | Employé d'hôtel | Décembre 1943/ mi 1944 | Prison à vie |
| Edmond Cuyt | Hingene (A) | 10 mai 1920 | Vannier | Fin décembre 1943 | Prison à vie |
| Gaston Van de Voorde | Wachtebeke (For) | 17 juin 1912 | Employé | Juin/août 1944 | Peine de mort mais gracié |
| Felix Brusselaers | Booischot (A) | 15 juin 1912 | Relieur | Juin 1944 | Peine de mort |

(1) (A) Province d'Anvers; (For) Flandre orientale;(Br) Brabant; (H) Hainaut; (PB) Pays-Bas.
(2) Il n'est pas établi que le EW né en 1906 est bien le EW de Breendonk

se trouve seul et ne connaît d'ailleurs pas très bien la région. Avec Schmitt, Van Neck peut circuler ; avec Müller, il achemine le courrier vers Bruxelles une ou plusieurs fois par semaine. Il ne tarde pas à être incorporé aux SS. Plus tard il niera cette adhésion mais son nom figure dans un livre-souvenir de l'*Algemeene SS-Vlaanderen* préparé à l'automne 1940 par l'avocat anversois René Lagrou. Après avoir circulé en civil pendant un temps, on peut ensuite voir Van Neck revêtu de l'uniforme gris que portent les SS en occupation : le 1er juillet 1941, le boucher nationaliste flamand entre à la Sipo-SD.

## *La première levée (septembre 1941)*

Van Neck est le premier des dix-neuf SS venant de Flandre Orientale, d'Anvers ou de Bruxelles et qui seront occupés à l'*Auffanglager Breendonk* comme surveillant, secrétaire ou chef-magasinier (voir tableau). À l'inverse de Van Neck, tous sont entrés chez les SS avant leur arrivée au camp. Les six premiers arrivent dans le courant de septembre 1941. Ensuite, ces SS vont et viennent mais, en moyenne, ils seront toujours de huit à dix présents. Ils ont rarement un grade supérieur à celui de *SS-man*, de simple soldat ; l'un d'entre eux accèdera quand-même au grade de *SS-Rottenführer*, c'est-à-dire de caporal. Parmi les premiers arrivés, on trouve un technicien, un comptable et un sans emploi d'Anvers, mais aussi un journaliste et un chauffeur de Flandre Orientale. Aucun des SS flamands ne s'est adressé à un centre de recrutement des SS avec l'intention de travailler à Breendonk. À cinq exceptions près – Van Neck, De Bodt, Cuyt, Mevis et Brusselaers – ils ont d'abord été engagés comme volontaires dans les *Waffen-SS*. Une fois enrôlés, il est apparu qu'ils étaient peu désireux, peu préparés ou peu aptes pour être envoyés au front. Après leur renvoi en Belgique, la Sipo-SD estime qu'ils peuvent lui être utiles à Breendonk.

Pour le journaliste venu de Destelbergen en Flandre Occidentale, il s'agit d'un retour au fort car il y a servi comme soldat au quartier général en mai 1940. Marcel De Saffel est le plus intellectuel de tous les SS flamands de Breendonk. Il ne vient pas d'un milieu Ordre Nouveau et n'est pas davantage un aventurier apolitique. C'est un socialiste. Avant la guerre, il a écrit comme journaliste dans *De Dag*, un quotidien neutre, et dans *Voor Allen*, un hebdomadaire socialiste dans lequel écrivait aussi son beau-père, conseiller communal socialiste à Destelbergen. Marcel a épousé sa fille Bertha et pour elle quitte Lokeren, sa ville natale. Avant la guerre, il a, dans quelques articles, pris position contre les fascistes locaux du VNV et contre leur modèle italien, Mussolini.

Comment le socialiste antifasciste De Saffel se retrouve-t-il à l'été 1941 dans le grand centre de formation des *Waffen-SS* à Sennheim près de Mulhouse? À cause d'une combinaison de chantage et d'ignorance, se défendra-t-il plus tard. Forcé par chantage, il serait entré au service de la Sipo-SD fin 1940 et cet organisme aurait envoyé à Sennheim un De Saffel qui ne se doutait de rien. Pour le mettre sous pression, la Sipo-SD aurait brandi ses articles d'avant-guerre. Plutôt que de risquer l'arrestation de sa famille, De Saffel aurait accepté d'entrer comme traducteur au service de presse du SD. L'explication n'est pas très vraisemblable : comment le SD aurait-il proposé - sans un signal venant de De Saffel - d'entrer à son service à quelqu'un qui est un adversaire potentiel à en juger par son curriculum vitae d'avant-guerre?

Quoi qu'il en soit, après six semaines à Sennheim, De Saffel n'a guère envie d'y poursuivre sa formation. Il revient en août 1941. Comme celui de ses collègues SS, le récit de De Saffel est un peu confus pour ce qui est de la chronologie, mais il apparaît que son séjour à Sennheim a lieu peu avant ou coïncide avec l'invasion de l'Union Soviétique. Il revient avec une lettre sous enveloppe cachetée attestant que le SS De Saffel est inapte au service militaire; il est renvoyé à son ancien poste de traducteur d'articles de presse à l'avenue Louise. Douze jours plus tard, la Sipo-SD envoie l'homme qui ne veut pas combattre les Bolcheviques russes sur le front de l'Est dans un camp où des dizaines de leurs coreligionnaires sont enfermés : De Saffel a pour mission de mettre sur fiches leurs données personnelles et les motifs de leur arrestation. Il est traducteur, s'occupe du courrier et devient un peu le secrétaire du camp.

On lui donne même un aide : le jeune Pellemans, d'à peine 18 ans, l'assiste pour le courrier. Plus tard, il recevra en renfort Adolf Lampaert, qui est passé du chantier au bureau tandis que Pellemans fait le parcours inverse.

Pellemans, Lampaert, Wyss et Baele : pour les premiers SS flamands, le chemin vers Breendonk est très similaire. Pellemans est employé à la Banque de Commerce d'Anvers; le quadragénaire Baele d'Oostakker est chauffeur; Lampaert, 32 ans, est comptable à la Pharmacie Centrale d'Anvers et Wyss est ouvrier : au début de l'occupation, ils ont tous dû se trouver sans emploi, encore que les déclarations de Lampaert et de son amie soient contradictoires sur ce point. À l'été 1940, l'économie est par terre et l'armée des chômeurs, qui comptait déjà 160 000 unités en 1939, grimpe à un demi-million. Le chômage est un des facteurs qui pousse quelque 90 000 Belges à se porter volontaires pour aller travailler en Allemagne. Même si c'est un facteur à ne pas négliger, on ne fait cependant le pas que si on est, à la fois, peu hostile à l'idéologie d'Ordre Nouveau, convaincu de la victoire finale des Allemands et complètement étranger à toute conviction patriotique ou idéologique.

Le choix de Wyss et consorts est encore beaucoup plus radical : alors que Wyss retrouve d'abord du travail à l'aéroport de Deurne – maintenant aux mains des Allemands – et que Lampaert est probablement retourné à sa pharmacie, ils se présentent, plus ou moins vite, comme volontaires chez les *Waffen-SS*.

Peu après le 28 mai 1940, les Allemands font de la propagande pour ces *Waffen-SS* et ouvrent, dès l'été, un bureau de recrutement à Anvers. René Lagrou de l'*Algemeen SS-Vlaanderen* lance, en septembre déjà, un appel à rejoindre les *Waffen-SS* ; Staf De Clercq du VNV attendra pour cela jusqu'en avril 1941.

Le jeune Jan Pellemans est le premier à faire le pas. Fin août, il s'est laissé convaincre par un ami d'entrer dans les *Waffen-SS*. Pellemans vient d'une famille germanophile : pour ses voisins, cela ne fait pas de doute. Une voisine a trouvé, par erreur, dans sa boîte une convocation au VNV destinée au père Pellemans même si celui-ci jure ses grands dieux n'en avoir jamais été membre. En tout cas, les Pellemans ne sont pas des mouchards : ils entendent bien que leurs voisins écoutent la radio britannique, mais ne les dénoncent pas aux Allemands. Par l'influence familiale, Pellemans est donc bien disposé à l'égard de l'occupant, même si ce ne sont pas ses parents qui le poussent vers les *Waffen-SS*. En 1940, le père Pellemans aurait juste su que son fils était parti en Allemagne pour y chercher du travail. Le jeune Pellemans montre un grand intérêt pour le nazisme. En juin 1945, lors d'une perquisition à son domicile, on a trouvé une traduction en néerlandais du *Mein Kampf* de Hitler ainsi qu'une série de livres allemands, dont *Der Mythus des 20. Jahrhunderts* du fumeux idéologue nazi Alfred Rosenberg, sorte de bible de l'antisémitisme nazi.

Fernand Wyss aussi se serait laissé convaincre par des amis : à l'aéroport de Deurne, il se lie avec François H. Celui-ci a une sœur à laquelle Fernand s'intéresse et qu'il épousera plus tard. Dès juin, son futur beau-père, Andreas H., l'aurait encouragé à entrer dans les *Waffen-SS*. En octobre, Fernand y consent tout comme son camarade François qui disparaîtra sans laisser de traces dans l'immense Russie. Wyss prétend, peu après son

Fernand Wyss (en uniforme de l'armée belge) avec sa mère.

Robert Baele

arrestation en 1945, que ses parents étaient contre sa décision. Peut-être ne dit-il cela que pour les défendre. S'il est vrai que sa mère comme sa sœur sont, pendant l'occupation, membres de *DeVlag*, un parti extrémiste de la collaboration, on conçoit que si elles approuvent les *Waffen-SS* pour des motifs idéologiques, elles ne tiennent pas nécessairement à ce que leur fils ou frère risque sa vie au service de cette unité de combat, même portée aux nues. L'idéologie a-t-elle joué un grand rôle chez Wyss que tous les témoins décrivent comme très bête? «Avant la guerre, je ne me suis jamais occupé de politique», déclare-t-il en 1945. C'est bien possible.

Le choix de l'ancien chauffeur Robert Baele pour l'unité de transport des *Waffen-SS* a une couleur encore moins idéologique. Après la guerre, il égrène le même refrain que Wyss: «Je ne me suis jamais occupé de politique» griffonne-t-il sur un billet où il essaye de justifier son attitude. C'est évidemment une phrase que beaucoup de Belges auraient pu écrire, entendant par là qu'ils n'ont rien à voir avec la politique stricto sensu, la politique de parti ou la politique politicienne. Il s'agit chez Baele d'une absence de tout réflexe de défiance vis-à-vis du national-socialisme, d'une totale indifférence pour la nature de la direction du pays. Le vainqueur a raison : voilà sa réaction en 1940 et c'est encore sa réaction après Stalingrad. À l'été 1940, Baele va régulièrement prendre un verre avec des germanophiles notoires, dont un certain Verbesselt ; début août, il devient membre du Nationaal-Socialistische Vlaamse Arbeiderspartij, un minuscule parti dont Verbesselt est *Gauleiter*. Tout membre du NSVAP s'engage à « se mettre au service des autorités allemandes ». Pour Baele, il n'y a plus de recul possible. Grâce au NSVAP, il reçoit un poste à l'aéroport de Sint-Denijs-Westrem. Lorsque, quelques semaines plus tard, Verbesselt dénonce, pour propos anti-allemands, un aubergiste à l'occupant, il cite Robert Baele comme témoin. D'autres compagnons de comptoir lui décrivent un bel avenir chez les SS. En 1941, Baele part en Allemagne. Il va y gagner beaucoup d'argent, dit-il à sa femme Ivonne.

Chez Adolf Lampaert non plus, pas d'indice de sympathies politiques ou syndicales avant guerre. En janvier 1941, il adhère à l'*Algemeen SS-Vlaanderen*, qui deviendra plus tard la *1ste SS-Standaard Vlaanderen* et

Adolf Lampaert avec son amie.

fera partie des SS allemands. Un certain De Ceulenaer, négociant en tissus, le lui aurait conseillé. On ne sait pas quelle est sa véritable motivation. En avril, Lampaert emménage Baron Joostenstraat à Anvers où il habite avec son amie, Maria H : il part en Allemagne car il vient d'entrer dans les SS.

À l'automne, Wyss et Pellemans sont envoyés à Munich en formation militaire. Lampaert et Baele se rencontrent à Hambourg où ils séjournent avec d'autres volontaires flamands ou néerlandais au centre d'instruction de la caserne des *Standarte Nordwest* à Hambourg-Langenhorn. À Munich comme à Hambourg, des tensions naissent parfois entre les volontaires flamands et leurs instructeurs allemands. Certaines recrues se ravisent et rentrent. La décision dépend naturellement des SS qui, de temps à autre, laissent partir quelqu'un. Plus tard, Wyss et Pellemans prétendront qu'ils ont refusé de prêter le serment au Führer. À en croire Pellemans, il aurait été renvoyé à la maison en mars 1941, ensemble avec tous ceux qui avaient refusé de prêter serment. Cela ne colle pas avec le fait que Wyss reste encore deux mois de plus dans les SS et, ne revient en Belgique qu'après avoir suivi une formation politique à Oberau en Bavière. Baele et Lampaert ne souhaitent pas être versés dans une unité militaire. Lampaert est déclaré médicalement inapte et, selon son amie, il se serait volontairement fait déclarer inapte « à Cracovie », terme par lequel elle ne peut que viser l'un des centres de formation situés en Pologne, à Radom ou Debica. C'est en juillet ou en août que les *SS-Standarte Nordwest* arrivent en Pologne : l'Allemagne a attaqué l'Union Soviétique le 22 juin. Un timing significatif.

Certains SS regardent de haut ceux qui rentrent ainsi. En septembre 1941, Baele envoie une lettre pour protester contre les déclarations du *SS-Sturmbannführer* Van den Abeele qui a trouvé que « parmi ceux qui reviennent des *Waffen-SS*, aucun n'est valable ». Mais ceux qui reviennent ne quittent pas les SS pour autant. Ils trouvent à Wyss du travail à l'usine Erla qui tourne entièrement au profit de l'économie de guerre allemande. Pellemans est engagé au bureau provincial de l'*Algemeen SS-Vlaanderen*. Quand il apprend qu'il pourrait gagner plus comme traducteur à la Gestapo, il se porte candidat. Comme les autres « déclarés inaptes », il a été licencié de l'Avenue Louise en septembre 1941. Qu'ils se soient ou non portés volontaires, comme Pellemans, la Sipo-SD trouve qu'ils peuvent encore être utiles. À l'*Auffanglager* de Breendonk, elle manque de main-d'œuvre maintenant que beaucoup de communistes y sont enfermés et qu'elle ne tient pas à y envoyer d'autres SS allemands, requis pour la guerre à l'Est. Ce même mois encore, les SS flamands sont mis en service à l'*Auffanglager Breendonk*.

Deux d'entre eux, Westerlinck et Willemsen, quittent le camp avant la fin de l'année. Deux autres *Waffen-SS* déclarés inaptes s'ajoutent en octobre : Jean Arras et Eugène Raes. Tout comme Lampaert, Raes a été déclaré médicalement inapte. Mais chez Raes, il n'est pas question de vouloir se soustraire au front de l'Est : au centre de formation de Sennheim, il s'est brisé les genoux. À son grand regret, il doit revenir en Belgique. Fin 1942, il quittera Breendonk pour se présenter à nouveau aux *Waffen-SS*, ce qui lui donne l'occasion de combattre sur le front de l'Est comme *Panzergrenadier* à la *Sturmbrigade Langemarck*. Raes est en effet SS par conviction (voir l'encadré). Ce travailleur de 22 ans, de Laeken, est membre du VNV depuis ses 18 ans. Il a baigné dans une ambiance d'Ordre Nouveau à la maison. Ses parents aussi sont de fervents adeptes de la collaboration. Quand, après la Libération, le Front de l'Indépendance veut les arrêter, les parents Raes ne veulent pas s'avouer vaincus : ils tirent et tuent deux membres du FI avant de se rendre.

On peut lire dans une lettre d'Eugène Raes à ses parents, écrite à Breslau le 14 septembre 1943 :
« Nous, Germains, sommes un tout autre peuple, avec une toute autre conception de la fidélité et de l'honneur. Si nous restons fidèles à nos Chefs et au Führer, rien ne peut nous arriver. Nous, Flamands, n'avions pas nos droits avant 40, mais si nous sommes maintenant vainqueurs, nous les aurons.
Affectueusement. Heil Hitler ».

Palais de Justice, dossier de l'auditorat de guerre Wyss & Co., 267/9/41d

Dès que son parti se met au service des *Waffen-SS*, à partir du 20 avril 1941, Eugène Raes sait ce qu'il lui reste à faire. Il quitte son emploi à la gare de Schaerbeek et s'engage aux *Standarte Westland*. Lorsque ses rêves comme *Waffen-SS* se brisent en même temps que ses genoux, le jeune idéaliste apprend qu'il lui reste heureusement la possibilité de s'engager à la Sipo-SD. Il fait donc sa demande pour y entrer et c'est ainsi qu'il arrive à Breendonk.

Les volontaires flamands des *Waffen-SS* se heurtent souvent, au cours de leur formation, à la supériorité et au dédain que leur manifestent leurs instructeurs SS. Il n'a pas dû en être autrement pour Wyss et consorts. Dans des lettres, des mémoires et des articles, écrit l'historien Frank Seberechts « on parle souvent d'instructeurs allemands qui crient sur les recrues flamandes pour tout ce qui ne tourne pas rond. Ils reprochent aux Flamands d'êtres mous et indisciplinés, mais surtout de ne pas être d'authentiques Germains ». Certains faits indiquent que Prauss ne les traite pas beaucoup mieux à Breendonk. Selon Wyss, il ne fait d'abord guère confiance aux Flamands qu'il ne trouve pas assez brutaux. Jacques Frydman rapporte que le lieutenant les qualifie de « traîtres ». Prauss n'est pas le seul à penser ainsi : le *SS-Oberscharführer* Ehlert demande une fois à Wyss et De Saffel comment, comme Belges, ils peuvent maltraiter d'autres Belges, ce à quoi ils répondent qu'ils ne sont pas des Belges, mais des Flamands.

Le SS flamand pris en faute peut se voir publiquement humilié par Prauss devant les prisonniers : René Bauduin a vu Richard De Bodt giflé pour s'être trompé dans le comptage lors de l'appel. Au début, les SS flamands ne se montrent pas trop méchants. Mais, progressivement, ils vont s'endurcir. Lorsqu'à l'été 1942, une salle de torture est installée, ils vont aussi y être présents, même si ce n'est pas comme tortionnaires : ainsi, De Saffel y officie comme traducteur. Wyss, le pire du lot, tue sa première victime en novembre 1942, du temps de Kantschuster. Wyss va encore se radicaliser sous l'influence d'un *SS-Rottenführer* de la SD qui arrive en août 1942 : Richard De Bodt.

### Wyss et De Bodt

Wyss et De Bodt : c'est ensemble qu'ils sont les plus dangereux. Le rusé De Bodt sait comment il peut exciter la force brute de Wyss. Un exemple parlant : l'anecdote, déjà rapportée ci-dessus, où ils parient pour savoir qui, le premier, tuera un prisonnier. Que l'histoire soit vraie ou non, une chose est sûre : ils attisent mutuellement leur goût pour la violence. Pour un observateur attentif comme Jean Blume, Wyss « n'est pas sadique malgré les apparences, mais capable de tout par lâcheté et par bêtise ». À ses yeux, le plus dangereux des SS du camp, c'est De Bodt. Qui est « intelligent, rusé, sachant être doux pour obtenir quelque chose, lançant Weiss sur des victimes choisies avec soin, et sadique à fond… Il frappait moins souvent que Weiss mais beaucoup plus fort et en choisissant mieux les endroits ». Tous deux ont une carrure imposante. Ils sont grands et forts.

Wyss mesure 1,85 m et De Bodt 1,90 m à une époque où la taille moyenne est inférieure à celle d'aujourd'hui. Wyss est un boxeur amateur ; à Breendonk, remarque Remy Libotton, « il ne se retient plus : il peut boxer ». Alors que rendre les coups est interdit.

Au contraire de certains autres, De Bodt n'est ni déclaré inapte pour les *Waffen SS*, ni tenu pour une recrue velléitaire ; il est directement entré au *Sicherheitsdienst*. Dès le début de l'occupation, il est germanophile, devient membre des *SS-Vlaanderen* et du NSVAP. Alors que les autres viennent du nationalisme flamand ou ont un passé apolitique, l'éclusier De Bodt, natif de Bruxelles, a appartenu à Rex avant la guerre. Selon son comparse Wyss, De Bodt, tout comme De Saffel, deviennent peu à peu les hommes de confiance de Schmitt : ils sont ses yeux et ses oreilles et, le soir, passent souvent à sa villa de la Dendermondsesteenweg pour l'informer sur leurs collègues et sur ce qui s'est passé au fort.

## Le Troisième Reich en perte de vitesse

Quand le vent se met à tourner contre le Reich, quelques SS commencent à prendre peur. Pendant deux longues années, Robert Baele, « le rouquin de Gand », s'est montré particulièrement violent. Il vole les vêtements des prisonniers. La dame de Willebroek chez qui il loue une chambre meublée peut témoigner qu'au début « il ne possédait presque pas de linge ou de vêtements, alors qu'à son départ, il ne pouvait plus fermer son armoire ». Baele a d'ailleurs du linge marqué à d'autres initiales que les siennes. Pour ce chauffeur d'un certain âge et peu attirant, la vie est devenue plaisante depuis qu'il travaille au camp : avec ce qu'il détourne de la réserve de vêtements, il peut entretenir, à Willebroek, une petite amie de vingt ans. Quand, sur les champs de bataille, les choses tournent mal pour ses maîtres allemands, fini de rire, c'est la peur qui prend le dessus. Lorsque Nève de Mévergnies, du Foyer Léopold III, visite Breendonk, Baele veut absolument lui parler seul à seul. En effet, ce qu'il a à dire à Nève ne regarde pas les autres SS : Baele lui confie alors combien il regrette d'être entré dans les SS mais, maintenant, il ne sait plus comment faire machine arrière. Il promet d'améliorer son comportement en échange d'un témoignage favorable après la guerre. À l'instigation de Nève, il va maintenant distribuer aux prisonniers les lettres et les colis de leurs familles. Début 1944, il parvient à se faire licencier du camp.

Adolf Lampaert aussi veut quitter Breendonk. Cela fait longtemps qu'il demande sa mutation mais ce n'est que dans les derniers mois de l'occupation qu'on accède à sa demande et qu'il peut aller travailler à l'*Aussenstelle Antwerpen* de la Sipo-SD. Ne se sent-il plus à l'aise dans le camp ou veut-il travailler plus près de chez lui ? Il habite en effet à Anvers avec son amie. Cette « concubine », comme on la qualifie dans les dossiers judiciaires de 1945, partage les avantages réservés aux SS et peut, comme elle en témoignera elle-même, « aller chercher des vivres dans le magasin allemand de la Kammenstraat ».

## Les nouveaux venus (1943-1944)

Alors que certains essayent de quitter un Breendonk sentant trop le roussi, la Sipo-SD envoie au camp, en 1943 et 1944, un nouveau contingent de sept SS indigènes : Vermeulen, Mevis et Van der Meirsch en 1943, Van Hul, Van de Voorde, Cuyt et Brusselaers en 1944. Plus de la moitié d'entre eux – Van Hul, Van de Voorde, Van der Meirsch et Vermeulen – sont d'anciens *Waffen-SS*.

Pierre Mevis, 26 ans, rejoint l'*Algemene SS* et le NSVAP en octobre 1940. Quand il est mis à la porte de la firme anversoise où il travaille, ses amis allemands lui procurent du travail à la fabrique Erla, qui tourne pour eux. Mevis fait un pas de plus dans la collaboration et entre au service du SD, notamment à Hasselt et à Anvers. Comment il a décroché un diplôme d'enseignant en 1938 reste un mystère pour son collègue du SD Ficke, car Mevis est paresseux, peu intelligent et ne s'intéresse qu'à son amie, la volage Maria Van den Boer. Elle vient pourtant d'une famille favorable à la résistance et qui aide des juifs à se cacher. Fatiguée de son mari, Maria rencontre Mevis qu'elle soupçonne pourtant de travailler pour les services allemands et dénonce plusieurs des siens ainsi que deux juifs. Pour la galerie, elle est arrêtée, mais relâchée le lendemain. Ensemble avec Mevis, elle dilapide les économies de sa famille. Mais le bonhomme n'est pas le seul à bénéficier de ses bontés. Selon son dossier judiciaire, « elle se livre à la débauche avec toute une clique de gestapistes belges et allemands de ses relations ». En juillet 1943, Mevis, alias « De Kas », est engagé comme traducteur à Breendonk. En janvier 1944, il est de retour à Hasselt, se dispute avec un officier SS, passe deux semaines dans les bras de sa maîtresse à Anvers, puis revient pour peu de temps à Breendonk. Plus tard, il se retrouve chez les *Waffen-SS*.

Il semble que si la Sipo-SD d'Anvers a envoyé Pierre Mevis, tout comme Gaston Van de Voorde, à Breendonk, c'est à titre de sanction. Selon un collaborateur de ce service, qui porte le nom prédestiné de Ferdinand Frankenstein, Mevis, ancien de l'école normale de Lierse, aurait traduit les auditions de résistants de Lierse en les modifiant dans un sens favorable. Du coup, Mevis ne jouit plus de toute la confiance de ses supérieurs et son nouveau déplacement à Breendonk serait aussi une sanction. Quant à Gaston Van de Voorde, 32 ans, c'est Wyss qui prétend qu'il a été déplacé d'Anvers à Breendonk à titre de punition. Si c'est exact, cela en dit long sur la manière dont les Allemands considèrent le recrutement du camp dans les derniers temps de l'occupation. Quand Lampaert part pour Anvers, Van de Voorde – qui a été employé avant la guerre et déclare lui-même être entré dans l'*Algemeene-SS* au début de l'occupation pour échapper au chômage – doit occuper à Breendonk un emploi de bureau. Les deux hommes se sont peut-être rencontrés au printemps 1941 au centre de formation des *Standarte Nordwest* près de Hambourg. Fin juillet 1941, Van de Voorde est lui aussi déclaré inapte. Les choses auraient pu se passer à l'envers, Lampaert étant envoyé à Anvers en 1941 et Van de Voorde à Breendonk.

Georges « Jos » Vermeulen est ouvrier dans les services de nettoyage de Merksem où il cherche à convaincre ses collègues que Hitler a pleinement raison. Il leur raconte qu'en Belgique chacun ne travaille que dans son intérêt alors que dans l'Allemagne hitlérienne, on travaille pour le bien de tous. Vermeulen n'en reste pas aux paroles, il adhère aux *Waffen-SS*. Au dernier semestre de 1943, il est surveillant de chantier et gardien des cellules à Breendonk. Il est particulièrement brutal, fendant l'oreille de Jean Blume avec une bêche. Les « arrestants » des cellules passent avec lui un mauvais quart d'heure. C'est d'ailleurs à cause de cette agressivité qu'il est renvoyé des *Waffen-SS* : après avoir commis des violences lors de ses congés, il est muté à la Sipo-SD de Bruxelles.

---

Extrait d'une lettre de Vermeulen à sa femme, saisie par les alliés, SS-Gen. Btl., Kreiss Tann-Ober/Elzas, 3 septembre 1944 :

« Ai toujours foi dans le Führer, c'est le plus important, car nous allons tenir jusqu'à ce que de nouvelles troupes entrent dans la bataille. Laisse les Américains crier 'hourrah', c'est nous qui aurons le dernier mot ».

*Palais de Justice, dossier Auditorat militaire aff. Wyss & co, dossier Vermeulen, p. 24d.*

Pour Frans Van Hul, c'est une pneumonie contractée dans le froid russe qui met fin à sa présence dans les *Waffen-SS*. Pendant l'hiver 1941-1942, il combat avec la *Vlaamse Legioen* aux environs de Leningrad, sur la rivière Volchov et le Lac Ladoga. Cette légion de volontaires flamands a été formée après l'invasion de l'Union Soviétique et est incorporée aux *Waffen-SS*. Sorti de l'hôpital, il n'est plus bon que pour le «*Heimatdienst*». Il monte la garde Avenue Louise et à la caserne Dossin, jusqu'à ce que sa santé l'abandonne à nouveau. En décembre 1943, la Sipo-SD envoie un Van Hul rétabli à Breendonk pour y accomplir des travaux de bureau. Vu la nature de son travail, il n'a pas à commettre trop de brutalités. Peu après la première évacuation en mai 1944, il quitte le camp. Il rentre à Liège où il habite et est engagé comme traducteur à la Sipo-SD. Sur sa fiche de SS, on note comme spécialité du *SS-Rottenführer* «la recherche de résistants».

Van Hul est un personnage qui semble sorti d'un roman de Simenon. Il est né en 1911 dans le petit village de Bazel en Flandre Orientale et arrive à Liège dans l'Entre-deux-guerres. Il y épouse une immigrante italienne, Lucia R. une petite femme du peuple plutôt potelée et qui, à la suite de la rupture d'une artère, exhibe en permanence un œil au beurre noir. Tous deux ont une fille d'une liaison antérieure ; Van Hul reconnaît la fille de Lucia, mais sa propre fille est l'objet de bien des disputes. À son retour de Russie, Van Hul aurait fait croire à sa femme qu'il travaillait à la FN de Herstal. Avant son départ au front de l'Est, il était garçon dans un café de Liège. En 1941, il est membre de Rex. C'est après un discours de Degrelle consacré à la menace bolchevique qu'il part pour le front russe. Son origine flamande fait qu'il est versé dans la *Vlaamse Legioen* et non dans la Légion Wallonie de Degrelle. Ce sont uniquement les nécessités financières qui l'ont poussé vers la légion, dira-t-il après la guerre pour sa défense ; et pour donner du poids à son argument, il présente une femme malade et une fille. Mais les voisins ont remarqué que le modeste garçon de café a pas mal d'argent à dépenser depuis qu'il est entré dans la collaboration. Les Van Hul ne sont pas très populaires dans leur quartier. Dans leur appartement on trouve, bien en vue pour tout visiteur, une photo de l'idole : Adolf Hitler.

Tout comme Van Hul, Cuyt et Van der Meirsch ont été en fonction à la caserne Dossin avant d'être envoyés à Breendonk. Pour Émile Van der Meirsch, cela signifie travailler dans sa propre ville. Il est né à Mons en 1920, mais dans une famille flamande et ne parle que le néerlandais. Dès l'enfance, il habite à Malines où il est ébéniste. En 1942, il devient membre du VNV et de la *Fabriekswacht,* une unité paramilitaire qui garde les terrains et installations militaires au service du *Luftgaukommando*. Après un vol commis dans une fabrique, il aurait, selon ses propres dires - mais ses déclarations sont contradictoires sur ce point – été placé devant le choix: ou un séjour en prison ou un engagement dans les *Waffen-SS*. Quoi qu'il en soit, il est quand même entré dans un bureau de recrutement des *Waffen-SS* en janvier 1943. Pendant que Van der Meirsch, tout nu, fait la file pour passer devant le médecin, sa veste lui est volée. Il ne part pas au front, mais se retrouve dans la *Wachtkompanie* de la Sipo-SD. Il séjourne à Breendonk pendant le deuxième semestre de 1943. Van der Meirsch est le neveu du partisan malinois de 23 ans, Pieter Thonet, qui est prisonnier à Breendonk et sera fusillé en septembre 1943. L'oncle de Van der Meirsch lui confie parfois de petits paquets de nourriture pour son neveu, mais ils ne sont jamais arrivés à destination, se plaint-il après la guerre. Van der Meirsch prétend qu'il a effectivement souvent reçu des paquets de tartines, mais qu'il n'a qu'une fois «osé les donner». Pieter aurait, peu avant son exécution à la prison d'Anvers, confié à son père: «Père, pour moi, Miele (Émile) Van der Meirsch est un beau lâche».

Cuyt quitte la caserne Dossin pour arriver à Breendonk deux jours avant la Noël 1943. Edmond Cuyt: encore un jeune homme qui entre dans la collaboration pour échapper au chômage, du moins à ce qu'il prétend. Déjà membre du VNV avant la guerre, Cuyt est embarqué à la fois dans la *Dietsche Militie/Zwarte Brigade,* dans la *Vlaamse Wacht* créés par le VNV, et dans l'*Algemeen SS-Vlaanderen*. La vie enrégimentée d'une formation paramilitaire ne lui plaît guère; il donne sa démission, mais ne trouve pas de travail. Fin 1942, il est menacé du travail obligatoire en Allemagne, ce qui lui plaît encore moins. Il entre donc à la Sipo-SD. Il se fait difficilement à la discipline, dira-t-il plus tard, et c'est pourquoi il est envoyé de Bruxelles à Malines. C'est bien plausible car, selon Wyss, Prauss non plus n'apprécie guère Cuyt. À Hingene, sa famille est ravitaillée par les Allemands de décembre 1943 à la Libération: cela présente des avantages d'être de la famille d'un collaborateur de la Sipo-SD. À Breendonk, le chef magasinier Cuyt donne occasionnellement quelques gifles, mais rien de plus.

Félix Brusselaers, lui, ne se borne pas à quelques gifles données à gauche ou à droite. «De tous les SS de Breendonk, Brusselaers, De Bodt et moi étions ceux que les prisonniers craignaient le plus», dira Fernand Wyss après la guerre. Brusselaers acquiert très vite cette réputation, car il ne passe que trois mois à Breendonk, de début juin à fin août 1944. Selon le

cuisinier Moens, Wyss et De Bodt eux-mêmes se calment un peu à la fin alors que Brusselaers se montre de plus en plus violent. Bref, c'est un des pires «bourreaux de Breendonk». D'où vient la rage de ce relieur de 32 ans? On ne lui connaît aucune activité politique avant la guerre. Il y a longtemps qu'il est au chômage, depuis 1936, dira-t-il. De plus, il se plaint – tout comme Van Hul et Van der Meirsch – d'avoir une épouse malade qui lui coûte de l'argent. En août 1940, il s'engage comme travailleur volontaire en Allemagne et devient relieur à Hanovre. Il explique, en 1945, que les conditions de vie ne sont pas celles qu'on lui avait fait miroiter et il revient donc en Belgique en 1941.

Sur l'occupant qui lui avait promis la belle vie dans le Troisième Reich, il n'a pas perdu ses illusions pour autant, puisqu'il s'affilie rapidement à l'*Algemeen SS-Vlaanderen* et à la *Vlaamse Wacht*. Au printemps 1942, Brusselaers organise à Heist-op-den-Berg, où il habite, des patrouilles nocturnes avec d'autres membres de l'*Algemene-SS*. Il fait fidèlement rapport aux Allemands sur ce qu'ils découvrent. Il signale ainsi des gens qui ne respectent pas le couvre-feu. Mais il doit se contenter de dénoncer, ce qui l'attriste beaucoup: «Une chance pour ces oiseaux de nuit que je n'aie pas le pouvoir de les arrêter, car je leur aurais rapidement fait passer le goût du pain pour leur apprendre à respecter les consignes». Un autre de ses rapports se termine ainsi: «Par la présente, je demande à être incorporé dans le service allemand de Heist-op-den-Berg pour servir le Führer de tous les Germains en toute confiance et avec pleine conviction. *Heil Hitler.*» C'est bien volontiers que le *Sicherheitsdienst* accueille un collaborateur aussi zélé. En septembre 1942, il est versé dans la *Wachkompanie* du SD; plus tard, il accède même au grade de *SS-Rottenführer*. En attendant, il continue à traquer l'ennemi comme policier dans sa commune. Trois mois avant la Libération, il est envoyé à Breendonk: là, il ne doit plus se borner au rôle frustrant de dénonciateur. En 1945, il déclare au sujet de son transfert à Breendonk: «Je savais que des prisonniers politiques étaient enfermés au fort de Breendonk. Je trouvais tout à fait normal d'y poursuivre mon service.»

## *En fuite*

Début septembre 1944, ce service «tout à fait normal» prend fin. Les Alliés sont proches. Le 1$^{er}$ septembre 1944, le chauffeur Jozef Nuyens attend dans son bus sur le marché de Boom, quand tout à coup quatre hommes en uniforme allemand sortent d'un café. Il s'agit de Van Neck, De Saffel, Wyss et Van de Voorde. Ils sont déjà passés plus tôt dans la Ford du docteur Kamiel Seghers et ils réclament maintenant le bus de Nuyens. Depuis Boom, ils poursuivent leur parcours dans la région à la recherche d'autres voitures ou camions, jusqu'à ce que leur capacité de transport soit suffisante pour fuir vers l'Allemagne. Le lendemain, Kamiel Seghers se rend au fort pour réclamer un certificat de réquisition pour son véhicule, mais il se heurte à «un militaire avec trois étoiles d'argent sur ses épaulettes» qui l'abreuve de menaces: c'est Arthur Prauss. Sous sa direction, la cohorte de tous les SS restants à Breendonk, plus quelques femmes et enfants, prennent la fuite en direction du Reich-pour-mille-ans. En ces jours-là, nombreux sont les collaborateurs qui déguerpissent comme eux vers l'Allemagne. Entre septembre 1944 et mai 1945, 15 000 Flamands y trouvent refuge. Une sorte de gouvernement en exil est même formé en Allemagne, la *Vlaamse Landsleiding*. À Hasselt, les fuyards abandonnent le bus de Nuyens et installent femmes et enfants dans le train, en direction de Luneburg, racontera plus tard l'épouse de Van Neck. Près de 8 000 Flamands campent alors sur la *Lüneburger Heide*. Ce n'est qu'en octobre ou novembre 1944 que Berta Van Neck reverra son mari pour quelques jours. Prauss reste à Dusseldorf tandis que les SS flamands poursuivent vers la Prusse occidentale.

Petit à petit, le groupe va complètement se disloquer et chacun suivra son propre chemin dans un Reich qui se craquèle et tombe en ruines de partout. Ils sont poussés par la crainte de la justice belge avec laquelle ceux qui sont restés en arrière, comme Baele ou Van Hul, ont déjà fait connaissance.

Quand on cherche à les incorporer à nouveau dans les *Waffen SS*, la plupart témoignent d'aussi peu d'empressement que jadis: s'ils n'ont pas voulu en son temps rejoindre des unités de combat victorieuses, ce n'est pas pour entrer maintenant dans une armée en déroute et risquer de tomber aux mains des troupes russes qui progressent. Dans un groupe de 80 Flamands réunis à Könitz, 15 seulement se présentent aux *Waffen-SS*. Selon Brusselaers, on n'y trouve aucun ancien de Breendonk, même si Wyss prétend avoir combattu à Tilsit avec une unité de SS. Comme d'habitude, leurs récits contiennent pas mal de contradictions. Quelques-uns, comme Brusselaers et De Bodt, sont envoyés à l'école de police de Fürstenberg et incorporés à la *SS-Polizeibrigade Flandern*. Lorsque, plus tard, le *Sturmbannführer* Jef Van de Wiele, alias Jef Cognac, chef de la *Vlaamse Landleiding*, veut à nouveau les verser dans les *Waffen-SS*, Brusselaers disparaît et cherche du travail chez un fermier des environs de Hambourg. Cuyt aussi doit quitter l'école de police et trouve refuge chez un fermier. Fin 1944, il s'est même encore marié en Allemagne avec une jeune flamande, De Bodt et Müller étant les témoins. Brusselaers comme Cuyt seraient entrés dans la clandestinité pour quelques jours, refusant de servir dans les *Waffen-SS* ou dans la *Polizeibrigade*. De Saffel passe la fin de la guerre dans un camp disciplinaire pour SS déserteurs. Van Neck aurait été démis des SS et serait devenu chauffeur quelque part. Lampaert, Pellemans, Vermeulen, Mevis et Van de Voorde vagabondent quelque part aux Pays-Bas ou en Allemagne.

### *Fin de partie*

Quand, finalement, ce qui reste de l'Allemagne nazie s'effondre début mai, le sort des SS flamands est lui aussi scellé. L'un après l'autre, ils sont arrêtés dans les mois qui suivent la capitulation de l'Allemagne, souvent quand ils tentent de revenir en Belgique. Jan Pellemans est le premier : à la fin de la guerre, il a retraversé le Rhin et a pu rentrer chez lui via le centre de rapatriement de Verviers. Pour épargner à ses parents la honte d'une arrestation à son domicile, il se rend volontairement à la police. Lampaert revient des Pays-Bas et erre pendant quelques semaines à travers la Belgique ; une tante compatissante l'abrite pour quelques nuits, puis il poursuit sa route. « Quelle vie. Nous n'avons pas mérité cela, hein, chérie », écrit-il au sujet de son errance dans une lettre qui parvient à son amie par des voies détournées. Il est de plus en plus difficile d'échapper à la justice : « Je ne peux pas continuer. Les routes sont gardées ». Mi-juin, l'errance de Lampaert prend fin.

Si Pellemans est passé à travers les contrôles du centre de rapatriement, c'est précisément leur séjour dans un tel centre à Ath, Turnhout et Herentals qui sera fatal à Raes, Wyss, De Saffel et Van Neck. L'arrestation de Fernand

Wyss fait même la une de la presse ; « Le bourreau de Breendonk arrêté à Turnhout », titre *Het Belang van Limburg* du 28-29 mai 1945 : « On pense qu'il s'agit d'un Allemand... la foule rompt le cordon de police et le roue de coups, le laissant à moitié mort ». La furie populaire s'était déjà manifestée contre lui à la Libération, en septembre 1944, quand son logement à Deurne avait été livré aux pillards. Un portrait de Hitler, une photo de Wyss en uniforme mais aussi des lettres et documents qui auraient pu intéresser tant la justice belge qu'un futur historien, furent la proie des flammes.

## *Face à la justice*

Parmi les SS qui comparaissent en personne au procès de Malines de 1946, Brusselaers est le dernier à être arrêté. Jusqu'en décembre 1945, il parvient à échapper à la justice bien qu'il ait été arrêté, en Allemagne, par un MP belge. Le sort de quelques SS moins importants, comme Westerlinck et Willemsen, est incertain : à Malines, ils ne seront même pas condamnés par défaut. Il y a bien un Eugeen Willemsen connu de la justice : c'est un SS qui a fui vers l'Allemagne à la Libération et n'a plus reparu depuis. Mais l'auditeur Hallemans, au Conseil de Guerre, n'est pas certain qu'il s'agisse du Willemsen de Breendonk et décide de ne pas joindre son dossier à l'instruction. Parmi les SS plus connus, seul Richard De Bodt parvient, pendant des années, à échapper à la justice. Par contre, Pierre Mevis se trouve effectivement en prison quand le procès démarre : selon son codétenu Albert Minnebo, il craint beaucoup d'être lui-même inculpé. Pourtant, les accusations les plus lourdes contre lui – et d'abord ses agissements de dénonciateur – concernent des faits qui se sont passés en dehors du fort. En 1949, il sera condamné à la perpétuité.

Le grand public manifeste un intérêt certain quand, en mars 1946, s'ouvre dans la salle gothique du conseil de l'hôtel de ville de Malines le procès des « bourreaux de Breendonk », qui est celui des SS flamands, de quelques chefs de chambrée et de travailleurs civils. L'auditorat militaire a rassemblé un dossier que l'on estime à environ dix mille pages, constitué d'auditions de témoins et d'autres documents. Le président du conseil de guerre, Paul Verwilghen, a déjà, depuis la guerre, quelques informations sur ce qui se passe dans le camp. Il est, en effet, l'ami du procureur du Roi de Malines, qui y a été enfermé. Verwilghen lui-même a, en 1942, passé quelques jours en prison à Anvers. Il dirige les débats d'une main ferme.

**Procès de Malines : le verdict**

Jugement du Conseil de Guerre de Malines du 7 mai 1946
Arrêt du Tribunal Militaire de Bruxelles du 14 septembre 1946
Recours en cassation rejeté par arrêt du 23 septembre 1946

**Peine de mort exécutée le 12 avril 1947**
*Wyss Fernand (1)*
*De Saffel Marcel (2)*
*Lampaert Adolfus (3)*
*Pellemans Jan (4)*
*Brusselaers Felix (8)*
*Raes Eugène (9)*
Van Praet Petrus (13)
Carleer Karel Frans (communément appelé Frans, pour le distinguer de son frère Karel Lodewijk) (14)
**Obler Walter (16)**
**Lewin Sally (17)**
**Hermans Guillaume Marie René** (communément appelé René) **(19)**
*Vermeulen Georges (21)*

**Peine de mort non exécutée, graciés par AR**
*Van Neck Frans (7)*
*Van de Voorde Gaston (11)*

**Peine de mort par contumace**
*De Bodt Rijkaard* (voir ci-après)
**De Vos Valéry** (peine abrogée par le jugement du Conseil de Guerre d'Anvers du 9 février 1955 car déjà décédé le 12 août 1944)
**Prison à vie**
*Baele Robert (5)*
*Van Hul Frans (6)*
*Cuyt Edmond (10)*
*Van der Meirsch Émile (12)*

**Vingt ans de travaux forcés**
Amelynckx Franciscus (15)

**Quinze ans de prison**
Schmandt Leo (18)

**Acquitté**
Van Borm Henri (20)

*Les SS sont indiqués en italiques,* **les chefs de chambrée sont en gras**, les travailleurs civils sont en caractères ordinaires

Le personnel du camp, les aides et collaborateurs

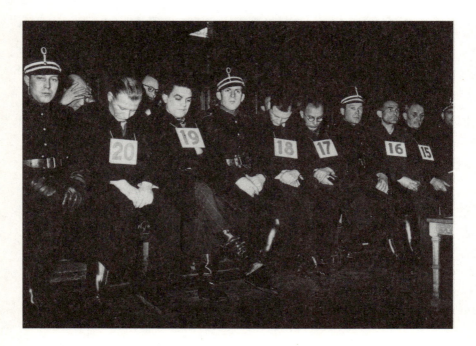

Les gendarmes présents doivent de temps à autre protéger les accusés contre des témoins chez qui l'émotion déborde. Le 7 mai, le verdict tombe dans une ambiance tendue (voir l'encadré) : parmi les SS flamands qui comparaissent au procès, dix sont condamnés à mort dont un, De Bodt, par contumace ; quatre sont condamnés à la prison à vie. Les peines des accusés diffèrent, mais tous se sont engagés dans un système criminel ; parmi eux, les SS ont, en temps de guerre, porté l'uniforme de l'ennemi. Seuls sept des accusés, une minorité, ont personnellement causé la mort de prisonniers : deux SS (Wyss et De Bodt) et trois chefs de chambrée (Obler, Lewin, De Vos) se sont rendus coupables de véritables meurtres ou de coups mortels ; deux travailleurs civils (Van Praet et Amelynckx), par leurs dénonciations, ont la mort de prisonniers sur la conscience.

C'est incontestablement Wyss qui a le plus de crimes à son actif : en trois ans, il a au moins tué ou battu à mort 16 prisonniers ; il en a battu ou maltraité 167, dont 113 gardent des séquelles sous forme de maladie ou d'incapacité de travail. Wyss est mêlé à tellement de mauvais traitements qu'il peut à peine s'en rappeler le détail. Interrogé sur la mort de Dirk Sevens, il répond : « Il est bien possible que j'aie maltraité Monsieur Sevens. J'ai maltraité tellement de gens à Breendonk que je ne peux plus les distinguer les uns des autres ».

Les autres SS – il sera question plus loin des chefs de chambrée et des travailleurs civils – ont commis à Breendonk des coups et blessures volontaires, parfois, dans le cas de Pellemans et de Vermeulen, avec des dommages permanents ou une incapacité de travail. Van Hul et Van der Meirsch sont condamnés pour leur collaboration, mais n'ont pas maltraité. Pour ce dernier comme pour Cuyt, la cour a tenu compte de leur jeune âge et du contexte social.

Au procès, De Saffel cherche à se dissimuler derrière son travail de bureau, mais il a effectivement battu des gens, assisté à des séances de torture ou à des exécutions, fait de la propagande pour le nazisme : « Des camps comme Breendonk sont nécessaires », l'a-t-on entendu dire.

De Saffel est le seul des accusés à demander ouvertement pardon pour ses actes ; cela ne va pas le sauver. D'autres ont parfois des paroles de regret pendant leur séjour en prison, que ce soit sincère ou dicté par l'espoir d'adoucir la justice. « Je sais ce qui m'attend et j'espère que la fin viendra vite. Je regrette mes actes ». Telle est la surprenante déclaration de Fernand Wyss le jour de son arrestation. Par après, on ne note plus cette attitude pleine de remords et, pendant le procès, Wyss reste, du moins extérieurement, impassible. Robert Baele reconnaît dans une lettre à sa femme : « Oui, trésor, je sais que j'ai bien sûr très mal agi, mais c'est aussi à cause de la faim que je me suis retrouvé chez ces barbares ». Dans sa cellule, Baele remplit au crayon tout un cahier dans lequel il raconte sa vie : « J'étais moi aussi contre les Allemands, mais il me fallait bien travailler ». Cuyt attribue les gifles qu'il a de temps à autre distribuées à « l'ambiance inhumaine qui régnait dans le camp » et à laquelle il a parfois cédé (lire : en frappant des prisonniers), ce qui lui donne « beaucoup de mauvaise conscience ». De Saffel aussi fait porter la faute à la pression des Allemands à laquelle il n'a pas eu la force de résister : « Tous mes gestes étaient inspirés par ma douceur de caractère et par des convictions social-démocrates que je n'ai jamais trahies », écrit-il à l'auditeur militaire. L'auditeur Hallemans est inondé par les lettres que Van Hul lui envoie l'une après l'autre.

L'ancien combattant sur le front de l'Est, qui avait accroché chez lui un portrait de Hitler, rédige une sorte de pamphlet intitulé « J'accuse l'Allemagne » où, parlant des crimes de guerre allemands, il gémit sur « nous, les 42 Flamands chrétiens qui avons dû salir notre lion au milieu de la férocité allemande » (sic). Pellemans, qui insiste auprès des interrogateurs sur tout ce qu'il a tenté pour ne pas servir à Breendonk, ruine cette défense par ses bavardages à la prison de Malines : « Si c'était à refaire, j'en referais encore plus » se laisse-t-il aller à dire à au moins trois codétenus.

Début 1947, quelques journaux s'emparent du fait que Wyss s'est marié en prison. En fait, il s'agit seulement du mariage religieux car Wyss est marié civilement depuis 1942 avec Maria Hernaert, dont il a une fille depuis 1943.

Le samedi 12 avril 1947 à l'aube, c'est l'exécution par balles des douze condamnés à mort qui n'ont pas été graciés (Van Neck et Van de Voorde ont été graciés par un arrêté royal). Comme au procès, le public est massivement présent aux exécutions. Dix hommes sont fusillés à la caserne malinoise Generaal Delobbe. Lewin est assisté par un rabbin, il tente encore de crier « *Deutschland über alles* » mais le dernier mot expire sur ses lèvres. Raes déclame des vers où le poète collaborateur Cyriel Verschaeve célèbre « sa fidélité à la Flandre et au grand Reich germanique » ; il meurt en chantant le *Wilhelmus*. Pour achever Obler, il faudra quatre coups de grâce. Wyss, qui a précédemment été condamné par défaut pour avoir

Le personnel du camp, les aides et collaborateurs

12 avril 1947 : l'exécution de Fernand Wyss dans la boulangerie militaire sur le Kiel à Anvers. Il est fusillé la tête tournée vers le poteau, donc sans les « honneurs militaires ».

porté les armes contre la Belgique, est exécuté à Anvers. Pellemans, qui a aussi comparu au conseil de guerre de Namur pour ses activités comme membre de la Sipo dans cette province, y est exécuté. Le lendemain de l'exécution a lieu à Breendonk le pèlerinage national des anciens prisonniers… Paul Lévy suggère dans *La Cité Nouvelle* que la coïncidence des deux événements le même week-end n'est pas un hasard : pour lui, les condamnés, qui dans les semaines précédentes étaient encore activement interrogés sur le rôle des SS allemands, ont été exécutés avec une hâte suspecte pour calmer les anciens prisonniers qui réclament une répression plus large et plus sévère.

### Un certain Richard Verstraeten

Des années après la guerre encore, Richard De Bodt reste fiché dans le *Centraal Signalementen Blad* ; ce n'est qu'en 1951 que l'on retrouve sa trace. Un mois avant la capitulation allemande, le rusé De Bodt, alors incorporé au *Polizeibataillon Flandern* de la *Sturmbrigade Langemarck*, pressent qu'il est temps de changer de camp. Il traverse les lignes et parvient à se joindre à l'armée américaine. Quand, après six semaines, les Américains le remercient pour ses services, il s'établit à Nuremberg où il parvient à rejoindre sa femme et son enfant. Sous le nom d'emprunt de Richard Verstraeten, il travaille jusqu'en 1950 comme transporteur indépendant. Puis il déménage vers la zone d'occupation française où il entre dans l'armée française.

Le 2 juin 1951, le procureur du Roi de Bruges signale à l'auditorat militaire d'Anvers qu'un certain Richard Verstraeten cherche à rentrer en Belgique, mais qu'il se nomme en réalité Richard De Bodt. Le 9 juillet, De Bodt est arrêté dans la zone française et emprisonné à Rastatt. Il faut encore quelques mois pour régler l'extradition. Le 19 octobre, Richard De Bodt est à nouveau dans sa patrie. À cause de sa longue absence, il semble avoir oublié son néerlandais. De Bodt demande un procès en français, mais on ne lui donne pas le choix. Il ne faut pas plus d'une semaine au conseil de guerre d'Anvers pour prononcer son arrêt dans une affaire où l'accusé a déjà été condamné à mort à Malines pour avoir tué ou porté des coups mortels en faisant quinze morts : le jugement de 1946 reste en vigueur parce que De Bodt n'a pas intenté de recours par lettre recommandée dans le délai prescrit de six mois.

Six mois environ avant l'arrestation de De Bodt, le gouvernement social-chrétien homogène de Joseph Pholien, dans lequel Moyersoen est ministre de la justice, a toutefois décidé de ne plus procéder à des exécutions. Le PSC-CVP est en faveur d'un adoucissement dans la répression. Par une « décision motivée », les peines de mort seront dorénavant commuées en travaux forcés à perpétuité. La solution d'une « décision motivée » sert à empêcher que ces condamnés ne bénéficient de la loi Lejeune qui permet la libération conditionnelle des prisonniers ayant accompli une partie de leur peine.

En 1951, Pholien n'est plus Premier mais ministre de la justice. Le cas De Bodt atterrit sur son bureau. Avec une « décision motivée », il commue la peine de mort de De Bodt en travaux forcés à perpétuité. Pour la Justice, c'est une affaire courante qui n'ébranle pas particulièrement Pholien, comme il l'admettra plus tard. Pour lui, il s'agit d'une mesure de routine prise en exécution de la politique adoptée par le gouvernement. Le 4 août 1952, le lendemain du jour où sa décision revient du Palais revêtue de la signature royale, Pholien part en vacances à Mexico. Dix jours plus tard, Van Coppenolle, l'ancien commandant de la Gendarmerie Nationale, condamné à mort en 1948 pour son attitude pendant l'occupation, est libéré. Tout cela suscite l'indignation des associations patriotiques, des fraternelles d'anciens combattants et des milieux d'anciens prisonniers. Un comité du recours est constitué à l'échelle du pays, dirigé par Jean Nysthoven, un ancien prisonnier de Breendonk. Le comité

Le personnel du camp, les aides et collaborateurs

Richard De Bodt après son arrestation.

exige la démission de Pholien – « De Bodt est gracié, Mr Pholien s'en ira » – et il l'obtient. Le 14 septembre 1952, alors que Pholien a pourtant démissionné depuis onze jours, les prisonniers politiques font montre de leur force par une impressionnante manifestation à Bruxelles, qui se termine sur les marches du Palais de Justice.

L'homme qui est indirectement la cause de cette chute d'un ministre va mourir à la prison de Saint-Gilles le 3 janvier 1975. Il allait atteindre les 67 ans. Pendant les dernières années de sa vie, il était très diminué à cause du diabète.

## Le personnel civil

Il n'y a pas que des SS à être jugés par le conseil de guerre de Malines : Petrus Van Praet et Karel Carleer y sont condamnés à mort, Aloïs Amelynckx à vingt ans de travaux forcés. Tous trois appartiennent au personnel civil du camp.

Amelynckx et Carleer sont des volontaires venus travailler au camp. La proximité idéologique avec l'occupant et l'envie de gagner plus ont dicté leur choix. Le forgeron du camp, Karel Frans Carleer, un trentenaire de Londerzeel, est un membre actif du VNV dans sa commune. Selon l'électricien De Schutter, Carleer se rend tous les dimanches à Bruxelles pour participer à une réunion du VNV. Tant de zèle fait rire dans le camp : « Carleer apprend à être bourgmestre », ricane-t-on. Sa carrière à Breendonk est aussi financièrement une aubaine : Carleer gagne 700 francs par semaine à une époque où les mieux payés des ouvriers gagnent 500 francs. Franciscus Aloïs Amelynckx est, lui aussi, bien payé : 450 et plus tard 600 francs par semaine. Pour ce salaire, Amelynckx vient tous les jours à vélo pour s'occuper des porcs, des vaches et des lapins du camp. La cour estime qu'il n'est pas établi qu'Amelinckx ait collaboré par intérêt.

Petrus Van Praet, un jardinier de Bornem, découvre d'abord le camp en tant que prisonnier. Selon Schmitt et Van Praet lui-même, il a été enfermé, au début de 1941, à la suite d'une dispute avec un sous-officier allemand. Schmitt dément catégoriquement que Van Praet aurait été emprisonné au camp pour une affaire de marché noir. Par contre, en 1942, Van Praet a bien dénoncé ses anciens employeurs, les frères Huyghelen, pour un trafic de savon. Des mois après sa libération, Schmitt aurait proposé à Van Praet de travailler au camp comme jardinier. Sur une partie déblayée du chantier, on a en, effet, aménagé un potager pour cultiver des légumes. Van Praet doit diriger la dizaine de prisonniers qui l'aident dans les travaux de jardinage.

Van Praet a certes été engagé comme travailleur, mais il se conduit rapidement, comme le dit l'auditeur Hallemans, comme « un SS accompli ». Il ne lui manque que l'uniforme. Carleer, Amelynckx et Van Praet : tous trois brutalisent et dénoncent les prisonniers. Pour Amelynckx et Van Praet, c'est quand l'un ou l'autre prisonnier essaye de grapiller des pelures de pommes de terre, de la nourriture des cochons, ou encore de subtiliser des légumes au potager. Pour Carleer, les passages à la douche, dont il assure régulièrement à la surveillance, fournissent des occasions pour frapper les prisonniers.

Des trois, Van Praet est le pire, celui pour qui les ex-prisonniers ont les mots les plus durs : « une canaille » (Blume), « une bête du VNV » (Hebbelinck), « toujours à plat ventre devant ses maîtres boches » (Gysermans). Et ce n'est là qu'un échantillon dans le riche florilège des malédictions. Il ne faut pas en chercher loin la raison : la sanction qui voue les prisonniers désignés par Van Praet à la vindicte des SS a été mortelle dans un cas. Un autre prisonnier, Alfons Corthouts, a aussi été dénoncé, cette fois par Amelynckx, mais pour ce dernier la justice tiendra compte de « son état mental peu développé ».

Sous le commandement de Schönwetter, l'influence du jardinier se trouve limitée. Selon l'ex-prisonnier Camille De Sauw, Schönwetter a interdit à Van Praet de prendre des prisonniers à son service sans son autorisation personnelle. D'après le même témoin, Amelinckx aussi est dans une situation moins favorable sous le deuxième commandant du camp et il se plaint souvent, notamment parce qu'il trouve que la guerre tourne mal de son point de vue.

Le 2 septembre 1944, Van Praet se charge encore de vendre les animaux élevés au fort à quelques fermiers des environs. C'est ainsi qu'il se présente chez Emiel Van Opstal pour lui demander s'il est acheteur. Van Opstal accompagne Van Praet au camp et y achète trois vaches, une génisse, neuf moutons, quatre porcs, 600 kg de nitrate et 350 kg d'orge. Il paye pour cela 80 000 francs au caissier du camp Müller. Van Praet empoche une commission de 5 000 francs. Il ne va pas longtemps en profiter. Le même mois, il est arrêté.

L'exemple de Petrus Joannes, plus couramment «Jan» De Schutter montre que l'on peut être travailleur civil au camp sans prendre le chemin d'un Van Praet ou d'un Carleer. De Schutter est électricien. Via la commune, il a été requis pour entretenir les installations électriques du fort. Il se sert de son travail pour communiquer des nouvelles aux prisonniers et à l'extérieur, entreprise risquée qui aurait pu lui coûter cher s'il avait été pris.

Le fort emploie en outre un cuistot, des femmes de ménage, un nettoyeur et un coursier. Il y a aussi du personnel employé à la villa de la Dendermondsesteenweg où Schmitt a pris ses quartiers. Dans trois cas au moins – le cuistot, une femme de ménage et le nettoyeur – ces membres du personnel ont été recrutés par l'intermédiaire de Van Den Bulck, chef de cellule de *DeVlag* à Willebroek. Plus tard, le cuistot Lodewijk Moens prétendra que le chef de *DeVlag* à Willebroek lui a donné le choix entre travailler comme cuistot au fort ou aller travailler en Allemagne : c'est un argument peu plausible parce que le travail obligatoire en Allemagne n'a été décrété qu'en octobre 1942 alors que Moens travaille déjà au fort depuis le début de 1942. On sait qu'une des femmes de ménage est membre de *DeVlag* et que le mari d'une autre est SS. Selon toute vraisemblance, tous ont été recrutés dans les milieux de la collaboration. Ils n'entrent pas en contact avec les prisonniers. Moens fait exception, encore que ses contacts avec les prisonniers, en dehors de son aide-cuistot, restent très limités. Rien de négatif n'est rapporté à son propos. Le forgeron Carleer le décrit comme quelqu'un qui est vu «comme bien disposé à l'égard des prisonniers». Cela dit, Moens ne s'est pas appauvri pendant la guerre. Il gagne au fort 350 francs par semaine au début, 600 à 650 francs la dernière année ; mais surtout, il traficote. Mais non avec les vivres destinés aux prisonniers : il nie formellement cette accusation venue du jardinier Van Praet et est en cela soutenu par De Schutter. Avec les recettes de ses trafics, le boucher Moens pourra consacrer 70 000 à 75 000 francs à la modernisation de son commerce.

### Les chefs de chambrée collaborateurs

Au procès de Malines comparaissent non seulement des SS et des travailleurs civils, mais aussi quelques ex-prisonniers. Walter Obler, Sally Lewin, Leo Schmandt, Guillaume « René » Hermans et, condamné par défaut, Valère De Vos sont des chefs de chambrée qui ont choisi le côté des SS et ont frappé ou dénoncé leurs codétenus. À l'exception de Schmandt, tous seront condamnés à mort. Le chef de chambrée Hendrik Van Borm est acquitté. Deux autres ont eu droit à un procès séparé. Le 29 novembre 1944 – la guerre bat encore son plein – Fernand Daumerie est condamné à mort par le conseil de guerre de Charleroi. Le 19 décembre 1946, six mois après le procès de Malines, Willy Giersch est condamné à quinze ans de prison par le conseil de guerre de Malines.

Il y a en outre le cas Adler. Les deux frères Erich et Kurt Adler, deux juifs allemands, figurent parmi les premiers prisonniers du camp. Après la guerre, Erich et Kurt sont condamnés, respectivement à quinze ans et à la peine de mort, commuée plus tard en prison à vie. Erich meurt en 1951, à 51 ans, à la prison de Merksplas. On prétend parfois qu'il aurait été le tout premier chef de chambrée du camp, mais rien n'est moins sûr. On ne trouve à l'appui de cette thèse que le témoignage du juif polonais Leizer Spanbock, qui a séjourné à Breendonk du 1$^{er}$ au 31 octobre 1940 dans la même casemate qu'Obler. Il aurait connu Adler puis Obler comme chefs de chambrée. Spanbock explique, lors de l'instruction préalable au procès de Malines, qu'Adler « essayait de s'attirer la sympathie des Allemands en montant contre nous les sentinelles en faction ». De même, « il donnait des punitions, frappait, faisait main basse sur des colis de vivres ». Par contre, pour Jacques Frydman, le dernier survivant des premiers jours du camp, il n'est même pas question de chefs de chambrée avant l'arrivée de Prauss. Quoi qu'il en soit, Erich Adler est déjà libéré en décembre. Pendant le reste de la guerre, les deux Adler agissent comme dénonciateurs au service de la Gestapo. C'est pour ces dénonciations aux dépens de leurs frères de race qu'ils devront lourdement payer après la guerre et non pour leur séjour à Breendonk, dont on ne trouve pas trace dans leur dossier en justice. Par contre, dans le camp, ils avaient bien la réputation d'être des « espions de la Gestapo ».

Les huit chefs de chambrée – laissons de côté le cas incertain d'Erich Adler – se divisent clairement en deux groupes : Obler, Lewin, Schmandt et Giersch sont tous nés dans l'empire allemand avant la Première Guerre mondiale ; sauf ce dernier, ils sont d'origine juive. Ils sont chefs de chambrée et chefs de travaux dans la première moitié de l'existence du camp, qui va des tous premiers jours au premier semestre de 1942 (seul Obler reste plus tard, jusqu'à 1943). Hermans, De Vos, Daumerie et Van Borm exercent leur fonction entre mi-1942 et mi-1944 et sont tous des prisonniers politiques belges.

## Willy le noir

Parmi les huit, Willy Giersch et Walter Obler sont les premiers à être nommés chefs de chambrée et surveillants de travaux. Giersch arrive au camp le 1er octobre et Obler le 4 octobre. Tous deux sont nés à Berlin, Giersch en 1901, Obler en 1906. Tous deux ont un passé politique comparable, à l'extrême gauche. Willy Giersch est surnommé « le noir » à cause de la couleur de ses cheveux. Mais, politiquement, sa couleur est rouge vif. Le communiste Giersch fuit son pays natal en 1933, l'année où les nazis s'emparent du pouvoir, et il s'établit à Anderlecht où il épouse une Belge. En mai 1940, ce réfugié politique est arrêté par la Sûreté belge comme étranger suspect, déporté en France et interné dans un camp du sud de la France. De retour en Belgique, les Allemands l'arrêtent dès le 5 septembre et l'enferment à Saint-Gilles. Il séjourne à Breendonk jusqu'en 1942. Nous avons déjà vu qu'il y est en bons termes avec les SS et qu'il a brutalisé certains prisonniers. Comme au début les prisonniers juifs et « aryens » ne sont pas séparés, le *Zugführer* « aryen » Giersch a aussi des juifs sous sa houlette. Bien qu'il s'en prenne aussi aux non-juifs – il frappe par exemple Joseph Couvreur qui en perd trois dents parce qu'il a subtilisé des mégots de cigarettes dans les cendriers de la salle des gardes – Willy « le noir » en veut surtout aux juifs. « Il les surcharge excessivement de travaux et proclame qu'ils doivent tous disparaître du théâtre juif » témoigne Joseph Couvreur en 1946. On ne peut exclure que Couvreur projette sur le comportement de Giersch en 1940 ce qu'il a appris après la guerre sur l'extermination des juifs.

En tout cas, il est clair que Giersch, communiste allemand, partage l'antisémitisme de ses compatriotes nazis. Les échos positifs sur lui proviennent tous du côté «aryen» tandis que les accusations les plus lourdes sont formulées par des juifs. En 1942, Giersch est envoyé dans un camp de concentration en Allemagne. Pendant son séjour à Sachsenhausen, il contracte une bronchite chronique et un rhumatisme à l'épaule, ce dernier à la suite de tortures. Finalement, les SS le récompensent mal de sa complaisance à Breendonk. Parce que Giersch, qui n'a pas de morts sur la conscience, ne soutient pas la comparaison avec son élève Obler pour ce qui est de la férocité? Pas nécessairement, car Obler aussi sera déporté plus tard. Comme c'est souvent le cas dans l'univers des camps, il ne faut pas ici chercher une logique. Après la guerre, Giersch ne devra pas accomplir toute sa peine de quinze ans de prison: en mai 1951, il est autorisé à retourner en Allemagne.

### Walter Obler: plutôt loup qu'agneau

Au printemps de 1942, un juif qui a été libéré rencontre un ami dans un parc de Bruxelles et lui parle de son séjour à Breendonk: celui qui l'a le plus fait souffrir n'est ni un SS ni un «noir», mais son codétenu juif et chef de chambrée Walter Obler. À 14 ans, Obler déménage de Berlin à Vienne, où il acquiert la nationalité autrichienne. Solidement bâti, il travaille comme ouvrier. Lors du procès de Malines, la presse belge raconte qu'il avait consacré ses économies à des disques d'opéra: ce détail est épinglé car on ne s'attend pas à une telle sauvagerie de la part d'un mélomane. En 1934, le chancelier autrichien Dolfuss réprime durement un soulèvement d'ouvriers. Le socialiste révolutionnaire Obler aurait alors pris part aux combats de rue. Sous le régime «austro-fasciste» de Dolfuss et de son successeur Schuschnigg – un régime autoritaire qui s'oppose tant aux nazis qu'à tout ce qui est rouge – Obler aurait un temps disparu dans la clandestinité et même fait de la prison pour avoir distribué des tracts subversifs: c'est du moins ce qu'il raconte après la guerre à propos de son passé. En 1938, le sol viennois devient encore plus mouvant sous ses pieds. L'*Anschluss* s'accompagne d'une vague de violences antisémites. En juillet 1938, Obler fuit vers la Belgique via Cologne. Sa femme non-juive, Maria Skamene, le suit en septembre. La Sûreté belge s'informe auprès de la police du Troisième Reich sur le casier judiciaire d'Obler: on n'y trouve pas trace de prison pour activités révolutionnaires; par contre, il semble avoir été condamné en 1922, à Vienne, à trois mois de prison pour vol, et en 1929 à trois semaines pour

fraude. Ce qui n'est pas très lourd compte tenu des charges car, selon la police de Vienne, Obler jouit d'une « bonne réputation ».

En mai 1940, Obler connaît le même sort que Giersch. L'immigrant Obler est suspect, tant aux yeux de l'État belge qu'à ceux de l'occupant allemand. Le premier le déporte en France et le second à Breendonk. Là, il se fait remarquer pour sa force physique impressionnante, pour son ardeur au travail et pour sa discipline. Prauss repère rapidement en lui un surveillant de travaux tout indiqué. Dans cette fonction s'opère en lui une véritable métamorphose : alors qu'au début il n'est nullement brutal, il sera condamné à Malines comme coauteur du meurtre de dix codétenus juifs. Même lorsqu'il n'y a ni garde SS ni sentinelle dans les parages, il se conduit en sauvage. Lévy rapporte que, quand un SS punit quelqu'un, Obler lui inflige une punition supplémentaire. Lévy a Obler comme chef de chambrée. Personnellement, il n'a jamais beaucoup souffert de lui, du moins pour ce qui est des violences. Il doit toutefois supporter de voir Obler subtiliser les sardines que l'épouse de Lévy lui a envoyées dans un colis, les étendre sur son pain et les manger sous ses yeux. Obler en veut beaucoup plus à Neumann, qui est nain et un peu retardé. Neumann est, en effet, incapable de faire son lit dans les règles ou de marcher correctement au pas. La chambrée d'Obler doit être et est un modèle qu'Arthur Prauss donne en exemple aux autres. Dans cette optique, Neumann est une gêne ; il est régulièrement privé de petit déjeuner comme punition et maltraité par Obler. Neumann le gêneur ne survit pas à l'été 1941.

Obler, écrira le postier Piens, « est un juif autrichien qui avait jugé préférable de se mettre du côté des loups que de rester avec les agneaux ». Faut-il croire Obler quand il se défend en accusant les Allemands de l'avoir à moitié castré parce qu'il refusait de se séparer de sa femme aryenne, et de l'avoir ensuite contraint à « bien se conduire » au camp sous peine de subir une castration totale ? Un examen médical demandé par la justice belge a certes attesté l'ablation du testicule gauche, mais ce constat ne prouve pas que cela s'est produit dans les circonstances suggérées par lui. D'ailleurs, sa femme est autorisée à lui rendre visite : c'est une faveur qui n'est que très rarement accordée (la femme de Lewin aussi peut lui rendre des visites) et qui ne cadre pas avec l'injonction de divorcer. Le plus probable est qu'Obler, une fois chef de chambrée, a bien compris que les chances de survie sont plus grandes comme loup que comme agneau. Il ne comprend pas que l'on puisse tenir à d'autres valeurs. Hertz Jospa est surpris à enfreindre une de ses interdictions en partageant sa soupe avec un codétenu qui a la malchance d'être une des bêtes noires du chef de chambrée. Obler le frappe, dira Jospa, en criant : « Ah, tu es bon, tu as bon cœur. Je t'avertis, je t'avertis, on ne doit pas avoir bon cœur dans les camps ». Que l'anecdote soit ou non littéralement exacte, elle témoigne en tout cas de son état d'esprit.

Tout comme Giersch, Obler sera finalement déporté, en août ou septembre 1943. Une fois de plus, il se révèle un as de la survie, qui se tire de toutes les situations. Il est expédié à Auschwitz : pour beaucoup une destination finale, mais pas pour lui. Dans son camp suivant, Sachsenhausen, il fait partie de ce que l'on a appelé le *Fälscherkommando*, le « commando des faussaires », spécialisé dans la fabrication de faux dollars et de fausses livres pour un montant d'environ 134 millions de livres sterling. Sur cette somme, dix millions de livres vont au *Sicherheitshauptamt* pour un usage à l'étranger. Les faussaires mènent une vie de privilégiés et ont parfois droit à des soirées au cabaret ou au théâtre. En avril 1945, le *Fälscherkommando* déménage au camp voisin de Mauthausen. Obler retourne en Autriche.

Il parvient encore à survivre aux derniers mois de la guerre et revient à Vienne. Là, on ne le connaît que comme l'antifasciste d'avant-guerre.

C'est sans difficulté qu'il devient membre de l'association des anciens détenus antifascistes des camps de concentration. Mais les ex-détenus de Breendonk ne l'oublient pas. En octobre 1945, Paul Lévy parcourt l'Europe centrale pour une tournée d'inspection du Commissariat belge au Rapatriement. À Vienne, il demande à son ancien camarade de Breendonk, Oskar Hoffmann, de rechercher Obler. Hoffmann arrive à le retrouver et avertit la mission belge à Vienne. Obler échoue dans les cellules de la Sûreté française. Au début de janvier 1946, il est joint à un convoi qui ramène en Belgique des SS belges.

Entre la frontière belge et Malines surgit tout à coup Paul Lévy. Comme toujours, Lévy combine ses fonctions officielles avec son travail de journaliste. Il a le nez fin pour faire la une du journal, a une plume alerte et oublie rarement de citer son propre rôle. En ces journées, on n'est pas trop à cheval sur les règlements. Lévy parvient à se joindre au convoi et à avoir un entretien avec Obler, qu'il publie dans *La Cité Nouvelle* sous le titre: «J'ai vu couler les larmes de Walter Obler. L'hallucinante histoire d'un bourreau de Breendonk.» Obler lui raconte sa vie, fond en larmes et reconnaît qu'il a «connu des moments de folie» à Breendonk. Walter Obler, qui voulait à tout prix survivre, meurt le 2 avril 1947 sous les balles d'un peloton d'exécution.

Sa femme, avec qui il a pressuré les prisonniers et leurs familles – de l'argent ou des bijoux en échange d'un travail allégé – est également arrêtée à Vienne et enfermée dans une prison belge. Elle prétend n'avoir jamais su de qui venaient les enveloppes avec de l'argent qui, comme par miracle, se retrouvaient dans sa boîte aux lettres… En avril 1947, elle est avertie de la mort de son mari et libérée. Faute d'argent, elle doit encore rester un temps en Belgique jusqu'à ce qu'elle puisse retourner en Autriche dans un transport collectif.

### *Sally Lewin: «Deutschland über alles»*

Sally Lewin est fusilllé en même temps qu'Obler. Il n'atteindra jamais la réputation de celui-ci, sans toutefois lui être très inférieur. Lui aussi est condamné comme coauteur du meurtre de huit personnes. Dans beaucoup de cas, il s'agit de personnes qu'il a tuées de concert avec Obler. Lewin arrive au camp un mois après lui. Celui-ci est son modèle comme Giersch l'a d'abord été pour Obler. Selon le journaliste autrichien juif Ernst Landau, qui le décrit comme débile, il ne frappe au début que lorsqu'Obler est présent. Avec Amelynckx, Lewin est le seul des condamnés de Malines à être encore né au XIX$^e$ siècle. Il a vu le jour en 1899 à Wongrowitz, une région de Pologne qui, à l'époque, fait partie de l'empire allemand. En 1917, à 18 ans à peine, Lewin sert dans l'armée allemande. Il y perd l'usage du bras droit et revient de la guerre invalide à 40 %. En décembre 1938, un mois après la « nuit de cristal », il quitte l'Allemagne nazie avec son fils de 15 ans et s'établit à Schaerbeek où il travaille comme peintre-lettreur. Au début de 1940, il se marie avec Édith, une autre réfugiée juive allemande. C'est sa troisième femme. Sally et Édith ont chacun laissé en Allemagne un enfant de trois ans, né d'un précédent mariage.

À partir de mai 1940, son histoire est la même que celle de Giersch et d'Obler : à la demande des Belges, il est enfermé à Saint-Cyprien en France et, à son retour en Belgique occupée, les Allemands l'enferment à Saint-Gilles, puis à Breendonk. Après la guerre, il prétend que son arrestation a des motifs politiques : les Allemands ont mis la main sur une lettre de son frère qui cite une remarque antinazie de Lewin. Lewin, qui mourra avec aux lèvres le cri de « *Deutschland über alles* », doit avoir des sentiments mélangés quant à sa patrie, pour laquelle il a combattu en 14-18, mais qui veut lui rendre la vie impossible en tant que juif. Cherche-t-il à Breendonk un nouveau brevet de patriotisme ?

Grâce à son invalidité, Lewin n'est pas contraint au travail forcé. Il doit sans doute aussi à sa famille de bénéficier à Breendonk d'un traitement de faveur. À l'été 1941, son fils passe quelques semaines de congé (en congé de quoi ?) à Berlin et, selon l'épicière du coin, il en revient portant l'uniforme noir (ce fils, Friedwald, sera arrêté en octobre 1944 pour avoir travaillé pour les Allemands). Sa femme « entreprend des démarches » (on ne sait pas très bien lesquelles) auprès de la Gestapo et obtient un droit de visite au camp. En juin 1942, Lewin est libéré. Les Lewin vivent sur un grand pied les dernières années de l'occupation. L'épouse, Edith, est, après la guerre, prise en charge par l'assistance publique et soignée dans un sanatorium pour tuberculeux. Cela met en colère certains voisins : la femme d'un Boche soignée à nos frais ! La police des étrangers trouve plus sage d'ordonner son expulsion.

### *Le cas Schmandt*

Par bien des aspects, Leo Schmandt est semblable à ses prédécesseurs : c'est un juif de Berlin, dont le père est russe et qui arrive en Belgique en 1938 comme étranger « apatride » fuyant la persécution raciale. Au début, il survit grâce à une organisation d'entraide juive. Comme Lewin, il se retrouve à Saint-Cyprien à l'été 1940, est arrêté par la Gestapo à son retour en Belgique, est d'abord enfermé à Anvers dans une prison ordinaire et, au début de novembre 1940, à Breendonk. Au contraire d'Obler et de Lewin, il ne prétend pas, devant le conseil de guerre, que son arrestation est due à des motifs politiques. Toutefois, comme preuve de ses dispositions antinazies, il signale son appartenance passée à la *Reichsbanner*, l'organisation paramilitaire des sociaux-démocrates dans la République de Weimar. À son arrivée en Belgique, il demande le statut de réfugié politique, mais, selon les déclarations de sa femme Brunhilde qui le suit en 1939, Leo a fui l'Allemagne avant la persécution des juifs.

Comme Obler, Schmandt est marié à une non-juive. Ce n'est pas si rare dans l'Allemagne de Weimar : en 1927 déjà, il y un mariage mixte juif-chrétien pour deux mariages purement juifs. En 1935, le mariage entre Allemands juifs et non-juifs est interdit par les lois raciales de Nurmberg. Selon Schmandt, l'occupant exige qu'il divorce juste avant sa libération de février 1942. Bien que très affecté, il accepte et peut même compter alors sur la compassion de Prauss.

Aussitôt que Schmandt passe de la chambrée de Lewin à la chambrée 3 dont il devient le chef, il se met aussi à battre ses codétenus. Le cas de Schmandt est moins univoque que ceux des assassins Obler et Lewin. Il n'est accusé que de coups et blessures. Quelques voix s'élèvent d'ailleurs en sa faveur, en particulier celle de son codétenu Albert Frank-Duquesne. En appel, le ministère public modèrera son réquisitoire contre lui. Il admet qu'il a agi sous la contrainte et a frappé pour éviter pire au groupe. Schmandt échappe donc au sort d'Obler et de Lewin. Tout comme Giersch, il n'accomplira même pas toute sa peine de quinze ans de détention. Cela aussi, il le doit pour beaucoup à l'inlassable campagne en sa faveur que mène Frank-Duquesne, lequel prend très à cœur le sort de l'infortuné Schmandt (l'homme aurait entrepris dans sa prison au moins trois tentatives de suicide). Il est libéré en juin 1951, mais expulsé du pays. Il retourne en Allemagne.

Dans l'attente de son procès, son comportement bizarre dans la prison de Malines fait que le directeur de la prison doute même de sa santé mentale, mais un examen psychiatrique conclut qu'il est pleinement responsable de ses actes. Il a seulement « des difficultés pour s'adapter à la vie en cellule » et cherche à éveiller la compassion en se faisant passer pour maladif : ce n'est pas étonnant quand on sait quel procès l'attend. Selon son amie, Schmandt s'est montré, après sa libération de 1942, « peureux, rêveur et absent », mais il se terre alors dans une petite chambre à Bruxelles, craignant d'être déporté. Le spectre de Breendonk rôde-t-il encore dans sa tête ? Quoi qu'il en soit, le comportement de Schmandt à

Breendonk ne peut pas se réduire à un dérapage mental. Le 7 novembre 1939, il a bien été condamné pour de graves coups et blessures, mais le conseil de guerre n'a pas poussé l'enquête sur les circonstances qui ont abouti à cette condamnation ni sur ce qu'elles auraient pu révéler sur Schmandt.

### Les chefs de chambrée juifs : « Allemands avant d'être Juifs » (Paul Lévy)

Pour sa défense, Schmandt fait valoir qu'à Breendonk, aucun chef de chambrée non-aryen *n'aurait pu* être bon : il aurait été impossible de se soustraire à la pression exercée par Prauss. Celui-ci aurait davantage épargné les « aryens » tant qu'il n'était pas question d'une véritable résistance en Belgique et que l'occupant vivait dans l'euphorie de la victoire. Quand cela commence à changer en 1942, Prauss aurait chargé ses SS flamands de la surveillance et les chefs de chambrée n'auraient plus subi les mêmes exigences que du temps de Schmandt.

Cela ne justifie évidemment pas les mauvais traitements infligés aux codétenus mais cela éclaire par contre le nombre anormalement élevé des mauvais chefs de chambrée d'origine juive. En effet, en plus des accusés condamnés à Malines, la Fédération Nationale des Anciens Prisonniers ou certains ex-prisonniers individuels ont émis des plaintes ou des accusations contre les frères Erich et Kurt Adler, Peter John, Kahn et Schiff. En l'absence d'une enquête judiciaire, il est impossible de dire dans quelle mesure cette mauvaise réputation correspond à la réalité. Kahn est décrit par un de ses camarades de chambrée, Samuel Natanson, comme « une personne nerveuse qui maltraitait les autres parce qu'elle y était contrainte par les Allemands (par exemple pour éviter à toute la chambrée d'être punie) ». Selon Schmandt, Schiff aurait été démis comme chef de chambrée pour avoir rétorqué à Prauss qu'« il était impossible de faire travailler les prisonniers encore plus dur ».

Obler, Lewin, Schmandt, John, Kahn, Schiff : tous sont des juifs d'origine allemande ou autrichienne. Dans une lettre d'avril 1944 à la revue *The Jewish Chronicle*, Paul Lévy écrit : « Ces juifs allemands sont d'abord des Allemands avant d'être juifs et prisonniers ». Leurs victimes sont d'abord polonaises et seulement allemandes par exception. Le fossé est grand entre les juifs allemands et les juifs qui à leurs yeux viennent de l'Est « arriéré ». Au temps de la République de Weimar, les juifs allemands veulent des contrôles plus sévères à l'immigration. Ils considèrent les juifs polonais ou russes comme, écrit l'historien britannique Michael Burleigh, «*the incarnation of some earlier embarrasing self*»: ils leur remémorent le souvenir gênant de ce qu'ils étaient jadis. Certains juifs libéraux parlent même «des fils des steppes de l'Asie».

Ces juifs allemands ou autrichiens n'ont guère de liens avec le judaïsme. John, qui a 17 ans, est arrivé au camp dans son uniforme de la *Hitlerjugend*: il avait volontairement caché qu'il était juif. Obler prétend n'avoir appris qu'il était juif que lorsque les nazis l'ont persécuté pour cela. Comme on l'a dit, Obler et Schmandt sont mariés à des non-juives. Selon son défenseur Frank-Duquesne, Schmandt se serait fait baptiser à Anvers en 1937: c'est une affirmation peu plausible, mais qui nous renseigne un peu sur ses dispositions à l'égard du judaïsme. Lewin, qu'un rabbin assiste avant son exécution, est peut-être plus marqué par son identité juive, mais son codétenu juif Landau le décrit comme manifestement assimilé. Pourtant, c'est précisément leur identité juive qui fait que ces futurs chefs de chambrée se trouvent à Breendonk, ensemble avec d'autres juifs avec qui ils ont peu de choses en commun et dont ils ne sont vraiment pas solidaires. Les différences de nationalité coïncident ici avec le fossé entre les juifs assimilés et les autres. Dans la chambrée de Schmandt en tout cas, il est question de tensions entre les deux groupes: des tensions qui expliquent en partie l'attitude agressive de Schmandt. Certes, il faut ici considérer les sources des données avec les précautions qui s'imposent, car elles émanent des déclarations ou écrits de deux juifs convertis au catholicisme, à savoir Albert Frank, dans son apologie de Schmandt, et Paul M.G. Lévy, déjà souvent cité. Elles témoignent malgré tout des relations difficiles entre les deux groupes.

---

**Toujours le juif de quelqu'un...**

Albert Frank (1896-1955) - qui ajoute à son nom tantôt Heine (sa mère serait une descendante de Heinrich Heine), tantôt Duquesne (du nom de son épouse) - est un personnage insaisissable et un aventurier de première, qui a des conceptions toutes personnelles de ce qu'est la vérité. Sa vie est loin d'être «un long fleuve tranquille»: il a notamment été mineur, travailleur sur les champs pétroliers du Texas, marin, clochard, pope orthodoxe, escroc, voleur, espion, journaliste et auteur de textes théologiques avec des titres comme *Joie de Jésus-Christ et Réflexions sur Satan en marge de la tradition judéo-chrétienne*. Dans l'histoire de Belgique, son nom est pour toujours lié à la fameuse affaire des «Faux d'Utrecht»: en 1929, Frank bricole en effet un traité franco-belge fictif, dont la presse parle et qui provoque des tensions internationales. Sur le plan spirituel aussi, Frank a la bougeotte: fils d'un Juif néerlandais converti au catholicisme, son «pèlerinage spirituel» le fait passer par la théosophie, l'hindouisme, le néoplatonisme, le gnosticisme, le «vieux catholicisme» (une secte dissidente) et l'orthodoxie russe pour aboutir finalement au catholicisme, en 1940.

Aux yeux des nazis, seul compte le critère racial, pas la religion : Albert Frank comme Paul M.G.Lévy sont considérés comme juifs à cause de leur origine juive alors qu'ils ne se considèrent plus comme tels. À son arrivée à Breendonk, Prauss demande à Lévy s'il est *Jude*. Sa téméraire réponse lui vaut une taloche : « De mon point de vue, non ; d'un point de vue belge, cela n'existe pas ; mais selon votre point de vue, certainement oui ». Frank comme Lévy se sont convertis au catholicisme à l'été 1940. Frank, qui était devenu pope orthodoxe, abjure la foi orthodoxe à Malines le 30 juin. Lévy, qui a épousé en 1935 une femme catholique, fait le pas en juillet, à son retour d'exode en France : il le fait par conviction et par amour pour sa femme. Est-ce que l'occupation de la Belgique par des nazis antisémites accélère la maturation de leur cheminement spirituel ? Frank n'a bien sûr jamais été un adepte de la religion juive, mais ce « juif » aux yeux des nazis échange son appartenance à l'orthodoxie, insignifiante en Belgique, contre la protection combien plus puissante du catholicisme. Il est arrêté en 1941 pour avoir refusé d'être inscrit au registre des juifs et à cause d'une lettre où il met Hitler et Staline dans le même panier. Il est finalement libéré à la Noël 1941 grâce à l'intervention du cardinal Van Roey.

Lévy, journaliste à l'INR, l'Institut National de Radiodiffusion, est arrêté en septembre 1940 parce qu'il a signalé aux autorités allemandes qu'il ne souhaite pas travailler dans une radio sous contrôle allemand. Il est d'abord enfermé à Saint-Gilles. Ce catholique de fraîche date y rédige une note sur *La question juive en Belgique*. Quelques jours après la parution du premier décret de l'occupant contre les juifs, Lévy, qui a jadis été membre du Parti Ouvrier Belge, envoie cet écrit au président du parti socialiste Hendrik De Man. Comme on le sait, De Man est quelqu'un qui pense, à l'été 1940, qu'une nouvelle ère commence et qui s'avance très loin en tentant d'approcher l'occupant. Dans sa note, Lévy, qui rejette les solutions racistes des Allemands, propose l'interdiction de la pratique religieuse juive et la dissolution de toutes les associations culturelles ou philanthropiques juives. Ce fils d'un couple de juifs veut aussi interdire le mariage entre personnes dont chacune a plus de deux grands-parents de religion juive. Lévy s'oppose au « racisme juif » qui selon lui provoque le « racisme aryen ». Il met en cause « l'afflux brutal » des juifs venant d'Europe de l'Est après 1918 « qui apportaient une nouvelle mentalité, inconnue des juifs belges, qui éprouvaient pour eux le plus grand mépris et les dédaignaient sous le nom générique de Polaks. Ils le rendaient bien d'ailleurs et méprisaient à leur tour les assimilés ignorants dont la religion même leur semblait avoir peu de rapport avec le véritable judaïsme ». Pendant son séjour à Breendonk, il fait l'expérience des relations difficiles entre juifs telles qu'il les avait esquissées. Dans un passage de son livre *Le Défi*, qui risque fort de faire bailler le lecteur d'aujourd'hui mais reflète une certaine réalité historique, il décrit un incident vécu dans sa chambrée : Lévy le converti fait tous les jours ses prières en se signant, ce qui provoque la colère de ses codétenus juifs. Après une médiation de Galanter, il s'abstient de ce geste ce qui calme les esprits. Dans son plaidoyer de 1946 en faveur de Schmandt, Frank va beaucoup plus loin que Lévy dans sa description de certaines tensions. À son arrivée, le *Zugführer* est un certain Kräntzel, un coiffeur juif polonais. Frank dresse un portrait très noir de la « clique de Kräntzel » qui tient la chambrée sous sa férule. Kräntzel aurait agi à la Obler pour pressurer les détenus. Sa « camarilla » se compose de « juifs venus de ghettos est-européens, qui entre eux ne parlent que le yiddish et ont une mentalité commune particulièrement rébarbative pour les Occidentaux ». Les quelques juifs occidentaux assimilés, qui se considèrent d'abord comme Belges ou Français, et parmi lesquels on trouve des chrétiens d'origine juive comme Frank sont, selon lui, « persécutés » par une poignée de fanatiques juifs qui « traitent la Vierge (Marie) de putain ». Frank décrit ses adversaires comme la lie de la populace, des mal-lavés qui résistent aux douches obligatoires. Frank et ses semblables « ont peut-être moins souffert des Allemands que de leurs autres camarades de chambrée ». L'arrivée de Schmandt comme chef de chambrée aurait mis fin à ces pratiques. Schmandt ordonne que l'on cesse de crier et il place le groupe de Kräntzel à une autre table. Au pire, il donne parfois une claque à celui qui enfreint les règles ou qui vole. Frank lui-même a une fois reçu une gifle de Schmandt parce qu'il parlait pendant l'appel, mais il dit qu'il l'en remercie car cela lui épargne une gifle pire de la part de Prauss.

Le plaidoyer de Frank pose deux problèmes. Le premier est son antisémitisme évident. Le second est l'auteur lui-même : un faussaire et un escroc, que les services de renseignement français ont suspecté, dans l'avant-guerre, d'être un espion au profit de l'Allemagne. Certains témoins contredisent d'ailleurs les théories de Frank : Schmandt a aussi brutalisé les journalistes allemand et autrichien Weill et Landau, deux prisonniers politiques juifs qui n'ont vraiment pas le profil de « la clique ». Un de ses camarades de chambrée, Leo Kessler, soutient que Schmandt ne frappait que les détenus juifs, pas les chrétiens. Il n'est pas facile de préciser ce qui dans le récit de Frank repose sur des faits réels et ce qui ne repose que sur ses préjugés. Kräntzel est-il vraiment un individu louche ? Il est difficile de trancher. Kräntzel est probablement le Mozes Kräntzel que d'autres ont cité comme chef de chambrée. Selon une source, il est à ranger parmi les salauds, selon une autre il aurait été démis comme chef de chambrée parce que les SS le trouvaient trop doux. Les écrits de Frank donnent malgré tout une indication sur les sentiments antisémites de certains prisonniers – un antisémitisme latent règne dans beaucoup de milieux – et sur les relations difficiles entre les assimilés et les autres juifs. Frank n'a sans doute pas inventé qu'un mauvais esprit régnait dans la chambrée.

Il y a encore d'autres exemples de l'antisémitisme chez certains prisonniers. Lévy raconte qu'un prisonnier « aryen », frappé par un chef de chambrée juif, lui crie : « Être battu, passe encore, mais par un juif, ça, c'est le bouquet ». L'écrivain russe d'extrême droite Boris Solonevitch décrit son arrivée à Breendonk dans un rapport inédit écrit en russe, et que l'historien Wim Coudenys a étudié et traduit dans son ouvrage *Leven voor de tsaar. Russische ballingen, samenzweerders en collaborateurs in België*. Solonevitch, « qui n'est pas dépourvu de traits antisémites » (dit Coudenys), admet dans ce rapport ses sympathies pour l'Allemagne et laisse libre cours à son aversion pour les juifs : « tous, nous avons dû effectuer un petit tour en prison et avons été jetés au milieu des juifs et des communistes (...). L'administration SS allemande laissait faire et nous avons été systématiquement dépouillés par les juifs et menacés par les communistes ».

---

En plus des chefs de chambrée juifs, il y a aussi des chefs de chambrée belges à Breendonk. Il en est question ci-dessous.

### Valère De Vos : du combattant d'Espagne au bourreau

Des quatre prisonniers politiques belges, Valère De Vos est le premier qui arrive au camp : en août 1941, il est transféré de la prison de Gand vers Breendonk. Là, il passe de chambrée en chambrée, ce qui n'est pas inhabituel. Il semble avoir séjourné le plus longtemps dans la chambrée 10. Il en devient le chef en 1942, après la déportation de son prédécesseur, le communiste Paul Huybrechts. Un de ses codétenus de l'époque qualifie la chambrée 10 sous la férule de De Vos de « Breendonk dans Breendonk » : De Vos est invalide et traîne la jambe, ce qui ne l'empêche pas de frapper, de menacer, de cafarder et de vociférer d'une voix criarde et avec un fort accent *oost-vlaams*. Finalement, il va jusqu'à aider Wyss et De Bodt à assommer près du fossé le jeune Auguste Leleu. Chez De Vos, les périodes d'agressivité alternent avec des moments plus calmes. La vie au camp réserve beaucoup d'imprévus. On peut, malgré tout, l'influencer un peu. Le menuisier Norbert Van Eynde parvient parfois à le calmer en lui rappelant les représailles à attendre de la justice belge. « Voske, mon garçon, fais attention car… » Alors « Voske » fait attention, mais jamais pour très longtemps.

Berens, qui vient de la même région que lui, découvre qu'on peut l'adoucir en lui parlant d'Alost, sa ville natale. De Vos y est né le 13 mai 1916. Il est d'une origine plutôt modeste et encore très jeune quand son père meurt. Valère cherche son salut au parti communiste dont il devient un militant. Pendant la grève générale de juin 1936, dans une fabrique de tabacs d'Alost, il découpe les pneus de vélo de ceux qui ont choisi de travailler. Il est condamné pour ces faits à quatre mois de prison, mais par défaut, car il y échappe en allant combattre en Espagne durant la guerre civile, comme volontaire dans les Brigades internationales. Il y est sérieusement blessé à la colonne vertébrale, revient en Belgique en mai 1937 et y file en prison quelques semaines après à cause de sa fuite de 1936. À sa sortie de prison en octobre 1937, d'anciens combattants de la guerre d'Espagne sont venus l'applaudir. Mais, invalide et appauvri, il va bientôt perdre ses illusions sur le parti : il ne peut pas compter sur un soutien financier de ce côté. La déception et l'amertume le poussent vers l'autre bord : De Vos entre dans un groupe d'activistes anticommunistes. Il sert d'argument à la feuille satirique gantoise *De Gieljotine van Pierlala* pour embarrasser le sénateur communiste Ferdinand Minnaert : « Valery De Vos est malheureux à vie à cause d'une blessure par balles. Qu'as-tu fait pour lui, Monsieur le sénateur Minnaert ? »

On ne sait pas exactement pourquoi les Allemands l'appréhendent environ cinq semaines après l'agression contre l'URSS. Il aurait été arrêté le 31 juillet 1941, le jour où l'occupant procède à une série d'interpellations dans la région gantoise, à la suite des « manifestations contre la faim » qui ont eu lieu à Ledeberg les 29 et 30 juillet. La plupart des gens arrêtés n'ont rien à faire avec ces manifestations, mais ils sont fichés comme « ennemis de l'Allemagne ». De Vos, qui a rompu avec le communisme, est sans doute arrêté en raison de son passé communiste. Il échoue à Breendonk dans une chambrée où les communistes, dont le jeune Leleu, sont la majorité. Dans son cas, c'est le cours du destin qui semble lui avoir fait perdre les pédales.

En juin 1944, il est transféré à la prison de Saint-Gilles d'où il part pour Buchenwald le 8 août. Il y arrive le 10 août et est enregistré sous le numéro 75 953. Comme tous les nouveaux, De Vos est d'abord mis en quarantaine dans un camp de tentes séparé, le «petit camp» de Buchenwald. Rapidement, la nouvelle se répand parmi les anciens de Breendonk: De Vos est à Buchenwald! Dans ce très vaste camp, les SS ne sont pas omniprésents comme à Breendonk: ils ne s'occupent guère de ce qui se trame à l'intérieur des barbelés. Il y a, à Buchenwald, une lutte d'influence entre prisonniers: la lutte entre les «rouges» (politiques) et les «verts» (droit commun) est gagnée par les premiers, qui organisent un «comité international».

Plusieurs versions circulent à propos de la mort de De Vos. Marcel Bairiot, un cheminot de Marchienne-au-Pont, s'est vanté après la guerre, devant un autre ex-détenu de Breendonk, de lui avoir réglé son compte. Interrogé là dessus par la Sûreté nationale, il déclare que le lendemain de son arrivée au camp, «des camarades qui avaient à se plaindre des agissements de De Vos à Breendonk m'ont annoncé cette arrivée et m'ont chargé de le faire disparaître. J'ai foncé sur lui et lui ai donné des coups de poing et de pied jusqu'à ce qu'il tombe inconscient. J'ai encore plusieurs fois frappé sa tête au sol. Il a été conduit à l'infirmerie et, d'après ce que l'on m'a dit, serait décédé la même nuit». Pour leur part, deux autres ex-prisonniers de Breendonk prétendent que, une nuit, De Vos aurait été extrait de sa tente et sévèrement tabassé, mais non tué. Il se serait plaint de ce traitement auprès du chef de bloc allemand, lui-même un prisonnier, qui aurait dit aux autres prisonniers de lui laisser le cas De Vos. Peu de temps après, il disparaîtra définitivement.

En 2000, un ex-prisonnier âgé, qui veut rester anonyme, témoigne qu'il a personnellement participé à la liquidation. Avec l'autorisation du comité international, De Vos aurait été entraîné dans un endroit éloigné. Là, quelques hommes l'auraient ceinturé et maintenu un coussin sur la figure. Le témoin lui aurait alors dit en guise d'adieu: «Souviens-toi de Breendonk et va au diable». Et, «à ce moment-là, il y a eu un grand gargouillement dans son ventre et une odeur de merde est venue de son pantalon. Inutile de dire qu'après les paroles que je lui avais dites, il avait compris et réalisé qu'il allait passer l'arme à gauche. La panique avait alors provoqué cette chiasse. Il a eu la fin qu'il méritait…».

Quelle que soit la version exacte, c'est un De Vos agonisant qui est amené à l'infirmerie où il rend l'âme. L'acte officiel de décès mentionne « broncho-pneumonie » comme cause de la mort. À la Libération, sa famille et son amie, comme tous les proches des déportés, sont dans l'incertitude quant à son sort. Son amie est arrêtée en novembre 1944 parce qu'un couple gantois l'a accusée de dénonciation. Sa famille croit fermement en l'innocence de De Vos, porté disparu, et demande même qu'il soit inscrit comme membre de l'Association Nationale des Anciens Prisonniers de Breendonk. En 1954 encore, sa mère introduit une demande pour que son fils soit reconnu comme prisonnier politique. Sa demande est rejetée à cause de sa « conduite indigne » à l'égard de ses codétenus de Breendonk. Cela fait alors huit ans qu'il a été condamné à mort au procès de Malines : il est condamné par contumace parce qu'en fuite, malgré les témoignages cités sur sa liquidation et bien que le Comité Belge de Rapatriement ait, en octobre 1945 déjà, signalé au procureur du roi de Gand que De Vos était décédé à Buchenwald. Ce n'est qu'en 1955 que le conseil de guerre d'Anvers abroge le jugement de Malines en ce qui le concerne au motif qu'il est déjà décédé le 12 août 1944 à Buchenwald.

Comme tous les chefs de chambrée, De Vos apparaît dans plusieurs témoignages ou mémoires et tout d'abord dans les écrits de celui qui, en son temps, a su l'enrôler dans les Brigades internationales, le communiste alostois Bert Van Hoorick. Dans *In tegenstroom. Herinneringen 1919-1956*, ses mémoires publiés en 1982 par le très marxiste *Masereelfonds*, Valère De Vos apparaît sous le nom de « Xaveer ». Le destin tragique de ce perdant-né a aussi inspiré deux littérateurs flamands : le romancier Louis-Paul Boon et le poète Stefaan Van den Brempt (voir l'encadré). Le célèbre Boon est natif de la même ville que De Vos et, dans son roman bien connu *De Kappellekensbaan*, il le décrit sous les traits de « lange pros » (voir l'encadré). Comme l'a découvert le biographe de Boon, Kris Humbeeck, l'extrait a été retravaillé à partir d'un texte publié par Boon dans l'hebdomadaire socialiste *Parool* en 1946. Boon, qui est membre du parti communiste depuis 1945, a sans doute appris l'histoire de De Vos par Bert Van Hoorick. Boon ne raconte pas qu'il est revenu blessé d'Espagne : il imagine que « lange pros » a été arrêté pour vol par les républicains.

« *et lange pros* a alors combattu en Espagne dans les brigades internationales... ou disons plutôt que là-bas il a volé comme sa mère et brûlé comme son père... si bien que le gouvernement républicain l'a arrêté et illico renvoyé ici... où sous la protection de monsieur le baron derenancourt-du-château[1] il a effectivement tenu des meetings contre les brigades internationales qui sont... disait-il... un ramassis de voleurs et d'incendiaires qui ont arrêté beaucoup d'honnêtes garçons. Mais quand les nazis ont déboulé, il a été, avec tous les éléments suspects, opposés à la république ou non, fourré à breendonk avec ses cliques et ses claques... pour y poursuivre son ancien rôle de voleur et d'incendiaire... et pour secouer ses codétenus et leur cracher dessus pour la plus grande joie des nazis. Mais, avec toute la bande, expédié à buchenwald... et déchargé de sa fonction inofficielle de bourreau... par une sombre nuit il a été poussé vers un coin désert du camp et frappé à mort... »

*De Kapellekensbaan*, Amsterdam-Antwerpen, 2003, p. 66.

C'était un héros. Invalide à
Quatre-vingt pour-cent. Il est allé aux Brigades
Internationales. Un des premiers.
Communiste à seize ans.
À vingt-deux anticommuniste
Il parle à des meetings
Contre la République espagnole
pour de l'argent.

En 1941, après l'attaque allemande
En Russie, est cueilli par l'opération
Sonnewende. Anticommuniste ou pas
à Breendonk. Devient kapo. À l'été 44
à Buchenwald. À son arrivée,
reconnu et conspué. Le matin
suivant «sterbend eingeliefert».
Condamné à mort posthume
dans son propre pays.

Ces deux passages du poème «Van de kapo» viennent du recueil *Met ogen vol vergetelheid*, Antwerpen 1989, de Stefaan Van den Brempt.

**Bert Van Hoorick sur l'arrivée et la mort de De Vos à Buchenwald:**

« De tous les blocs du camp, les anciens prisonniers de Breendonk courent vers le camp de tentes entouré de barbelés. Pour la tantième fois, je revois Xaveer, comme si ses pas devaient toujours croiser les miens. Je le vois debout au milieu des autres occupants des tentes, les yeux dans les yeux avec ceux qu'il a tyrannisés, frappés, piétinés. Ils l'injurient, lui tendent le poing, lui lancent des crachats et lui crient: "Ordure, salaud, on t'arrachera les couilles". »

---

[1] Le «baron derenancourt» désigne l'homme politique catholique d'Alost Romain Moyersoen.

Je vois comment une peur panique le submerge. Ses yeux me disent qu'il n'y comprend rien. Ici, c'est quand même un camp de concentration, doit-il penser, alors où sont les SS ?
Mais les SS ne s'occupent pas de ce genre d'affaires. Ici, ils ne lui sont d'aucun secours. Je m'éloigne et je suis triste. Le lendemain, j'apprends que Xaveer a été tabassé à mort par ceux de Breendonk. À Buchenwald, pas de pitié pour les bourreaux et les mouchards »

Bert Van Hoorick, *In tegenstroom. Herinneringen 1919-1956*, Gent, 1982, p. 172.

---

### *René Hermans : « Indigne de porter les armes »*

René Hermans aussi est déporté vers d'autres camps après Breendonk. Mais il échappe au sort de DeVos. Sa mort est en effet reportée. Avant d'être exécuté en 1947, il est encore dégradé. C'est en effet un militaire de carrière, qui porte le grade de sergent. Les gendarmes l'amènent devant un peloton de soldats commandés par le sous-lieutenant Provoost. Celui-ci se présente devant lui : « Vous êtes indigne de porter les armes. Au nom du Prince-Régent, je vous dégrade ». Mais comme Hermans n'est pas en uniforme, on ne peut lui arracher ni insignes de son grade ni décorations, comme cela se pratique habituellement lors des dégradations.

Le Limbourgeois Hermans – il est né à Hasselt en 1918 – appartient à la Légion Nationale, une organisation fasciste créée en 1922 par l'avocat liégeois Paul Hoornaert. Hoornaert est un admirateur de Mussolini, mais qui déteste les Allemands. Son ardent patriotisme et sa germanophobie le poussent à choisir la résistance. Il meurt en 1944 à la maison d'arrêt de Sonnenburg. L'occupant considère toute la Légion Nationale comme un groupe anti-allemand et procède en septembre 1941 à une grande rafle parmi ses membres : René Hermans se trouve parmi eux.

Après des mois de prison à Hasselt, ses espoirs de libération s'envolent quand, en mai 1942, il est enfermé à Breendonk. Début septembre, il est nommé chef de la chambrée 7 où il a la garde de postiers de Bruxelles qui viennent d'être arrêtés. L'ébéniste malinois Frans Michiels a entendu Prauss installer Hermans dans ses fonctions : « Je voudrais bien voir comment on fait régner la discipline dans l'armée belge ». Au début,

Hermans se montre aimable avec ses codétenus, leur parle un peu de son prétendu passé de résistant et les interroge à son tour sur leurs activités clandestines. Mais les postiers suspectent bien vite « Balthasar », comme ils l'appellent, d'être un mouchard. Il les frappe et les houspille pendant le travail. Mais bien sûr, il ne tape pas sur tout le monde. Selon De Winter, un des postiers qu'il ménage, Hermans est un opportuniste qui sélectionne ses victimes de manière à se ménager quelques futurs témoins à décharge. Si c'est cela sa stratégie, il s'est drôlement trompé. Rares sont les postiers qui diront du bien de lui. La plupart lui attribuent même la mort de cinq de leurs camarades. Pourtant, le premier postier meurt quand Hermans est déjà parti à Mauthausen depuis belle lurette. Dans la chambrée pleine de détenus affamés, Hermans est le seul à avoir des surplus de pain – volés dans leurs colis, suspectent les autres. Hermans monte même un petit commerce de tabac et cigarettes, ce qui lui sera fatal à la fin. Son négoce, dont les SS apprennent l'existence, serait la cause de sa déportation à Mauthausen en novembre 1942. Il a peut-être eu la chance que ses principales victimes, les postiers, aient pour la plupart été libérés en 1943 et ne l'aient pas suivi à Mauthausen. Les anciens de Breendonk qui se trouvent dans ce camp, comme Vital Nahon, n'ont pas connu Hermans comme chef de chambrée à Breendonk. Nahon et quelques survivants de Mauthausen, Buchenwald ou Dora n'auront que du mal à dire de lui après leur retour. Dans ces camps-là aussi, Hermans a su se hisser au rang de kapo ou chef d'équipe : là aussi, il en a profité pour maltraiter les autres et se procurer des rations supplémentaires.

## *Un boucher du Hainaut*

Fernand Daumerie arrive à Breendonk le dernier jour de l'année 1942. C'est le seul des chefs de chambrée condamnés à appartenir à un mouvement de résistance reconnu, le Mouvement National Belge, un mouvement patriotique créé fin 1940 ou début 1941 et qui développe des activités comme la presse clandestine, le renseignement ou la lutte contre le travail obligatoire. Selon son compagnon Saublens, Daumerie parvient à fournir une dizaine de colts au mouvement et revient de Bruxelles avec des tracts. Le 16 décembre 1942, il est cependant arrêté avec d'autres résistants de la région de Charleroi. Pendant que Daumerie attend, en janvier 1945, son exécution de condamné à mort, paraît un article de presse qui l'accuse d'avoir dénoncé son groupe de résistance, mais cela n'a jamais été prouvé. Mais ce que Saublens a remarqué, c'est que, dans sa prison à Charleroi, Daumerie reçoit des colis de la part d'un Feldgendarme qu'il a jadis soudoyé.

Pendant ses quelques mois d'activité comme *Zugführer* à Breendonk, il a causé la mort d'au moins deux prisonniers, Désiré Mouffe et Roger Poquette. Il les dénonce tous deux à Wyss qui, pour les punir, les oblige à travailler avec un poids sur le dos. Le même jour ou le lendemain, ils meurent d'épuisement. «Quand la guerre sera finie, je te casserai la gueule» avait un soir crié Poquette à Daumerie. «Demain, tu te farciras le sac» avait répondu Daumerie. Une autre victime de Daumerie et Wyss, c'est Fernand Huet, un policier de la commune de Daumerie, Jumet. Alors que, sur le chantier, un wagonnet avait déraillé, Huet avait quitté sa place pour aider ses compagnons à le remettre sur les rails. À grands cris, Daumerie alerte les SS de cette infraction. Wyss arrive et, à coups de fouet, atteint Huet à l'œil gauche.

Le 23 avril 1943, Daumerie est libéré. Il n'y a pas de lien entre cette libération et son comportement dans le camp; en effet, il n'est pas le seul des résistants de Charleroi arrêtés en décembre 1942 à être libéré à cette date. C'est précisément la libération de compatriotes de la même région qui lui sera fatale et conduira à son arrestation le 6 septembre 1944. Lui-même fournit sans doute la meilleure explication de son comportement. À des codétenus qui lui reprochent ses faits et gestes, il rétorque: «Nous sommes 48 ici. Si 47 doivent crever pour sauver ma peau, alors qu'ils crèvent». Ce boucher de Jumet de 46 ans, a, dans les années vingt et trente, écopé d'une dizaine d'amendes pour des pratiques commerciales douteuses. De tous les «bourreaux de Breendonk», c'est le premier à affronter le peloton d'exécution.

### «*Spada*»: une carrière hors du commun

Le casier judiciaire de Daumerie est modeste à côté de celui de Hendrik Van Borm, alias «Spada», un des personnages les plus hauts en couleur parmi les internés de Breendonk. Van Borm est né en 1915 à Leffinge en Flandre Occidentale. À douze ans déjà, il est placé dans une institution par le juge des enfants de Bruges. Plus tard suivront des condamnations à de courtes peines pour mœurs, ivresse, abus de confiance, escroquerie et falsification de cartes d'identité. Van Borm se fait une triste réputation dans sa région où on le surnomme «Spada», du nom d'un célèbre bandit corse qui a, en 1935, été condamné à la guillotine pour de multiples crimes. Van Borm fait surtout parler de lui à l'occasion du célèbre «meurtre des dunes». En 1933, une femme est assassinée dans les dunes situées derrière le California, un dancing d'Ostende. Les soupçons pèsent sur un certain Wyffels. L'affaire, qui se traîne pendant des années, connaît un rebondissement spectaculaire quand Van Borm s'accuse d'être le meurtrier depuis l'Espagne où il combat contre Franco dans les Brigades internationales. Finalement, ni Wyffels, ni Van Borm ne sont condamnés pour ce meurtre.

Ce que Van Borm fabrique entre mai 1940 et son incarcération à Breendonk en novembre 1942 n'est pas très clair. Après coup, il en donnera trois versions différentes. Ce qui est certain, c'est que ce gaillard qui a côtoyé les communistes avant la guerre, se trouve en bons termes avec les Allemands pendant l'occupation. Van Borm fraude et est régulièrement signalé pour cela à l'*Ortskommandatur* d'Ostende où il parvient à se procurer les autorisations voulues pour lui et ses amis. En 1941, il entre au service du NSKK, le *Nationalsozialistisches Kraftfahrerkorps* et de l'Organisation Todt (OT). Ses missions pour ces organismes le conduisent, entre autres, dans l'est de l'Allemagne et il prétendra plus tard qu'il avait le projet de passer les lignes pour rejoindre le camp soviétique. Il aurait mis le feu à quelques baraques pour s'enfuir à la faveur de l'agitation provoquée, mais un ancien camarade de l'OT, qui séjournait dans le même camp, n'y a jamais rien vu brûler… Quoi qu'il en soit, Van Borm tombe en disgrâce à l'OT, est renvoyé en Belgique et mis sous les verrous à la prison de Saint-Gilles. Pour les Allemands, il n'a jamais été une recrue fiable: une note du NSKK le décrit comme «politiquement indésirable et non irréprochable». Son retour coïncide avec (ou est peut-être causé par) la relance de «l'affaire Wyffels». Quand celle-ci vient rappeler qu'il a été combattant en Espagne, les Allemands l'expédient à Breendonk.

À la prison de Saint-Gilles déjà, les talents de Van Borm se remarquent: il est charmeur, habile et débrouillard. Pendant le procès de Malines, le comte Erich de Diesbach, qui avait été interné à St-Gilles avec Van Borm, adresse au président Verwilghen une lettre où il souligne ses gestes amicaux et désintéressés à son égard. Van Borm lui procure du tabac, des vivres et même, comme il se plaint du froid, une veste de cuir fourrée. À Breendonk aussi, le téméraire Van Borm parvient à se tirer d'affaire: il réussit à grapiller à gauche et à droite et est au courant de toutes sortes de petites nouvelles qui restent normalement cachées aux détenus. Il procure des journaux au leader communiste Georges Van den Boom.

Pourtant, Van Borm est lui aussi accusé d'avoir, dans ses fonctions de chef de chambrée, dénoncé et frappé ses codétenus. Il est en partie victime de sa réputation. Quand on vole du pain dans la chambrée, beaucoup ne cherchent pas plus loin: cela ne peut venir que de Van Borm. Les policiers Huet et Renard de Jumet, qui sont dans l'équipe de Van Borm, n'ont pas perdu pour autant leurs réflexes professionnels: faute de preuves solides, ils se refusent à le montrer du doigt. Pour ce qui est des accusations plus graves, les témoignages se contredisent. Ceux qui l'accusent n'ont pas toujours été des témoins directs. Le Louvaniste Lucien L., par exemple, «sait» que Van Borm a affamé et maltraité ses compagnons de chambrée, alors que lui-même se trouve dans une autre chambrée. Certains de ses ex-compagnons témoignent à sa décharge: Van Borm a souvent été frappé lui-même, justement parce qu'il prenait certains sous sa protection. Les chefs communistes Van den Boom et Joye plaident en sa faveur. En outre, ce bon bougre parvient à mettre le public de son côté au procès de Malines. Son acquittement est accueilli par des applaudissements.

### Les chefs de chambrée belges : un coup d'œil rétrospectif

Les témoignages contradictoires sur Van Borm soulignent à nouveau combien est délicate la position entre deux chaises des chefs de chambrée, déjà relevée dans un chapitre antérieur. «La fonction de chef de chambrée est redoutée par tous les bons Belges», écrit le conseil de guerre dans ses motivations à propos de l'affaire Daumerie. Pourtant, seule une petite minorité d'entre eux aura à comparaître en justice après la guerre. Une observation déjà citée de Marbaix et une semblable de Piens sur les vociférations des chefs de chambrée et des chefs de travaux permettent de supposer que d'autres chefs se sont rendus antipathiques, mais sans aller jusqu'à des actes criminels.

Il y a aussi des échos positifs sur certains. Au cours de leur mois à Breendonk, les «Sept de Mons» ont eu affaire à deux chefs de chambrée: un bon et un mauvais. D'un côté les bons chefs, de l'autre les mauvais? La vérité est plus complexe. Certains *Zugführer* ont une bonne réputation chez un codétenu, une moins bonne chez un autre. Victor Trido, par exemple, porte plainte après la guerre contre Norbert V. qui selon beaucoup d'autres sources est un «bon». Trido lui-même est lié avec André W. «qui n'a jamais renié ses sentiments patriotiques» et «qui a sauvé la vie à plus d'un prisonnier» mais sur lequel d'autres échos sont moins louangeurs, voire très négatifs. Difficile de contenter «tout le monde et son père». Sur les chefs de chambrée, la vérité reste forcément un peu suspendue dans les brumes de Breendonk. Ceux à qui une telle fonction échoit ne tiennent pas tous à le faire remarquer: c'est presque naïvement que Gaston Hoyaux écrit: «Tout à coup, j'obtiens des galons. En effet, on m'avait désigné comme responsable de la plaque tournante.»

## Copie conforme ?

Dans les camps de concentration du Reich, les SS exercent leurs pouvoirs en se servant d'une hiérarchie de *Funktionshäftlinge* privilégiés. Il s'agit de détenus chargés d'une fonction et revêtus d'un pouvoir : un doyen du camp pour l'ensemble, des responsables de blocs et des gardiens de chambrée dans les baraques, des kapos et des contremaîtres sur les chantiers et finalement des détenus admis à travailler dans l'administration centrale du camp. Il est clair qu'à Breendonk le système des chefs de travaux et des chefs de chambrée s'en inspire directement, même s'il s'agit seulement d'une pâle copie. Dans ce petit *Auffanglager*, qui compte un grand nombre de gardiens, l'autonomie et le pouvoir des *Funktionshäftlinge* sont beaucoup moindres, surtout après l'automne 1941. Le système de Breendonk est aussi beaucoup plus simple : aucun détenu ne travaille à l'administration du camp et, entre les gardes et les détenus, il n'y a que le seul *Zugführer*, et non toute une hiérarchie avec doyen du camp, responsables de blocs et gardiens dans la chambrée.

Il y a eu, après la guerre, des procès intentés contre certains *Funktionshäftlinge* des camps de concentration. Quelques-uns ont été lynchés lors de la libération des camps. Des kapos – ceux qui avaient préalablement été démis – sont même liquidés pendant la guerre elle-même. Un kapo dort à part, explique le *Reichsführer SS* Heinrich Himmler dans une allocution de 1944, mais si nous ne sommes plus satisfaits de lui, il va dormir avec les autres détenus : « il sait alors que dès la première nuit il se fera massacrer par eux ». Dans un camp sévèrement contrôlé comme Breendonk, de tels règlements de comptes entre détenus sont impensables. Ce n'est pas un hasard si De Vos n'est liquidé qu'après son arrivée à Buchenwald.

Pour l'historienne allemande Karin Orth, il n'y a pas de mesure plus perverse que cette délégation de la terreur à d'autres prisonniers. Primo Levi l'appelle la « zone grise » des camps, où s'estompent les frontières entre auteurs et victimes. À Breendonk, il n'est question d'une telle « délégation de terreur » que jusqu'à l'automne 1941 et encore, dans une seule catégorie de détenus, les juifs. Daumerie, Hermans et De Vos pratiquent surtout la dénonciation, même si certaines morts des dernières années sont aussi dues aux brutalités des chefs de chambrée : De Vos et Obler seront condamnés comme coauteurs de la mort de Leleu, respectivement de Vieyra et Genger, qui tous disparaissent en 1943. Après l'automne 1941, les SS allemands délèguent avant tout le droit de terroriser à des SS belges.

Dans les camps de concentration, les détenus qui ont une position privilégiée peuvent s'en servir pour alléger le sort de leurs semblables. Leurs moyens y sont beaucoup plus grands qu'avec le rayon d'action très restreint d'un chef de chambrée de Breendonk. À Neuengamme par exemple, l'avocat communiste gantois André Manderyckx, qui travaille à l'administration du camp, parvient à organiser une collecte de pain pour les malades de l'infirmerie. Qu'une telle solidarité puisse s'organiser dépend pour beaucoup du groupe – les « triangles rouges » des prisonniers politiques ou les « triangles verts » des droits communs – qui détient le pouvoir interne : mieux vaut tomber dans un camp « rouge » que dans un camp « vert » bien qu'il ne faille pas généraliser l'opposition entre les « bons rouges » et « verts immoraux et inhumains ». Il y a aussi de bons « verts » et de mauvais « rouges ». Car les positions de puissance ne sont pas seulement utilisées pour aider les autres, elles servent aussi à régler des comptes politiques : ainsi, les communistes placés dans l'administration des camps envoient les trotskistes dans les commandos de travail les plus durs.

À Breendonk, rien de tout cela : une guerre de pouvoir interne y est tout aussi impossible que la liquidation d'un De Vos. Dans l'*Auffanglager*, il n'y a pas de groupe distinct de « triangles verts » (droit commun). Il y a bien quelques prisonniers qui traînent des condamnations passées, mais, s'ils sont enfermés à Breendonk, c'est pour des raisons politiques ou raciales, même si accessoirement ils sont munis d'un casier judiciaire d'avant guerre. Les quelques usuriers ou fraudeurs qui se retrouvent à Breendonk y sont repérables par un ruban blanc avec un carré jaune, les « juifs blancs » comme Prauss les surnomme. Dans le cas de Breendonk, on peut se demander si les SS n'ont pas, dans le choix des chefs de chambrée, une préférence pour des individus avec un passé pénal et si ceux-ci se comportent plus mal que les autres. En tout cas, ce n'est pas systématique. Des six prisonniers juifs que l'on connaît comme droit commun et qui ont été transférés de Merksplas à Breendonk en octobre 1940, aucun n'est signalé comme *Zugführer*. Et aucun n'a dû, à ce que l'on sache, s'expliquer devant la justice belge pour des faits commis à Breendonk. L'un d'entre eux, Abraham Koper, est même explicitement félicité comme « un droit commun qui s'est mieux comporté que les prisonniers politiques ». Obler, Schmandt, De Vos, Daumerie et Van Borm ont effectivement un casier judiciaire, mais celui de Daumerie est mineur – un peu de tripatouillage à la belge – et celui de De Vos est teinté de politique ; on peut même se demander si la Sipo-SD était au courant du passé pénal de l'un de ceux-là. Celui dont le profil colle le plus à celui d'un « vert » est Van Borm, qui précisément a été acquitté.

## Les soldats de la *Wehrmacht*

Parmi les soldats de la *Wehrmacht*, appartenant aux *Landesschutzbataillone* venus de Leipzig puis de Munich, et qui assurent des tours de garde à Breendonk, aucun n'a été inquiété après la guerre. La commission des crimes de guerre cite bien quelques noms dans son rapport sur Breendonk : un Weber brutal, un Müller, un caporal Benninger qui abat Luft dans le fossé... Bon nombre de ces soldats survivent à la guerre et coulent ensuite des jours tranquilles en Bavière. De temps à autre, ils se retrouvent pour des rencontres. En 1970 par exemple, ils se réunissent à la brasserie Augustinerkeller pendant les *Oktoberfesten*, les fêtes traditionnelles de la bière dans la capitale bavaroise. Parlent-ils encore de Breendonk ?

Après 1945, certains d'entre eux s'expliquent longuement devant la justice allemande dans l'affaire Schönwetter. D'autres observent un mutisme total et n'en disent guère plus qu'une variante du classique « *wir haben es nicht gewusst* » (nous ne savions pas). En 1970, beaucoup craignent manifestement d'être associés à un camp SS (voir l'encadré). Mais parfois ils se perdent en contradictions : le capitaine d'une des compagnies prétend par exemple que ses soldats n'avaient rien à voir avec les prisonniers, mais qu'un officier SS s'était plaint auprès de lui que la *Wehrmacht* se montrait trop douce avec les détenus. Pourtant, ils savent bien ce qui se passe : ils forment les pelotons d'exécution, surveillent le chantier, c'est le sous-officier de garde qui le matin réveille les prisonniers... On peut difficilement imaginer qu'ils n'en parlent jamais entre eux.

---

Du soldat de la Wehrmacht Jozef S., né en 1913 à Binnenbach :
« *Nous, petits gardes du Landesschutz, n'avions rien à voir avec les SS* »
Nordrhein-Westfälisches Hauptstaatsarchiv Düsseldorf, rep. 118/n°1397, p. 453, Audition de J.S. le 26 janvier 1972

---

Les soldats appartiennent à la compagnie qui, à tel moment, est désignée pour aller à Breendonk : à cet égard, ils n'ont pas le choix. Comme nous l'avons expliqué ci-dessus, ils portent surtout une responsabilité avant septembre 1941, quand ils sont chargés de la surveillance du chantier. Quelle est parmi eux la proportion des « bons » et des « mauvais » ? Une indication chiffrée est difficile. Certains prisonniers rapportent des gestes amicaux – un bout de chocolat glissé en cachette, un accord pour acheminer clandestinement des lettres, etc. – mais il s'agit plutôt d'exceptions, qui restent dans les mémoires précisément parce qu'elles sont rares.

Frans Fischer est le seul à tenter une estimation : à ses yeux, un ou deux soldats de la *Wehrmacht* seulement sont à considérer comme bons. Bien sûr il s'exprime à un moment où la guerre fait encore rage et il se méfie de tout ce qui est allemand.

Au camp, les soldats de la *Wehrmacht* et sans doute quelques SS de grade peu élevé logent dans des locaux du fort, forcément mieux aménagés que les chambrées des prisonniers : Jacques Ochs, qui est chargé de nettoyer les chambres des sous-officiers, y remarque une table de toilette avec eau courante, un flacon d'eau de Cologne, des livres, un poêle, des portraits de Himmler et d'Hitler. En 1943, de nouveaux baraquements sont construits à côté de l'entrée du camp et la *Wehrmacht* y prend désormais ses quartiers. Les SS qui montent la garde à l'extérieur y logent aussi.

En 1944, le détachement de la *Wehrmacht* disparaît. Il ne reste que des gardes SS qui reçoivent le renfort de SS roumains et hongrois.

### Les collaborateurs des environs

Le fort de Breendonk n'est pas situé sur une autre planète, loin de tout et à l'abri des regards. Il se trouve à un carrefour routier important, sur le territoire de la commune de Breendonk, mais tout près de Willebroek. Il n'est certes pas situé au centre de ces localités mais pas non plus dans un coin inhabité.

Des relations se créent forcément entre le *SS-Auffanglager* et le milieu belge environnant, et d'abord avec la commune de Breendonk. Les rapports entre le camp et l'administration communale ne s'arrêtent pas avec la réquisition du 29 août 1940. Quand l'occupant engage des frais, le pays occupé en a la charge : jusqu'en août 1942, toutes les transformations opérées dans le camp le sont aux frais de la commune. Concrètement, cela signifie que l'entreprise chargée des travaux présente sa facture à la direction du camp. Schmitt ou son remplaçant la vérifie, y appose son cachet et sa signature, et la transmet à l'administration communale. Celle-ci est alors contrainte de payer l'entreprise en question. En moins de deux ans, la commune a ainsi déboursé 6 177 918,92 francs belges. Après août 1942, ces frais seront à la charge de l'État belge. La commune, en l'occurrence le secrétaire communal Jozef Dewit, avait depuis longtemps signalé à l'État que, puisque le fort ne sert plus à loger des troupes, les frais doivent être supportés par le budget national et non par celui de la commune. D'ailleurs, la commune paye déjà le personnel civil qui travaille au camp.

## Le personnel du camp, les aides et collaborateurs

Diverses firmes de la région, d'Anvers ou de Bruxelles font des affaires grâce à l'agrandissement de l'*Auffanglager* : Kelvinator de Bruxelles livre une installation frigorifique, Meganck de Bruxelles installe une cuisine, August Pas de Londerzeel place les douches, Van Mensel de Berchem loue des rails à voie étroite et des chariots métalliques, etc. Odette Van Mensel, la nièce des frères Frans et Louis Van Mensel, qui a dix ans en 1941, livre en 1994 ses souvenirs dans son livre *Oorlogskind*. Leurs commandes pour Breendonk, écrit-elle «ne semblent pas embarrasser mes oncles. Avec leurs familles, ils habitent de belles grandes maisons, ont toute la nourriture qu'ils peuvent souhaiter et plus d'argent qu'ils ne peuvent en dépenser. L'oncle Louis profite des prix plancher de l'immobilier pour racheter trois ou quatre grandes maisons à des gens à court d'argent».

Durant les premières années, une même firme encaisse plus d'argent que toutes les autres réunies : sur un total de 6 177 98 FB, 3 962 053, soit 64 %, vont en effet au seul fournisseur Frans Tierens, un entrepreneur de Breendonk. C'est-là une commande énorme quand on sait que les mieux payés des ouvriers d'usine gagnent quelque chose comme 570 FB la semaine. Après août 1942, Tierens gagne encore de l'argent avec l'agrandissement du fort. En octobre 1942, il réclame l'intervention du *Kreiskommandant* de Malines pour que les factures en souffrance soient réglées un peu plus vite. Il signe sa lettre «avec mes sincères salutations national-socialistes. Heil Hitler». Chez Tierens, les motifs économiques et idéologiques font bon ménage. La justice retrouve son nom dans l'almanach de novembre 1941 de la section locale de l'*Algemeene SS-Vlaanderen*. De Saffel comme le cuisinier Moens témoignent des relations amicales entre Tierens et Schmitt. Selon Moens, ils vont souvent boire ensemble un verre à la cantine. Un rapport de gendarmerie de 1945 note que des officiers du camp sont présents à la fête de mariage de Tierens. Des bruits courent même que Schmitt est plus qu'un ami pour M$^{me}$ Tierens. Selon une rumeur qui paraît plus plausible, Schmitt prend sa part sur les livraisons et travaux de Tierens. Il aurait en l'occurrence accepté des factures gonflées, empochant une partie des bénéfices. À l'administration communale aussi, on ne peut s'empêcher de penser que les Allemands du fort, en passant directement commande à des firmes avant d'envoyer la facture à la commune, ont su se ménager l'un ou l'autre avantage financier.

À la longue, Tierens est connu à Londres aussi. Le 13 décembre 1943, Paul Lévy déclare à Radio-Belgique : «nous vous connaissons, Frans, Frans l'entrepreneur, Frans l'ami du major allemand Schmitt… Les noms sont notés… Nous ne les oublierons pas… Nous ne les oublierons jamais… Car un jour… Un jour viendront les comptes… ».

Quelques jours avant la Libération, Frans Tierens est atteint chez lui à Londerzeel par des tireurs inconnus. Il survit à l'agression mais est gravement blessé. Il vivra encore assez pour savoir que l'auditorat militaire de Malines ouvre une instruction contre lui pour collaboration économique. Il meurt le 3 juillet 1945 dans un hôpital de Malines. L'auditorat abandonne les poursuites pour cause de décès. Le 30 août 1945, une manifestation a lieu à Willebroek après l'arrestation temporaire d'un suspect dans la tentative de meurtre contre Tierens. Celui qui est arrêté, Georges De Coninck, appartient à la section de Willebroek de l'Armée Secrète. Ce groupe de résistants publie en toute hâte un tract où il revendique l'attentat en citant l'allocution de Lévy, qui ne contient pourtant pas d'appel à la liquidation physique. Lévy parle explicitement de justice, pas de vengeance, encore que des phrases comme « notre pays sera nettoyé et purifié » puissent être diversement interprétées.

On sait qu'une autre organisation de la résistance, le Front de l'Indépendance, a réquisitionné les camions de Tierens tout de suite après la Libération.

Les travaux que Tierens et d'autres effectuent dans le fort amènent la présence régulière de travailleurs civils. Les contacts avec les prisonniers leur sont interdits. Il s'en produit toutefois en cachette, même s'il est difficile de préciser la fréquence de ces contacts clandestins. Les « Sept de Mons » racontent comment les travailleurs dissimulent parfois de la nourriture au profit des prisonniers. Obler découvre malheureusement la chose. Mais les travailleurs ne dénoncent pas les prisonniers en cause, ce qui leur vaut la reconnaissance des patriotes montois qui, au début, se montraient hostiles à ces travailleurs flamands au service de firmes collaboratrices.

Les entrepreneurs et leur personnel forment une présence du monde extérieur dans le camp. À l'inverse, le camp montre aussi sa présence dans les environs. En effet, Schmitt n'est pas le seul à habiter à Willebroek. D'autres SS allemands y logent. Zimmermann et Franz ont pris leurs quartiers chez un médecin. Certains SS flamands, comme De Bodt et Baele, habitent aussi dans la commune. Selon Maria Huyghe, une amie de De Bodt, celui-ci l'interroge souvent sur certains habitants de la commune. De temps à autre, De Bodt vient demander à Adolphe De Nies, membre de *DeVlag* et qui travaille au chantier, de dispenser tel ou tel habitant de Willebroek du travail obligatoire en Allemagne. Souvent, les SS viennent prendre un verre dans les cafés des environs. Selon De Saffel et Lampaert, on vend même au café Picadilly de Willebroek de la nourriture que les SS ont détournée du fort.

La plupart des cafés de la commune de Breendonk sont aux mains du brasseur et bourgmestre Albert Moortgat. Moortgat est le fils du fondateur de la brasserie, fondée en 1871. Il est bourgmestre de Breendonk depuis 1921. Dès l'avant-guerre, il appartient au VNV. Le leader du mouvement, Staf De Clercq, a séjourné chez lui. À Breendonk, Moortgat est un homme puissant : sa brasserie est une grosse entreprise qui occupe beaucoup de monde ; il est aussi le propriétaire de nombreux cafés dans la commune. Beaucoup de gens de l'endroit lui mangent dans la main. Moortgat est un germanophile. Le 11 juillet 1940, il fait paraître dans le journal du VNV *Volk en Staat* une publicité imitée du célèbre slogan des nazis : « Één volk, één Staat, één bier ». Plus tard, Moortgat s'abonne à *De Nationaal-Socialist*, l'hebdomadaire de la *Eenheidsbeweging* du VNV, qui propage avec ferveur l'idéologie national-socialiste. Pendant peu de temps, il est également membre de *DeVlag*. Quand un SS de sa commune, Vanden Bulcke, revient du front de l'Est, l'hommage qui lui est rendu se passe dans le jardin de Moortgat. Selon la femme de son frère Victor – les deux frères ne sont pas d'accord sur le plan politique – un portrait du Führer trône dans la salle à manger de Moortgat.

Pendant les premiers temps du camp, Schmitt loge pour quelques jours chez Moortgat. Après cela, il passe parfois le soir mais, dit-il, c'est pour discuter avec lui de questions administratives.

Schmitt déclarera en 1945 que « pour ce qui concerne les prisonniers, j'ai, dès le début, averti Moortgat qu'il était inutile de tenter d'intervenir en leur faveur et son intervention n'a donc eu aucun effet ». Selon Petrus De Schutter, un électricien que Moortgat a mis à la disposition du camp, l'intervention en question aurait été la suggestion d'organiser une fête de Noël pour les prisonniers à l'occasion de la Noël 1941 ou 1942.

Après le *niet* de Schmitt, dit De Schutter, « Moortgat s'adressait à moi quand il voulait faire quelque chose en faveur d'untel ou d'untel... Je dois reconnaître que l'intervention de Moortgat m'étonnait, car il était connu comme un homme d'ordre nouveau. Je l'ai aussi carrément mis au courant des tortures qui avaient lieu au fort et je dois dire qu'il n'était pas d'accord avec cela. Quand j'en ai eu l'occasion, j'ai conseillé aux familles des prisonniers de s'adresser plutôt directement à moi, car vous comprenez que je n'avais pas grande confiance en Moortgat. Je dois faire remarquer que Moortgat me considérait comme un homme d'ordre

nouveau à qui il pouvait faire confiance alors que, bien sûr, je n'appartenais pas à l'ordre nouveau». Peu avant le départ de Schmitt, Moortgat intervient encore en faveur du Foyer Léopold III. Il plaide aussi la cause de gens de sa commune, par exemple pour leur éviter le travail obligatoire en Allemagne. À partir de 1943, il commence à collectionner soigneusement les lettres de remerciement.

Moortgat reconnaît qu'il a, à une reprise, visité le fort en compagnie du secrétaire communal. En est-il resté à cette unique visite ? Ce n'est pas clair. De Schutter nie l'avoir jamais rencontré au fort. Deux prisonniers, dont le médecin des prisonniers, le Dr Jodogne, et un ouvrier, venu paver le fort, déclarent au contraire l'avoir vu y circuler amicalement avec des officiers allemands. Ses sympathies pour l'ordre nouveau contrastent fortement avec l'attitude de son collègue de Willebroek, le socialiste Gaston Fromont, qui en 1941 a passé quelques mois comme prisonnier à Breendonk. Après la Libération, cet épisode inspirera aux adversaires de Moortgat le libelle suivant: «Le lieu de torture qu'il a si souvent triomphalement visité, donnant du «Heil Hitler» à messieurs les Allemands super-bourreaux de nos prisonniers politiques, tandis qu'à sa demande et le sourire aux lèvres il va admirer le travail d'esclave de son collègue bourgmestre Fromont».

Aux environs de Noël 1944, pendant l'offensive des Ardennes, Moortgat adresse une carte à l'une de ses filles qui séjourne dans la salle des malades de la caserne Delobbe à Malines, un centre d'internement pour femmes. Ses vœux de Noël disent: «Tout le monde ici est plein d'espoir avec ces événements. Puisse cela conduire à un vrai retour au pays».

Chapitre IV
# LES PRISONNIERS :
# UNE HISTOIRE EN 20 PORTRAITS

On ne connaît pas le nombre exact des prisonniers de Breendonk. Mise à part une liste partielle de noms, toutes les listes ou fiches des prisonniers, dressés par l'administration du camp ont disparu. Après le conflit, le Service des victimes de guerre a établi une liste des prisonniers de Breendonk, qui énumère 3 456 noms, mais il y en a eu davantage. Selon Wyss, le numéro le plus élevé attribué à un prisonnier était le 3 566 et il y a eu, au moins, autant de prisonniers enregistrés que de numéros attribués. Pour certains, le séjour a été très bref : Albert Maertens, du Front de l'Indépendance, qui deviendra plus tard le directeur de *Het Laatste Nieuws*, a été conduit en un jour de sa prison de Gand à Breendonk et retour, pour une confrontation avec d'autres résistants. Le vaste groupe de femmes juives, qui arrivent à Breendonk en juillet 1942, n'a probablement jamais été enregistré par l'administration du camp : elles n'y séjournent que dans l'attente de leur transfert vers la caserne Dossin.

Les prisonniers de Breendonk sont aussi bien des Flamands que des Wallons ou des Bruxellois, des Belges comme des étrangers (de seize nationalités au moins), des juifs et des « aryens ». Ils viennent de divers horizons religieux ou philosophiques : on y trouve des prêtres comme Duesberg et Goube et des francs-maçons, un enseignant juif comme Seligman Bamberger et un antisémite comme Albert Frank. Ils proviennent de toutes les classes : de l'aristocrate Iweins de Wavrans à cette petite fripouille de Van Borm. Ils appartiennent à tout l'éventail des convictions politiques : du communiste pur et dur, Jacques Grippa, à l'ancien collaborateur de Degrelle, Robert du Bois de Vroylande.

Certains sont libérés, d'autres sont déportés vers des camps de concentration, d'autres encore sont exécutés à Breendonk ou ailleurs. Ils y sont pour quelques heures, pour quelques jours, pour des mois ou pour des années (la moyenne est d'environ un trimestre). Selon une étude statistique de Bruno Kennes, au moins 546 personnes de nationalité étrangère ont séjourné à Breendonk, dont 221 apatrides, 138 Polonais, 41 Soviétiques, 40 Néerlandais, 25 Allemands, 24 Français, 12 Roumains, 9 Italiens, 8 Autrichiens, 7 Yougoslaves, 6 Tchécoslovaques, 2 Hongrois, 2 Luxembourgeois, 1 Espagnol, 1 Britannique, 1 Bulgare et 1 Suisse. Alors que, en 1940, un prisonnier sur deux est juif, cette proportion descend à un sur huit pour toute la durée de l'occupation.

Trente prisonniers vont être présentés ici, pour donner une idée de la variété de cet univers carcéral, à défaut d'un tableau complet de la population du camp, qui demanderait une enquête de plusieurs années. Il s'agit des personnes présentées dans la première salle du musée du Mémorial : une galerie de trente figures en vingt portraits, pour donner une image aussi représentative que possible des prisonniers de l'époque. Ces trente personnes sont présentées dans l'ordre chronologique de leur arrivée au camp.

## Vital Verdickt
(Gand 21 juillet 1884 – Gand 20 août 1961)
Breendonk : 26 septembre 1940-31 octobre 1941

Des messieurs moustachus en maillot rayé, qui posent à côté du drapeau de leur association de gymnastes : celui qui feuillette l'album de famille de Vital Verdickt se voit projeté à la Belle Époque. Il a trente ans quand éclate la Première Guerre mondiale, un âge auquel les conceptions de la plupart ont pris leur forme définitive. La Grande Guerre a laissé une impression ineffaçable à presque tous ceux qui l'ont faite : il a dû en être de même pour Vital. En septembre 1916, l'occupant prend une de ses mesures les plus radicales : il ordonne la déportation de travailleurs belges vers les usines allemandes. Quelque 120 000 Belges vont y être emmenés.

Dans l'Entre-deux-guerres, Vital va peu à peu s'élever dans l'administration. Il n'est encarté dans aucun parti – avant la guerre, les services publics belges ne sont pas encore à ce point politisés – et on ne lui connaît pas de positions politiques explicites. Quand éclate la Seconde Guerre mondiale, il est directeur par intérim du bureau régional de Gand dans le Service National du Travail et du Chômage. Une photo montre à quoi il ressemble en 1940 : un fonctionnaire d'un certain âge, chauve, qui regarde le monde d'un œil grave et solennel, un fonctionnaire conscient de son devoir et un bon patriote. Or, un fonctionnaire ne doit pas aban-

Vital Verdickt dans son club de gymnastique. Il est debout à droite du drapeau.

donner d'informations à l'ennemi. Bien qu'il n'ait pas d'instructions ministérielles à cet égard, il fait ce qu'il considère comme son devoir de fonctionnaire et il ordonne de brûler le fichier des chômeurs de Gand, avant l'irruption des troupes allemandes. L'occupant fait déjà de la propagande pour attirer en Allemagne des travailleurs volontaires. Verdickt n'appartient pas à un groupe de résistants – en cet été 1940, il n'est d'ailleurs pas encore question de résistance organisée – et agit de sa propre initiative, pour contrecarrer comme il le peut les plans des Allemands: c'est ainsi qu'il refuse d'ouvrir ses bureaux le samedi après-midi.

Son comportement s'inspire sans doute de ses souvenirs de la Grande Guerre, mais le nouveau conflit a une connotation idéologique que le précédent n'avait pas. Il se heurte, dans son propre service, à un partisan de la collaboration, Jef De Vos du VNV, qui sera contraint de démissionner, sur la recommandation de Verdickt, après une brève épreuve de force. De Vos ne se laisse pas faire et alerte ses amis dans la presse pro-allemande. La feuille satirique gantoise De *Gieljotine van Pierlala* tire à vue sur Verdickt: «C'est bien toi qui as détruit les fiches des chômeurs et qui a dit à un employé qui t'interpellait: "tu ne vas quand même pas procurer de la main-d'œuvre aux Allemands?". Ça s'est pourtant passé ainsi, hein, Menheere Verdickt?».

Ces articles tombent forcément sous les yeux des Allemands. Verdickt est arrêté, incarcéré à la prison de Gand, puis transféré le 26 septembre à Breendonk. Il n'est pas contraint au travail comme les autres prisonniers, mais bien aux séances de gymnastique: « Pour moi, ce n'était pas grave, car j'étais gymnaste depuis mes seize ans… ». Mais il voit que ses codétenus souffrent des lourds exercices qu'ils doivent effectuer sous l'œil sévère de Willy Giersch. Après un an passé au camp, il est admis à l'hôpital militaire d'Anvers grâce à une inflammation au bras gauche. Il est libéré le 1er octobre 1941. En 1943, il peut redevenir fonctionnaire à la ville de Gand.

## Pavel Koussonsky
(Koursk 7 juin 1880 – Breendonk 26 août 1941)
Breendonk 22 juin 1941-26 août 1941

Si quelqu'un est victime de l'ironie de l'histoire, c'est bien Pavel Koussonsky. Il aurait dû couler ses vieux jours dans la campagne russe, respecté comme officier en retraite de l'armée du tsar et entouré de ses enfants et petits-enfants. Une révolution, une guerre civile et deux guerres mondiales font pourtant qu'à 61 ans, loin de chez lui, il mourra d'épuisement dans un camp nazi en Belgique.

Dans la première moitié de sa vie, tout se passe comme prévu: l'école des cadets, puis l'école d'artillerie et l'académie militaire le préparent à une carrière d'officier. La Première Guerre mondiale lui donne l'occasion de montrer ce qu'il a appris. En 1917, Koussonsky, qui a 37 ans, est déjà colonel. La révolution bolchevique de novembre 1917 entraîne la Russie dans une guerre civile. Alors que beaucoup d'ex-officiers tsaristes rejoignent l'armée rouge - parfois sous la contrainte - d'autres choisissent le camp des « blancs ». Selon l'historien britannique Norman Stone, ce sont surtout les cavaliers et les « artilleurs d'ancienne école » qui prennent le parti des « blancs ». Cette qualification s'applique-t-elle au colonel d'artillerie Koussonsky ou est-elle hasardeuse? Toujours est-il qu'il se joint aux « blancs ». Il a de plus en plus de responsabilités dans l'armée de Wrangel, sans doute le plus compétent des généraux « blancs ». En 1920, Wrangel a définitivement le dessous face aux « rouges ». Son armée évacue sa dernière position en Crimée. Koussonsky est devenu chef d'état-major et général quand il émigre vers Paris. Dans l'Union des vétérans tsaristes, une organisation militante en exil fondée par Wrangel, il est l'adjoint des présidents successifs. Après que le général Miller, chef de l'Union des vétérans, ait été enlevé par les services secrets soviétiques, Koussonsky et d'autres « blancs » sont expulsés de France en 1938 et viennent s'établir à Bruxelles.

Les prisonniers: une histoire en 20 portraits

Pavel Koussonsky (à gauche) et le baron Wrangel.

Le 22 juin 1941, les Allemands se saisissent de 34 citoyens soviétiques et de 65 émigrés russes de Belgique. Parmi eux, 25 à 30 environ se retrouvent à Breendonk. La plupart sont des militaires mais on y compte aussi quelques jeunes gens ainsi qu'un journaliste et écrivain, Solonevitch. C'est surtout le sort de Koussonsky qui jette l'émoi dans la communauté russe. Archangelski, alors président de l'Union des vétérans tsaristes, demande le 29 juillet 1941 à Von Falkenhausen la libération de son adjoint et d'autres officiers. Mais pour Koussonsky, l'intervention du *Militärbefehlshaber* arrive trop tard. Le général Koussonsky meurt le 26 août après deux mois à Breendonk. L'acte officiel mentionne «broncho-pneumonie» comme cause du décès. En vérité, il meurt d'épuisement et de coups. Le fier général a balayé tous les bons conseils de mettre moins d'ardeur au travail. Mais un général de l'armée impériale russe ne «carotte» pas! Il s'écroule sur le chantier et meurt à l'infirmerie. Selon Schmitt, la mort de Koussonsky provoque même une inspection de Breendonk par l'administration militaire en septembre 1941. Grâce à la *Militärverwaltung*, la plupart des Russes de Breendonk seront libérés entre août et novembre 1941.

## René Blieck
(Schaerbeek 1er mai 1910 – Baie de Lübeck 3 mai 1945)
Breendonk : 22 juin 1941-22 septembre 1941

René Blieck est enfermé à Breendonk le même jour que Koussonsky. Il est né dans une famille bourgeoise libérale mais, au contact des ouvriers dans un quartier populaire, il devient communiste. Après des études de droit, il devient avocat à la cour d'appel de Bruxelles. En 1938, il se marie avec une avocate communiste, Lucienne Bouffioux. Blieck est familiarisé tant avec le droit qu'avec la politique ou la littérature. Il appartient au groupe des «poètes du Bois de la Cambre», un groupe bruxellois de jeunes écrivains, et publie une série de recueils. Il signe aussi nombre d'articles dans la presse communiste ou de gauche. Mais en lui, le poète s'efface progressivement derrière le communiste engagé. «La poésie des poètes n'est pas la nôtre» conclut-il en 1937. Dorénavant ses vers auront des accents comme «Avec Lénine rouge dans nos cœurs, avec Staline debout!».

En septembre 1939, le Parti Communiste Français est interdit après avoir condamné, sur instructions de Moscou, cette guerre comme «une guerre impérialiste». Eugène Fried, le représentant du *Komintern* à Paris, s'exile vers la Belgique neutre. Son plus proche collaborateur à Bruxelles est René Blieck, dont l'appartement bruxellois devient un lieu de rencontre pour les communistes français. Ceux-ci restent les collaborateurs de Fried, même après mai 1940. En août 1943, à Ixelles, celui-ci tombe sous les balles de la Gestapo.

À ce moment, René Blieck est depuis longtemps dans un camp de concentration allemand. C'est le 22 juin 1941 que la Gestapo a sonné chez lui : Blieck est, en effet, un des 54 membres bruxellois de son parti visés par l'opération *Sonnewende*. À Breendonk, il est un jour chargé, avec Jacques Ochs, de nettoyer le quartier des sous-officiers. Ochs se souvient de ses contacts sympathiques avec lui, «un homme charmant, d'une grande culture et d'une sensibilité peu ordinaire, qui parle souvent de sa femme». Pour faire plaisir à Ochs, Blieck transcrit de mémoire une série de poèmes.

Après trois mois à Breendonk, il est déporté à Neuengamme, près de Hambourg. C'est un des camps les plus durs : sur 106 000 prisonniers, 55 000 y meurent. Même si on ne tient pas compte des 7 000 victimes d'un naufrage lors du déménagement du camp, cela représente un taux de décès de 45 %, à comparer avec 23 % à Buchenwald. Parmi les 2 500 Belges environ qui y sont passés, le taux de décès est encore plus lourd : seuls 20 %

survivent. Après Buchenwald, Neuengamme est le camp de concentration où l'on trouve le plus de Belges mais il y a une grande différence entre les deux camps : parmi les Belges, le taux des décès à Buchenwald est de 19 % : en effet, la plupart de nos compatriotes n'y arrivent qu'en 1944 ; ils doivent donc y survivre moins longtemps que ceux qui ont été déportés à Neuengamme dès 1941 et 1942. Les ex-prisonniers de Breendonk qui, après la guerre, prétendront que Breendonk était pire que les camps de concentration allemands avaient le plus souvent connu Buchenwald, pas Neuengamme.

Blieck survit pendant trois ans et sept mois à Neuengamme : sa veuve apprendra plus tard, par un de ses compagnons de captivité, que sa poésie l'a aidé à tenir le coup. Dans le secret, il écrit ses poèmes sur de petits papiers qu'il parvient à dissimuler. Des camarades apprennent ces poèmes par cœur pour que son message poétique ne soit pas perdu. Le 6 décembre 1944, Blieck assiste à l'exécution de Pierre De Tollenaere, un ouvrier bruxellois et militant communiste, qui est pendu pour sabotage. Cela lui inspire ce qui sera peut-être son dernier poème, un adieu du condamné à mort à son épouse (voir l'encadré). Après la guerre, un des ex-codétenu se souviendra des vers et les récitera, au cours d'une émouvante rencontre avec les veuves de Blieck et de De Tollenaere.

---

**René Blieck : poésie dans l'horreur du camp**

Iras-tu lentement dans un lieu solitaire
T'agenouiller sans bruit et prier un instant

Mêleras-tu mon nom au vol de ta prière

Et grave et recueillie invoquant le passé,
T'oublieras-tu, les yeux attachés sur le ciel
Où flottera mon cœur glacé

Viens à l'heure où le jour tombe
Mon cœur tressaillira encore s'il t'entend
Murmurer je t'aime encore amie.

Et si le gai printemps un matin fait éclore
Sur un tertre désert quelques boutons rosés
Porte-les à la lèvre – amie

On peut encore au-delà de la tombe
Échanger des baisers...

Camp de Neuengamme 6 décembre 1944
René Blieck, Poèmes 1937-1944. Avant-propos de Paul Éluard, Lyon 1954

En 1962, la poste de la RDA consacre un timbre à Blieck.

Fin avril 1945, le camp est évacué : ceux qui survivent à cette marche de la mort sont entassés sur le *Cap Arcona*, un bateau qui jadis transportait les passagers de Hambourg vers l'Amérique du Sud. Par erreur, des avions britanniques prennent le *Cap Arcona*, et deux autres bateaux, pour des transports de troupes allemandes. Quelques 7 000 prisonniers trouvent ainsi la mort dans la baie de Lübeck. René Blieck, un jeune père qui n'a connu son fils que pendant quelques mois, figure parmi les victimes.

### Les « Sept de Mons »
Breendonk : 10 août 1941 – 9 septembre 1941
*Edmond Anson : Mons 1er juin 1898 – Mons 7 février 1971*
*Maurice Bruyère : Frameries 15 juin 1920 – Mouscron 30 mai 1989*
*Roger Coekelbergs : Mons 20 février 1921*
*Désiré Demetsenaere : Mons 4 novembre 1907 – Sachsenhausen ou autre camp début 1945*
*François Duperrois : Mons 15 septembre 1907 – Mons 22 février 1977*
*Simon Jacob : Mons 22 avril 1901 – Mons 21 février 1978*
*Jean Walravens : Les Loges en Josas 7 avril 1922 – De Haan 10 août 1963.*

Le 8 août 1941, le chef de Rex, Léon Degrelle, part au front de l'Est avec 850 volontaires de la Légion Wallonie. Ils parcourent les rues de Bruxelles pour gagner la gare du Nord : une foule de curieux assiste au défilé, mais les rexistes ne peuvent pas compter sur beaucoup de soutien ; la police de Bruxelles leur tournant même le dos. À Mons, capitale du Hainaut, l'ambiance est encore plus hostile lors du départ des légionnaires wallons et des troubles éclatent, faisant même quelques blessés. La *Feldgendarmerie* arrête sept perturbateurs patriotiques et les enferme à la prison de Mons. Trois d'entre eux, Bruyère, Walravens et Coekelbergs, sont des étudiants. Coekelbergs, étudiant à l'École royale militaire, vient de s'évader d'un camp de prisonniers en Allemagne. Les autres sont un peu plus âgés : Anson est ouvrier et invalide de la guerre 1914-18 ; Demetsenaere est électricien et pompier volontaire ; Duperrois est employé ; Jacob est commerçant et vétéran de l'occupation belge en Rhénanie en 1923.

Deux jours plus tard, ils sont livrés à la Sipo-SD et envoyés à Breendonk. Il est clair que le but est de leur faire la leçon : « Vous êtes ici pour un temps déterminé », leur dit Prauss, « si vous ne travaillez pas bien, votre peine sera doublée ». Cette « leçon » commence dès le premier jour : après l'enregistrement et une visite à l'atelier de couture, ils doivent rester au garde à vous face au mur. Ils y restent jusqu'à l'appel du soir et sont maltraités pendant des heures : « Certains boches poussaient nos têtes à deux mains et les faisaient frotter contre le crépis qui faisait office de râpe ce qui entamait la chair de nos figures ». Après cela, ils ont droit à un régime spécial : ce sont les seuls qui doivent, en cet été 1941, poursuivre leur travail l'après-midi. Prauss a fait tracer une étoile rouge sur leur wagonnet : parmi les « Sept de Mons », aucun pourtant n'est communiste. Pour Prauss, tout qui manifeste contre les combattants de l'Est ne peut être qu'un bolchevique.

Un mois plus tard, tous sont libérés sauf l'infortuné Bruyère, qui doit encore rester un mois de plus à l'hôpital militaire d'Anvers. Un mois à Breendonk : une courte période pourrait-on penser. Mais les avis médicaux en disent long. Bruyère est blessé au pied, mais ce sont surtout les

Cinq des « Sept de Mons », peu après leur libération, à Bonsecours le 15 septembre 1941. De gauche à droite : M$^{me}$ Demetsenaere, Demetsenaere, Walravens, Coekelbergs, Jacob, M$^{me}$ Jacob, Anson.

aînés qui souffrent de leur emprisonnement. Jacob se présente au médecin le 11 septembre : il a perdu dix kilos, n'a pas d'appétit, est asthmatique, très fatigué, insomniaque et balafré de cicatrices. Anson souffre de pleurésie, des séquelles d'une côte cassée, d'une plaie infectée à la jambe droite et de dépression nerveuse ; il est déclaré inapte au travail pour onze mois. La tête meurtrie de Duperrois porte les cicatrices d'innombrables coups de bâton et il se plaint d'une diarrhée sanglante contractée au camp.

Pourtant, le séjour à Breendonk n'a pas eu l'effet dissuasif espéré par les Allemands. Seul Jacob abandonnera ses activités antérieures dans un réseau de renseignements. Anson appartient à l'Armée Secrète et Duperrois au Mouvement National Belge. Bruyère fait du renseignement en francs-tireur, tandis que Demetsenaere et Coekelbergs appartiennent à Luc-Marc, le plus grand réseau belge de renseignement. Coekelbergs, qui y entre comme simple agent fin 1941, en devient le chef de secteur pour le Hainaut central et est, après la guerre, reconnu comme capitaine des services de renseignement et d'action. Demetsenaere payera de sa vie sa résistance dans Luc-Marc : par deux fois encore, il est arrêté par l'occupant ; la seconde fois, il est déporté comme prisonnier « *Nacht und Nebel* », puis meurt dans un camp de concentration, on ne sait pas s'il s'agit de

Après la guerre, Roger Coekelbergs enseigne à l'École royale militaire.

Sachsenhausen, Gross-Rosen ou Gross-Strehlitz. Duperrois, le seul à être également déporté, a plus de chance : il survit à son séjour outre-Rhin, notamment au camp de travail de Sorau, et est rapatrié en 1945.

Un mois après la Libération de la Belgique, Simon Jacob prendra la plume pour raconter l'expérience du groupe dans *Les Sept de Mons à Breendonk*. Le jeune Walravens, qui partira au Congo en 1949, l'aide dans cette reconstitution des évènements.

Coekelbergs participe à la Libération en entrant dans l'armée américaine et pénètre loin en Allemagne avec la 1re US Army. De retour en Belgique, il est pendant quelque temps officier d'ordonnance du Prince-Régent. Des « Sept de Mons », c'est lui qui fait la carrière la plus remarquée dans l'après-guerre. Il décroche un doctorat en chimie, devient professeur à l'École royale militaire – où il fonde le laboratoire de chimie nucléaire – et dirige le département de recherche de l'Union Chimique Belge. Pendant des années, il est le secrétaire du conseil d'administration du Mémorial national de Breendonk, dont il devient le président en 2000, pour s'attaquer à la rénovation du fort, jugée indispensable depuis des années. En 2003, il connaît le couronnement de ses dynamiques efforts quand le roi Albert II inaugure le fort rénové.

## Vital Nahon
(Rotterdam 13 octobre 1914 – Anvers 18 juillet 1996)
Breendonk : 3 mai 1942 – 6 mai 1942

Le père de Vital Nahon est un Néerlandais qui s'est établi à Anvers à la fin du XIXe siècle, y devient gérant d'une filiale du *Nederlandsche Boekhandel* et y fonde une grande famille. Vital a une sœur de 18 ans son aînée, Alice. Après la Première Guerre mondiale, elle devient l'une des poétesses les plus connues de Flandre. Vital est davantage tourné vers la technique et devient conducteur de travaux aux Ponts et Chaussées.

Quelque part entre novembre 1940 et mars 1941, il entre dans un groupe de résistance qui plus tard se joindra au Front de l'Indépendance (FI). Ce FI est une coupole qui couvre des organisations de résistance actives dans différents secteurs de la vie sociale. Il est créé à l'initiative de communistes, après l'attaque allemande contre l'Union Soviétique. Mais ses membres viennent d'horizons différents. Vital Nahon a nettement des sympathies politiques de gauche même si, selon sa veuve, il n'a jamais été membre d'un parti. Une des figures de proue du FI à Anvers est un

L'équipe de la mission de rapatriement à Vienne, devant le château de Schönbrunn. Nahon est le quatrième à partir de la droite. À l'extrême droite, Claire-Marie Lévy-Morelle, une parente du ministre Paul-Émile Janson, décédé à Buchenwald.

enseignant, Remy Gillis. Le groupe recrute beaucoup dans le corps enseignant ; la première épouse de Nahon est aussi une enseignante. Nahon fait partie de *Solidariteit*, une section du FI qui vient au secours des personnes recherchées par l'occupant et des familles de ceux qui ont été arrêtés.

Au début de 1942, lors de l'arrestation d'un certain Verbruggen, la Gestapo tombe sur des documents qui concernent Vital Nahon. Elle procède aussitôt à son arrestation. Vital passe un mois à la prison anversoise de la *Begijnenstraat*, d'où il est transféré à Breendonk le 3 mai 1942. Son séjour y est très court : trois jours plus tard, il est déporté vers le camp de concentration de Mauthausen, avec 120 autres prisonniers de Breendonk.

En 1940, le SD dresse un classement des camps de concentration en trois catégories selon le « degré d'améliorabilité » des détenus. Mauthausen appartient à la troisième catégorie, la plus sévère, celle des prisonniers « inaméliorables ». Certes, ce classement est assez arbitraire et ne correspond pas toujours à la réalité. Mais il ne fait pas de doute que Mauthausen est un des camps les plus durs. Nahon parvient à y survivre pendant trois ans.

Il est au bord de l'écroulement quand il est choisi pour un travail plus léger : certes, ses compétences d'ingénieur technicien sont enfouies très loin dans son esprit épuisé, mais il en reste assez pour les SS, qui cherchent un prisonnier capable de concevoir des constructions. Il se fait que son concurrent pour la même fonction est un brillant prisonnier yougoslave, l'architecte en chef de la ville de Ljubljana : son épreuve de dessin, racontera-t-il plus tard à la BRT-radio, fait bien piètre figure à côté de celle du Yougoslave mais il sait trouver le ton juste en face du SS qui vient contrôler leur travail.

Le 7 mai 1945, Mauthausen est libéré par la troisième *US Army* du général Patton. Parmi les prisonniers survivants, trois mille mourront encore juste après leur libération. Affamés, certains commettent l'imprudence de manger le chocolat que les GI's leur offrent : cela leur est fatal. Vital est rapatrié en Belgique mais retourne en Autriche dès l'année suivante. Il se porte en effet volontaire pour participer à la Mission belge pour le rapatriement, chargée de faire revenir au pays les Belges encore présents en Autriche et de rechercher les disparus. Vienne est couverte de ruines – c'est la Vienne que nous connaissons par *Le Troisième Homme* avec Orson Welles – mais l'ambiance dans le groupe est bonne et, pour Vital, c'est une période plaisante, dont il évoque toujours volontiers le souvenir.

À la fin des années quarante, Nahon, qui est veuf, se remarie avec une survivante du camp de Ravensbrück, une femme qui appartenait comme lui au même noyau anversois du Front de l'Indépendance.

## Willem Bernaert
(Borgerhout 30 juin 1903 – Poppenweiler 19 avril 1944)
Breendonk : 30 septembre (?) 1942 – 31 mars 1943

« Mettez le feu à l'Europe » : c'est par ces mots que Winston Churchill donne l'ordre, en juillet 1940, de mettre sur pied le *Special Operations Executive (SOE)*, un service secret britannique chargé d'encourager la résistance et les sabotages dans l'Europe occupée. Fin 1941, le SOE recrute Willem Bernaert, un steward anversois. À l'été 1940, les autorités françaises de Casablanca, sous la coupe de Vichy, mettent le bateau de Bernaert à quai. Faisant contre mauvaise fortune bon cœur, il monte, avec un Français, un négoce de pain d'épices dans ce port marocain.

Après un an, il en a son compte et tente de fuir en canot par la mer. Il est recueilli par un navire de guerre britannique, qui le transporte de Gibraltar en Grande-Bretagne. Les Britanniques trouvent qu'il serait plus utile dans le SOE que comme marin et Bernaert se soumet à un entraînement poussé: lecture de cartes, emploi de codes secrets, sauts en parachute, etc.

Dans la nuit du 23 au 24 mars, Bernaert, dont le nom de code est «Mink», est parachuté au dessus de la Belgique. Sa mission consiste à organiser, dans sa ville natale d'Anvers, des opérations de sabotage et de résistance passive, surtout dans les usines qui travaillent pour l'économie de guerre allemande. Le dossier de Bernaert auprès du SOE, qui est conservé au *Public Record Office* de Londres, contient quelques-uns des tracts qu'il doit diffuser dans la classe ouvrière d'Anvers. Ils sont rédigés en français et portent des titres comme «Le sabotage en plein-air. Sport national belge à la portée de tous» ou «Ouvrier d'Europe, vous avez en main une arme irrésistible: contre l'axe Hitler, l'axe de vos machines-outils». Bernaert doit aussi former des groupes de résistants, prêts à saboter des objectifs allemands lors de l'invasion alliée. Il doit en outre organiser une campagne de rumeurs sur l'existence en Belgique d'une puissante société secrète appelée «La Justice». «La Justice» est aussi insaisissable que le Mouron Rouge pendant la révolution française et elle se donne pour mission de juger et d'exécuter tous les Quisling, tous les traîtres et les plus méchants parmi les fonctionnaires allemands. Chaque fois qu'un collaborateur ou un soldat allemand est abattu – par d'autres que par lui-même bien entendu –, Bernaert doit diffuser un avis mortuaire avec l'estampille «La Justice». Avant son départ, il a été pourvu d'une couverture: il est sensé avoir travaillé dans le midi de la France pendant les mois qu'il a, en fait, passés en Grande-Bretagne. Il emporte aussi deux pigeons qu'il doit lâcher à son arrivée en Belgique avec le message «OK» ou, en cas de problème, avec le message «me voici».

La mission de Bernaert est compromise dès le départ. L'opérateur-radio par qui il doit rester en contact avec Londres est, en fait, contrôlé par les Allemands depuis un certain temps. Willem Bernaert ne sera pas un autre Mouron Rouge: le 27 juillet 1942, il est arrêté par l'*Abwehr* et accusé d'espionnage. Il a en poche une adresse, ce qui conduit à d'autres arrestations. Après un séjour à la prison de Saint-Gilles, Bernaert est, pour quelques mois, mis en cellule à Breendonk. En septembre 1943, le conseil de guerre allemand le condamne à mort. Mais l'exécution n'a pas lieu tout de suite : il passe d'une prison allemande à l'autre – Aix-la-Chapelle, Bruchsal et Ludwigsburg – avant d'être exécuté en avril 1944.

Au total, 306 agents secrets ont été envoyés de Grande-Bretagne en Belgique pendant cette guerre. Environ la moitié d'entre eux ont été arrêtés. Bernaert figure parmi les 87 Belges qui n'ont malheureusement pas survécu.

## Martial Van Schelle
(Merksplas 6 juillet 1899 – Breendonk 15 mars 1943)
Breendonk : 15 janvier 1943 – 15 mars 1943

Martial Van Schelle est sans doute très oublié aujourd'hui, mais il fut, en son temps, une figure connue dans le sport et les affaires. Champion de natation et aérostier, il monte dans l'Entre-deux guerres un empire commercial dans les domaines des piscines, patinoires, magasins d'articles et de vêtement de sport. Aujourd'hui encore, une boutique chic de Bruxelles porte son nom. Dès l'enfance, Van Schelle est un énergique casse-cou, qui passe sa jeunesse dans un grand domaine de Campine où il commet quelques gamineries. Sa germanophobie date aussi de là : quand il a 16 ans, un sous-marin allemand coule le paquebot *Lusitania*. La mère de Van Schelle est l'une des 1 200 victimes de cette catastrophe. Lorsque les États-Unis déclarent la guerre à l'Allemagne, Martial se porte dans le corps expéditionnaire américain.

Quand les Allemands occupent à nouveau la Belgique en 1940, sa détermination et son patriotisme le poussent vers la résistance. Fin 1940, il déclare au pharmacien bruxellois Léon Broeckaert, une vieille connaissance engagée dans une filière d'évasion pour les pilotes alliés, qu'il est prêt à soutenir la résistance. L'homme d'affaires Van Schelle veut mettre à sa disposition de l'argent, des vêtements, des chaussures. Broeckaert accepte cette aide ; il confie à Van Schelle la direction d'un groupe de résistants à Jette, composé de policiers locaux et auquel appartient son frère, Valère Broeckaert. Van Schelle travaille aussi pour le réseau français Manipule. Le groupe de Van Schelle achemine des armes et des munitions, il opère des sabotages, mais il est lourdement frappé fin 1942 et début 1943. En quelques mois, les Allemands le neutralisent totalement. Van Schelle est arrêté le 15 janvier 1943.

À Breendonk, il atterrit dans la chambrée de Victor Trido, qui dédiera son livre, *Breendonk. Le camp du silence, de la mort et du crime*, « à mon

Martial Van Schelle (à droite) en compagnie du champion de natation Arne Borg.

inoubliable ami Martial». Van Schelle forme un groupe d'amis très unis avec Victor Trido, André Wittezaele, et les résistants hennuyers Léon Leemans et Jules Klara, dit «Kiki». Le midi et le soir, tous cinq se réunissent autour de la même table pour parler ou pour fumer en cachette un des mégots de cigarette que «Kiki» a pu subtiliser. Mais il s'agit d'être prudents car Fernand Daumerie est dans la même chambrée. Pour que le mouchard Daumerie ne puisse pas les espionner, Wittezaele, Leemans et Van Schelle se parlent parfois en anglais. Sur le chantier, Van Schelle doit pousser un wagonnet avec trois autres prisonniers, dont un mineur et un policier de Bruxelles, Georges De Bleser. Ce dernier, membre du Front de l'Indépendance, est déjà à Breendonk depuis plusieurs mois. Il a passé tout ce temps dans une cellule et n'est dans une chambrée que depuis janvier. Sur le chantier, il peut échanger quelques mots avec Van Schelle. Martial est un camarade sympathique et solidaire. Ce qui le peine, confie-t-il à De Bleser, c'est que certains de ses amis ou connaissances le considèrent comme un collaborateur et changent de trottoir quand ils le rencontrent. Alors que, s'il a entretenu des contacts avec des officiers allemands, c'est pour leur soutirer des renseignements.

Van Schelle passe tout juste deux mois à Breendonk. Quand le SS Acke et le sous-officier de la Légion Wallonne Boisbourdin sont liquidés par la résistance, dix otages sont choisis parmi les prisonniers. Parmi eux, Van Schelle et d'autres membres de son groupe de résistants. Van Schelle semble avoir eu le pressentiment de son exécution car, deux jours avant, il demande à Leemans, si les choses tournent mal et si, bien sûr, il lui survit, de dire à son neveu et à son personnel que lui, Martial, est mort pour la Belgique. Son testament, écrit à Breendonk, se termine par ces mots : « Je vais mourir pour la Belgique, tâchez de vous en souvenir en perpétuant mon (?) dans le temps et dans l'espace ».

## André Duesberg
(Aubel 5 août 1902 – Gross-Rosen 15 novembre 1944)
Breendonk : 16 février 1943 – 14 août 1943

En 1947, paraît un *Martyrologe 1940-1945* des 80 religieux belges et luxembourgeois morts de la main des nazis. L'un d'entre eux est André Duesberg, qui est moine à Maredsous sous le nom de Dom Daniel. « Descend-il des chevaliers et des croisés ? » demande l'auteur du *Martyrologe*. En tout cas, Duesberg combine brillamment les rôles de militaire et de religieux. Comme lieutenant de réserve, il participe à la campagne des dix-huit jours. Il échappe aux camps allemands de prisonniers de guerre et fonde, dès l'été 1940, un noyau de la Légion Belge dans le Hainaut. Cette Légion Belge deviendra l'Armée Secrète, le plus grand mouvement de résistance belge, d'orientation patriotique et royaliste. Duesberg est, en outre, engagé dans les réseaux de renseignement Luc-Marc et Tégal.

Un dénonciateur travaillant pour l'Abwehr est parvenu à s'introduire dans la Légion Belge : le 22 juin 1942, les Allemands mettent la main sur celui qui commande l'Armée Secrète dans le Hainaut. Pour Dom Daniel, cela signifie tout un parcours entre prisons et camps : Loos (près de Lille), Saint-Gilles, Breendonk, Charleroi, Breendonk à nouveau, Hameln, la prison de Gross-Strehlitz puis le camp de concentration de Gross-Rosen.

André Duesberg

À Breendonk, on coud sur son vêtement un ruban blanc de prisonnier politique avec, au centre, le carré rouge des « terroristes ». Il est d'abord mis en cellule. Á son retour de la prison de Charleroi, il doit se joindre aux travailleurs forcés sur le chantier. Il est torturé, mordu par le chien de Schmitt, battu par ses chefs de chambrée, De Vos et Wyss. Ce bénédictin solidement bâti – Bénédictine est l'un des sobriquets dont les SS l'affublent – passe d'un poids de plus de cent kilos à soixante, mais il reste flegmatique. Il plaisante : « en temps de paix, je n'ai jamais pu si bien jeûner que maintenant. »

Dans les années 1940-1944, la Belgique est encore un pays très catholique même si, dans le camp, avec la forte présence de communistes et de juifs, ils sont proportionnellement beaucoup moins nombreux que dans la société. Le dimanche, dix des quarante camarades de chambrée se réunissent autour de Dom Daniel qui dit la messe. De telles cérémonies improvisées sont strictement clandestines et s'interrompent dès qu'un SS est dans les parages.

En août 1943, Duesberg est déporté vers le Reich comme prisonnier *Nacht und Nebel*. Fin octobre 1944, il se retrouve au camp de concentration de Gross-Rosen en Pologne. Gross-Rosen, petit camp au début, a été énormément agrandi durant la dernière année de guerre. Par dizaines de milliers, des prisonniers y sont transférés à partir d'autres camps. Au dernier trimestre de 1944, 1 500 prisonniers *Nacht und Nebel* belges, comme Duesberg, et français y arrivent, venant de Gross-Srehlitz ou d'autres prisons. La surpopulation aggrave encore les conditions de vie, surtout pendant l'hiver 1944-1945. Pour Dom Duesberg dont l'organisme est épuisé, la scarlatine qu'il contracte au camp est le coup de grâce : il meurt à l'infirmerie le 15 novembre 1944.

## Édouard Franckx
(Gand 26 juillet 1907 – Woluwé-St-Lambert 27 février 1988)
Breendonk : 14 avril 1943 – 18 septembre 1943)

Et

## René Bauduin
(Namur 24 octobre 1905)
Breendonk : 18 mai 1943 – 30 septembre 1943

Édouard Franckx

René Bauduin

Avec Édouard Franckx et René Bauduin, ce sont deux autres dirigeants de l'Armée Secrète qui arrivent à Breendonk. Franckx, francophone de Gand, est le chef de la Zone III (Flandres occidentale et orientale) de l'Armée Secrète ; le Wallon Bauduin est le chef d'état-major de cette organisation militaire de résistance. Les deux hommes arrivent à Breendonk à un mois de distance. Ce sont de bons amis, qui appartenaient à la même promotion de l'École royale militaire.

Quand éclate la Seconde Guerre mondiale, Franckx enseigne, depuis quelques années déjà, à cette même École royale militaire. Le capitaine Franckx prend part à la campagne des dix-huit jours et est fait prisonnier de guerre. En octobre, il est de retour en Belgique. Un mois et demi plus tard, il s'affilie à la Légion Belge. Il est un des premiers supports du fondateur de la Légion, le commandant Charles Claser, qui mourra à Gross-Rosen à la fin de 1944. En novembre 1940, une «ordonnance générale» formule la pensée de la Légion: l'ordonnance exprime son mépris pour le «régime des partis qui a conduit le pays au déclin moral et matériel», appelle de ses vœux un «renouveau national» et confirme son attachement au Roi. À cause de son ardent royalisme, Claser sera *persona non grata* auprès du gouvernement belge de Londres. Ses idées sont-elles partagées par ses partisans? Ce n'est pas certain: dans l'Entre-deux-guerres, Franckx a travaillé au cabinet du ministre libéral de la Défense nationale, Devèze, et, après la guerre, il a été officier d'ordonnance du Prince-Régent, ce qui semble indiquer qu'il ne partage pas l'aversion de Claser pour les partis politiques et qu'il ne compte pas parmi les «durs» du léopoldisme.

Bauduin rejoint l'Armée Secrète via le colonel Bastin, l'homme qui succède à Claser après l'arrestation de celui-ci. Les officiers Bauduin et Bastin viennent du même régiment et sont des amis. Le capitaine Bauduin voue une grande admiration à son supérieur, le colonel Bastin, un héros de la Grande Guerre.

À Breendonk, Franckx est enfermé en cellule pendant 85 jours. Et Bauduin se retrouve dans la chambrée de Valère De Vos, surtout peuplée de communistes. La plupart sont des ouvriers communistes, avec qui l'officier anticommuniste qu'est Bauduin a peu de choses en commun. Ce n'est que plus tard, quand des dirigeants éduqués du parti communiste arriveront dans la chambrée, qu'il liera de meilleures relations avec ses codétenus. L'emprisonnement commun atténue les différences idéologiques. Mais toute discussion est une entreprise périlleuse tant que De Vos est dans les parages.

Après Breendonk, Franckx et Bauduin parcourent à peu près les mêmes camps et prisons: Saint-Gilles, Essen, Esterwegen, Börgermoor (seulement Franckx), Kaisheim et Dachau. En Allemagne, ils ne vivront pas les mêmes horreurs qu'à Breendonk, note Bauduin dans son livre *Souvenirs de Captivité*, qu'il rédigera soixante plus tard à la demande de la reine Paola. C'est surtout la violence physique qui fait l'horreur de Breendonk, car le froid et la faim le font aussi souffrir dans les autres lieux d'internement. Au camp d'Esterwegen, ils retrouvent le colonel Bastin, qui mourra à Gross-Rosen avec bien d'autres résistants de l'Armée Secrète. Franckx et Bauduin ont plus de chance. Le 29 avril 1945, les Américains les libèrent à Dachau, où ils se trouvent dans une compagnie disciplinaire. Le lendemain de leur libération, Bauduin rencontre un correspondant de guerre belge, Paul Lévy.

Quand, lors de son rapatriement, Bauduin revoit à nouveau un drapeau belge, l'émotion est trop forte et il se met à sangloter. Les deux amis connaissent encore une belle carrière après la guerre : Franckx est nommé professeur de mathématiques à l'École royale militaire et il devient aussi président de l'association internationale des actuaires. Bauduin travaille un temps au cabinet du ministre de la Défense nationale, De Fraiteur. Dans les années cinquante, il devient attaché militaire à l'ambassade de Belgique à Paris. Il s'entend bien avec son ambassadeur, le baron Guillaume, qui lui prête sa villa de la Côte d'Azur pour tout un mois, afin de lui permettre de récupérer des séquelles de sa vie de prisonnier.

Le passé de guerre ne quitte ni Franckx, ni Bauduin. Tous deux sont actifs dans le conseil d'administration du Mémorial national et dans l'Union des Fraternelles de l'Armée Secrète. Franckx préside l'Union pendant 18 ans, jusqu'à sa mort à l'âge de 80 ans.

### Pierre Stippelmans
(St-Trond 22 juin 1925)
Breendonk : 25 mai 1943 – 20 août 1943

Pierre Stippelmans aussi est, après la guerre, reconnu comme résistant armé ayant appartenu à l'Armée Secrète depuis 1941. « J'ai d'abord été membre du Mouvement Royaliste National », dit-il en 1948, « puis je suis passé à l'Armée Secrète en 1943 ». En réalité, l'important pour le jeune Stippelmans n'est pas tellement à quel mouvement il appartient. Dans l'après-guerre, les différents mouvements de résistance remuent ciel et terre pour compter le plus possible de membres reconnus. Ils ont, en effet, droit à des postes d'officier dans l'armée au prorata de leur importance numérique : par exemple, un lieutenant-colonel par 3 000 affiliés. Dans son livre de 1991 et dans une interview en 2000, Stippelmans n'évoque même pas un mouvement de résistance en particulier. Pour une part non négligeable, ce sont les restrictions imposées à la jeunesse pendant la guerre – le couvre-feu, le répertoire musical limité et trop allemand joué dans les cafés – qui poussent le jeune apprenti cordonnier Stippelmans et ses camarades de Saint-Trond vers la résistance. Ces jeunes se rencontrent à des réunions clandestines, pratiquent en secret des exercices militaires – sans armes – et font de la propagande contre l'occupant. Cette dernière activité consiste surtout à peindre des slogans comme « *Weg met het VNV* » sur les maisons des pro-allemands. Cela part d'une bonne intention mais c'est un peu de l'amateurisme. On vend même des cartes de membres.

Pour le retour des jeunes gens de Saint-Trond, une grande fête populaire est organisée dans la ville. À l'extrême gauche, Pierre Stippelmans.

Le 25 mai 1943, l'inévitable se produit : 72 membres sont arrêtés par la *Feldgendarmerie* et expédiés à Breendonk. La faim pousse Stippelmans à subtiliser une feuille de chou. Il est attrapé et tabassé si violemment que, pendant des mois, ses urines contiendront du sang. Après trois mois, il subit le parcours de tant d'autres prisonniers *Nacht und Nebel* : Saint-Gilles, Essen, Esterwegen, Börgermoor, Gross-Stehlitz, Gross-Rosen et Dora. Le 11 mars 1945, il parvient à s'évader lors d'une marche vers un autre camp. Trois jours plus tard, il rencontre les premiers soldats alliés.

---

Pierre Stippelmans à propos de son arrivée à Breendonk :

« Nous descendons et sommes gardés par deux SS solidement bâtis. Des SS flamands nous traitent de mauvais Flamands, ils tabassent et piétinent tous ceux qu'ils peuvent attraper »

Pierre Stippelmans, *Mijn verhaal. Razzia te Sint-Truiden*, 1943-1945, p. 8

## Youra Livchitz
(Kiev 30 septembre 1917 – Schaerbeek 17 février 1944)
Breendonk : 26 juin 1943 – 17 février 1944

19 avril 1943 : trois jeunes résistants – Robert Maistriau, Jean Franklemon et Youra Livchitz - avec pour seules armes un revolver, une lampe-tempête et des pinces -, arrêtent un train près de Boortmeerbeek. C'est le vingtième convoi ; il déporte 1 631 juifs de la caserne Dossin à Malines vers Auschwitz. 17 personnes parviennent à fuir avant que les Allemands n'ouvrent le feu ; 25 autres fuient encore avant l'arrivée du train à la frontière. L'attaque est d'une audace inouïe. Youra Livchitz, la figure centrale du trio, a d'abord soumis son plan pour l'attaque d'un convoi de déportation à deux groupes de résistants : mais tant les Partisans Armés que le Groupe G trouvent l'entreprise trop risquée. Robert Leclercq, un des responsables de ce Groupe G, groupement clandestin issu de l'ULB et spécialisé dans les sabotages, trouve le plan attrayant et conseille à Livchitz de faire appel à un autre membre du Groupe G, Robert Maistriau. Livchitz en parle aussi à son ancien condisciple de l'Athénée d'Uccle, Jean Franklemon et le trio est au complet. Tous trois sont des anciens de l'Université libre de Bruxelles. Livchitz, qui vient d'une famille aisée de juifs russes, habite à Bruxelles depuis 1928. En 1942, ce jeune médecin doit abandonner sa carrière d'assistant dans un hôpital parce que l'occupant interdit aux juifs l'exercice de toute profession médicale. Depuis, il travaille comme employé dans la firme pharmaceutique Pharmacobel.

L'intellectuel de gauche Livchitz n'est pas prêt à supporter patiemment la persécution raciale. Il organise son action de sauvetage en collaboration avec Hertz Jospa, un communiste qui a créé le Comité de défense juif. Livchitz, Jospa et son Comité ou des partisans juifs comme Choura, le frère de Youra, représentent une des réponses possibles aux persécuteurs nazis. Face à eux, on trouve les notables de l'Association des Juifs de Belgique créée par l'administration militaire allemande. Ils espèrent éviter le pire grâce à une politique de concessions. Les dirigeants de cette Association sont incarcérés à Breendonk fin septembre 1942 afin de les contraindre à une meilleure collaboration. Peu de temps après, ils sont relâchés, sur l'intervention du Cardinal Van Roey. Le Grand Rabbin Salomon Ullman a beau prétendre, après la guerre, que lui et ses collègues furent traités aussi durement que n'importe quel autre prisonnier, le journal de guerre de Salomon Van den Berg donne une autre image de leur sort en prison : bien sûr, eux aussi ont reçu des gifles mais quand même… Obler les ménage ; « le lieutenant n'est pas un mauvais type » ; un codétenu nettoie les chaussures de Van den Berg ; le soir, il troque ses chaussures pour de confortables pantoufles ; le travail en plein air est sain et lui fait du bien…

Les auteurs de l'attaque du 19 avril 1943 aussi se retrouvent à Breendonk, mais leur emprisonnement n'est pas aussi bref. Après Breendonk, Franklemon parvient à survivre à Sachsenhausen, tandis que Maistriau surmonte les horreurs de Buchenwald, Dora et Bergen-Belsen. Après sa première arrestation, Youra Livchitz a encore réussi à s'évader des caves du quartier général de la Gestapo, avenue Louise. Mais la deuxième arrestation lui est fatale. Il ne quitte Breendonk que pour être conduit au champ de tir de Schaerbeek, où il est fusillé comme otage lors d'une des multiples opérations de représailles. C'est le 17 février 1944. Dix jours plus tôt, son frère Choura avait été exécuté au même endroit.

### Jacques Grippa
(Grivegnée 30 mars 1913 – Forest 30 août 1991)
Breendonk : 10 juillet 1943 – 6 mai 1944

Juillet 1943 est un mois sombre pour la résistance communiste. Nombre de ses chefs et militants tombent aux mains de la Sipo-SD : parmi eux, Jacques Grippa et Jean Fonteyne. Jacques Grippa est le chef d'état-major des Partisans Armés, depuis l'arrestation de son prédécesseur, Jean Bastien en janvier 1943. Grippa a déjà été longuement évoqué dans le chapitre consacré aux tortures, que ce courageux partisan a subies sans parler. Grippa est un fils d'émigrants italiens sympathisants communistes. À 17 ans déjà, il s'affilie au parti. Après des études en sciences appliquées à l'ULB, il enseigne dans une école technique supérieure puis travaille comme ingénieur dans une usine. Au moment du pacte germano-soviétique, il fait partie des suspects internés, en mai 1940, au camp du Vernet en France.

Après dix mois à Breendonk, Grippa est déporté à Buchenwald. Il est placé dans le commando de l'usine Mibau. Quand l'usine est bombardée par les alliés, Grippa et les autres membres du commando doivent

Grippa avec Mao.

déblayer les décombres. En septembre 1944, il est admis à l'infirmerie avec une scarlatine et une bronchite. Il survit, malgré les moyens médicaux rudimentaires. Une fois rétabli, il travaille comme magasinier: tout travail physique lourd l'épuise. Il est nommé contrôleur de l'hygiène dans un bloc de prisonniers, ce qui est sa planche de salut. Cela lui laisse aussi plus de temps pour ses activités clandestines. Les communistes, fortement représentés dans le camp, ont, en effet, créé une organisation clandestine du parti: Grippa fait partie de la direction belge. Au comité international clandestin, le délégué des communistes belges est le député de Charleroi Henri Glineur. Plus tard se créera aussi un Comité de la Communauté belge, avec des représentants des divers courants: communiste (dont Grippa et Glineur), socialiste (dont Gaston Hoyaux), libéral et catholique (dont le professeur Simonart). Les prisonniers parviennent même à s'armer. Du côté belge, les responsabilités militaires sont confiées à Jacques Grippa. Quand la troisième armée américaine est en vue, la plupart des SS du camp s'enfuient et les prisonniers armés s'emparent du camp.

Après son rapatriement, Grippa devient le chef de cabinet des ministres successifs des Victimes de guerre et des Travaux publics. Toute sa vie, il a été un communiste pur et dur. Ainsi, pendant l'offensive des Ardennes, il se demande s'il ne s'agit pas d'une manœuvre tactique des impérialistes occidentaux pour laisser à l'URSS tout le poids de la guerre. Quand, au temps de Khrouchtchev, le parti communiste belge abandonne la ligne stalinienne, Grippa juge que c'est du «révisionnisme». En 1963, il fonde un parti communiste dissident que ses adversaires appellent rapidement le «parti chinois». À cette «dissidence grippiste» se joignent aussi d'autres ex-prisonniers de Breendonk qui ne digèrent pas la déstalinisation, comme René Raindorf, Henri Glineur et Hertz Jospa. Pendant la révolution culturelle, il soutient, contre Mao, un personnage que seuls connaissent encore les familiers de l'histoire de Chine, Liu Shaoqi, président de la République Populaire de Chine. Finalement, il juge même que la maoïsme est «un complot contre-révolutionnaire». À l'intérieur du «grippisme» apparaît une «dissidence maoïste»… Même aux yeux de beaucoup de militants de gauche, Grippa passe pour un fanatique. Un an avant sa mort, dans *Tribune Communiste*, il tire encore à boulets rouges sur Gorbatchev et son «offensive antisocialiste». Jaques Grippa meurt des suites d'une longue maladie, la même année que l'Union Soviétique.

**Jean Fonteyne**
(Ledeberg 3 mai 1899 – Bruxelles 22 juin 1974)
Breendonk: 21 juillet 1943 – 6 mai 1944

Pendant la Première Guerre mondiale déjà, Jean Fonteyne a passé quelques mois en cellule comme prisonnier politique. Écolier, il est surpris à distribuer *La Libre Belgique* clandestine et passe quelques mois à la prison de Saint-Gilles. En 1920, il est docteur en droit de l'ULB. Il devient un éminent avocat et une des figures les plus connues du communisme belge. La crise économique éveille son intérêt pour le combat ouvrier. Il parcourt le bassin minier en compagnie des auteurs du film *Misère au Borinage*: Fonteyne est pour eux un conseiller tout indiqué car il a, comme avocat, défendu les travailleurs arrêtés après la grande grève de 1932. En 1934, il adhère au parti communiste.

Pendant la «drôle de guerre», il est l'homme qui s'occupe de tout pour organiser le séjour en Belgique d'Eugène Fried. Quand, en 1939, Maurice Thorez, le chef du Parti Communiste Français, déserte l'armée française et fuit à Moscou en passant par la Belgique, il loge un petit temps chez Fonteyne. À l'été 1940, Fonteyne réussit à faire libérer des militants communistes de leurs camps du midi de la France; en octobre 1940, avec l'aide de l'ambassade d'Union Soviétique, il fait libérer les leaders des Brigades Internationales, notamment en leur obtenant la naturalisation soviétique. Après le 22 juin 1941, Fonteyne est un homme recherché. Il fonde le groupe «Justice Libre», qui est la section juridique du Front de l'Indépendance et qui publie une feuille clandestine du même nom.

Fonteyne figure parmi les victimes de la « grande rafle » qui décapite le parti communiste. Pendant son interrogatoire à l'avenue Louise, son interrogateur allemand, Vits, lui annonce qu'il n'y a qu'une seule perspective pour quelqu'un comme lui : la mort lente à Breendonk.

Pendant son emprisonnement à l'*Auffanglager*, il parvient parfois à faire sortir clandestinement un billet afin de donner de ses nouvelles à sa famille et la rassurer. Pourtant, il va mal. Le 6 mai 1944, il est déporté par train vers Buchenwald avec des centaines d'autres prisonniers. Hertz Jospa se trouve dans le même wagon : « Il ne tiendra jamais le coup », pense-t-il en voyant un Fonteyne pâle comme la mort. Celui-ci parvient encore à griffonner la nouvelle de sa déportation sur un billet qu'il jette hors du train. Son espoir que quelqu'un l'acheminera à sa famille ne sera pas vain.

Le 19 avril 1945, Fonteyne est de retour chez lui. Quatre jours après, son premier récit sur Buchenwald paraît déjà dans *Le Drapeau Rouge*. Plus tard, la série de ses articles sera éditée en brochure et même traduite en néerlandais. Il parle peu de sa propre expérience : par exemple, on ne peut déduire qu'il a longuement séjourné à l'infirmerie, sur son lit de malade, que parce qu'il signale qu'il a été témoin d'une opération sans anesthésie.

Jean Fonteyne (troisième à partir de la gauche) après sa libération de Buchenwald. Il est rapatrié par le correspondant de guerre Paul Lévy (deuxième à partir de la gauche).

Au début de la guerre, les prisonniers sont encore autorisés à correspondre. Avant le 22 juin 1941, ceux qui restent au camp plus de trois mois ont le droit d'écrire une lettre en allemand une fois par mois. Après cela, toute correspondance sera interdite à presque tous les prisonniers et les voies clandestines seront les seules pour communiquer avec sa famille, par exemple, dans le cas de Jean Fonteyne, grâce à un travailleur civil.

**Extraits des billets de Fonteyne à sa famille:**

6 octobre 1943:
« santé parfaite, un peu maigre; il y a parfois quelques distributions de coups au travail »

Entre le 30 octobre et le 10 décembre 1943:
« Ma grande chérie. Le dernier mois a passé extrêmement vite. Je voudrais être sûr que tu vas tout à fait bien, que tu n'as pas maigri, que tu dors bien et que tu ne chagrines pas. Il ne faut absolument pas chagriner. Notre séparation touche sans doute à sa fin...
Mon état de santé est très bon, mon moral aussi. Il en est de même de toutes les personnes que j'ai rencontrées ici.
... Je t'aime ma grande chérie et je t'embrasse comme toujours »?

Le 7 février 1944:
« N'importe quelle prison belge avec colis vaut mieux qu'ici. Santé et moral bons (moi et autres) .

Extrait du dossier de prisonnier politique de Jean Fonteyne:
« M. Fonteyne a été l'objet, à Breendonck, de fréquentes brutalités, coups de poings dans la poitrine, dans le ventre, dans la figure; coups de pieds, coups de bâtons, etc. M. Fonteyne s'amaigrit et s'affaiblit progressivement au point qu'en avril 1944, il avait perdu environ 20 kilos et était arrivé à parler difficilement. Dans les derniers jours d'avril 1944 il tomba malade, avec frissons, forte température,... »

J. Grippa, 10 octobre 1945.

En 1946, Jean Fonteyne est élu sénateur. La même année, il plaide au procès de Malines comme avocat des parties civiles. Jusqu'en 1963, il joue un rôle important dans le parti communiste. Son admiration pour l'Union soviétique ne faiblira jamais. Un an avant sa mort, il assure encore la défense de Willy Peers, un gynécologue accusé d'avoir pratiqué des avortements. Cette affaire, qui défraye la chronique en 1973, constitue sa dernière grande apparition.

## Kira Solovieff
(St-Pétersbourg 26 octobre 1926 – Braives 16 décembre 1996)
Breendonk : 9 octobre 1943 – 12 octobre 1943

Breendonk est un camp pour hommes. Le nombre des femmes y est très restreint : hormis le groupe de femmes juives qui y a transité à l'été 1942, elles n'y sont qu'une trentaine, une proportion infime. À ce petit groupe appartient Kira Solovieff qui, sous le nom de code « Monique », est très active parmi les Partisans Armés.

Par son origine sociale, Kira Solovieff n'est pas destinée à se retrouver aux côté des communistes : encore enfant, elle quitte son pays natal quand sa famille aristocratique émigre en Belgique après la révolution russe. Quand elle est arrêtée le 7 octobre 1943, son origine lui vaut l'intérêt de Von Falkenhausen mais, contre la Sipo-SD, même le *Militärbefehlshaber* ne peut pas grand chose. Elle ne passe que trois jours à Breendonk : elle y fait connaissance avec la salle de torture. Elle en témoignera plus tard devant le conseil de guerre : « J'ai refusé de parler dans le bureau et j'ai été conduite à la salle de torture où j'ai été frappée. (…) J'ai aussi été hissée à la poulie. Chaque fois que je perdais connaissance, on me ranimait en me faisait renifler de l'ammoniaque. Le lendemain, j'ai à nouveau été torturée en présence de deux hommes en uniforme. J'ai refusé de parler. Ils m'ont ordonné de me déshabiller. Ils ont eux-mêmes retiré mes vêtements. Tout mon dos était une plaie et il l'ont enduit avec, je pense, un désinfectant. J'ai alors hurlé ».

Après un mois en cellule à la caserne Dossin et un séjour plus long à Saint-Gilles, Kira Solovieff est déportée vers Ravensbrück le 8 mars 1945. Au camp de concentration de Ravensbrück, il y a une énorme majorité de femmes et d'enfants. Selon le Service des victimes de guerre, 1 728 Belges y passeront, dont 461 mourront, soit 26,7 %. Beaucoup de survivantes diront leur gratitude pour l'engagement de Kira au service de ses codétenues à l'infirmerie de Ravensbrück : elle veille à l'hygiène et à la propreté de la salle des malades, falsifie les feuilles où sont notées les températures et exagère l'état des malades pour les garder le plus longtemps possible loin des chantiers de travail. Une de ses camarades de détention, Anne-Marie Robeyns-Janssens, écrira en 1949 : « Combien de malades peuvent reconnaître avec moi : si Kira n'avait pas pris soin de nous, nous ne serions jamais revenues ».

## La famille De Coster

**Joseph De Coster**
(Tildonk 30 janvier 1887 – Buchenwald 2 mai 1945)

**Willy De Coster**
(Wespelaar 16 mai 1925 – Buchenwald 9 février 1945)

**Roger De Coster**
(Wespelaar 29 mars 1928 – 17 décembre 1999)

**François De Coster**
(Wespelaar 28 avril 1920)
Breendonk : 3 mars 1944 – 6 mai 1944

Pendant les dernières années de l'occupation, la terreur et la contre-terreur augmentent, en particulier au Limbourg et dans la région de Louvain. La Sipo-SD et un escadron mobile de la gendarmerie, composé de ceux qu'on appelle les « gendarmes noirs », organisent de vastes razzias et arrêtent par centaines des personnes suspectes d'activités résistantes ou de sympathies pour les alliés ou pour la résistance. Le 3 mars 1944, la Sipo-SD frappe à nouveau dans la région louvaniste : 250 personnes sont arrêtées et conduites à l'*Ortskommandatur* de Louvain. Quarante

Le retour des frères François et Roger

Souvenirs mortuaires de Joseph (à gauche) et Willy ( à droite)

d'entre elles sont fourrées dans un bus pour Breendonk. On y trouve quatre membres de la même famille : le père Joseph De Coster et ses fils François, Willy et Roger. Deux mois plus tard, ils sont déportés à Buchenwald. Deux des quatre seulement – François et Roger – en reviendront vivants.

Au moment de son arrestation le 3 mars 1944, Roger n'a même pas 16 ans, ce qui en fait le plus jeune des prisonniers de Breendonk. Joseph, le père, dirige l'entreprise familiale « *Werkhuizen Jos. Decoster C° & Dynamotor De Coster* ». Les De Coster sont des patriotes et des catholiques. Après la guerre, Joseph est reconnu, à titre posthume, comme « résistant de la presse clandestine » ; ses trois fils comme résistants armés et membres de la *Witte Brigade*. Comme nous l'avons déjà signalé, dans l'après-guerre, ces titres sont parfois décernés un peu vite. François remplit une « fiche de renseignements » pour le service national d'aide aux prisonniers politiques 1940-1945. À la question « raisons supposées de l'arrestation » il répond : « pour n'être ni VNV, ni rexiste, ni pro-allemand », ce qui n'est pas explicitement un palmarès de résistant. De même, dans des interviews qu'il accordera plus tard, François De Coster ne dit rien d'un éventuel passé de résistant. Willy semble avoir été plus actif dans la *Witte Brigade* et, en 1943 déjà, il a passé trois semaines à la prison de St-Gilles. Un fait à signaler : en 1946, le commandant du corps des Partisans de Louvain délivre une attestation confirmant les activités de Roger comme agent de renseignement des Partisans Armés. Mais l'avis qui reconnaît Roger comme résistant armé ne fait allusion qu'à la *Witte Brigade*. Peut-être sa famille ne tient-elle pas à ce qu'il soit reconnu comme membre des Partisans qui sont étiquetés communistes.

Que l'on ait peu ou beaucoup d'actes de résistance à son actif, la souffrance dans les camps est la même. Joseph le père et Willy son fils succombent à Buchenwald : Joseph quelques semaines après la libération du camp et Willy en février seulement, lors du bombardement de Weimar. Roger et François survivent aux commandos Harzungen et Ellrich du camp de Dora-Mittelbau, un commando de Buchenwald qui acquiert le statut de camp de concentration indépendant en octobre 1944. Dora est un complexe souterrain de bunkers et de tunnels, construit dans les montagnes du Harz au prix de la vie de quelques milliers de prisonniers. C'est à Dora que, à partir du printemps 1944, Hitler construit ses « armes miracles », les V1 et V2. Albert Speer, le brillant ministre de l'Armement de Hitler, visite le camp le 10 décembre 1943. Il racontera plus tard à sa biographe Gitta Sereny « qu'il n'a jamais rien vu de si terrible ». À l'époque où Roger et François De Coster y séjournent, les conditions de vie à « l'enfer de Dora » ne sont plus, il est vrai, aussi extrêmes qu'en décembre 1943. Ainsi, les prisonniers passent maintenant la nuit dans des baraquements situés à l'entrée du camp et non plus dans des couloirs souterrains (Speer déclare que, le jour-même de sa visite, il a ordonné la construction de baraquements). Après deux mois de lourds travaux physiques, Roger De Coster peut changer de poste et devenir électricien, mais, à la suite d'un court-circuit dans un tunnel, il subit de graves brûlures. Il doit passer tout un mois à l'infirmerie de Dora. Finalement, il est encore transféré à Bergen-Belsen, ce camp où Anne Frank a trouvé la mort. Des deux frères survivants, Roger est le premier à rentrer, le 8 avril 1945, encore avant la capitulation allemande. François ne rentre que début juin, parce que son état ne permettait pas de le transporter plus tôt. Ce n'est qu'en janvier 1946 que François, devenu l'aîné de la famille, peut reprendre son travail dans l'entreprise familiale. Une attestation de la firme, en février 1948, signale que son état de santé l'oblige toujours à limiter ses prestations à quatre heures par jour. Il garde en permanence des problèmes d'audition, séquelle de son passage à tabac à Breendonk

À 77 ans, François devient encore le président de la Confédération Nationale des Prisonniers Politiques et Ayant-droits. Il est aussi le président de l'Association Nationale des Rescapés de Breendonk.

Durant les premières décennies d'après-guerre, les prisonniers politiques représentent en Belgique une force politique réelle, comme l'illustre la démission du Ministre de la justice Pholien dans l'affaire De Bodt. Ils peuvent mobiliser des milliers de gens sur leurs revendications. Le nombre des juifs survivants est, par contre, restreint: 1 194 seulement sont revenus sur les 24 906 déportés à Auschwitz depuis Malines. La législation d'après-guerre sur les prisonniers politiques a été délibérément conçue pour que peu de juifs soient concernés. Autour de 1970, la conscience collective change et la société s'intéresse davantage à Auschwitz et aux souffrances juives. Les raisons en sont diverses et elles ne sont pas les mêmes en Belgique et, par exemple, aux États-Unis. La place manque ici pour une analyse détaillée ; quelques grandes lignes peuvent suffire. D'abord, pour des raisons évidentes et justifiées, la communauté juive a tout fait, pendant les dernières décennies, pour que la mémoire d'Auschwitz ne se perde pas, tandis que les prisonniers politiques voient leur influence décroître à mesure que leurs membres se font moins nombreux. Il faut dire aussi que leur image très belgiciste a conduit une bonne partie de la presse flamande à ne jamais se faire le porte-parole de leurs intérêts. Si, dans la société belge, l'intérêt pour les aspects internationaux de la Seconde Guerre mondiale s'est davantage tourné vers l'holocauste, c'est surtout pour des raisons étrangères tant à la communauté juive qu'au monde des prisonniers politiques. Cela s'explique, d'une part, par une mentalité collective qui valorise plus les victimes que la résistance armée contre un agresseur et, d'autre part, par l'intérêt, stimulé par les pouvoirs publics, pour l'oppression raciale que l'on suppose facilement transposable d'hier à aujourd'hui.

L'intérêt croissant pour les persécutions antisémites n'est, en partie, rien que de plus qu'un rattrapage bien tardif. Ainsi, il faut attendre 1997 pour que la communauté juive puisse disposer d'un musée à la caserne Dossin, alors que les prisonniers politiques disposent du leur depuis 1947, avec le Mémorial national de Breendonk. Pourtant, un secteur des prisonniers politiques se plaint, depuis des années, d'être relégué à l'arrière-plan. François De Coster s'est fait leur porte-parole. Il supporte mal ce qu'il considère comme une attention excessive pour les problèmes juifs. Sa frustration est telle qu'il se laisse aller, dans le bulletin des prisonniers politiques, à des propos comme ceux-ci : « Il y a aussi une grande différence entre les prisonniers politiques belges qui sont morts dans les camps de concentration allemands épuisés par la faim et le travail d'esclaves, et cela à cause de leurs actions de patriotes dans la résistance, et l'énorme majorité des juifs qui, uniquement pour des motifs racistes, ont été gazés dès leur arrivée dans les camps d'extermination polonais et ont donc beaucoup moins souffert que les prisonniers politiques belges».

## Jean Burgers
(Schaerbeek 6 juillet 1917 – 6 septembre 1944)
Breendonk : 17 mars 1944 – 6 mai 1944

Le 15 janvier 1944 entre huit et onze heures du soir, une trentaine de pylônes électriques sautent. Il en résulte une panne d'électricité, qui entrera dans l'histoire sous l'appellation de «Grande Coupure», et qui provoque l'arrêt d'une série d'usines, jusqu'en Rhénanie. Cette «Grande Coupure» est une opération de sabotage bien planifiée du Groupe G. Son chef est un homme de 26 ans, ingénieur de l'ULB : Jean Burgers.

Dès son jeune âge, écrit William Ugeux, un des plus grands résistants de Belgique et auteur d'un livre sur le Groupe G, Burgers se montre «un chef de guerre prestigieux, un animateur incomparable et un organisateur hors-normes». Burgers est très intelligent et peut se montrer sarcastique. Il a une grande force de persuasion et en impose, malgré une certaine timidité. Il s'intéresse beaucoup aux questions politiques et adhère, pendant ses études à l'ULB, aux Étudiants Socialistes et au Cercle du Libre Examen.

> « Contre tous ceux qui veulent imposer le silence à la pensée humaine et entraver le progrès, nous, jeunes, sommes prêts à nous unir au-delà des barrières idéologiques qui peuvent nous séparer. Nous avons tous au cœur le même espoir: celui d'une vie plus large, plus riche, dans la paix et la fraternité ».
>
> Jean Burgers, dans les Cahiers du Libre Examen, 1937

Lors de l'invasion allemande, il se réfugie en France. Le gouvernement a, en effet, donné pour consigne aux jeunes mobilisables entre 16 et 35 ans de se présenter, en France, à un centre de recrutement de l'armée belge. Le *Blitzkrieg* prend de court les plans du gouvernement. En France, Burgers se marie avec une amie étudiante et il a le projet de partir pour l'Angleterre pour continuer le combat. Comme cela se révèle impossible, il rentre en Belgique et trouve du travail comme ingénieur dans une compagnie d'électricité.

En 1941, Burgers crée le Groupe G avec trois autres jeunes. Leurs plans se concrétisent quand André Wendelen est parachuté par le SOE pour coordonner les actions de sabotage en Belgique. Wendelen procure au Groupe G de l'argent et du matériel. Au total, cette organisation parvient à faire perdre à l'occupant 20 à 25 millions d'heures de travail, dont 10 millions rien que pour la fameuse nuit du 15 au 16 janvier 1944.

Mais Burgers va lourdement payer le succès de la «Grande Coupure». L'occupant le traque avec une ardeur redoublée. Le 17 mars 1944, il tombe dans un piège; il a probablement été trahi. Le 6 mai, il est transféré de Breendonk à Buchenwald. Il parvient à jeter du train un billet, qui parviendra à sa famille grâce à un cheminot inconnu. Le 5 septembre 1944, deux jours après la libération de Bruxelles, Jean Burgers meurt, pendu à un crochet de boucher dans le crématorium de Buchenwald.

### André Wynen
(Uccle 8 décembre 1923)
Breendonk: 10 ou 11 avril 1944 – 6 mai 1944

André Wynen a plus de chance que Jean Burgers. Quelques semaines après sa déportation de Breendonk vers Buchenwald, la Sipo-SD fait suivre son dossier au camp de concentration. Mais il est incomplet. Wynen nie que les pièces qu'on lui montre le concernent. Le 24 août 1944, il est renvoyé à son bloc après un premier interrogatoire. Quelques heures plus tard, la RAF bombarde le camp et son dossier disparaît dans

les flammes. Alors que certains de ses camarades sont exécutés, Wynen parvient à échapper au pire.

Jeune étudiant en médecine, André Wynen rejoint les Partisans Armés en 1943. À l'époque, il a des sympathies pour les communistes, mais sans jamais appartenir au parti. Comme tant d'autres jeunes gens, c'est pour échapper au travail obligatoire, instauré par les Allemands à partir de 1942, qu'il entre dans la résistance. Wynen vient à peine de commencer ses études de médecine à l'ULB que l'occupant ferme les portes de son université. Il continue ses études aux Facultés de Namur, mais est rapidement confronté à l'ordre que les Allemands donnent aux étudiants: d'abord travailler pendant six mois dans l'industrie de guerre avant de poursuivre leurs études. Il refuse, entre dans la clandestinité et aboutit ainsi à la résistance.

Les Partisans sont structurés comme une armée, ave des bataillons et des compagnies. Wynen devient le chef de la onzième compagnie. Après quelques mois de résistance, il est victime des rafles qui, en mars et avril 1944, déciment les rangs des Partisans à Bruxelles. Fin mars 1944, son chef de bataillon, qui sera arrêté peu après, lui donne pour mission d'aller, le 1$^{er}$ avril, à un rendez-vous convenu au croisement de deux avenues bruxelloises. Il doit y réceptionner une charge de dynamite de la part d'un certain Bastien qu'il n'a jamais vu. Quand Wynen arrive au rendez-vous, la Gestapo est à l'affût. Les Allemands ouvrent le feu : Bastien est touché à mort et un autre partisan est blessé. Wynen est arrêté et emmené à l'avenue Louise où il subit un violent interrogatoire. À Pâques 1944, il est conduit à la prison de Saint-Gilles. Il est ensuite transféré à Breendonk. À Buchenwald, il est d'abord astreint au travail manuel, puis devient infirmier au *Revier*. Le professeur Simonart y est médecin. Un de leurs patients s'appelle Jean Fonteyne.

Sur une photo unique prise par Rafael Algoet, le chauffeur du correspondant de guerre Lévy, on voit André Wynen après la libération du camp : il est revêtu d'une blouse blanche et aide des malades à monter dans un camion. Le soignant devient lui-même patient : Wynen contracte à Buchenwald une tuberculose. Il passe les deux premières années d'après-guerre dans un sanatorium à Leysin, en Suisse. Une fois guéri, il entreprend une remarquable carrière de médecin. Comme responsable d'un syndicat médical, il acquiert une notoriété nationale dans les années soixante et septante. Il attache toujours une grande importance à ce que la mémoire de Breendonk et des camps de concentration reste vivante, pour que l'histoire ne se répète pas.

## Marcel Louette
(Anvers 24 février 1907 – Anvers 23 février1 978)
Breendonk : 11 mai 1944 – 10 juillet 1944 ; 20 juillet 1944 – 31 août 1944

Par un samedi hivernal de début mars 1978, trois mille personnes assistent à Anvers à l'enterrement de Marcel Louette. Auparavant, le Premier ministre, Leo Tindemans, était venu s'incliner devant le cercueil. Avec Marcel Louette, c'est un des plus grands résistants d'Anvers que l'on enterre. Louette, « Fidelio » dans la résistance, est le fondateur de la *Witte Brigade*, aussi dénommée *Witte Brigade – Fidelio*, pour la distinguer des résistants en général, les «*witten*». Le nom de «*Witte Brigade*» a été choisi à dessein : la «*Zwarte Brigade*» ne désigne-t-elle pas, en effet, la milice du VNV ?

À l'été 1940, rares sont ceux qui pensent déjà à la résistance. Louette ne trouve pas si facilement des recrues pour ses projets. Dans son propre milieu libéral, l'enthousiasme est limité. Il parvient tout de même à réunir un petit groupe autour de lui. Il est composé de membres de la «*Geuzenwacht*» libérale dont il est le président, de membres du personnel de l'école de marine d'Anvers où il donne des cours, et d'anciens de la 10$^e$ compagnie du 36$^e$ Régiment de Ligne qu'il a commandé comme officier de réserve. Peu à peu, le groupe s'étend et passe à l'action. La *Witte Brigade* distribue la presse clandestine, lance son propre bulletin clandestin «*Steeds Verenigd – Unis toujours*», cache des armes et des munitions et récolte des renseignements.

En 1942, Louette est contraint à la clandestinité. Alors que des centaines de membres de son groupe ont déjà été arrêtés, Fidelio lui-même tombe aux mains de l'occupant le 9 mai 1944. Il est conduit *Koningin Elisabethlaan*, au quartier général de la Gestapo d'Anvers, et sévèrement torturé.

Deux jours plus tard, il est transféré à Breendonk et à nouveau torturé. De Breendonk il va à St-Gilles puis revient à Breendonk. Lors du déménagement du camp, il est conduit à Vught. À Vught comme dans sa destination suivante, le camp de concentration de Sachsenhausen-Oranienburg, ses codétenus font leur possible pour protéger Louette, qui souffre de paralysie à la suite des coups reçus. Les prisonniers-médecins de l'infirmerie de Sachsenhausen le remettent sur pieds, ce qui lui permet de remarcher mais avec une canne. Comme il n'est pas suffisamment rétabli, il ne doit pas se joindre à la marche sur Bergen-Belsen lors de l'évacuation partielle du camp en janvier 1945. Par contre le ministre belge Arthur Vanderpoorten doit partir pour Bergen-Belsen où il mourra.

Après la libération du camp par les troupes soviétiques le 22 avril 1945, Louette donne un coup de main comme aide-soignant à l'infirmerie, malgré son propre état de santé qui est pitoyable. Il est de retour à Anvers, trois mois après la libération de Sachsenhausen. Sa destination : l'hôpital du Stuyvenberg pour une longue convalescence. Sur une photo prise lors de la grande cérémonie d'Anvers du 2 septembre 1945, on voit toujours

Louette avec une canne. En plus, lorsqu'il peut quitter l'hôpital, il doit d'abord être logé par des amis : une bombe V est tombée sur sa propre maison.

---

« J'ai été conduit au fameux bâtiment de la Gestapo de la *Koningin Elisabethlaan*. Là, j'ai été « interrogé ». J'ai été frappé à coups de poings et de pieds, partout où ils pouvaient m'atteindre. Un détail significatif : auparavant, ces « messieurs » m'avaient triomphalement présenté à tout le personnel. J'ai refusé de moucharder. À nouveau battu. Après une demi-heure, je n'étais plus maître de mon corps. Je ne savais presque plus bouger. Pourtant j'ai dû « tout » nettoyer avec des mains enchaînées. Après cela, ces « messieurs » ont voulu me faire parler en me travaillant à l'électricité, ce qui a provoqué de terribles chocs, des douleurs terribles et diverses brûlures. Le même soir, sur tout mon corps meurtri et blessé, ils m'ont enduit de teinture d'iode de haut en bas… En me disant avec insistance que je n'avais encore rien vu et que « demain » je serais pris en mains pour de bon, ils m'ont laissé sur le sol. Un médecin est encore passé qui a savamment jugé que j'avais encore conscience et que les messieurs pouvaient à nouveau entrer en action avec des chances de succès… ce qu'ils n'ont pas manqué de faire mais sans succès ».

Interview de Louette dans *Gedenkschrift van het Gemeentelijk Antwerpsch Onderwijsend Personeel 1940-1945*, Anvers, 1945.

---

Après son retour, l'enseignant Louette est nommé directeur d'école. Il est conscient de ses devoirs envers les veuves et les orphelins laissés par ses camarades de la *Witte Brigade* qui ne sont pas revenus des camps. C'est pourquoi son « Home Fidelio » va, dès 1947, offrir des séjours de vacan-

Marcel Louette chaleureusement accueilli par ses anciens camarades de combat de la *Witte Brigade*.

ces aux enfants. Le 14 septembre 1952, Louette prend la parole sur les marches du Palais de Justice lors de la grande manifestation provoquée par l'affaire De Bodt. Il est actif dans une série de fraternelles et d'associations ; il devient notamment président de l'Association Nationale des Rescapés de Breendonk, membre du conseil d'administration du Mémorial national et membre du comité scientifique du Centre de recherches et d'études de la Seconde Guerre mondiale. Il meurt en 1978, à l'âge de 71 ans.

## Maxime Vanpraag
(St-Gilles 26 septembre 1910 – Nordhausen début avril 1945)
Breendonk : ? juillet 1944 – 30 août 1944

Zéro est l'un des plus grands réseaux belges de renseignements. Son fondateur, Fernand Kerkhofs, doit fuir la police allemande en octobre 1941 et gagne l'Angleterre. Ses successeurs, William Ugeux et Albert Hachez, suivront le même chemin en 1942 et 1943. En juin 1943, Zéro a, pour la quatrième fois, un nouveau chef. C'est Maxime Vanpraag, un jeune avocat du barreau de Bruxelles. Alors que Kerkhofs et Hachez ont pu, de justesse, échapper à l'arrestation, Vanpraag a moins de chance. On l'a pourtant plusieurs fois averti que les Allemands étaient sur sa piste, mais il n'en a pas tenu compte. Peut-être est-il trop optimiste et s'est-il dit : maintenant que les Alliés ont débarqué en Normandie, l'occupation ne devrait pas se prolonger longtemps...

Le 2 juillet 1944, Maxime Vanpraag est arrêté chez des amis pendant une partie de bridge. La *Geheime Feldpolizei* le conduit à la caserne Sainte-Anne de Laeken, où il est torturé. Quand il arrive à Breendonk, il est dans un triste état. Il fait partie du même convoi que Louette vers Vught et Sachsenhausen et est ensuite déplacé vers Buchenwald et Dora. Au début d'avril 1945, le camp de Dora déménage. Pour les prisonniers, commence alors une des tristement célèbres « marches de la mort » : ils prennent à pied la route de Bergen-Belsen, situé plus à l'ouest. Le sort de Maxime Vanpraag ne sera jamais exactement connu. Il meurt probablement dans les environs de Nordhausen, au début de la « marche de la mort ».

Après la guerre, 5 266 personnes sont reconnues comme agents de renseignement et d'action ; quelque 4 000 d'entre eux sont tombés aux mains des Allemands ; 1 815, soit plus d'un tiers, y ont perdu la vie. Les réseaux belges de renseignement – dont Churchill a pu dire qu'on leur

Les prisonniers: une histoire en 20 portraits

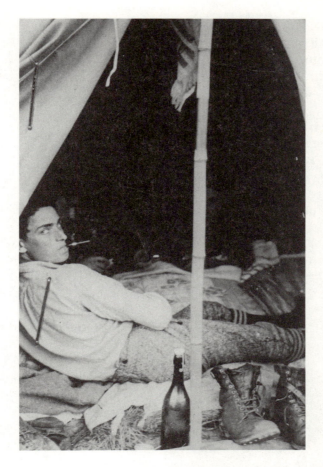

doit, en 1942, 80 % de toutes les informations dont les Britanniques disposent grâce à des agents secrets – ont payé leur engagement d'un lourd tribut.

Plus que des mots, un coup d'œil à l'album de famille de Maxime Vanpraag illustre bien comment une jeune vie peut être brisée par la guerre et le nazisme: on voit Maxime dans une voiture de luxe sur un chemin de campagne perdu, on voit son cercle de famille, ou encore Maxime en vacances… Ces photos sont les témoins silencieux de la vie confortable et sans soucis d'un bourgeois bruxellois.

Maxime Vanpraag est né en 1910 comme le cadet de quatre enfants. Ses parents sont des juifs assimilés. La religion juive ne pèse guère dans la vie de cet homme, qui aurait adhéré à une loge maçonnique en 1939. Il a des sympathies politiques de gauche: comme étudiant, il participe à une manifestation contre le fascisme italien ; il est un ardent défenseur du Front Populaire ; il suit passionnément le cours de la guerre civile espagnole. En même temps, il fréquente les salons bruxellois ; il aime la vie mondaine et se montre un fêtard infatigable. En 1938, il est élu comme conseiller communal socialiste à Uccle.

### Dirk Sevens
(Gand 12 juillet 1912 – Breendonk 9 août 1944)
Breendonk : 6 août 1944 – 9 août 1944

Comme il s'obstine à se taire, Prauss fait comprendre à Louette que le même sort l'attend que celui de Dirk Sevens.

Sevens, substitut du procureur du Roi à Anvers, est le responsable pour la province d'Anvers de Socrate, une organisation créée en 1943, à l'initiative du gouvernement belge de Londres, pour apporter une aide financière aux réfractaires du travail et aux clandestins. Dirk Sevens est arrêté chez lui dans la nuit du 4 au 5 août 1944. Son épouse, Hilda Danneels, est également arrêtée. Sevens est d'abord conduit à la *Koningin Elisabethlaan* et sévèrement torturé. À Breendonk, il est enregistré à son arrivée comme « gravement malade ». Déjà sévèrement meurtri, Sevens sera battu à mort en quelques jours. Son codétenu Julius Palier dira : « jamais je n'ai vu une personne maltraitée à ce point. Il ne pouvait même plus contrôler ses excréments. Tout son corps était une blessure à vif. Sa peau était jaune, noire, rouge et bleue ». Sevens meurt le 9 août 1944. Moins d'un mois plus tard, la Belgique est libérée.

Son épouse est déportée à Ravensbrück mais survit. En 1947, Sevens et un autre substitut, Robert Bibauw mort à Neuengamme, reçoivent l'hommage du tribunal d'Anvers. Des personnalités importantes sont présentes, dont le ministre de la Justice Lilar, le président de la Chambre Van Cauwelaert et l'auditeur général Ganshof Van der Meersch. Aujourd'hui, on peut voir les bustes de ces deux résistants exposés en face du bureau du procureur.

Dirk Sevens est le fils d'Alfons Sevens, une personnalité marquante du mouvement flamand, qui s'est résolument opposé à l'activisme pro-allemand pendant la Première Guerre mondiale. Dirk est encore un bébé quand son père est arrêté et envoyé dans un camp en Allemagne, avec d'autres notables de Gand.

## Addendum : les déportés du Nord de la France

Pendant l'occupation allemande, le Nord de la France est administré depuis Bruxelles. Dès lors, il y a aussi des prisonniers de cette région qui sont envoyés à Breendonk : une enquête récente [1] a déjà rélevé une centaine de noms, c'est-à-dire 2 à 3 % de tous les prisonniers de Breendonk. C'est très peu quand on sait que les départements du Nord et du Pas-de-Calais comptent ensemble 3,2 millions d'habitants (contre 8 millions pour la Belgique) et que leur population est connue comme anglophile. Breendonk reste donc avant tout le camp de la Sipo-SD en Belgique. Les principaux centres belges de détention pour les Français du Nord ont été la prison de Saint-Gilles près de Bruxelles – le principal, avec quelque 2 500 détenus venant du Nord de la France – et la Citadelle de Huy.

Quarante pour cent environ des prisonniers déportés du Nord – Pas-de-Calais vers Breendonk ne sont pas de nationalité française, mais sont Polonais (à l'exception d'un Russe et d'un Tchèque). C'est le cas du tout premier déporté, Jozef Stacherski, un journaliste de Lens âgé de 48 ans. De nombreux Polonais se sont établis dans le Nord de la France dans l'entre deux guerres. Ils y représentent une communauté immigrée nombreuse, qui dispose même de ses propres journaux en polonais. Stacherski est le rédacteur en chef de *Narodowiec*, qui paraîtra jusqu'en 1989. Il habite en France depuis 1928 et est marié avec une couturière française, Marie Ringot. Il ne se réfugie pas en Grande-Bretagne, comme les autres cadres du journal, parce qu'il ne veut pas laisser seuls sa femme et ses enfants.

---

[1] Dont l'auteur est le chercheur Laurent Thiery de « La Coupole » (le célèbre musée du Nord de la France consacré aux armes volantes V 2 et à l'histoire de la guerre dans la région Nord – Pas-de-Calais). Avec nos remerciements à M. Tiéry et à Yves Le Maner, directeur de « La Coupole » Voir aussi leur publication commune *Fusillés et déportés du Nord-Pas-de-Calais (1940-1945)*. Série *Les Patrimoines*. Lille, 2005. 50 pp.

Il trouve un travail de traducteur à la ville de Lens. En décembre 1940, la Gestapo l'interpelle, lui opposant ses articles germanophobes et antinazis. Il est enfermé à la prison de Loos puis, le 20 décembre 1940, envoyé à Breendonk. Après six mois, Stacherski n'est plus qu'un squelette vivant. Lorsqu'il meurt, le médecin relève des blessures à la tête. Il a été brutalement maltraité par Lewin, un juif chef de chambrée et surveillant de travaux. Mais l'acte de décès signé par Schmitt, le commandant du camp, et par Köchling, médecin de la Wehrmacht, ne parle que de causes naturelles de la mort. Madame Stacherski reçoit de Schmitt une froide lettre administrative, traduite par l'interprète officiel de la ville de Lens : "Par la présente je porte à votre connaissance que votre mari Joseph Stacherski est subitement décédé après une courte maladie le 29 juin 1941 à 13 h 15 par suite de faiblesses de cœur. Le corps a été enlevé par les soins de l'hôpital militaire 1/614 Rue de la Couronne à Bruxelles. Le permis d'inhumer sera délivré là-bas. Les affaires civiles peuvent être retirées contre reçu dans un délai de 4 semaines après réception de cette lettre. Cette lettre devra être apportée. »

« Je n'oublierai jamais le sourire qui vient transfigurer un soir la pitoyable figure de Staginsky (sic)... Réduit à l'état de squelette, splendide de résignation, en imposant même à ses ennemis, ce père de trois enfants est mort le 29 juin 1941 ». C'est l'épitaphe de Stacherski, rédigée, en octobre 1942 à Alger, par le jésuite lillois le R. P Pierre Goube, directeur de l'École Catholique des Arts et Métiers de Lille. Il a lui-même échoué à Breendonk en octobre 1942 après avoir, lui aussi, séjourné à Loos-lez-Lille. Il a été arrêté sans la moindre preuve, parce qu'il est connu comme anti-allemand. Sans plus d'explications, il est envoyé, en juillet 1941, de Breendonk à l'Oflag VID, un camp pour officiers prisonniers (Goube a servi en 1939-1940 dans l'armée française). Après un mois, il est renvoyé en Belgique. Cette fois, il a droit à un procès et est condamné à être incarcéré à la colonie pénitentiaire de Merksplas pour la dissimulation de deux calices qu'il aurait « volé » (selon les SS) ou « sauvé » (selon Goube), dans une réserve de calices saisis par les SS. En 1942, Goube parvient à s'évader de Merksplas, prend une fausse identité et fuit vers l'Afrique du Nord. Lorsque les Alliés y débarquent, il rejoint les Français Libres et devient l'aumônier des élèves-aviateurs français aux Etats-Unis. Plus tard, il sera notamment aumônier à l'aéroport d'Orly.

À son arrivée à Breendonk, Goube se fait injurier par un soldat : « encore un fainéant de curé ». Il se retrouve dans la chambrée de l'ancien homme politique bruxellois Frans Fischer, avec qui il s'entendra à merveille. Tous deux sont des hommes érudits, cultivés et tolérants. «La tolérance et le libéralisme de son esprit lui faisaient éviter tous les heurts et rechercher, dans de longs échanges de vues sur la technique, la littérature, la morale sociale, tous les points de contact d'une communauté de pensée intellectuelle». Un soldat de la Wehrmacht, qui s'inquiète de savoir s'il est moralement acceptable de servir à Breendonk, confie son problème à Goube. Celui-ci lui conseille de rester, car si tous les soldats ayant des scrupules moraux s'en vont, il ne restera que les moins scrupuleux. Toutefois, ce soldat prendra le large dès qu'il en aura l'occasion.

Pendant son séjour à Breendonk, Goube est le témoin du meurtre de Mozes Luft, lui aussi arrêté à Lille. Pour ce juif d'Anvers, Lille n'aura été qu'une brève étape provisoire.

Signalons enfin le curieux destin de six Français du Nord – Lelong, Debremme, Nabor, Guelton, Allain en Pillard – envoyés à Vught après été condamnés à la mort par pendaison. Il en résulte une curieuse correspondance entre diverses instances allemandes: la direction du camp de Vught affirme qu'il lui est impossible de pendre ces hommes à Vught et il est décidé de les expédier à Breendonk pour y procéder à la pendaison. On ne sait pas vraiment si c'est là qu'a eu lieu l'exécution effective des six condamnés.

Chapitre V
# BREENDONK APRÈS LA LIBÉRATION

## La libération d'un fort vide

Pour Koussonsky, Blieck, Demetsenaere, Bernaert, Van Schelle, Duesberg, Livchitz, Joseph et Willy De Coster, Burgers, Vanpraag et Sevens, il n'y aura jamais de libération. Duperrois, Nahon, Franckx, Bauduin, Stippelmans, Grippa, Fonteyne, Solovieff, François et Roger De Coster, Wynen et Louette, déportés, attendent l'effondrement de l'Allemagne nazie et la libération des camps. Seuls Verdickt et cinq des « Sept de Mons » – Coekelbergs, Jacob, Walravens, Bruyère et Anson – sont présents au pays en septembre 1944.

Pour Breendonk, on ne peut d'ailleurs pas parler d'une véritable libération : le fort est en effet vide de tout occupant quand les premiers chars britanniques y passent. Le 30 août 1944, trois jours avant que les Américains de la *2d Armored Division* ne passent la frontière franco-belge au hameau de Bas-Préau, 130 prisonniers sont entassés dans deux bus en direction de Vught. Maxime Vanpraag et Marcel Louette se trouvent parmi eux. Les prisonniers, dira Louette, voyagent accroupis, pour que personne ne puisse reconnaître ceux qu'on déporte. Un autre convoi de 144 détenus part pour Neuengamme. Quelques-uns restent au camp jusqu'au 31 août. Selon De Saffel, le *Sicherheitsdienst* d'Anvers vient aider au déménagement. Le 1er septembre, le chauffeur de bus Jozef Nuyens est réquisitionné à Boom pour venir à Breendonk embarquer 15 juifs – surtout des cordonniers et des tailleurs – et les conduire à la caserne Dossin, sous la houlette de Wyss et d'un SS roumain. Les jours suivants, les SS disparaissent, fuyant vers l'est sous la conduite de Prauss.

Tant que la région de Breendonk n'est pas libérée, il reste des soldats allemands dans le fort. À l'aube du 4 septembre 1944, eux aussi s'en vont. L'ancien camp est mortellement vide quand les premiers habitants du coin y pénètrent et se mettent à piller.

Le même matin à 8 h 50, l'officier du génie Robert Vekemans attend les chars britanniques du *Third Royal Tanks* au croisement proche du fort. Il parvient à convaincre le major Dunlop d'emprunter une autre route pour s'emparer des ponts de Boom. Quelques heures plus tard, le port d'Anvers tombe quasi intact aux mains des Britanniques.

### Le fort vide mais pas pour longtemps

Entre-temps, le fort de Breendonk sert à nouveau de prison. À partir du 4 septembre à l'aube, des masses de prisonniers de guerre allemands sont rassemblés sur les terrains environnants, d'abord par des résistants locaux, puis par les troupes alliées. Ces Allemands n'y restent pas longtemps : ils sont transférés vers les vastes camps de prisonniers de guerre installés autour de Bruxelles.

Dans l'après-midi du 4 septembre 1944, la police, la gendarmerie et la résistance locale amènent les premiers « inciviques ». Pendant plus d'un mois, jusqu'au 10 octobre, le fort va rester aux mains de groupes locaux de résistance. Quelque 750 suspects, venant du Brabant, de Flandre orientale et d'Anvers, y sont enfermés ; certains sont maltraités. Cet épisode entre dans l'histoire sous le nom de « Breendonk II ».

Si « l'enfer de Breendonk I » a résulté de la volonté répressive d'un pouvoir occupant, ce qui s'est passé à « Breendonk II » s'explique par le fait que les autorités sont trop faibles pour intervenir.

Le 4 septembre 1944, en effet, la Belgique est encore un pays sans tête politique. Ce n'est que le 8 septembre que le gouvernement Pierlot atterrit à Evere. Et il faudra encore attendre avant que l'ordre légal soit rétabli. « Pour des démocraties anglo-saxonnes », dit un rapport britannique de l'époque, « il n'est pas facile d'imaginer combien est délicate la position d'un premier ministre qui, dans les rues de sa propre capitale, doit compter avec cinq hommes en armes se réclamant de ses adversaires politiques (la résistance) pour chaque policier payé par son propre gouvernement ». Police et gendarmerie ne sont pas seulement en sous-effectif – à la Libération, la gendarmerie d'Anvers ne compte plus que 420 hommes sur un total de 657 – mais en outre elles ne sont pas armées. Les Allemands ont désarmé la gendarmerie après le débarquement en Normandie. À la Libération, on ne compte plus qu'une arme pour deux gendarmes. Le nombre des résistants armés est un multiple de celui des gendarmes. Qui plus est, pendant l'occupation, la gendarmerie s'est trouvée sous les ordres du colonel collaborationniste Van Coppenolle et il y a des gendarmes qui ont suivi leur chef. Dans ces conditions, s'opposer au pouvoir autoproclamé de certains groupes de résistants est une entreprise périlleuse. Cela vaut pour les services d'ordre, mais aussi pour un gouvernement impopulaire : aux yeux de la population, sa légitimité est précaire et il ne peut pas se permettre de paraître trop faible dans le traitement des « inciviques ».

Le 12 septembre, le territoire belge est presque entièrement libéré, à l'exception de quelques zones frontalières (dont les environs de Knokke). À la mi-septembre, on perd toutefois l'espoir de voir l'Allemagne encore vaincue en cette même année 1944, car l'opération *Market Garden* a échoué (quand les troupes de Montgomery ont sauté « un pont trop loin »). La guerre fait donc encore rage quand se déroule l'épisode de Breendonk II, une guerre qui a vu les « noirs » se ranger du côté de l'occupant détesté, lequel a provoqué la faim et les privations, les souffrances et les persécutions. Souffrances et persécutions : nulle part en Belgique occupée, elles n'ont atteint les sommets de Breendonk. S'il est un lieu où la soif de vengeance bouillonne, c'est donc bien là. Elle est encore attisée par la terreur et la contre-terreur, qui s'amplifient à la fin de l'occupation. Dans sa majorité, la population est favorable – à tout le moins jusqu'à l'été 1945 – à une répression sévère contre les anciens collaborateurs. C'est ainsi qu'on peut lire, dans *Le Soir* du 27 septembre, que l'opinion publique s'indigne qu'on ait dû relâcher nombre de prisonniers, faute de preuves. Le sentiment est largement répandu « qu'il n'y a plus de place pour ceux qui ont trahi leur patrie ». En s'emparant des « noirs » et en les incarcérant, la résistance ne fait que mettre en pratique ce sentiment.

Une des mesures prévues par le gouvernement de Londres est l'internement de « tout suspect de relations avec l'ennemi », s'il est âgé de plus de 16 ans. C'est une précaution élémentaire dans un pays toujours en guerre. L'internement se fonde sur un arrêté-loi datant de la fin de la Première Guerre mondiale. Par une circulaire du 21 août 1944, le ministre de la Justice Delfosse l'a adapté à la situation présente. Les personnes suivantes doivent être internées : les militaires et paramilitaires collaborateurs, ceux qui ont travaillé pour les autorités allemandes et « ceux qui pourraient provoquer le scandale ou des désordres », une notion très extensible. Pour tous ceux-là, l'incarcération est conçue comme une protection contre la vindicte populaire, et elle y réussit souvent. Le pouvoir d'interner est reconnu aux bourgmestres, aux auditeurs militaires, aux procureurs du Roi et aux agents de la Sûreté de l'État. En pratique, des dizaines de milliers de gens sont enfermés sans aucun mandat d'arrêt et

Des membres de la résistance à Breendonk II en septembre 1944. À droite de la porte d'entrée, les anciennes baraques de la *Wehrmacht*.

certains bourgmestres signent des mandats en blanc. La manière dont cela s'est exactement passé à Breendonk n'est pas claire : on n'a gardé presque aucune archive sur cette période.

Des dizaines de milliers de « noirs » sont enfermés. Dans un pays qui, en 1940, ne comptait que 4 500 prisonniers, les prisons existantes ne suffisent pas à les contenir tous. C'est pourquoi des casernes vides, des écoles et le fort de Breendonk sont transformés en centres d'internement. Au total, 170 centres provisoires sont ainsi créés. Dans nombre d'entre eux, les prisonniers subissent des violences : pour nous limiter à un exemple de Flandre et de Wallonie, Louvain et La Louvière ont, à cet égard, une triste réputation. Il faut ajouter que les chefs des groupes de résistants s'efforcent parfois de mettre un terme aux excès.

On estime souvent que c'est à Breendonk que l'on rencontre les situations les plus intolérables. Ce sont, en tout cas, les plus connues et qui ont acquis, chez les « noirs » et leurs héritiers, valeur de symbole. Ces milieux rassemblent et publient des témoignages sur « Breendonk II » dans des livres comme *Uit het zwartboek der zwarten* (Dans le livre noir des « noirs ») et *Het boek der schande* (Le livre de la honte), ou dans des hebdomadaires comme *Rommelpot* ou *'t Pallieterke*. Certes, ces publications ont une arrière-pensée politique et les témoignages cités doivent, comme tous les témoignages, être examinés d'un œil critique, mais l'essentiel de ce qui s'est passé à «Breendonk II» est établi. Au début des années nonante, l'historien Marc Van de Velde, dans une enquête pour son livre *De Bruggen van Boom*, a pu recueillir le témoignage anonyme de nombreux résistants ayant monté la garde à Breendonk II : 50 ans après les faits, ils expriment encore leur honte et le choc subi par ce qui s'était passé sous leurs yeux.

Des «noirs» internés sont frappés, reçoivent des coups de pied et subissent des humiliations. Certaines punitions imitent les pratiques des SS, comme les exercices physiques ou l'obligation de pousser une brouette au pas de course. Certains témoins rapportent que les gardiens contraignent les prisonniers à des matches de boxe entre eux. À titre d'intimidation, certains prisonniers sont allongés dans un cercueil, comme c'est le cas pour la femme du bourgmestre de guerre de Tisselt, De Hollander. On fait peur à d'autres en les menaçant d'exécution.

Quand Joseph Celis, officier adjoint au procureur du Roi d'Anvers, visite le camp le 23 septembre 1944, il constate que des poteaux d'exécution et un gibet sont à nouveau dressés : ils ont été replacés grâce aux indications de l'électricien De Schutter. Selon des témoins «inciviques», ils ont eux-mêmes dû réinstaller ces engins. D'où la mystification répandue dans les milieux de l'ex-collaboration : les terrains d'exécution seraient tout bonnement une création d'après-guerre et, pendant le conflit, il n'y aurait eu aucune exécution. Cette légende a la vie dure : en octobre 2003 encore, un guide du Mémorial a pu l'entendre lors d'une visite guidée avec un groupe de Merchtem. Mais, comme l'a écrit Marcel Proust dans *Du côté de chez Swann*, «les faits ne pénètrent pas dans le monde où vivent nos croyances». On retrouve d'ailleurs des légendes similaires à propos d'autres camps : n'a-t-on pas osé prétendre, par exemple, que le four crématoire de Dachau n'aurait été construit qu'après la guerre, par des prisonniers allemands sous les ordres des Américains ?

L'épisode le plus tristement célèbre est l'entrée en scène de la sadique Jeanne Hoekmans, surnommée «tante Jeanne», et de ses sbires : elle en veut particulièrement aux prisonnières qu'elle tond, déshabille, badigeonne de croix gammées et livre à des abus sexuels. «Tante Jeanne» est vêtue comme une infirmière de la Croix rouge, arbore des étoiles de capitaine et porte un baudrier garni d'un revolver. Elle se donne pour chef d'un groupe de résistants de Molenbeek mais, en novembre 1944, elle sera elle-même arrêtée pour sa conduite pendant l'occupation et écopera de trois ans et demi de prison : sous prétexte de financer des activités clandestines, elle et ses acolytes se sont présentés comme membres de la Gestapo pour soutirer de l'argent, des bijoux et des vivres à plusieurs commerçants. Après la Libération, la bande a poursuivi ce genre d'activités, en faisant cette fois chanter les « noirs ».

Ce qui se passe à Breendonk ne peut pas rester caché. En cette période, le fort est, en effet, loin d'être un univers clos. Des délégués de la Justice viennent y auditionner des prisonniers. Des visiteurs y passent, ce qui ne veut pas dire qu'ils sont nécessairement les témoins d'excès. Cela dépend aussi de ce que l'on veut bien voir: « les prisonniers sont contraints au travail, mais ne sont pas battus », écrit un journaliste de *Gazet van Antwerpen*, après une visite guidée et commentée par le commandant du camp, le baron De Meester. Ce commandant guide aussi la visite de l'officier-médecin gallois, Dr G.C. Petty. Quand il propose de lui montrer son unité médicale, le docteur décline l'offre: « les prisonniers d'aujourd'hui ne doivent guère avoir besoin d'aide médicale ». (Il y a dans le fort une infirmerie desservie par des médecins, eux-mêmes prisonniers). Petty est un des nombreux militaires alliés qui passent au fort: certains prennent en photo les bâtiments et les prisonniers.

En ces jours, d'anciens prisonniers de l'*Auffanglager* viennent aussi revoir l'endroit où ils ont tant souffert. C'est là que Victor Trido apprend que le fermier Amelynckx, le jardinier Van Praet et l'ex-SS Van Hul figurent parmi les prisonniers. Le fort sert même de lieu de pèlerinage aux anciens prisonniers: le 24 septembre, la toute nouvelle Association Nationale des Rescapés de Breendonk (ANRB) y organise une cérémonie sur le terrain des exécutions. L'allocation du président Landsvreugt se termine par ces mots: « Mes chers compatriotes, ce lieu est plus sinistre que jamais. Sans doute, on n'y entend plus de cris d'agonie. Le sang n'y coule plus. Mais on y a enfermé des traîtres et des dénonciateurs. Pendant l'occupation ennemie, Breendonk fut un camp de martyrs; aujourd'hui, c'est un camp de scélérats ». Les allocutions de Lansvreugt et d'un autre ex-détenu, le bourgmestre de Willebroek Gaston Fromont, amènent Paul Lévy à conclure tristement, dans la *Cité Nouvelle*, que « les mots sont d'un bien pauvre secours dans un lieu comme celui-là: Breendonk devrait devenir un lieu de silence perpétuel. Les actuels prisonniers, au lieu d'être traités comme ils le sont maintenant, devraient se voir imposer l'obligation du silence… qu'ils méditent leurs crimes ». Lévy revoit Breendonk, pour la première fois, le 12 septembre 1944: il y voit « des collaborateurs enfermés et traités comme nous l'avons été par les nazis. Une telle inhumanité m'a attristé ». Pour Lévy, « Breendonk II » est une profanation du lieu où, lui et d'autres, ont tant souffert.

Carl Giles (1916-1995) est un des militaires alliés qui viennent visiter Breendonk. Il est un des dessinateurs britanniques les plus connus du vingtième siècle et accompagnait en 1944 l'armée britannique comme « dessinateur-correspondant de guerre » sous le nom de Captain Giles. Il est tellement impressionné par Breendonk qu'il en fait des dessins, mais qu'il ne publiera jamais. Le grand public les découvre pour la première fois lors d'une exposition au Centre belge de la bande dessinée en 1994.

Les autorités belges sont très tôt mises au courant des exactions commises. Elles les désapprouvent, mais ne parviennent pas, au début, à imposer leurs vues aux groupes de résistants qui tiennent le fort. Aux environs du 12 septembre déjà, Schoonjans, adjoint de Boiekens, directeur de la prison de Malines, reçoit du ministre de la Justice la mission « d'apporter son aide aux officiers qui commandent le fort ». Schoonjans est accompagné de 25 gardiens de prison. L'objectif est de reprendre progressivement en charge la surveillance du fort, en remplacement des hommes de la résistance. Mais ceux-ci ne se laissent pas faire. Après qu'ils aient bousculé son chef des gardiens, Boiekens doit retirer ses hommes. Le personnel de garde reçoit encore plusieurs sommations de la part du délégué régional du Haut Commissariat à la Sûreté de l'État, dont le chef est Walter Ganshof van der Meersch, et qui est chargé de la sécurité intérieure du pays. Mais ces avertissements restent, eux aussi, lettre morte.

Les rapports sur « Breendonk II » finissent par parvenir aussi au commandement militaire britannique. Sa réaction ne tarde pas. Le commandant du 2$^e$ Corps d'armée britannique, stationné dans les environs de Malines, est indigné. Dans un télégramme, il s'élève, début octobre, contre les « *shocking excesses* » commis à Breendonk. Il veut voir interdire toute visite du fort par des officiers britanniques. Le colonel anglais Ashley montre ce télégramme au délégué régional du Haut Commissariat. Ensuite, les événements se précipitent. Le 5 octobre 1944 – le jour où les journaux annoncent la libération de Merksem et des docks du nord d'Anvers et trois jours après qu'Eisenhower ait appelé la résistance à déposer les armes – le major Bergeron, inspecteur des camps d'internement, et Boiekens, directeur de la prison de Malines, se rendent à Breendonk dans l'intention de prendre en mains la direction du fort. Cette tentative de rétablir la loi et l'ordre à Breendonk se heurte, à nouveau, au refus opiniâtre des résistants présents au fort, lesquels se montrent « très impolis » envers Bergeron et Boiekens. Le lendemain, le délégué régional du Haut Commissariat à la Sûreté de l'État va personnellement s'entretenir avec le sous-commandant du fort, le lieutenant de réserve Mariotte, de l'Armée Secrète. Selon Mariotte, on ne peut pas rejeter sur le personnel de surveillance toute la faute pour les mauvais traitements infligés aux détenus : les « noirs » arrivent souvent à Breendonk dans un triste état, dû à leur traitement lors de leur arrestation ou du transport. Il admet toutefois que « il est impossible d'obtenir du personnel qu'il s'abstienne de toute violence envers les prisonniers », parce que la plupart viennent des environs et savent, mieux que personne, ce qu'était le régime du camp pendant l'occupation. Paradoxalement, les chefs du camp prétendent aussi qu'ils ont leurs troupes bien en mains… Toutefois, Mariotte laisse entendre que les officiers commencent à en avoir assez du rôle de garde chiourme qu'ils exercent comme volontaires. Comme la tentative précédente de remettre le camp aux autorités carcérales a échoué, Mariotte propose de faire évacuer le fort et de transférer les prisonniers vers d'autres prisons.

Le 11 octobre 1944, des camions et des ambulances transportent tous les internés à la caserne Dossin de Malines, qui devient un centre d'internement gigantesque de quelque 1 700 détenus. Le transfert a été ordonné par le ministre de la Justice. Dans une lettre du 11 octobre, Ganshof van der Meersch a demandé «une intervention urgente et énergique de la direction des prisons pour rétablir l'ordre» à Breendonk. Selon un mémo du Haut Commissariat à la Sûreté de l'État, ce sont plutôt les Alliés – le SHAEF, *Supreme Headquarters Allied Expeditionary Forces* – qui ont, le 10 octobre 1944, ordonné aux autorités belges d'évacuer le camp. Le 10 octobre, c'est aussi le jour où le général Pire, chef de l'Armée Secrète, annonce le désarmement de son organisation.

Que l'on doive utiliser des ambulances pour l'évacuation montre dans quel état certains internés se trouvent. Une évaluation précise du nombre de prisonniers maltraités est toutefois malaisée. Fernand Demany, secrétaire général du Front de l'Indépendance et ministre sans portefeuille dans le gouvernement Pierlot, remanié depuis le 27 septembre, rencontre des internés venant de Breendonk lors de son inspection à la caserne Dossin. Le conseil des ministres l'a chargé de mener une enquête sur les tensions avec les mouvements de résistance et sur la situation des prisonniers dans les zones de La Louvière, Soignies et Malines. Selon Demany, un médecin proche du VNV et qui a été interné à Breendonk lui déclare que «sur 700 détenus, seuls une vingtaine ont été maltraités, dont trois assez gravement». Le rapport de Demany, sympathisant communiste mais pas encore affilié au parti, est fortement contesté à la Chambre par les députés libéraux Mundeleer et Van Glabbeke et par le socialiste Van Walleghem.

Y a-t-il eu des morts à «Breendonk II»? Selon Marc Van de Velde, un jeune homme de Zele s'est pendu par désespoir dans sa cellule. Selon le *Zwartboek der zwarten*, un certain Jan Deryck serait décédé le 18 octobre à la caserne Dossin, à la suite de blessures subies à Breendonk.

Au cours de la première année après la Libération, quelques incidents illustrent le fossé de haine qui s'est creusé entre «blancs» et «noirs» pendant quatre ans d'occupation. Avant l'évacuation du fort, les gardes extérieurs ont, à trois reprises, essuyé des coups de feu. Une fois, le tireur a été pris : on découvre que c'est le chauffeur de Pierre Daye, ancien politicien rexiste et collaborateur. Il est sérieusement mis à mal : de tels incidents ne vont évidemment pas calmer les gardes. Du côté des «blancs», certains ne voient pas d'un bon œil que des internés retrouvent la liberté : en août 1945, il y a encore un attentat à la bombe contre la maison d'un commerçant de Breendonk, Victor Knops, ex-interné au fort et qui a été libéré dix jours plus tôt. Il n'y a que des dégâts matériels.

« Breendonk II » n'a pas été le fait d'un seul courant de la résistance. « Que l'on ne vienne pas nous dire : c'est la faute aux communistes », peut-on lire dans *Rommelpot*, l'hebdomadaire des « noirs », le 2 avril 1949. Les Partisans Armés comme l'Armée Secrète se montrent actifs à Breendonk II. Le commandement du fort est aux mains du baron Léopold De Meester, de l'Armée Secrète. Il a reçu cette mission de son supérieur dans l'AS, le major Van Sighem. De Meester est un aristocrate francophone et catholique, qui, le 27 décembre 1944, devient membre du conseil provincial pour le parti catholique. Il est entré dans la résistance fin 1940 déjà et, après la Libération, participe encore aux combats autour d'Anvers. Son adjoint est Maurice Mariotte, déjà cité, un Wallon originaire de Seraing et qui habite à Willebroek. Mariotte est un technicien, entré dans la résistance en octobre 1943 ; il commande le secteur « petit Brabant » de l'Armée Secrète. Lui aussi joue un rôle dans les combats d'Anvers des 4 septembre et jours suivants. Un autre des chefs du fort est le militaire de carrière Frans Brabants qui appartient, depuis septembre 1943, au groupe de résistance Mouvement National Belge (et non à la *Witte Brigade* ou aux Partisans Armés comme le rapportent, à tort, plusieurs témoignages). Après coup, Brabants prétendra qu'il partageait la direction du fort avec De Meester. Des témoins anonymes accusent et De Meester et Brabants d'avoir personnellement maltraité des prisonniers. Brabants est particulièrement cité dans l'affaire De Hollander, bourgmestre de Tisselt pendant la guerre et dont la femme a, comme on l'a dit, été allongée dans un cercueil. C'est même devenu une des histoires d'horreur favorites du répertoire de la sous-culture rancunière des ex-collaborateurs. On la retrouve encore, racontée en long et en large, dans *'t Pallieterke* en 2002.

Dans son dossier de reconnaissance comme résistant armé, ces faits sont évoqués et Brabants en parle comme d'une « action de nettoyage ». Il ne veut pas s'expliquer sur ce qui s'est réellement passé, mais attribue la déportation et la mort de son épouse à une dénonciation par le couple De Hollander. Il les a personnellement « arrêtés, interrogés et contraints à avouer »[1]. Il justifie avec vigueur sa direction du fort : « Comment et de quelle manière j'ai agi, toutes les autorités qui ont visité le fort de Breendonk

---

[1] Dans les dossiers du conseil de guerre sur Ludovicus-Henricus De Hollander et sa femme Martha Van Huffelen, on trouve cependant une déclaration de cette dernière du 5 octobre 1944 : elle « demande pardon » mais ne reconnaît aucune faute dans l'affaire Brabants. La très pro-allemande Van Huffelen, membre de DeVlag et connaissance de De Bodt, est poursuivie, mais non pour dénonciation, au contraire de son mari. Toutefois, le conseil de guerre a jugé qu'il n'est pas prouvé que De Hollander ait dénoncé Mme Brabants et a rejeté la demande de dommages et intérêts introduite par la partie civile (Frans Brabants).

Breendonk après la Libération

Septembre 1944 : les internés de Breendonk II sur le place d'appel, gardés par des membres de la résistance et confrontés à d'anciens prisonniers du camp SS. (photo famille Trido).

peuvent le confirmer. Les félicitations pour notre action en témoignent suffisamment. Je crois pouvoir dire que les inciviques se souviendront longtemps de leur séjour au fort. Malheureusement, ils en ont été retirés trop tôt alors que, grâce à notre action, de nombreux inciviques inconnus ont été arrêtés».

Les gardiens de «Breendonk II» sont-ils d'authentiques résistants ou des «combattants de la dernière heure»? Le professeur de Liège Francis Balace indique que, aux premiers jours de Breendonk II, la véritable résistance est mêlée aux combats qui se déroulent autour du port d'Anvers et qu'«on ne peut certes pas ranger tous les gardiens improvisés parmi les "purs" brûlant d'en découdre avec l'ennemi, au contraire.» Toutefois, les chefs du fort sont d'authentiques résistants ; De Meester et Mariotte ont, à coup sûr, activement pris part aux combats pour Anvers. Pour les effectifs de rang plus subalterne, seules des listes partielles de noms ont été communiquées – et uniquement par les Partisans Armés – ce qui interdit toute conclusion statistiquement valable.

## Le fort à nouveau vide, et à nouveau pour peu de temps

En novembre 1944, quelques soldats alliés occupent le fort. Le 21 novembre, ils sont partis. Les autorités belges projettent d'utiliser à nouveau Breendonk comme centre d'internement, afin de décharger les écoles de la région anversoise qui servent de prisons provisoires. Il faudra tout de même attendre plus d'un mois pour que ces projets se concrétisent. Le 30 décembre 1944, 800 prisonniers, dont 109 femmes, sont transférés depuis la prison de Saint-Léonard à Liège – qui a d'ailleurs, elle aussi, servi à enfermer les résistants pendant l'occupation. Le transport se fait par train, dans des wagons à bestiaux sans éclairage. Entre Liège et Ans, 50 prisonniers parviennent à s'enfuir. À la gare de Willebroek, le convoi continue à pied, sous la garde de 30 gendarmes, de 26 gardiens de la prison de Saint-Léonard et de 100 soldats. Quand le groupe arrive à 10 h 30, il s'avère que le fort n'est pas prêt pour les recevoir. Les convoyeurs ne rencontrent au fort que huit hommes, qui montent la garde à l'entrée. Les locaux sont à l'abandon ; il n'y a ni literie, ni vivres, ni eau, ni électricité. On réquisitionne cinq tonnes de foin pour improviser un logement pour la nuit.

Lors de l'inspection suivante par le Haut Commissariat à la Sûreté de l'État, en janvier 1945, le camp est déjà mieux installé, mais tous les problèmes ne sont pas résolus. Les prisonnières ont été transportées à Malines et la « salle des femmes » a été transformée en infirmerie. On a aménagé des ateliers et une chapelle dans les baraques. Une salle est réservée aux visites des familles et, dans une autre, les avocats peuvent rencontrer leurs clients. Le fort lui-même reste, comme il l'a toujours été, un endroit humide et malsain au point que le directeur se demande si ce lieu doit rester une prison. En outre, malgré le départ des femmes, le centre est surpeuplé : les 647 occupants sont répartis en 12 casemates de 54 places, alors que le Haut Commissariat considère que 550 est le maximum absolu. Il manque toujours des tables, des bancs, des lits d'appoint et les pannes de courant sont fréquentes. Par contre, les prisonniers peuvent recevoir des colis de vivres et de linge ; à ceux qui n'ont pas cette chance, le directeur offre, de temps à autre, une livre de carottes.

Cette population carcérale de 647 unités n'est pas composée seulement de gens suspectés de « relations avec l'ennemi » ; elle compte aussi des condamnés, des criminels de guerre ainsi que 125 personnes en situation d'attente, parce que leur dossier est à l'instruction. Les mois suivants, le nombre des prisonniers décroît rapidement – le centre n'en compte plus que 300 en avril 1945 – pour augmenter à nouveau avec la deuxième vague de répression, lors de la capitulation allemande et du retour des rescapés des camps de concentrations. Toutefois, il ne s'agit pas là d'un nouveau flux d'internés : sur les 555 détenus et 79 internés qui occupent le camp en juin 1945, 302 y ont été transférés depuis Hemiksem et 15 depuis Forest. Le groupe d'Hemiksem a dû être transféré à Breendonk à la suite d'un incendie dans le centre anversois. Ultérieurement, des avocats porteront plainte parce que des prisonniers auraient été contraints de lécher le mur blanchi à la chaux. Certains se seraient alors blessé la langue ou auraient été frappés. Une enquête est ouverte, mais les gendarmes concernés ne se souviennent de rien…

Plus le vent tourne en faveur des Alliés sur les fronts, et plus il est facile de maintenir l'ordre à Breendonk. « Parmi les internés, les esprits se sont calmés », peut-on lire dans le rapport de mars 1945 ; « tant que, aux yeux de certains, un sursaut de la *Wehrmacht* paraissait encore possible, ils avaient du mal à se soumettre, à se résigner à leur sort ; maintenant que les faits eux-mêmes excluent cette possibilité, ils sont plus soumis et plus calmes, prétextant moins de maladies et d'indispositions, etc. ».

Non seulement les prisonniers simulent moins de maladies, mais leur état de santé s'est réellement amélioré, grâce à un meilleur approvisionnement en nourriture. Toutefois, en juin, lorsque l'effectif carcéral augmente, le médecin doit bien constater un nouveau recul de la situation alimentaire et sanitaire. Le nombre d'œdèmes de carence a doublé, beaucoup de prisonniers perdent du poids et des dizaines souffrent d'étourdissements, surtout parmi ceux qui travaillent aux champs. Ces problèmes sont, en partie, importés : dans le contingent venu d'Hemiksem, la plupart sont malades et sous-alimentés. La principale raison en est que, depuis juin 1945, on ne distribue plus de colis. Ce n'est que provisoire, même si l'inspection par le Haut Commissariat à la Sûreté de l'État constate, en août 1945, que le contrôle sur les colis est devenu plus sévère et que leur distribution est parfois interdite. Il s'avère, en effet, qu'ils contiennent parfois des denrées venant des armées alliées. Quoi qu'il en soit, l'approvisionnement en nourriture s'est alors sérieusement amélioré. À dater de là, il n'y aura plus de grave problème à signaler.

À plusieurs reprises, *De Waarheid*, l'hebdomadaire de la fédération communiste malinoise, tire à boulets rouges sur le régime des prisons. Il est vrai que les communistes des régions de Malines et de Willebroek ont à déplorer la mort de leurs camarades qui ont connu l'enfer de Breendonk. *De Waarheid* écrit fin avril 1945 : « Les noirs séjournent à Breendonk dans un pays de cocagne. Rendez-vous compte : à boire et à manger tant qu'ils veulent ». Deux mois plus tard, le journal écrit encore que les prisonniers politiques ne comprennent pas « pourquoi les traîtres noirs ne sont pas soumis au régime qu'ils avaient eux-mêmes souhaité pour la Belgique ». *De Waarheid* se dit choqué que Breendonk soit, non seulement « un lieu de villégiature pour les noirs traîtres au pays » (30 juin), mais même un « pigeonnier » (4 août).

Breendonk reste un centre officiel d'internement jusqu'au début de 1947. Le 31 décembre 1946, le ministère de la Justice décide de le fermer. Au début de janvier 1947, les derniers prisonniers sont transférés à Turnhout et Hemiksem pour les néerlandophones, à Nivelles et Nimy pour les francophones.

Utiliser un ancien camp nazi pour interner les complices de l'ennemi, n'est pas un fait isolé dans l'Europe de l'après-guerre. Partout, en effet, on manque de places dans les prisons. Aux Pays-Bas, après la libération du pays, des milliers de gens sont enfermés au camp de Vught : en plus des centaines de Néerlandais suspectés de collaboration et de criminels de guerre, on y trouve aussi nombre d'Allemands évacués depuis la région frontalière. À Dachau, en Bavière, les occupants américains incarcèrent, jusqu'en 1948, quelque 30 000 suspects de nazisme : le régime, rude mais supportable, n'y est en rien comparable avec un camp SS. Il en va autrement dans la zone russe. À Sachsenhausen, les Soviétiques organisent un « camp spécial » qui fonctionnera de mai 1945 à mars 1950. Ils y enferment non seulement d'anciens fonctionnaires nazis, mais de plus en plus de gens condamnés par les cours militaires pour s'être opposés au régime d'occupation soviétique. Sur les 60 000 prisonniers du « camp spécial », 12 000 succombent à son impitoyable régime.

## La création du Mémorial national

Deux semaines après le départ des derniers prisonniers, la Chambre des députés est saisie d'une proposition de loi visant à faire de Breendonk un Mémorial national. L'auteur en est le député socialiste wallon et ex-prisonnier, Gaston Hoyaux. Depuis son retour de Buchenwald, Hoyaux s'est rendu plusieurs fois à Breendonk, et, déclare-t-il au parlement, il n'y a jamais retrouvé l'atmosphère qui y régnait sous l'occupation. « Breendonk n'est plus Breendonk ! L'enfer a changé ! ». C'est surtout le « pèlerinage de Breendonk » d'avril 1946 qui lui a fait une triste impression : la foule se bousculait à l'entrée, poussant les ex-prisonniers sur le côté. Ce n'est pas pour rendre hommage aux victimes qu'elle est accourue à Breendonk, mais par une curiosité malsaine, pour dévisager les « inciviques » et se moquer d'eux. Les enfants montaient sur les fortifications comme s'ils s'amusaient dans les dunes et les adultes trônaient sur l'estrade du gibet…

Hoyaux n'est pas le seul ex-prisonnier à se préoccuper de la conservation et du devenir du site. Selon ses propres dires, Paul Lévy avait, dès 1941, le projet de faire du camp un musée et un lieu de pèlerinage après la Libération. En tout cas, il a déjà constamment Breendonk à l'esprit. Quand il arrive en Angleterre en 1942, il ne néglige aucune occasion pour parler de son expérience du camp. Il n'en parle pas seulement à la radio belge de Londres, il donne des conférences sur « Le camp de Breendonck, orgueil de la Gestapo » à l'institut belge du Belgrave Square de Londres ou *The concentration camp at Breendonck, a pride of Germany* » au club polonais, il écrit dans des revues comme *Belgium*. Le talentueux journaliste de radio devient, à Londres, le collaborateur d'Antoine Delfosse, ministre démocrate-chrétien de la Justice et de l'Information. Les idées de Lévy sont à l'origine de la « mission Samoyède », chargée de créer en Belgique un réseau clandestin de radio, qui doit être prêt à émettre dès la Libération. Lévy participe à la fin du conflit comme correspondant de guerre et pénètre en Allemagne dans la foulée des armées alliées. Il est notamment présent lors de la libération de Dachau. Après ses critiques contre Van Zeeland pour son traitement du rapatriement des victimes de guerre belges, le ministre van den Branden de Reeth lui propose d'être son conseiller dans ce domaine. Lors des premières élections de l'après-guerre, le 17 février 1946, Lévy est le seul élu d'un nouveau parti d'opposition, l'Union Démocratique Belge (UDB) : ironiquement, ses adversaires le qualifieront « d'unidébiste » au lieu d'udébiste.

Lévy regrette les changements apportés au site historique, comme les travaux de peinture, les transformations etc. Il déplore, par exemple, que les redoutables rives du fossé, où jadis des prisonniers ont été battus à mort à coups de pelle, soient maintenant transformées en « jardins fleuris ».

Au début de 1946, le député frais émoulu s'adresse au ministre communiste de la Reconstruction, Jean Terfve, avec qui il est apparemment en bons termes. Lévy souhaite créer à Breendonk un musée et espère, pour ce faire, récupérer le matériel d'une exposition itinérante sur les « crimes hitlériens ». Mais les démarches de Lévy n'aboutissent à rien et c'est la proposition de loi de Hoyaux, déposée entre-temps, qui amènera la création du Mémorial national du fort de Breendonk. La loi du 19 août 1947 porte création d'un institut public autonome, doté de la personnalité juridique, et à qui l'État belge concède la pleine propriété du fort et de tout son mobilier.

En Belgique, Breendonk est le plus important lieu de mémoire consacré aux victimes de la Deuxième Guerre mondiale. La nouvelle loi en confie la gestion aux victimes elles-mêmes, les anciens prisonniers, qui ont droit à huit des quinze sièges au conseil d'administration, dont ceux de président et de secrétaire. À la chambre, une seule voix s'élève contre cette «sous-traitance» par l'État du devoir de mémoire. C'est celle du vieux comte bruxellois Henry Carton de Wiart, homme politique social-chrétien, ancien ministre et auteur prolixe de biographies et de romans historiques. Carton de Wiart est le président d'un comité pour la création d'un Musée belge de la Guerre Mondiale. Ce musée est vu en très grand : il contiendrait, outre des espaces d'exposition et des salles de lecture, toute la documentation, les archives, les livres et objets concernant « l'histoire de notre vie nationale pendant les deux guerres ». Il prendrait place au Mont des Arts, dans un vaste complexe où s'établirait aussi la Bibliothèque Royale. Carton de Wiart plaide pour que toutes les initiatives qui concernent la conservation des archives et le souvenir des guerres soient placées sous l'autorité unique du ministère de l'Instruction publique. La dispersion du domaine de la mémoire entre divers parastataux et institutions autonomes à la Breendonk n'est pas une bonne chose à ses yeux. Carton de Wiart a, certes, droit à des applaudissements et à des « très bien » venant des bancs de la droite, mais, comme il appartient à l'opposition catholique à la coalition socialiste-libérale-communiste de Camille Huysmans, on ne tiendra aucun compte de ses avis. Le projet de Musée belge de la Guerre Mondiale s'éteindra doucement en 1953, deux ans après le décès de Carton de Wiart lui-même.

Carton de Wiart est le seul à émettre une critique fondamentale contre la proposition de loi Hoyaux, du moins au parlement. Pour le reste, les divergences portent seulement sur la composition du conseil d'administration : trois députés socialistes et ex-prisonniers, dont Gaston Fromont, bourgmestre de Willebroek, veulent que le bourgmestre et le secrétaire communal de Willebroek y siègent de droit, à la place, ou du moins à côté, des édiles de Breendonk (le bourgmestre de Breendonk est alors le catholique Arthur Snakkaert). Ils veulent, en outre, remplacer les quatre fonctionnaires venant de départements nationaux – deux des Travaux publics, un du ministère subsidiant de la Défense nationale, et un des

Finances qui serait aussi le trésorier – par un représentant de la Reconstruction. Le ministère de la Reconstruction est alors aux mains du communiste Terfve. Leur amendement est rejeté. Ce n'est que plus tard, après la fusion des communes, que le bourgmestre de Breendonk sera remplacé au conseil par celui de Willebroek. Le gouverneur de la province d'Anvers n'est pas membre de droit du conseil d'administration, mais il est chaque fois invité et, s'il est présent, préside la séance, ce qui est une formule bizarre. En fait, le gouverneur siégera rarement, à part le gouverneur Declerck aux premiers temps du Mémorial.

Au conseil d'administration, le pouvoir est donc aux mains des huit membres désignés par les ex-prisonniers ou leurs familles, d'autant plus que le président et le secrétaire doivent, si possible, sortir de leurs rangs. Alors que la proposition initiale prévoyait l'élection du président par le conseil lui-même, la loi finalement adoptée, après amendements par le sénat, prévoit que le président, comme les administrateurs, sont nommés par arrêté royal, c'est-à-dire, en pratique, par le ministre de la Défense nationale. Quand, en septembre 1947, le premier conseil d'administration est nommé, le ministre en question est le colonel Raoul De Fraiteur, qui était, en mai 1940, officier d'état-major au quartier général de l'armée belge à Breendonk. Pendant la guerre, il a tenté de gagner l'Angleterre, mais a été arrêté en Espagne où il a connu la vie de camp à Miranda del Ebro. De Fraiteur laisse l'Association Nationale des Rescapés de Breendonk (ANRB) choisir elle-même ses représentants. Presque aussitôt, un litige naît à propos de la présidence et du pouvoir effectif sur le Mémorial national. Il oppose surtout les catholiques aux communistes. Selon Lévy, les communistes avaient, en 1945 déjà, voulu mettre la main sur le Mémorial et en confier la tutelle au ministère des Travaux publics, tenu par leur camarade de parti Borremans – affirmation un peu curieuse, compte tenu de la démarche de Lévy lui-même « à mon cher Terfve » en 1946.

L'ANRB, sous forte influence communiste, pousse en avant son président, le communiste Georges Canivet, pour présider le Mémorial. Cette candidature parvient à être bloquée avec l'argument que Canivet n'est pas bilingue. Ses adversaires réussissent à faire élire comme président André Simonart, professeur à l'Université Catholique de Louvain. En 1947, l'opposition entre communistes et anticommunistes pèse plus lourd que n'importe quel autre clivage de la politique belge. « Même des anticléricaux farouches », comme le médecin libéral Jules Jodogne ou la veuve de Dirk Sevens, sont encore bien davantage anticommunistes, rapporte Lévy à Simonart. Canivet devient donc simple administrateur, le vice-président, Xavier Relecom, reste inoffensif tant que le président exerce énergique-

André Simonart (1903-1992), prisonnier à Breendonk du 3 mars au 6 mai 1944, déporté à Buchenwald; premier président du Mémorial de 1947 à 1975. Ici, à gauche du roi Baudouin pendant sa visite au Mémorial en 1951.

ment son mandat et la secrétaire, Mlle Maria Dantzer, donne sa démission après huit mois seulement : fin 1948, Lévy considère donc que la menace communiste a été écartée.

Entre-temps, cette lutte de pouvoir a provoqué une minicrise : au début de 1948, Simonart et Lévy présentent leur démission. La querelle porte sur un projet de monument géant, à ériger sur le terrain du fort, et qui serait l'œuvre d'Idel Ianchelevici, un sculpteur d'origine roumaine établi en Belgique depuis les années vingt. Dans la presse aussi, Lévy s'attaque à cette initiative : à Breendonk, il n'y a place que pour un seul monument, et c'est le fort lui-même ; l'œuvre projetée par Ianchelevici, « Le Résistant », ne peut que détourner l'attention et coûterait d'ailleurs beaucoup d'argent – la Défense a déjà promis un million –, alors que bien des victimes de guerre sont dans le besoin. En fait, le litige dépasse les aspects esthétiques ou l'impact financier du monument. L'initiative émane, en effet, de Georges Canivet, qui a voulu placer l'institution du Mémorial devant un fait accompli. De plus, dit Lévy, Ianchelevici est le poulain des communistes. Finalement, la querelle finit en queue de poisson. Simonart et Lévy reprennent leur place au conseil. Celui-ci décide, fin 1948, de rejeter le projet d'un monument à la gloire des prisonniers politiques. Finalement, « Le Résistant » de Ianchelevici sera quand même érigé… en 1954.

Dans sa correspondance avec le ministre de la Défense, à propos de « l'affaire Ianchelevici », le très actif Lévy ne dit pas grand bien du conseil d'administration. Il trouve que les conseils d'administration ne sont pas une bonne chose en l'occurrence : tous les conservateurs de musée qu'il a consultés l'ont averti qu'un conseil d'administration signifie « la mort de toute entreprise de ce genre ». Personnellement, Lévy préférerait un Mémorial placé sous la houlette du Musée de l'Armée. Mais, puisqu'un conseil d'administration existe, il regrette que ses membres soient choisis selon un dosage politique et non sur la base de leurs compétences pour faire du Mémorial un musée et un centre d'études : l'ANRB n'a pensé ni aux artistes Ochs et Wilchar, ni à l'éminent historien Halkin, ni à aucun des auteurs qui ont publié des livres sur Breendonk. Pour ce qui est du dosage, il signale qu'en 1947, il n'y a qu'un seul Flamand parmi les huit ex-prisonniers politiques ou membres de leur famille : c'est la veuve Sevens (Lévy ne compte pas parmi les Flamands le louvaniste Simonart qui, bien que bilingue, est d'abord un francophone).

## « Dans l'esprit de la Nation » : le Mémorial et le souvenir de la Seconde Guerre mondiale

La loi de 1947 fixe les missions du Mémorial : en plus de la conservation du site, il doit « prendre toutes les mesures utiles pour que le souvenir du fort de Breendonk, ainsi que des événements qui s'y sont déroulés, demeure vivant dans l'esprit de la Nation, stimule son esprit civique et favorise l'éducation patriotique de la jeunesse ». À la tribune du parlement, Hoyaux s'exclame : « La guerre a consolidé la démocratie et les leçons de la guerre » doivent être utilisées pour que le relèvement de la société soit aussi bien matériel que moral : ce relèvement doit être l'œuvre de toute une population saine, ardente, généreuse, d'une population qui, regardant demain vers le Mémorial de Breendonk, commencera dans l'union, la fraternité, la ferveur patriotique, une marche glorieuse vers plus de progrès social et vers plus de liberté ! ». C'est le vocabulaire de l'époque. À Breendonk, le souvenir des tragiques évènements de la guerre s'inscrit dans une représentation fortement teintée de patriotisme, qui veut aussi inclure « les leçons de la guerre ». Au cours de la cérémonie solennelle où la Défense remet les clefs du fort au conseil d'administration, le président Simonart déclare que la visite à Breendonk doit être « une utile leçon de patriotisme et de civisme » et promouvoir la volonté « de défendre la patrie et de s'unir ». Le gouverneur Declerck évoque « la gratitude de toute la Nation pour ceux qui ont souffert physiquement et moralement pour le salut de la patrie », tandis que le conservateur Paul Lévy souligne que Breendonk doit « stimuler notre vigilance face à l'inhumanité des dictatures » et être une leçon « d'amour, de fraternité et d'humilité ».

Pour Lévy, Breendonk doit porter un message non seulement patriotique et antidictatorial, mais également religieux. Lévy « tient à ce que le fort soit aménagé dans un esprit chrétien et que la religion y ait la place qui lui revient », comme il l'écrit dans une lettre du 20 octobre 1948, à Simonart. Le principal résultat de cette intention est un grand autel, dédié à Mgr Gramann, dressé dans l'ancien atelier de couture transformé en un espace du souvenir et où l'on place aussi des urnes contenant des cendres de victimes des camps.

La mémoire patriotiques est surtout entretenue par une célébration annuelle, le « pèlerinage de Breendonk », qui se caractérise par un vaste défilé de drapeaux et des allocutions. L'organisation de ce pèlerinage est un privilège reconnu à l'Association Nationale des Rescapés de Breendonk, qui a été créé dès le 16 septembre 1944. Piet Landsvreugt, un socialiste de Vilvorde, en a été le premier président. Il n'est en fonction que depuis quelques mois quand le journal bruxellois *La Dernière Heure* émet des doutes sur ses mérites patriotiques. On lui reproche, entre autres, une démarche de sa femme, qui aurait sollicité le dirigeant VNV Borginon pour le faire libérer de Breendonk. Il s'ensuit une polémique dans la presse. Le conseil de guerre ouvre une enquête qui, en mars 1945, aboutit à un classement sans suite. Mais c'en est trop pour Landsvreugt, qui souffre de neurasthénie. Il meurt en mai 1945. Cette agitation autour du président ne freine pas la croissance de l'association. Au début de 1946, son successeur, Georges Canivet, peut fièrement annoncer que l'ANRB, avec ses 1 500 membres, est l'une des plus grandes fraternelles d'anciens prisonniers.

Le 25 octobre 1953, Breendonk devient une des branches d'un singulier diptyque, quand le « Front de l'Yser pour la Belgique » veut organiser un « Pèlerinage de l'Yser » alternatif afin, selon l'historien Pieter Lagrou, d'associer en une seule marche du souvenir la Tour de l'Yser de Dixmude et le Mémorial National de Breendonk. Réunir les anciens de l'Yser et les victimes de l'oppression nazie dans une même commémoration belge se veut la réponse des patriotes à l'appropriation par les flamingants des morts de la Grande Guerre. Par là, on veut aussi parer à toute demande d'amnistie, en rappelant le sort des victimes de la collaboration. Le projet échoue et cette marche restera un épisode isolé.

Défilé des drapeaux lors du « pèlerinage » de Breendonk dans les premières années de l'après-guerre.

Avec les années, la fibre patriotique s'affaiblit dans la société belge. Parallèlement, l'intérêt pour Breendonk va aussi diminuer, même si cela s'explique également pour d'autres raisons. D'abord, Breendonk est sans doute victime d'une moindre attention à la Seconde Guerre mondiale dans une Belgique prospère, heureuse de tourner la page des tristes années de l'occupation. Une autre explication est à trouver dans l'institution elle-même. Avec le temps, la muséologie utilisée à Breendonk, pour en raconter l'histoire aux visiteurs, a pris un coup de vieux. Pendant les toutes premières années, on a activement travaillé au fort. Le premier rapport, portant sur quatre années d'activités du conseil d'administration, signale qu'une série de locaux, dont les sept casemates de l'aile droite, ont déjà été ouverts au public. Quatre de ces chambrées ont une fonction de musée : on y explique, à l'aide de photos, de documents et d'objets, l'histoire du fort, le régime du camp, le procès des «bourreaux de Breendonk» et la mémoire du lieu. Mais il règne une telle humidité dans ces casemates que des pièces uniques sont menacées de disparaître ou d'être abîmées. C'est pourquoi un nouvel espace muséal est aménagé dans ce qui était la «nouvelle infirmerie». On y transfère toutes les pièces de collection et on ferme les quatre chambrées. Le nouveau musée est surtout l'œuvre d'un homme, Paul Lévy, qui, le soir avant l'ouverture, s'active encore à régler les derniers détails. Toutefois, pendant sa propre présidence de 1976 à 1997, Lévy se satisfait du travail accompli et n'innove plus. Dans les années nonante, le Mémorial prend dès lors une allure vieillotte, avec son parcours de visite diminué de moitié, ses haut-parleurs activés par des boutons-poussoirs, son odeur de naphtaline, son aménagement datant des années cinquante et ses photos jaunies épinglées sur des toiles de jute. Un ensemble si désuet qu'il s'en dégage paradoxalement un certain charme, auquel des nostalgiques, comme l'essayiste Geert Van Istendael, sont sensibles. Avec son talent habituel, cet auteur y consacre un bel article, où il reconnaît que «l'aspect vieillot et l'état poussiéreux du musée ne le dérangent absolument pas.»

Après un sommet en 1949, avec 109 731 visiteurs, la fréquentation du Mémorial baisse progressivement. La génération protestataire des années septante est moins sensible au message de Breendonk. Dans son documentaire «Dialogue ouvert», le cinéaste flamand Frans Buyens a filmé les réactions d'écoliers et d'étudiants, au cours d'une journée des jeunes organisée au fort par le ministre socialiste de l'Éducation, Piet Vermeylen. Breendonk les laisse froids pour la plupart. Dans huit tentes, ils peuvent dialoguer avec d'anciens prisonniers. «On a peu parlé de Breendonk, on a parlé de liberté de la presse, de la pilule, des colonels grecs, de ce que les jeunes savent ou ignorent, des combattants de l'Est et de l'amnistie », se plaint Lévy dans une lettre à un autre cinéaste, Marcel Roothooft. « Chaque génération vit sur une petite île », conclut le journaliste Louis de Lentdecker, qui met en doute l'utilité de telles visites scolaires. En 1970, il est frappant de voir l'indignation – combien sélective – des étudiants face à d'autres camps dans le monde. La cible numéro un est le régime des colonels en Grèce, tandis qu'on parle à peine du goulag.

La fréquentation la plus basse est atteinte en 1983 avec 40 066 visiteurs, ce qui reste un score honorable. Dans les années nonante, les chiffres grimpent à nouveau. De plus en plus d'écoles prennent le chemin du fort. Jusqu'à la rénovation de 2003, ce regain d'intérêt s'explique surtout par des facteurs externes : les célébrations commémoratives de 1984-85 et de 1994-95 ont ranimé l'intérêt pour la Seconde Guerre mondiale. De plus, depuis le début des années nonante, une visite à Breendonk cadre bien, fût-ce implicitement, avec la lutte contre l'extrémisme et le racisme, aux yeux de beaucoup de responsables publics ou d'enseignants.

En 2003, le fort restauré, dont le parcours de visite a été prolongé et le musée totalement rénové, est solennellement inauguré par le roi Albert II, en présence d'une série de personnalités importantes, comme le ministre de la Défense André Flahaut, le ministre-président flamand Patrick Dewael et le gouverneur de la province d'Anvers Camille Paulus. Le ministre de la Défense a libéré les fonds nécessaires et a fourni l'aide logistique de divers services de son ministère. En même temps, la loi de 1947 a été revue : Breendonk ne garde pas le statut d'une institution autonome, mais dépend du ministre de la Défense, qui adapte du même coup la composition du conseil d'administration. Les représentants des anciens prisonniers – dont les plus jeunes ont maintenant 80 ans – y sont maintenant moins nombreux, ce qui suscite des doléances.

## Breendonk au regard de l'artiste

Breendonk a laissé des traces dans l'œuvre de deux artistes belges : Ochs et Wilchar.

L'œuvre de Jacques Ochs sur Breendonk consiste en quelques scènes de la vie du camp, mais surtout en portraits de ses codétenus, dessinés au camp même sur l'ordre du commandant. Aux Allemands, il ne donne que des copies et il parvient, lors de sa libération, à sortir du camp la plupart de ses originaux, avec la complicité d'un SS flamand. Ochs publiera une série de ces dessins dans *Breendonck. Bagnards et bourreaux*, ses souvenirs de camp parus en 1947, et dont la valeur littéraire égale la valeur artistique. À côté de chacun de ses dessins, il évoque une histoire personnelle. La vie de l'artiste liégeois, Jacques Ochs, né en 1883, se lit elle-même comme un roman : une enfance insouciante à Nice, des leçons de dessin à Liège puis dans le Paris de la Belle Époque, une brillante carrière d'artiste et de sportif, une médaille d'or en escrime aux Jeux Olympiques de Stockholm en 1912, puis la Grande Guerre comme volontaire... Ochs est un patriote belge, libéral, fervent admirateur de la culture française et anti-flamingant, surtout au début des années vingt, quand l'activisme flamand est encore frais dans sa mémoire. À la veille de la deuxième agression allemande, Ochs a 57 ans. Il a déjà derrière lui une brillante carrière : il est non seulement directeur de l'Académie des Beaux-Arts de Liège, mais il est célèbre, dans tout le pays, comme caricaturiste de l'hebdomadaire satirique *Pourquoi Pas ?* En 1934, il illustre la couverture de *Pourquoi Pas ?* d'une caricature de Hitler, les mains couvertes de sang. Signé : Jacques Ochs.

Le 17 novembre 1940, la Gestapo frappe à sa porte : elle lui reproche son portrait du Führer de 1934. Un collègue jaloux, et de tendance Ordre Nouveau, l'a montré à l'occupant. Ochs est d'abord incarcéré à la prison Saint-Léonard de Liège, puis transféré à Breendonk le 7 décembre 1940. Nous avons déjà signalé sa libération en février 1942, après un séjour à l'hôpital militaire d'Anvers. Il est ensuite consigné à son domicile. En juillet 1944, il est à nouveau arrêté : cette fois, il a été dénoncé comme «juif», enfermé à la citadelle de Liège puis à la caserne Dossin de Malines, où les alliés arrivent, juste à temps, pour lui éviter la déportation.

Ochs, qui meurt en 1971 à l'âge de 88 ans, est un homme de l'establishment. C'est bien la dernière chose que l'on pourrait dire de l'autre artiste connu qui a laissé une œuvre importante sur Breendonk : Willem Pauwels, mieux connu sous son pseudonyme Wilchar. Tandis qu'Ochs conçoit des affiches pour le parti libéral, Wilchar fait de même pour des associations de gauche et antifascistes, pour le Parti Ouvrier Belge ou le parti communiste. Wilchar, qui est né à Saint-Gilles en 1910, restera toute sa vie un «bohémien», un franc-tireur, un rebelle. En 1947, il participe à une exposition des artistes communistes. Mais il restera toujours à l'écart des structures de parti : il est trop anarchisant pour cela.

Wilchar est arrêté, le 2 avril 1943, pour des faits de résistance, avec d'autres employés de l'Office National du Travail où il travaille alors. Il a collaboré à la feuille clandestine *Le Maillon*, et est suspecté de sympathies communistes. Après deux mois à Breendonk, il a la chance d'être transféré à la citadelle de Huy. Il y reste un mois. Après sa libération, le 28 juin 1943, mais encore pendant l'occupation, il peint une série d'aquarelles consacrées à Breendonk : cette fois, il ne s'agit pas de portraits finement dessinés à la Ochs, mais de peintures expressives, où il veut tracer sur la toile toute l'horreur du camp. En 1946, paraît l'album *32 lithographies de Wilchar. Breendonck*. La guerre apparaîtra une deuxième fois dans son œuvre, dans sa remarquable série de gouaches consacrées à «La Résistance».

Wilchar n'est pas seulement un remarquable artiste, il est aussi un inimitable conteur qui, dans un bruxellois savoureux, distille les anecdotes sur son expérience du camp. Breendonk a marqué le sensible Wilchar d'une impression durable. Dans le film *Les Larmes Noires* de 1993, le cinéaste Richard Olivier donnera à l'excentrique artiste l'occasion d'évoquer devant la caméra ses souvenirs de Breendonk. Le vieil «anar» s'éteindra en 2005.

## Breendonk sur papier, sur la scène et sur l'écran

En même temps que Wilchar, on amène aussi à Breendonk Edgard Marbaix, ingénieur civil et haut fonctionnaire au ministère du Travail et de la Prévoyance sociale. Après deux mois, il est, lui aussi, transféré «à cette bonne vieille citadelle de Huy, loin de Breendonk, loin de l'enfer». Les Allemands le gardent plus longtemps à Huy que Wilchar. Il n'est libéré que le 7 octobre 1943. Alors que Breendonk n'a marqué le vigoureux Wilchar que de séquelles psychologiques, Marbaix, un peu plus âgé, est affecté dans son corps par son séjour en prison. À Breendonk, son état de santé se dégrade définitivement : il meurt prématurément en 1948, à peine âgé de 45 ans.

*Breendonck-la-Mort*, traduit en néerlandais sous le titre *Breendonk-dedood*, est, compte tenu de son destin, le titre indiqué pour l'ouvrage de Marbaix sur l'*Auffanglager*. Marbaix n'utilise évidemment pas le terme d'*Auffanglager*: comment aurait-il pu connaître ce vocabulaire officiel allemand ? Pour lui, comme pour beaucoup d'autres, Breendonk est «le camp de concentration de la Gestapo sur sol belge». Le *Breendonck-la-Mort* de Marbaix, illustré de dessins de Wilchar, est une des nombreuses publications sur Breendonk qui voient le jour tout de suite après la Libération. Selon un décompte datant de 1995, 57 livres ou brochures avec des témoignages sur Breendonk ont paru dans les années quarante sur un total de

113. Pour tous les camps, les années quarante constituent d'ailleurs les chiffres record des publications, mais il y en a davantage sur le camp situé en Belgique que sur les camps allemands.

Les Alliés ont a peine posé le pied sur le sol belge que paraissent déjà les premiers écrits sur Breendonk, au dernier trimestre de 1944. Les auteurs en sont des gens comme Marbaix qui, par chance, étaient déjà en liberté : le commissaire de police Victor Trido avec *Breendonck. Le camp du silence et de la mort et du crime*, le député socialiste Frans Fischer avec *L'enfer de Breendonck* et le réfugié anticommuniste russe Boris Solonevitch avec *Breendonck. Camp de torture et de mort* (le seul des quatre à ne pas être traduit aussi en néerlandais). Le flot des publications ne tarit pas en 1945, et est complété par les premiers récits des déportés rapatriés, comme *32 Mois sous la Matraque des SS* de Gaston Hoyaux ou *Van Breendonk naar Weimar* de Ferdinand Désiron, alias «Tarzan», un partisan particulièrement prompt à s'enflammer. Ces livres, comme l'indique déjà le titre de Désiron, parlent de Breendonk mais aussi des camps de concentration où les auteurs ont été déportés – Buchenwald dans le cas de Désiron et Hoyaux.

Un groupe d'ex-prisonniers libérés, les postiers de Bruxelles I, est si marqué par son expérience commune à Breendonk qu'il produira, en trois ans, pas moins de quatre récits sur le camp : après *Zug 7* de Gysermans et *Le calvaire de Breendonck* de Landsvreugt et Lemaître en 1945, paraissent, en 1946 et 1947, deux *Albums des Postiers* (*Album-Souvenir des postiers prisonniers politiques rescapés de Breendonck* de Gysermans et *Pendant cette drôle de guerre. Les postiers à Breendonck* de Désiré Piens). Nombre de photos, prises avant ou après leur séjour en prison, montrent de quel prix les «facteurkes» – comme Wyss les surnomme – ont payé leur amour de la patrie.

Amour de la patrie : le ton est, en effet, très patriotique dans ces livres parus dans une Belgique d'après-guerre, qui jouit de la liberté retrouvée. Pour Gustaaf Vivijs, dans *Onder Duitschen Knoet*, la Belgique est «le sol sacré où nous sommes nés». «Oui, ami Bamps», écrivent les auteurs de *De Lijdensweg van Louis Bamps*, «au-dessus des groupes sociaux et des conceptions politiques, vous étiez tous à Breendonk les glorieux représentants de notre Patrie et de toute l'humanité martyrisée». Ceux qui liront le livre de Victor Trido, assure son éditeur, «feront œuvre patriotique» : *Le camp de la mort, du silence et du crime* montre, en effet, «jusqu'où peuvent conduire l'amour de la patrie, l'héroïsme et la grandeur d'âme». Dans *Le Calvaire de Breendonck*, Landsvreugt et Lemaître terminent par le cri : «Vive la Belgique libre et indépendante».

Alors que chez Landsvreugt et Lemaître, les allusions au nazisme ou au fascisme sont pratiquement absentes, les réflexions plus idéologiques dominent chez d'autres auteurs, surtout chez ceux qui viennent de la gauche : Fischer trouve son livre nécessaire parce que, à l'avenir, la dictature peut toujours relever la tête. Dans *'t Gruwelkamp Breendonk*, le communiste Jef Peeraer ne souffle mot de la patrie, mais termine par le cri « À bas le fascisme ».

Il faut toutefois relativiser l'opposition entre le discours « patriotique » et le discours « antifasciste ». Chez beaucoup d'auteurs, comme chez les créateurs et les responsables du Mémorial, il s'agit d'un patriotisme qui doit intégrer « les leçons de la guerre ». Pendant l'occupation, écrit Trido, « tous les Belges ont appris à connaître le national-socialisme... Maintenant, ils savent que [le paradis hitlérien] ne vaut rien pour eux ». Marbaix ne demande pas seulement justice « au nom de la Belgique », il condamne aussi « le régime qui a conduit à de telles pratiques ». Comme Trido et Marbaix, beaucoup se situent entre les extrêmes que sont *Le Calvaire de Breendonck* et *'t Gruwelkamp Breendonk* : les hommages patriotiques vont de pair avec des réflexions et des mises en garde contre le nazisme.

Deux fois au XXe siècle, la Belgique a été occupée par l'Allemagne, et des auteurs comme Trido et Fischer rédigent leurs textes alors que des soldats alliés tombent encore tous les jours dans le combat contre l'Allemagne nazie et que des milliers de Belges croupissent encore dans les camps de concentration. Même ceux qui écrivent dans les années suivantes ne sont pas encore freinés par le « politiquement correct » d'aujourd'hui, qui veut qu'on ne s'en prenne pas aux Allemands comme tels : ils laissent encore libre cours à leur germanophobie. Fischer s'en prend à « l'occupation teutonne », Trido aux « boches » et, pour Landsvreugt et Lemaître, Prauss n'est qu'un « boche sanguinaire ». Il est aussi question de « Prussiens ». Ce vocable vient aisément sous la plume d'auteurs plus âgés comme Landsvreugt et Lemaître qui, jeunes, ont fait la Grande Guerre. Pourtant, le régime nazi n'a pas grand chose en commun avec tout ce qu'évoque « prussien » et cette référence à la Prusse n'est généralement pas justifiée : ainsi, Schmitt n'est pas un Prussien mais un Bavarois. Fischer se hasarde à des spéculations sur l'histoire et la culture allemandes pour expliquer l'avènement du nazisme : mais ce ne sont que des remarques en passant, sans réelle valeur explicative. Ainsi, cet homme politique bruxellois explique-t-il l'évolution de l'Allemagne par le fait qu'elle n'aurait pas connu de Révolution française, alors que, pendant l'occupation napoléonienne, elle a bien subi l'influence des idées révolutionnaires. Que sa propre ville ait été libérée par les soldats d'un pays qui, lui non plus, n'a jamais connu de Révolution française ne semble nullement lui donner à réfléchir.

Quelques auteurs s'en prennent volontiers aux sentiments allemands de supériorité culturelle. Staf Vivijs se moque de l'« *Über-Cultuurland* ». Le livre consacré à un ex-prisonnier de Malines porte même le titre de « *Kultur? De lijdenweg van Louis Bamps* ». De tels sarcasmes sont particulièrement populaires à l'époque. À l'entrée de ce qui fut le camp de concentration de Bergen-Belsen, les libérateurs britanniques ont placé un grand panneau : « Ceci est le site de l'infâme camp de concentration de Bergen-Belsen… un exemple de la culture nazie. ».

En 1985, Staf Vivijs publie une version retravaillée et élargie de son *Onder Duitschen Knoet* : quarante ans plus tard, dans *Onder Duitse Knoet*, il a revu l'orthographe mais aussi le style. Il est vrai que les ouvrages les plus anciens sur Breendonk se caractérisent souvent par un style fleuri, pour ne pas dire pathétique et hyperbolique. Y a-t-il des poux à Beendonk? Pour André Verhaeghe, cette vermine devient « l'allié du maréchal des poux Hitler ». Pour les auteurs de *Kultur?* « Bamps continuera à sentir la griffe des gestapistes dans chaque mouvement de ses membres meurtris, dans chaque crampe de ses muscles ankylosés ». D'ailleurs, les titres parlent d'eux-mêmes : '*t Gruwelkamp* (La camp de l'horreur) de Jef Peeraer ou *In de klauwen der nazi-beulen* (Dans les griffes des bourreaux nazis) d'André Verhaeghe. L'emphase, fût-ce dans la gaucherie parfois émouvante des couvertures ou des illustrations, est là pour souligner combien ce que l'on a subi dépasse l'imagination.

Ce sont surtout, mais pas uniquement, les auteurs néerlandophones qui se permettent de telles outrances. Dans la littérature sur Breendonk, se reflète le retard historique des Flamands en matière littéraire : de ce côté, il n'y a pas de Jacques Ochs, ni de Léon Halkin. L'historien liégeois Halkin est l'auteur d'au moins 25 livres et de 300 articles; il jouit d'une réputation qui dépasse les frontières comme spécialiste de l'humanisme. Sa biographie d'Érasme est un ouvrage de référence, traduit en diverses langues. En 1947, Halkin consacre un livre à son expérience des camps : dans *À l'ombre de la mort*, il passe en revue son vécu à Saint-Gilles, Breendonk, Cologne, Gross-Strehlitz, Gross-Rosen et Dora. C'est l'un des chefs d'œuvre internationaux sur la vie concentrationnaire, comparable au *Si c'est un homme* de Primo Levi ou à *L'espèce humaine* de Robert

La couverture du livre de Peeraers *'t Gruwelkamp Breendonk*.

Antelme. C'est le romancier François Mauriac, en personne, membre de l'Académie française et futur Prix Nobel de Littérature, qui signe la préface. Dans *À l'ombre de la mort*, pas d'outrances, pas de ficelles rhétoriques à bon marché : dans toute sa sobriété, cet ouvrage impressionne davantage que la grandiloquence concurrente.

Exagérer, c'est humain. Après la Libération, il est même question d'une mythique « chambre à gaz de Breendonk ». « Breendonck ! du caveau de torture à la chambre à gaz » titre en capitales *Le Matin* du 24-25 septembre 1944. De quoi s'agirait-il selon cet article ? Non pas de locaux d'extermination comme à Auschwitz, mais d'une chambre de torture spécialement aménagée, dans laquelle on injecte du gaz que le prisonnier doit pomper vers l'extérieur sous peine d'étouffer. *Le Matin* rapporte le récit d'un ex-prisonnier venu voir avec sa famille le « Breendonk II » de septembre 1944… C'est une version dramatisée de la fable concernant « une chambre de torture avec vapeur et électricité », l'une des quatre – (!!!) – salles de torture, dont parle *Le Soir Illustré*, dans son reportage du 20 septembre 1944. Même les Britanniques réépercutent ces rumeurs et mentionnent, dans leur *Report on German Atrocities,* qu'un local du fort est connu comme « chambre à gaz » et que la rumeur publique rapporte qu'on y a gazé des prisonniers avec la fumée d'un poêle à coke : toutefois, précisent les Britanniques sceptiques, il n'existe pas la moindre preuve de ces faits. Faute de confirmation, ce sinistre ragot finit par retomber.

Le *Report on German Atrocities* en question émane du *Psychological Warfare Department* du 21ᵉ groupe d'armée de Montgomery. Ce rapport a été rédigé fin 1944 et a même retenu l'attention de la presse britannique : *The Times* du 4 janvier 1945 consacre, page 3, un article aux « *Nazi tortures in Belgium* ». Après cela, il reposera à jamais dans les archives. En avril 1945, les Britanniques passent un mois à se demander s'il mérite publication, mais concluent par la négative. Entre-temps, Buchenwald et Bergen-Belsen ont relégué Breendonk à l'arrière-plan. On demande aussi l'avis du gouvernement belge, qui préfère ne rien publier tant que des Belges se trouvent encore dans les camps allemands : d'ailleurs, il a lui-même installé une commission sur les crimes de guerre, qui prépare son propre rapport.

Dans les premières années de l'après-guerre, Breendonk occupe une place de choix dans la presse nationale. Victor Trido publie son livre, mais aussi une série d'articles dans les hebdomadaire à grand tirage *Humoradio* et *Moustique*. Boris Solonevitch décrit Breendonk dans l'hebdomadaire de droite *Septembre*. Du côté flamand, *Volksgazet*, entre autres, s'intéresse beaucoup à Breendonk. Du 18 au 26 septembre 1944, ce journal socialiste consacre au camp un reportage, qui paraîtra ensuite en brochure sous le titre *De volle waarheid over het concentratiekamp Breendonk. Een geïllustreerde reportage over de gruwelheden die aldaar door de nazi-beulen gepleegd werden* (*Toute la vérité sur le camp de concentration de Breendonk. Un reportage illustré sur les atrocités que les bourreaux nazis y ont commises*). Il est dû à l'écrivain populaire anversois Lode Zielens, bien connu pour son roman naturaliste sur le milieu ouvrier *Moeder, waarom leven wij?* C'est l'un des derniers reportages de Zielens. Deux mois plus tard, il est tué par une bombe V allemande, alors qu'il fait route vers le conseil de guerre d'Anvers pour y suivre un procès contre des collaborateurs.

Lors du procès de Malines de 1946 et du procès contre Schmitt de 1950, l'intérêt du public pour Breendonk atteint son maximum. La radio aussi s'en occupe. L'Institut National de Radiodiffusion charge de suivre le procès un jeune reporter et ex-résistant, Nic Bal, qui deviendra plus tard le directeur général de *BRT-televisie*. Pour la première fois dans l'histoire de la Belgique, des micros pénètrent dans le prétoire. Bal connaît personnellement un des accusés : Marcel De Saffel l'a jadis sollicité pour une fonction de rédacteur au journal radiodiffusé. « Cela m'a fait un coup » dira Bal dans ses mémoires « de le revoir, après des années, comme bourreau universellement haï et je me suis demandé comment il était possible que ce jeune homme pâle, frêle et abattu ait choisi le camp du fascisme ».

Un film a même été consacré au procès de Malines : c'est *Le procès de Breendonck,* d'André Cauvin, avocat et cinéaste né en 1907, un des premiers membres du réseau Luc-Marc et qui a rejoint l'Angleterre au début de 1942. C'est le géant américain du cinéma Metro Goldwyn Mayer qui a commandé cette œuvre à Cauvin. Cela donne un document d'époque impressionnant, non dénué de pathos, mais très prenant. Du côté flamand, Marcel Roothooft réalise l'un des premiers documentaires sur le camp. C'est le correspondant de guerre canadien Julien Roffman qui a suggéré ce projet à son collègue journaliste belge et le ministre de l'Instruction de Laveleye, passe commande au cinéaste, diplômé en pédagogie à l'ULB. Quelques passages de ce documentaire, qui ne manque pas d'intérêt, montrent à nouveau combien Breendonk agite encore les cœurs, si vite après les évènements. Alors que dans les documentaires télévisés ultérieurs, comme celui de Jacques Cogniaux pour la RTBF (1987) ou celui d'Étienne Verhoeyen pour la VRT (1995), les témoins parlent assez sereinement de leur expérience, Lemaître tremble encore d'une sainte indignation quand, dans le film de Roothooft, il évoque les tueries au bord du fossé.

Le sommet du pathétique et du kitsch a, sans doute, été atteint sur la scène : en 1947, les *Luna Troubadours* montent à Anvers un spectacle sur Breendonk sous le titre « Breendonk, le camp de l'horreur. Un grand spectacle à sensation ».

Breendonk, un camp SS en terre belge : un thème inépuisable pour la littérature ou le cinéma ? La vérité est assez différente. Breendonk a servi de décor au film *QB VII*, tiré du livre de Leon Uris qui se passe en Pologne et est un best-seller des années septante. Certains ex-prisonniers, comme André Verhaeghe (sous le pseudonyme de Filiep Van Maele) ou Georges Hebbelinck, ont réécrit leurs récits de camp sous forme de roman. Des décennies plus tard, leur œuvre n'a plus qu'une valeur de document pour les historiens de la littérature. À part le cas de ces quelques ex-prisonniers, l'évocation de Breendonk est très réduite dans la littérature belge, qu'elle soit d'expression néerlandaise ou française.

En littérature pour la jeunesse, Breendonk apparaît dans la célèbre *Kinderbiblioteek* d'Abraham Hans. Après sa mort en 1939, son fils Willem a encore poursuivi la collection pendant quelques années. Ces fascicules ne comptent que 16 pages et paraissent toutes les semaines, sur un papier de mauvaise qualité. Juste après la guerre, chaque numéro est vendu 3 francs. *Breendonk* fait partie d'une série consacrée aux destins de Pol (Bruneel) et Gust (Vets), deux intrépides résistants de Gand, dont des numéros précédents ont raconté la campagne des dix-huit jours. Dans le récit, le « mauvais » est un Flamand, agent de la Gestapo, Sus « Judas » Leblon. À la fin de l'histoire, Gust et Pol sont déportés. « Adieu Breendonk » dit Bruneel « nous y avons passé trois mois. Trois mois de souffrance et de misère. Trois mois d'humiliations. Trois mois où nous n'avons connu que la méchanceté et les coups. Nos cellules sont vides à nouveau. D'autres martyrs vont y venir. Et cela durera jusqu'à la fin du combat. Mais le monde doit un jour apprendre quelles barbaries ont été commises derrière les murs gris de ce fort et un jour le monde réclamera vengeance et justice ».

Il y a peu, Breendonk a refait surface dans la littérature de jeunesse d'expression néerlandaise à travers le roman *Woestepet* de l'auteur bien connu Henri Van Daele. Il restitue une image saisissante de la résistance, de la collaboration et de la « répression » dans un village flamand fictif. Il prend certes quelques libertés poétiques avec l'histoire de Breendonk. Ainsi, il imagine la libération du camp et de ses prisonniers par des troupes canadiennes : « Stupéfaits, les soldats canadiens regardent ces ombres édentées et chancelantes dans leurs tenues rayées entonner le *God save the king*. » Le *SS-Obersturmbannführer* Heinrich Heinemann, alias « coup de poing », est le commandant d'un camp dont, d'après le contexte, on peut supposer qu'il s'agit de Breendonk. Il noue une liaison passionnée avec Angèle, la femme de Pieter, un résistant enfermé à Breendonk et que Heinemann livre à la torture. Roger, alias Woestepet, est le fruit de cette «collaboration horizontale». Après la guerre, «Heinchen», qui a bien profité du miracle économique allemand et roule dans une rutilante Mercedes, revient à la recherche de son fils. La morale de l'histoire est que les gens peuvent avoir bien des visages: «vous pouvez être pour l'une (Angèle) un amant irrésistible et pour l'autre (Pieter) un bourreau». Un message difficile à avaler pour la génération des lecteurs de Willem Hans.

On retrouve parfois Breendonk chez des auteurs étrangers. Dans *Resistance*, de la populaire auteure américaine Anita Shreve, une résistante belge s'inquiète pour Ted Brice, un pilote américain dont l'avion a été abattu. «(Claire) ne veut pas penser à ce qui arrive aux pilotes alliés quand ils sont arrêtés par les Allemands. Elle sait qu'ils sont expédiés à Breendonk à Bruxelles, ou vers des prisons similaires à Anvers et Charleroi. Certains sont torturés par des SS belges ou allemands. Ceux qui survivent s'estiment heureux d'être déportés en Allemagne, aux *stalags* de Luft. Claire a entendu parler de pilotes anglais tombés au début de la guerre, à qui l'on a crevé les yeux et qui ont été enterrés sans cercueil dans des fosses près de Breendonk». Du *thrilling stuff* qui vaut ce qu'il vaut…

*Last but not least*, Breendonk est encore présent dans *Austerlitz*, un curieux roman sur un enfant de réfugié juif élevé au Pays de Galles, dont l'auteur est un Allemand trop tôt disparu, W.G. Sebald. Pour lui, Breendonk est «un monstre surgi du sol flamand comme une baleine hors des vagues» (*sic*).

# ANNEXES

## Grades SS

Grades et insignes de grades des *Waffen SS*

| Waffen SS | Wehrmacht | Armée belge (ou grades allemands particuliers) | Col | Épaulette |
|---|---|---|---|---|
| Heinrich Himmler Reichsführer SS | | Maréchal du Reich | | |
| SS-Oberstgruppenführer 1942-1945 | Generaloberst | Général d'armée Colonel général | | |
| SS-Obergruppenführer | General | Général de corps d'armée Colonel général avant 1942 | | |
| SS-Obergruppenführer | General | Général de corps d'armée Colonel général 1942-1945 | | |
| SS-Gruppenführer | General-Leutnant | Lieutenant général Général de division jusque 1941 | | |
| SS-Gruppenführer | General-Leutnant | Lieutenant général Général de division 1942-1945 | | |
| SS-Brigadeführer | Generalmajor | Général major jusque 1941 | | |
| SS-Brigadeführer | Generalmajor | Général major 1942-1945 | | |

| Waffen SS | Wehrmacht | Armée belge (ou grades allemands particuliers) | Col | Épaulette |
|---|---|---|---|---|
| SS-Oberführer | | Général de brigade avant 1941 | | |
| SS-Oberführer | | Général de brigade 1942-1945 | | |
| SS-Standartenführer | Oberst | Colonel | | |
| SS-Obersturmbannführer | Oberstleutnant | Lieutenant colonel | | |
| SS-Sturmbannführer | Major | Major | | |
| SS-Hauptsturmführer | Hauptmann | Capitaine | | |
| SS-Obersturmführer | Oberleutnant | Lieutenant | | |
| SS-Untersturmführer | Leutnant | Sous-lieutenant | | |
| SS-Sturmscharführer | Stabsfeldwebel | Adjudant major | | |
| SS-Hauptscharführer | Oberfeldwebel | Adjudant chef | | |

# Annexes

| Waffen SS | Wehrmacht | Armée belge (ou grades allemands particuliers) | Col | Épaulette |
|---|---|---|---|---|
| SS-Oberscharführer | Feldwebel | Adjudant | | |
| SS-Scharführer | Unterfeldwebel | Sergent chef | | |
| SS-Unterscharführer | Unteroffizier | Sergent | | |
| SS-Rottenführer | Obergefreiter | Caporal chef | | |
| SS-Sturmmann | Gefreiter | Caporal | | |
| SS-Oberschütze SS-Schütze | Oberschütze Schütze | Soldat de 1<sup>re</sup> classe Soldat de 2<sup>e</sup> classe | | |

D'après *Vlamingen aan het Oostfront. Dl 2, Het Vlaams legioen*, Erpe, 2000, p. 226-228.

## Liste des personnes décédées à Breendonk, identifiées par le Service des victimes de guerre (84)

| | | |
|---|---|---|
| Isaac Altbaum | Anvers, 16.10.1913 | 3.3.1943 |
| Oscar Beck | Yaslo, 12.12.1908 | 12.10.1942 |
| Etrusco Benci | Grossetto, 25.6.1905 | 12.6.1943 |
| Louis Bergsma | Liège, 13.5.1896 | 18.2.1944 |
| Jacques Bonnevalle | Bruxelles, 30.6.1899 | 15.12.1942 |
| Joseph Bourguignon | Pironchamps, 2.7.1901 | 5.1.1943 |
| Jules Burgeon | Leval-Trahegnies, 30.1.1890 | 1.3.1943 |
| Georges Cerfontaine | Battice, 3.2.1906 | Avril 1943 |
| Dimitrov Chrestezki | Ogmatka, 10.5.1899 | 1943 |
| Theodoor Cornips | Maaseik, 20.6.1910 | 11.4.1944 |
| Alphonsus Corthouts | Zonhoven, 9.8.1909 | 24.5.1943 |
| Pierre Crockaert | Molenbeek, 14.6.1912 | 22.12.1942 |
| François De Donder | Weseke, 26.12.1889 | 5.9.1941 |
| Sebastien De Greef | Bruxelles, 19.6.1887 | 18.12.1942 |
| Frans De Keuster | Herent, 6.7.1902 | 16.3.1944 |
| Albert De Leeuw | Anvers, 14.8.1895 | 4.2.1943 |
| Albert De Pondt | Saint-Gilles, 9.4.1885 | 3.1.1943 |
| Jacques De Ridder | Bruxelles, 27.10.1891 | 14.8.1944 |
| Floribert Divers | Courcelles, 11.10.1905 | 25.12.1943 |
| Schrya Dolinger | Jasienicate, 20.3.1894 | 24.7.1941 |
| Jules Duquesne | Quenast, 25.7.1907 | 24.8.1944 |
| Joseph Eggermont | Ixelles, 27.3.1901 | 5.8.1944 |
| Abraham Figelbaum | 22.6.1915 | 21.1.1942 |
| Jasher Frenkel | Sierpa, 1.9.1897 | 6.3.1941 |
| Sylvain Genger | Anvers, 2.10.1921 | Mars 1943 |
| Maurice Georges | Gilly, 2.5.1923 | 24.1.1943 |
| Achille Gobert | Cuesmes, 15.7.1903 | 13.1.1943 |
| Jozef Goldenberg | Calarasi, 15.6.1913 | 31.3.1943 |
| Alfred Gors | Basècles, 29.6.1911 | 7.12.1942 |
| Benjamin Goudeket | Anvers, 9.7.1903 | 25.2.1944 |
| Désiré Gravy | Châtelet, 18.10.1888 | Février 1943 |
| Gustave Grietens | Lodelinsart, 25.1.1894 | 25.2.1943 |
| Heinrich Harf | Erkelenz, 17.12.1904 | 15.7.1941 |
| Wolf Hartlooper | Amsterdam, 8.12.1892 | 5.3.1943 |
| Jan Albert Heymans | Dworp, 5.4.1915 | 5.8.1944 |
| Jean-Baptist Janssens | Bruxelles, 9.12.1898 | Février 1943 |
| Ludwig Juliusberger | Berlin, 29.9.1893 | 9.4.1941 |
| Jacob Kiper | Varsovie, 5.1.1896 | 11.6.1941 |
| Heinrich Kirschenbaum | Ostrowo, 27.5.1891 | 7.8.1941 |
| Albert Kohn | Vienne, 2.4.1897 | 6.11.1942 |
| Bernard Kolinsky | Anvers, 21.5.1895 | Février 1943 |
| Hugo Kotsch | Prastejow, 13.1.1895 | 10.7.1944 |

| | | |
|---|---|---|
| Pavel Koussonsky | Koursk, 7.1.1880 | 26.8.1941 |
| Mendel Kreimer | Kisjinev, 7.1.1907 | 6.11.1942 |
| Philippe Lamm | Anvers, 16.3.1900 | 28.1.1943 |
| Auguste Leleu | Châtelet, 17.3.1925 | 9.3.1943 |
| Lambert Leurquin | Wavre, 25.10.1874 | 1944 |
| Jacques Loitzanski | Bruxelles, 22.3.1918 | 5.3.1943 |
| Mozes Louft | Anvers, 18.6.1914 | 4.7.1941 |
| Leibusch Lubka | Lodz, 6.12.1912 | Février 1943 |
| Joseph Lurkin | Jemelle, 13.6.1880 | 19.8.1943 |
| Albert Magnée | Comblain-au-Pont, 26.1.1914 | Février 1943 |
| Georges Mayne | Bierges, 23.6.1902 | 21.12.1942 |
| Désiré Mouffe | Forchies-la-Marche, 6.12.1896 | 2.4.1943 |
| Julius Nathan | Bâle, 25.5.1878 | 17.2.1941 |
| Israel Neumann | Nisko, 23.10.1900 | 24.7.1941 |
| Alexander Nasulia | | Mars 1943 |
| Jean Payon | Fays-les-Veneurs, 9.7.1905 | 30.7.1941 |
| Octave Pierard | Lambusart, 27.2.1891 | 15.6.1943 |
| Roger Poquette | Lodelinsart, 23.4.1904 | Mars 1943 |
| Joseph Rormann | Lodz, 26.5.1896 | 9.9.1941 |
| Jean Royer | Huy, 2.11.1925 | Entre 5 et 9.8.1944 |
| Erwin Schlesinger | Katowicz, 19.9.1904 | 6.11.1942 |
| Vital Schayes | Nodebais, 23.8.1910 | Août 1944 |
| Hugo Schonagel | Vienne, 8.1.1909 | 5.3.1943 |
| Schubelski | | |
| Dirk Sevens | Gand, 12.7.1912 | 9.8.1944 |
| Sylvain Singer | 2.10.1921 | 18.3.1943 |
| Camille Smet | Schaerbeek, 24.1.1892 | 10.8.1941 |
| Szmull Sosnowski | Opoczno, 2.5.1916 | 3.11.1942 |
| Albert Spiero | Anvers, 28.1.1912 | 5.3.1943 |
| Joseph Stacherski | Sosnovice, 18.9.1892 | 29.6.1941 |
| Hirsz Swirski | Vilnius, 1.5.1916 | 28.6.1941 |
| René Thevenier | Lodelinsart, 28.6.1887 | 19.12.1942 |
| Henri Tissen | Molenbeek, 12.4.1903 | 12.12.1942 |
| Isaac Trost | Vienne 5.10.1910 | 30.10.1942 |
| Hector Urbain | Frameries, 31.8.1887 | 2.9.1941 |
| Jean Van Boven | Anvers 15.10.1898 | 18/19.11.1942 |
| Pierre Van Dorpe | Hillegem, 25.6.1895 | 4.5.1943 |
| Emile Van Gelder | Fosses, 20.8.1911 | 27.3.1943 |
| Jean-Baptiste Volan | Zétrud-Lumay, 9.5.1886 | 7.12.1943 |
| Mordka Wajcenberg | Varsovie, 2.2.1906 | 27.7.1941 |
| Musem Zybenberg | Lodz, 10/18.5.1899 | 28.1.1943 |
| Richard Zylberstejn | Varsovie, 10.12.1919 | 28.8.1941 |

# Liste des prisonniers fusillés à Breendonk, identifiés par le Service des victimes de guerre (164)

| | | |
|---|---|---|
| Jean Achten | Diepenbeek, 20.1.1914 | 15-20.4.1944 |
| Franciscus Aerts | Herent, 7.2.1913 | 26.4.1944 |
| Julien Ameye | Lens (France), 28.8.1901 | 6.3.1944 |
| Alexandre Ancart | Cortil-Noirmont, 10.3.1902 | 6.1.1943 |
| Jacques Ancion | Boncelles, 15.11.1919 | 30.11.1943 |
| Arthur André | Montignies, 19.12.1888 | 30.11.1943 |
| Maurice Andries | Aalter, 30.10.1894 | 30.11.1943 |
| Thodor Angheloff | Kusteinvic, 12.1.1900 | 30.11.1943 |
| Edmond Auteveld | Louvain, 25.12.1913 | 2.3.1944 |
| Romain Baplu | Louvain, 19.9.1901 | 7.3.1944 |
| Joseph Bauwin | Ixelles, 16.5.1905 | 26.2.1944 |
| André Bergmans | Genk, 3.8.1923 | 11.4.1944 |
| Germaan Blanchart | Sint-Pieters-Rode, 12.10.1916 | 2.3.1944 |
| Jean Boelens | Louvain, 15.2.1893 | 28.2.1944 |
| François Boets | Louvain, 20.2.1913 | 26.4.1944 |
| Henri Boets | Louvain, 22.4.1908 | 28.2.1944 |
| Nicolas Boets | Louvain, 9.5.1904 | 28.2.1944 |
| Mathieu Boghe | Louvain, 14.9.1899 | 2.3.1944 |
| Robert Boisacq | Wavre, 26.11.1904 | 6.1.1943 |
| Guillaume Bollens | Anderlecht, 14.12.1916 | 2.3.1944 |
| Jean-Joseph Bontemps | Etterbeek, 26.2.1901 | 30.11.1943 |
| Edmond Borderieux | Orville (France), 4.9.1892 | 13.1.1943 |
| Raymond Bosmans | Zaventem, 11.7.1902 | 30.11.1943 |
| Joseph Boulanger | Châtelet, 2.2.1922 | 27.11.1942 |
| Richard Braibant | Liège, 31.7.1904 | 13.1.1943 |
| Armand Broekaert | Zottegem, 30.10.1902 | 15.3.1943 |
| Fernand Brouns | Ougrée, 7.8.1907 | 28.2.1944 |
| Maurice Brouns | Ougrée, 6.7.1909 | 28.2.1944 |
| Jean Caiveau | Bordeaux, 2.6.1923 | 26.2.1944 |
| Theodoor Canips | Maaseik, 20.6.1910 | 11.4.1944 |
| Désiré Castermans | Wezemaal, 27.9.1912 | 7.3.1944 |
| Félicien Cauwel | Nederboelare, 31.8.1885 | 30.11.1943 |
| Léon Cheron | La Louvière, 10.6.1903 | 30.11.1943 |
| Alphonse Collin | Léglise, 23.9.1909 | 6.1.1943 |
| René Comhaire | Gand, 22.2.1897 | 13.1.1943 |
| Albert Croy | Genval, 13.8.1917 | 13.1.1943 |
| Gilbert Daxhelet | Huy, 31.5.1900 | 6.1.1943 |
| Albert Debadrihaye | Uccle 10.5.1903 | 26..2.1944 |
| Clement De Bremme | Ramillies, 3.4.1911 | 28.2.1944 |
| Denis De Ceuster | Rixensart, 19.8.1911 | 13.1.1943 |
| Pierre De Coster | Louvain, 2.2.1909 | 28.2.1944 |
| Louis De Houwer | Anvers, 12.9.1909 | 27.11.1942 |

| | | |
|---|---|---|
| Peter De Kelver | Itegem, 29.5.1922 | 11.4.1944 |
| Camille De Koninck | Anderlecht, 25.10.1905 | 30.9.1943 |
| Gustave Delperdange | Warnach (Tintange), 1.10.1911 | 26.2.1944 |
| Gaston Delsaer | Alken, 21.11.1922 | 11.4.1944 |
| Marcel Demonceau | Liège, 10.12.1914 | 22.2.1944 |
| Gustave Derard | Gilly, 16.9.1921 | 27.11.1942 |
| Edouard De Reume | Bruxelles, 20.11.1920 | 13.1.1943 |
| Hubert Derichs | Huy, 17.5.1915 | 26.2.1944 |
| Camille De Roeck | Molenbeek, 18.6.1916 | 12.12.1942 |
| José De Wallens | Etterbeek, 27.4.1912 | 6.1.1943 |
| Louis De Wolf | Louvain, 4.2.1921 | 7.3.1944 |
| Renatus Dierickx | Kersbeek-Miskom, 23.6.1921 | 26.4.1944 |
| Strul Dobrzynski | Vegrov, 16.4.1924 | 14.7.1943 |
| Frans Dorissen | Saint-Trond, 17.5.1900 | 11.4.1944 |
| Emiel Dottermans | Bertem, 2.7.1922 | 2.3.1944 |
| Clovis Dumont | Lasne-Chapelle-Saint-Lambert, 4.3.1906 | 13.1.1943 |
| Raymond Dumont | Lambusart, 12.12.1914 | 30.11.1943 |
| Louis Everaert | Laeken, 4.7.1912 | 15.3.1943 |
| Renatus Evers | Opvelp, 23.6.1911 | 2.3.1944 |
| Narcisse Evrard | Lodelinsart, 19.11.1893 | 16.7.1943 |
| Alfred Franck | Saint-Nicolas (Liège), 22.1.1891 | 14.7.1943 |
| Paul Gelenne | Rukkelingen-aan-den-Jeker, 28.8.1908 | 15.3.1943 |
| Petrus Godaert | Vollezele, 8.1.1917 | 10.7.1944 |
| Vital Gossiaux | Velaine s/Sambre, 29.7.1899 | 30.11.1943 |
| Julien Grommen | Bilzen, 26.4.1920 | 11.4.1944 |
| Georges Hannard | Virginal, 15.5.1898 | 10.7.1944 |
| Arthur Hellmann | Berlin, 23.5.1906 | 28.2.1944 |
| Paul Hermans | Tirlemont, 10.6.1906 | 12.12.1942 |
| David Herszaft | Varsovie, 8.11.1921 | 12.12.1942 |
| Jean Hertoghe | Anvers, 19.6.1900 | 15.3.1943 |
| Petrus Heylighen | Beverlo, 11.1.1923 | 11.4.1944 |
| François Hoevenaeghel | Saint-Josse-ten-Node, 14.5.1910 | 14.7.1943 |
| Maurice Hollanders | Louvain, 20.4.1916 | 28.2.1944 |
| Louis Horemans | Mol, 2.2.1922 | April 1944 |
| Marcel Huot | Paris, 31.12.1914 | 30.11.1943 |
| Victor Huylebroeck | Gand, 13.5.1905 | 6.1.1943 |
| Victor Jacobs | Louvain, 17.8.1914 | 7.3.1944 |
| Pieter Jeurissen | Mopertingen, 4.6.1905 | 11.4.1944 |
| Emile Jordens | Genk, 14.3.1920 | 11.4.1944 |
| Franciscus Jourand | Bertem, 17.3.1924 | 2.3.1944 |
| Gaston Jourand | Bertem, 12.8.1921 | 2.3.1944 |
| David Kamy alias Anton Daniloff alias Desmets | | 30.3.1943 |

| | | |
|---|---|---|
| Julien Kemel | Laeken, 26.10.1919 | 13.1.1943 |
| Camille Kepenne | Oreye, 7.2.1911 | 13.1.1943 |
| Maurice Knarren | Bruxelles, 15.5.1908 | 7.3.1944 |
| Walther Kriss | Vienne, 16.2.1913 | 24.4.1944 |
| Marcel Ladrière | Jumet, 21.6.1907 | 6.1.1943 |
| François Lambert | Châtelet, 2.3.1912 | 27.11.1942 |
| Mozes Lando | Alexandrov, 24.12.1942 | 30.11.1943 |
| Albert Laurent | Bruxelles, 13.10.1908 | 14.7.1943 |
| Jozef Loossens | Jette, 30.1.1899 | 13.1.1943 |
| François Lemeur | Liège, 10.10.1895 | 12.12.1942 |
| André Louis | Hévillers, 15.7.1907 | 13.1.1943 |
| Nikolas Lovenvirth | Berchovo, 9.4.1922 | 15.3.1943 |
| Guillaume Luppens | Louvain, 23.9.1893 | 10.7.1944 |
| Julien Mackelberghe | La Coulonche, 31.3.1915 | 11.4.1944 |
| Denis Maenen | As, 21.9.1919 | 11.4.1944 |
| Yvon Malevez | Gilly, 16.7.1924 | 12.12.1942 |
| Léon Maque | Nivelles, 8.12.1914 | 7.3.1944 |
| Pierre Marchal | Messancy, 5.8.1921 | 14.7.1943 |
| Albert Marting | As, 7.1.1915 | 11.4.1944 |
| Marcel Mathijs | Saint-Gilles, 20.12.1914 | 6.1.1943 |
| Fernand Melard | Malonne, 27.11.1902 | 14.7.1943 |
| Albert Meurice | Saint-Gilles, 15.9.1904 | 7.3.1904 |
| Alfons Meuris | Itegem, 15.5.1912 | 11.4.1944 |
| Henri Michaux | Aiseau, 17.2.1921 | 7.3.1944 |
| Jean Moetwil | Schaerbeek, 19.5.1910 | 26.2.1944 |
| Frederic Mohrfeld | Saint-Gilles, 27.4.1901 | 15.3.1943 |
| Gustave Morren | Louvain, 18.12.1895 | 26.4.1944 |
| Armand Moureaux | Piringen, 5.5.1910 | 11.4.1944 |
| Ernest Musette | Céroux-Mousty, 25.8.1922 | 26.2.1944 |
| Josek Nejszaten | Scierpe, 11.4.1884 | 7.3.1944 |
| Charles Nicolet | Malmedy, 15.12.1923 | 13.1.1943 |
| François Nysen | Louvain, 21.2.1921 | 12.12.1942 |
| Lucien Orfinger | Liège, 23.7.1913 | 26.2.1944 |
| Alfred Parée | Maurage, 24.2.1914 | 11.4.1944 |
| Jean Paulus | Limal, 9.4.1903 | 12.12.1942 |
| Joseph Peeters | Kessel-Lo, 16.1.1898 | 1.3.1944 |
| Maurice Pierkot | Bouffioulx, 1.5.1920 | 27.11.1942 |
| Henri Pohl | Jemappes, 24.6.1909 | 6.1.1943 |
| Eugène Predom | Bruxelles, 4.6.1915 | 13.1.1943 |
| Jean Pruin | Bruxelles, 5.9.1909 | 30.11.1943 |
| Robert Raemaekers | Paris, 25.2.1913 | 14.7.1943 |
| Mozek Rakower | Varsovie, 12.3.1907 | 6.1.1943 |
| Désiré Regent | Kessel-Lo, 18.9.1914 | 7.3.1944 |
| Pierre Renis | Louvain, 7.4.1900 | 7.3.1944 |
| Maurice Reygaerts | Enghien, 3.1.1903 | 28.2.1944 |

| | | |
|---|---|---|
| Emile Rickal | Evere, 27.4.1920 | 10.7.1944 |
| Georges Rouchaux | Ixelles, 28.12.1895 | 6.1.1943 |
| Johannes Schaeken | Koersel, 22.5.1920 | 11.4.1944 |
| Petrus Schenkels | Borgerhout, 10.11.1913 | 28.3.1944 |
| Jean Simon | Louvain, 20.1.1921 | 17.4.1944 |
| Antoine Smets | Louvain, 7.11.1908 | 26.4.1944 |
| Jean Smets | Diepenbeek, 13.4.1906 | 11.4.1944 |
| Michel Stockmans | Hoegaerden, 12.1.1898 | 7.3.1944 |
| Jacques Storck | Saint-Josse-ten-Node, 7.9.1921 | 15.3.1944 |
| Jozef Suy | Temse, 17.2.1905 | 28.11.1942 |
| Georges Theys | Jodoigne, 16.12.1901 | 30.11.1943 |
| Hubertus Thiemann | Vught, 14.1.1919 | 11.4.1944 |
| Marcel Tilquin | Rixensart, 7.2.1903 | 6.1.1943 |
| Edmond Van den Heuvel | Malines, 6.10.1910 | 6.1.1943 |
| Jozef Van den Hoven | Bruxelles, 30.1.1914 | 10.7.1944 |
| Joseph Van der Elst | Herent, 29.12.1891 | 24.4.1944 |
| Vincent Vandermaelen | Soignies, 25.7.1908 | 13.1.1943 |
| Maurice Van Diest | Wavre, 5.11.1902 | 13.1.1943 |
| Jean Van Hees | Glain, 22.3.1914 | 11.4.1944 |
| Emmanuel Van Hove | Louvain, 29.8.1902 | 2.3.1944 |
| Alphonse Van Rome | Carnières, 14.6.1903 | 15.3.1943 |
| Martial Van Schelle | Merksplas, 6.7.1899 | 15.3.1943 |
| Arthur Van Tilborg | Hérinnes-lez-Pecq, 9.6.1887 | 6.1.1943 |
| Emilien Van Tilt | Bruxelles, 11.10.1920 | 26.4.1944 |
| Jacques Van Tilt | Saint-Omer, 20.8.1917 | 26.4.1944 |
| Georges Van Wassenhove | Saint-Josse-ten-Node, 19.1.1910 | 14.7.1943 |
| Edmond Van Wezemael | Forest, 21.4.1920 | 30.11.1943 |
| Henri Vecoven | Ixelles, 13.3.1925 | 6.8.1944 |
| Aloïs Verstraeten | Vilvorde, 11.7.1901 | 13.1.1943 |
| Edmond Vertongen | Lubbeek, 18.5.1900 | 7.3.1944 |
| Barend Vieyra [1] | Amsterdam, 28.2.1900 | 8.5.1943 |
| Louis Vincent | Athus, 19.3.1921 | 14.7.1943 |
| Joseph Wauty | Seneffe, 12.3.1898 | 11.7.1944 |
| Bruno Weingast | Skala, 28.3.1912 | 26.2.1944 |
| Honoré Willems | Bruxelles, 11.7.1904 | 26.2.1944 |

---

1 Barend Vieyra figure d'une part dans la liste des fusillés; d'autre part, au procès de Malines, Obler est condamné pour la mort par violence de Vieyra. La cause exacte de la mort reste donc une question ouverte.

# Plan général du fort de Breendonk

| | |
|---|---|
| 1-12 : | chambrées des détenus |
| 8-9 : | cellules d'isolement (à partir de 1941-1942) |
| 13-14 : | *Revier* (infirmerie) |
| 15-18 : | «baraques des Juifs» |
| 19 : | nouveaux sanitaires |
| 20 : | bureau des SS (1940-1941), ensuite imprimerie |
| 21 : | cantine, utilisée aussi comme salle de tribunal |
| 22-23 : | salles de provisions |
| 24 : | cuisine (à partir de 1941) |
| 25 : | atelier des tailleurs et magasin d'habillement ; plus tard : stocks |
| 26 : | cellules obscures |
| 27 : | bureau |
| 28-31 : | bureaux SS (après 1941). 28 : Prauss ; 29 : interrogatoire des arrivants ; 30 : Schmitt ; 31 : Müller |
| 32 : | forge |
| 33 : | remise à outils |
| 34 : | menuiserie |
| 36 : | écurie et étable |
| 37 : | porcherie |
| 38 : | douches |
| 39 : | WC de la *Wehrmacht* |
| 40-41 : | corridor avec lavabos |
| 42 : | local des cercueils |
| 43 : | chambre de torture (le «bunker») |
| 44 : | terrain des exécutions (potence ; les poteaux d'exécution se trouvaient plus à l'ouest) |
| 45, 47 : | chantier |
| 46 : | clapier |
| 48 : | bureaux pour premiers interrogatoires par la Gestapo |
| 49 : | locaux de la *Wehrmacht* |
| 50 : | baraquements avec atelier des tailleurs et magasin d'habillement |

Annexes

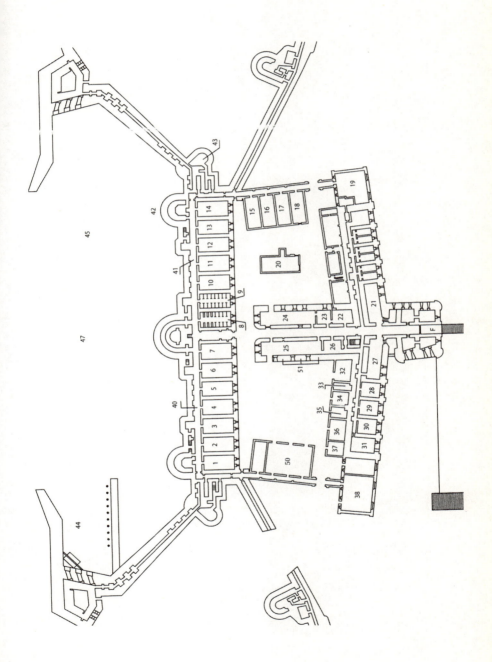

# BIBLIOGRAPHIE

## Les sources

*Préambule*

Par la force des choses, notre connaissance de la vie des camps repose essentiellement sur des témoignages, qu'ils soient écrits (publiés ou non) ou oraux. On y trouve beaucoup de contradictions sur beaucoup d'aspects de la vie carcérale : parce que les témoins ont été détenus à diverses périodes, parce que certains détails peuvent varier d'une chambrée à l'autre, parce que le système lui-même est marqué par l'arbitraire, parce que la mémoire est loin d'être infaillible. Ce n'est pas l'endroit pour nous livrer à une vaste critique de la problématique des témoignages. Mais il est clair que l'on doit les utiliser avec prudence. Un seul exemple, extrême, pour montrer combien un témoignage peut être trompeur : on dispose de l'audition détaillée de J.S., un ex-prisonnier de Breendonk. Pourtant, le Dr Jodogne a rédigé une attestation où il déclare avoir traité ce même J.S. à Vught pour des pertes de mémoire et que celui-ci en a été affecté précisément à Breendonk. Le Dr Casman, qui a rencontré J.S. à Breendonk, signale l'avoir trouvé « dans un état d'amnésie presque totale ».

Pour ce qui est des témoignages écrits : l'objectif n'est pas de donner ici une bibliographie exhaustive de tous les livres, petits articles ou témoignages non publiés sur Breendonk. Grosso modo, je mentionne ci-dessous les travaux sur lesquels repose l'argumentation de mon livre ou ceux auxquels ce livre renvoie explicitement (cette remarque vaut d'ailleurs pour toutes les sources citées). À ceux qui recherchent une bibliographie exhaustive de tout ce qui a été publié sur Breendonk jusqu'en 1994, je signale l'ouvrage *Getuigen* de Gie Van den Berghe, maintenant accessible sur le site internet du CEGES.

La plupart, et d'ailleurs les premiers, témoignages oraux viennent des auditions de témoins recueillies dans le cadre d'enquêtes judiciaires. La première préoccupation de la justice est bien sûr d'établir des preuves de culpabilité, et non de nourrir l'intérêt des historiens sur chaque détail de la vie du camp. Par la suite, d'anciens prisonniers ont encore confié leurs récits à la presse, à la radio, à la télévision ou en réponse à un enquêteur. Ce n'est que tout récemment que cela s'est pratiqué à grande échelle : à l'occasion de la rénovation de Breendonk, une trentaine d'anciens détenus ont été interviewés par l'équipe de Televox et P. Moreau. Le résultat est d'une valeur très inégale. En quelque sorte, cela s'est passé trop tard : les intéressés sont surtout des octogénaires qui parlent de choses qu'ils ont vécues soixante ans auparavant. L'intérêt de ces interviews aurait aussi pu être plus grand si on avait interrogé les témoins de manière plus systématique.

Comme on l'a déjà dit, la justice se préoccupe d'abord de prouver la culpabilité des accusés. Les enquêtes de l'après-guerre sur les criminels de guerre de Breendonk ne cherchent guère à sonder les motivations psychologiques de ceux que l'on appelle les «bourreaux». De même, on ne dispose quasiment d'aucun document rédigé par ces personnes sur elles-mêmes. Je partage l'avis de l'historienne allemande Karin Orth quand, dans son livre sur *Die Konzentrationslager-SS*, elle pense que l'historien ne doit pas s'aventurer dans toutes sortes de spéculations psychologiques ou autres, mais seulement décrire les agissements concrets des acteurs, situés dans leur contexte historique.

Enfin, pour ce qui est des chiffres cités dans mon livre : dans l'attente d'autres enquêtes, les listes de victimes et les statistiques sur le nombre de prisonniers morts, fusillés, pendus, déportés, ... établies par le Service des victimes de guerre reste la source la plus fiable. C'est sur ces listes que je me suis basé pour citer des chiffres, sauf pour quelques compléments ou légères corrections que j'ai pu introduire sur la base de mes propres recherches.

## Archives

### *Archives belges*

#### Mémorial national du fort van Breendonk

Registres de garde de la *Wehrmacht* et des *SS (Wachbücher)*.
Registre alphabétique des détenus (fin novembre 1941 - mars/avril 1943).
Ensemble des ordonnances et règlements de l'*Auffanglager* Breendonk.
Lettres et notes de divers services allemands sur l'alimentation et la santé des prisonniers de Breendonk (*Lager Breendonk. Ernährung der Häftlinge*).
Notes, etc. de la *Militärverwaltung* sur Breendonk, *Sicherheitshaft*, 's Hertogenbosch, évacuations de prisons, 1941-1944.
Ensemble des documents parlementaires, *Moniteurs*, règlements concernant la création du Mémorial.

Procès verbaux du Conseil d'administration du Mémorial.
Papiers Paul M.G. Lévy.
Papiers André Simonart.
Dossier Alice Verhamme sur la pendaison des maquisards de Senzeille.
Lettres de Schmitt aux familles Koussonsky et Dubois.
*Report on German Atrocities* du *21th Army Group*.
Interviews 2000-2002 de Televox avec Marcel Arras, Pierre Bamps, Jo Beerens, Jozef Boekmans, Louis Boekmans, Hendrik Boghe, Roger Coekelbergs, Clement Cronenburghs, Georges De Bleser, François De Coster, Martin De Deurwaerder, Gaston De Wit, Constant Droesbeke, Jean Dubois, Léon Finkelstajn, Jacques Frydman, Leopold Gaelen, Gaston Gillis, Harry Gurman, Raymond Heerebout, Eugeen Heimans, André Jacquemin, Lucien Landeloos, Jean Lefever, Paul M.G. Lévy, Rémy Libotton, Albert Meeuws, André Muret, Arthur Putman, Israel Rosengarten, Robert Schriewer, Pierre Stippelmans, Fiodr Suhoi, Pinkas Unger, Emile Van der Heyden, Jan Van Wayenbergh, Staf Vivijs, André Wynen.
Témoignages non publiés de Daems, Gillis, Goube, Jacob (les "Sept de Mons"), Klibanski, G.F. Petty, *Réminiscence de résistance;* Wolles.
Fonds Gramann.
Dossiers des coupures de presse sur les procès des "bourreaux de Breendonk" et sur le Mémorial.
Collection L. Van Beneden sur Breendonk.
Panneau sur l'ordre du jour 1941.
Brochure *Vingt-cinq mois de captivité en Allemagne d'un Aumônier militaire belge août 1914-août 1919* par l'abbé H. Verbiest.
Dossier "Breendonk mai 1940", avec notamment le rapport de la visite de De Fraiteur
Olivier, Richard, *Les Larmes Noires*. Un film sur Wilchar, 1993.

## CEGES-SOMA (Bruxelles)

Haut Commissariat pour la Sûreté de l'État: dossier Centre d'internement Breendonk; rapport sur les événements de Malines et de Willebroek
Archives Demany: *Rapport sur la situation dans le Centre et à Malines*.
Extraits des archives *Fürsorge- und Versorgungsamt der Waffen-SS Ausland/Dienststelle Fürsorgeoffizier der Waffen-SS Flandern und Wallonien* (documents administratifs sur les volontaires belges), 1940-1945.
Collection J. Grippa sur l'exécution de Paul Colin, (1943-1979).
Extraits des dossiers de la *Commission des Crimes de Guerre*.
Fonds presse clandestine.
Esquisse historique des *Civil Affairs* par le colonel Ackroyd.
Dossiers de la Sûreté de l'État (ARA) de Bernaert, Coekelbergs, Van Schelle, Duesberg, Franckx, Sevens, Vanpraag.
Lettres G. Hebbelinck.

Documents Max Kaufmann.
Papiers De Man avec dossier Lévy sur la question juive.
Papiers Luc Somerhausen: correspondance concernant le Mémorial National.
*Rommelpot*, divers numéros de 1946-1949.
Exposé des faits Auditorat militaire de Bruxelles concernant *Sipo/SD* Bruxelles (Straub e.a.), Liège concernant *Sipo/SD* Liège-Arlon (Strauch e.a.), Mons concernant *Sipo/SD* Charleroi (Muller e.a.) et Dinant, Antwerpen concernant *Sipo/SD* Antwerpen (Dirckx, Vandevelde, Veit, von Hören e.a.), (1948).
Van den Berg, M.S., *Journal de Guerre*, Bruxelles.
Prack, H. *Vier Jahre Besatzungszeit in Belgien. Persönliche Erinnerungen.*
Archives sonores: interview N. Van Eynde.

### Musée royal de l'Armée (Bruxelles)

Fonds Moscou, boîtes 919 & 1022.

### Centre de Documentation historique des Forces armées (Evere)

Dossiers service des matricules: Baele; Cuyt; De Saffel; Hermans; Vermeulen.
Dossiers résistants armés de Brabants, De Coster, De Meester et Mariotte.

### Ministère de la Santé publique – Service des victimes de guerre (Bruxelles)

Dossiers Statuts et Service de documentation et de recherche (SDR) de: Kurt et Erich Adler (SDR uniquement), Anson, Bauduin, Bernaert, Blieck, Bruyère, Burgers, Coekelbergs, Colombin, Cordier, François, Roger, Joseph et Willy De Coster, Daurel, Demetsenaere, Duesberg, Duperrois, Fonteyne, Franckx, Jacques Frydman, Galanter, Grippa, Grundmann, Hanssens, Hautem, Hoffmann, Houdy, Jacob, Kahn, Koussonsky, Landsvreugt, Lehoucq, Livchitz, Louette, Nahon, Obler, Patron, De Preester, Sevens, Solovieff, Stippelmans, Tielemans, Van Schelle, Vanpraag, Verdickt, André Verhaeghe, Verschaeren, De Vos, Walravens, Warichet, Wauquaire et Wynen.
Registre des prisonniers Saint-Gilles.
Dossier sur Gramann.
Rapport sur les Russes à Breendonk.
Rapport sur l'évacuation Breendonk.
Liste des internés à Breendonk.
Archives de l'*Association des Juifs de Belgique:* rapport Ullmann sur la période d'occupation; note sur «*L'activité de l'AJB*»; et extraits sur Breendonk des rapports du comité de direction *AJB*.

## Justice militaire – Palais de Justice (Bruxelles)

Dossiers d'instruction concernant: Kurt eT Erich Adler, Aneca, De Bodt, Coppens, Daumerie, De Hollander, Franz, Giersch, Hertel, Jürgens, Kämper, Lais, Lamotke, Mevis, Moortgat, Normann, Schmitt, Schneider, Steckmann, Tierens, Van Hooren-Pitz, Van Huffelen, Willemsen, Wilms, Wyss & consorts et Zimmermann.
Dossiers administratifs Birkholz, Kantschuster, Prauss et Schönwetter.

## Archives du Royaume Beveren-Waes

Centre d'internement Breendonk.
Dossier d'incarcération De Vos.
Parquet d'Anvers: dossiers d'instruction crimes de guerre Breendonk.

## Archives du Palais Royal (Bruxelles)

Secrétariat reine Élisabeth: dossiers d'interventions pour prisonniers politiques et juifs, en particulier Fischer, Goethals, Mouffe, Steeno et Van Wien.

## Archives et Museum van het Vlaams Cultuurleven

B8347 Affiches, coupures

## Archives communales de Puurs

Anciennes archives de la commune de Breendonk.

## Centre d'Archives du Parti communiste de Belgique (Carcob)

Archives Fonteyne.
Dossiers de la *Commission de contrôle politique* du *Parti communiste de Belgique* sur Blieck, Fonteyne, Grippa, Solovieff et Wynen.

## Witte Brigade-Fidelio (Anvers)

Archives Marcel Louette.

## Bibiothèque royale (Bruxelles)

Journaux divers.

## Ministère de l'Intérieur – Service des étrangers

Dossiers de: Erich et Kurt Adler, Bamberger, Galanter, Kaufmann, Koussonsky, Lewin, Youra Livchitz, Obler, Schmandt, Solonevitch, Solovieff, Stacherski, Steinberg, Zylbersztejn.

**Union des Fraternelles de l'Armée Secrète (Bruxelles)**

(archives transférées entre-temps au CHD - Notariat)
Dossiers UFAS de Duesberg, Franckx, Bauduin, Stippelmans

**Archief en Documentatiecentrum van het Vlaams Nationalisme (Antwerpen)**

Fonds Alma Carola sur « Breendonk II ».

**École royale militaire (Bruxelles)**

Dossier personnel Édouard Franckx.

**Vlaamse Radio en Televisie (Brussel)**

*Fort van Breendonk*. Émission de la VRT *Boulevard*, 1995.
*Le Procès de Malines*, un film d'André Cauvin, 1946.
*Breendonk*, un film de Marcel Roothooft, 1945.
*Radio* : Proces deMalines ; interview Nahon.

**RTBF (Bruxelles)**

*Breendonk : témoignages. Une émission de Jacques Cogniaux, 1985*, (témoignages de Franckx, Wilchar, Lévy, Sneyers, Halkin).
*Radio* : Procès de Malines.

**Belgavox (Uccle)**

Divers films sur des célébrations d'après-guerre.

**Provinciaal Archief Antwerpen**

Listes des élus au conseil provincial.

**Particuliers**

Documents de Theo Huet sur Martial Van Schelle, Merksplas.
Archives privées de Jean Fonteyne, Hantes-Wihéries.
Papiers Demetsenaere, Mons et Schaltin.
Notes de recherches de Wim Coudenys sur les Russes en Belgique, e.a. traduction d'un article d'encyclopédie russe sur Koussonsky.
Archives privées Koussonsky, Bruxelles.
Documents R. Van Doorslaer (*Gieljotine van Pierlala*).
Correspondances Pierre Hirsch, Kris Humbeeck (UIA), Arnold de Jonge (président du *Protestants Historisch Museum A. Hans* à Horebeke), Prof. Kris Humbeeck (UIA), Bart Legroux, Stefaan Van den Brempt, Jacques Verwilghen.

Entretiens avec le Colonel e.r. René Bauduin, Mme L. Bouffioux, Georges De Bleser, M^me Nahon-Serteyn et André Wynen.

## Archives étrangères

### Bundesarchiv Berlin–Lichterfelde

Dossiers *SS-Offizier (SSO)* ou *SS-Mann, Rasse-und Siedlungshauptamt (RS)* et *Parteikanzlei (PK)* de Philipp Schmitt (*SSO, RS, PK*), Karl Schönwetter (*SSO, RS, PK*), Rudolf Steckmann (*SSO, RS*), Karl Lamotke (*SSO, RS*), Johann Kantschuster (*SSO, PK*), Arthur Prauss (*SSO*), Gustav Schneider (*SM*), Edmond Cuyt (*RS*).

### Zentrale Stelle für Landesjustizverwaltungen zur Aufklärung von NS-Verbrechen – Aussenstelle Bundesarchiv (Ludwigsburg)

Dossiers de la *United Nations War Crimes Commission (UNWCC)* sur les criminels de guerre du camp de Breendonk.
Dossier d'instruction concernant "*Schmidt (gen. Römer) – Tatort: Dänemark*".
Série *124 AR-Z 18/61 Belgien* : dossiers concernant Ehlers e.a., dossiers sur divers membres du personnel du camp de Breendonk, rapport final sur les crimes de guerre allemands en Belgique ; note Pohl sur la situation médicale.

### Nordrhein-Westfälisches Hauptstaatsarchiv (Düsseldorf)

Dossiers concernant l'enquête sur Schönwetter & consorts.

### Nationaal Instituut voor Oorlogsdocumentatie (Amsterdam)

Collection Vught 259 g : dossiers sur divers prisonniers belges.

### Wiener Library (Londres)

Maurice Benedictus, *Rapport sur l'arrestation de MM. S. Ullman, Grand Rabbin de Belgique, S. Van den Berg, A. Blum, F. Hellendael, M. Benedictus, et de leur séjour au camp de concentration de Breendonck du 24.9.1942 au 3.10.1942.* K. Première version 1943, nouvelle version pour la *Wiener Library* 1956.
Témoignages rassemblés par la *Wiener Library* (Londres) : Maurice Bolle, Lajzer (Léo) Finkielsztejn, C(hlioma) F(RIDMAN), Hertz Jospa, René Raindorf, Roger Van Praag.

### Public Record Office (Londres)

PRO, H56/158 *SOE* - dossier W. Bernaert.
PRO, WO 258/70 *publication of names of internees.*

WO 106/4996 *Needham military mission.*
WO 32/5986 *Report on the operations of the British Naval and military forces employed in the defence and withdrawal of Antwerp.*

### Dokumentationsarchiv des Österreichischen Widerstandes (Vienne)

Formulaire de l'association antifasciste des prisonniers de camps de concentration – Obler.

## Publications

### Mémoires sur Breendonk

Améry Jean, *Par-delà le crime et le châtiment, Essai pour surmonter l'insurmontable*, Arles, 1955.
Baeyens Victor, *In de schaduw van de galg*, dans revue *Neuengamme*, mars 1981 – mai 1984.
Baeyens Victor, *De lijdensweg in Breendonk. 1940-1944.*
Bauduin René, *Contribution à l'histoire de l'Armée secrète 1940-1944. Souvenirs de captivité 1943-1945*, Bruxelles, s.d.
Blume Jean, *Drôle d'agenda. I: 1936-1948: le temps d'une guerre mondiale et d'une adhésion*, Bruxelles, Fondation Joseph Jacquemotte, 1985.
Bolle Maurice, *Herinneringen,* dans: *Vriendenkring van Buchenwald. Driemaandelijks inlichtingenblad*, n° 20, décembre 1972, p. 2-10.
Burkel Jean-Charles, *Survie au bagne de Breendonck*, Hamois-en-Condroz, 1994.
Bury Marcel, *Les évasions d'un condamné à mort*, Paris, 1988.
Depelsenaire, Betty, *Symphonie Fraternelle. Vécue à Breendonck de septembre à Noël 1942*, Bruxelles, s.d.
Désiron Fernand, *Van Breendonck naar Weimar*, Leuven, 1945.
Fischer Frans, *L'enfer de Breendonck. Souvenirs vécus*, Bruxelles, 1944.
Fonteyne Jean, *Buchenwald*, 3ᵉ édition, Bruxelles, 1975.[1]
Frank-Duquesne Albert, *Via crucis. Chemin de la croix.* Paris-Bruxelles, 1955.
Grippa Jacques, *Chronique vécue d'une époque, 1930-1947*, Anvers, 1988.
Gysermans Jules, *Zug 7. Verhaal der lotgevallen der Brusselsche postmannen in Breendonk*, Bruxelles, 1945.
Halkin Léon, *À l'ombre de la mort*, 3ᵉ édition, Paris-Gembloux, 1985. Préface de François Mauriac.
Hoyaux Gaston, *32 Mois sous la Matraque des S. S*, Bruxelles, 1945.
Lansvreugt P. & Lemaitre R., *Le calvaire de Breendonck.* Bruxelles-Paris, 1945.
Lasareff Vladimir, *La vie remporta la victoire*, Paris-Liège, 1945.
Ledoux Yvonne, Michiels Benoît & Mokan Yvan, *Partisans au Pays noir*, Bruxelles, 1995.

---

[1] Cette édition reproduit les lettres que Fonteyne a pu faire parvenir à sa famille.

Leemans Léon, *Récit d'un rescapé de Breendonck. Le camp de la torture, de la mort, du silence*, La Louvière, 1944.
Lévy Paul M.G., dans *Home de l'Ange*, avril 1945.
Lévy Paul M.G., *Le Défi. 1940 : le refus, l'épreuve et le combat*, Bruxelles, 1985.
Marbaix Edgard, *Breendonck-la-Mort*, Bruxelles 1944.
Ochs Jacques, *Breendonck. Bagnards et bourreaux*, Bruxelles, 1947.
Peeraer Jef, *'t Gruwelkamp Breendonk. Doorleefde nachtmerries*, Niel, 1946.
Piens Désiré, *La vie des postiers dans l'enfer de Breendonk*, Bruxelles, 1947.
Rosengarten Israel J., *Overleven. Relaas van een zestienjarige joodse Antwerpenaar*, Antwerpen-Rotterdam, 1996.
Solonevitch Boris, *Breendonck. Camp de tortures et de mort,*.Bruxelles, 1944.
Stippelmans Pierre, *Mijn verhaal. Razzia te Sint-Truiden 1943-1945*, 1991.
Trido Victor, *Breendonck. Le camp du silence, de la mort et du crime*, Charleroi-Paris, 1944.
Triffet J., *Résistance et captivité*, Fayt lez Manage, 1993.
Turf R. et Van Aerd, L., *Kultur ? De Lijdensweg van Louis Bamps*, Mechelen, 1945.
Van Daele Karel, *Zoo was het in Breendonk en Buchenwald*, in *Reeks Oorlogsleed*, nr 2, Illustré par Marcel Potfliet, Antwerpen, 1945.
Van Hoorick Bert; *In tegenstroom, Herinneringen 1919-1956*, GENT, 1982.
Verhaeghe André, *Mijn leven in de klauwen van de nazi-beulen*, Kortrijk, 1945.
Vivijs Gustaaf, *Onder Duitschen knoet*, Boom, 1946.
Vivijs Staf, *Onder Duitse knoet*, Dendermonde, 1985.
X, *32 Lithographies de Wilchar. Breendonck. Préface de Marius Renard*, Bruxelles, 1946.

## Ouvrages généraux sur Breendonk

Belleflamme Daniel & Weling Daniela, *fort Breendonk. Teil einer Todesmaschine. Endarbeit Pater Damian-Schule Eupen, 1999-2000*. Avec des témoignages de F. De Coster et P. Lévy.
Boeckx Bert, *Motivatie en profiel van de verzetstrijder. Een collectieve biografie van Breendonkgevangenen uit de westelijke mijnstreek 1940-1944*, mémoire de licence RUG, 1991-1992.
Bracke Norbert, *Sociaal-statistische studie over het concentratiekamp te Breendonk 1940-1944*, Brussel, mémoire de licence ÉRM, 1966-67.
Daeninck An, *Het fort van Breendonk tijdens de Duitse bezetting. Een sociologische studie van de gedetineerden,*.mémoire de licence VUB, 1988.
De Dobbelaer, Tom, *Motivatie en profiel van de verzetstrijder. Een collectieve biografie van Gentenaars in Breendonk 1940-1944*, mémoire de licence RUG, 1990-91.
Kennes Bruno, *Sociaal-statistische studie over het concentratiekamp te Breendonk. De vreemdelingen te Breendonk*, Bruxelles, ÉRM, 1978.
Legroux Bart, *fort Breendonk (1906-1914). Analyse van de bouw van een fort van tweede orde met samengevoegde caponnières als onderdeel van de*

*Hoofdweerstandstelling der Vesting Antwerpen,* mémoire de licence KUL, Leuven, 2001.

Lévy Paul M. G., *Le fort de Breendonk, mémorial national,* Willebroek, 1971 (5 éditions).

Lévy Paul M.G., *Le «Auffang-Lager» Breendonk,* dans *Les Cahiers de Dachau,* Dachau, 1993, p.264-273.

Ministère de la Justice, Commission des crimes de guerre, *Les crimes de guerre commis sous l'occupation de la Belgique 1940-1945. Le camp de torture de Breendonk,* Liège 1949.

Nefors Patrick, *Het fort van Breendonk gerenoveerd,* dans: '30-'50. SOMA *Berichtenblad,* nr.38, zomer 2003, p. 31-33.

Nefors Patrick, «We hebben al beter gezien» – *Breendonk door de bril van de protest-generatie. Over Open Dialoog',* dans *Vergrijsd niet verkleurd. Frans Buyens 80,* numéro spécial de *Kruispunt,* XLV, 196, mars 2004, p.116-120.

Pirard Claude, D*escription et analyse de la gestion nazie au Auffanglager Breendonk,* mémoire de licence UCL, 1978-79.

Renard Frédéric, *Les rescapés belges ayant transité par Breendonk. Témoignages,* Bruxelles, ÉRM, 1990.

SOMA/CEGES, *Breendonk. Het begin.../Breendonk. Les début...* Bruxelles, 1997.

Van den Berghe Gie, «Duvel in Breendonk» dans *De Financieel-Economische Tijd,* 14 juin 2003.

Wolf Jules, *Le Procès de Breendonk.* Bruxelles, 1973.

## Ouvrages de fiction sur Breendonk

Hans W., *Breendonk.* (*De Kinderbibliotheek van A. Hans*). Kontich, s.d.

Hebbelinck Georges, *De trein reed door het dal.* Amsterdam, 1962.

Sebald W.G., *Austerlitz,* De Bezige Bij, Amsterdam, 2003. (Édition originale Munich, 2001).

Shreve Anita, *De spiegel van haar verleden,* Houten, 1996. (Traduit de: *Resistance.* Boston, 1995).

Van Daele Henri, *Woestepet. Een moffenkind. Historische roman over het verzet en de naoorlogse periode in een klein dorp,* Tielt, 2002.

Van Maele Filiep, *Durf te leven man. Roman gebaseerd op ware oorlogsfeiten.* Gent, 1972.

Van Maele Filiep, *Het leven heeft geen belang. Roman gebaseerd op ware oorlogsfeiten.* Gent, 1972.

## Généralités

Alzin Josse, *Martyrologe 40-45. Le calvaire et la mort de 80 prêtres belges et luxembourgeois,* Arlon, 1947.

Antelme Robert, *L'espèce humaine.*

Bal Nic, *De mens is wat hij doet. BRT-memoires,* Leuven, 1985.

Balace Francis, «Les hoquets de la liberté», dans: *Jours de Guerre*, tome 20, Bruxelles, 1995, pp.75-133.
Balace Francis, Denuit-Somerhausen, Christine & Raxhon, Philippe, *Jours barbelés (Jours de Guerre,* tomes 14-15*),* Bruxelles, 1999.
Bédarida François & Gervereau Laurent (éd.), *La déportation. Le système concentrationnaire nazi.* Paris, 1995.
Bernard Henri, *La Résistance 1940-1945,* Bruxelles, 1968.
Beyen Marnix, *Oorlog & verleden. Nationale geschiedenis in België en Nederland, 1938-1947,* Amsterdam, 2002.
Blieck René, *Poèmes 1937-1944. Avant-propos de Paul Éluard,* Lyon, 1954.
Boon Greta, *De Belgische Radio-omroep tijdens de Tweede Wereldoorlog. Het NIR-INR in het verzet 1939-1944,* Wommelgem, 1988.
Boon Louis Paul, *De Kapellekensbaan,* Amsterdam-Antwerpen, 2003.
Boval Marcel, *Daniel Duesberg 1902-1944,* Marcinelle, 1972.
Burleigh Michael, *The Third Reich. A New History,* London, 2001.
Carton de Tournai Françoise & Janssens, Gustaaf (ed.), *Joseph Pholien. Un homme d'État pour une Belgique en crises,* Bierges, 2003, en particulier l'article de NANDRIN, Jean-Pierre, *Joseph Pholien, ministre de la Justice en 1952. La fin dramatique d'une carrière gouvernementale,* p. 279-306.
Chéroux Clément (éd.), *La Mémoire des camps. Photographies des camps de concentration et d'extermination nazis (1933-1939),* Paris, 2001.
Clark Alan, *Diaries. In Power 1983-1992,* London, 2001.
Colignon, Alain, Article. «Grippa» dans *Nouvelle Biographie Nationale,* partie 7, Bruxelles, 2003, p.170-176.
Conway Martin, *Degrelle. Les années de collaboration. 1940-1944: le rexisme de guerre,* Ottignies-LLN. 1994.
Conway Martin, «Justice in Post-War Belgium. Popular Passions and Political Realities», dans *Bijdragen tot de Eigentijdse Geschiedenis,* n°.2, 1997, p. 7-34.
Coudenys Wim, «Russian collaboration in Belgium during World War II. The case of Ju.L.Vojcechovskij» dans *Cahiers du Monde Russe,* 43/2 (2002), p.479-515.
Coudenys Wim, *Leven voor de tsaar. Russische ballingen, samenzweerders en collaborateurs in België,* Leuven, 2004.[1]
Courtois Stéphane et al., *Le Livre Noir du Communisme. Crimes, terreur, répression.* Paris, 1998.
Danchev Axel & Todman Daniel (éd.), *War Diaries 1939-1945,* London, 2001
De Baere Marianne en Libert Marijke, *Jo leemans. De vlucht terug. Biografie,* Amsterdam, 1998.
Deboosere Sabine, *Mechelen in de Tweede Wereldoorlog. Het leven in een stad om en rond de Tweede Wereldoorlog,* Tielt, 1990.

---

[1] Avec la traduction d'un rapport sur Breendonk de Solonevitch, p. 249-251.

De Coster François, dans *Dora*, n° 4, 2002, p. 4-6.
De Geest Joost, *Wilchar Superstar*, Gent, 2001.
De Vos Luc, *De bevrijding. Van Normandië tot de Ardennen*, Leuven, 1994.
De Waele Jean-Michel, *Maxime Vanpraag 1910-1945*, Brussel, 1992.
De Wever Bruno, *Oostfronters. Vlamingen in het Vlaams Legioen en de Waffen-SS*, Tielt, 1984.
De Jonghe Albert, « De strijd Himmler-Reeder om de benoeming van een HSSPF te Brussel, *I* De Sicherheitspolizei in België », dans *Bijdragen tot de geschiedenis van de tweede wereldoorlog*, tome 3, 1974.
Delandsheere Paul & Ooms, Alphonse, *La Belgique sous les nazis*, 4 tomes, Bruxelles, s.d.
Delforge Paul, article « Ochs », dans *Encyclopédie du Mouvement Wallon*, tome III, p. 1200-1201.
Ducoudray Marie, *Ceux de "Manipule". Un réseau de renseignements dans la Résistance en France*, Paris, 2001.
d'Udekem d'Acoz Marie-Pierre, *Pour le Roi et la Patrie. La noblesse belge dans la Résistance*, Bruxelles, 2002.
Fischer Franz, *Écrit sur le sable (Cinquante ans de journalisme)*, Bruxelles, 1947.
Foot M.R.D., *SOE in the Low Countries*, London, 2001.
Gellately Robert, *Backing Hitler. Consent and coercion in Nazi Germany*, Oxford, 2001.
Gerard-Libois Jules et Gotovitch José, *L'An 40. La Belgique occupée*, Bruxelles, 1971
Gilbert Martin, *Winston S. Churchill. Volume III. 1914-1916*. London, 1971.
Gilbert Martin, *The day the war ended. VE-Day in 1945 in Europe and around the world*, London, 1995.
Gils Robert, *Vesting Antwerpen. Deel 2. De pantservesting 1885-1914*, Erpe, 1998.
Gotovitch José, « Introduction à l'étude de la déportation. Le convoi du 22 septembre 1941 », dans *Cahiers d'Histoire de la deuxième guerre mondiale*, Bruxelles, 1967, p. 95-126.
Gotovitch José, *Du Rouge au Tricolore. Les Communistes belges de 1939 à 1944*, Bruxelles, 1992.
Gotovitch José, « De la pudeur à la logorrhée. "Le Délire logique" de Paul Nothomb », dans *Politique. Revue de débats*, n° 16, avril-mai 2000, p. 60-64.
Gotovitch José. & Narinski Mikhaïl. *Komintern. L'histoire et les hommes. Dictionnaire biographique de l'Internationale communiste*, Paris, 2001.
Gotovitch José, « Communistes et résistants: les (en)jeux de dupes d'une libération », dans *Jours de paix (Jours de Guerre, tomes* 22-24), Bruxelles, 2001, p. 49-99.
Griffioen Pim et Zeller Ron, « La persécution des juifs en Belgique et aux Pays-Bas. Une analyse comparative », dans *Bijdragen tot de Eigentijdse Geschiedenis*, n° 5, 1999, p. 73-132.

Gruchmann Lothar, *Die Bayerische Justiz im politischen Machtkampf 1933/34*. dans *Bayern in der NS-Zei*, tome. II, p. 415-428.
Haffner Sebastian, *Geschichte eines Deutschen. Erinnerungen 1914-1933*, Stuttgart-München, 2000.
Halpern Paul, *The Keyes Papers. Selections from the Private and Official Correspondence of Admiral of the Fleet Baron Keyes of Zeebrugge. Vol. III : 1939-1945*, London, 1981.
Heidelberger-Leonard Irène, *Jean Améry. Revolte in der Resignation*, Stuttgart, 2004.
Henau An & Van den Wijngaert Mark, *België op de bon. Rantsoenering en voedselvoorziening onder Duitse bezetting 1940-1944*, Leuven, 1986.
Herbert Ulrich, Orth Karin, Dieckmann Christoph (éd.), *Die nationalsozialistischen Konzentrationslager. Entwicklung und Struktur*, 2 tomes, Göttingen, 1998.
Heylen Martin & Van Hulle Marc, *Getuigenissen uit de concentratiekampen*, Eeklo, 1993.
Humbeeck Kris, *Onder de giftige rook van Chipka. Louis Paul Boon en de fabriekstad Aalst*, Gent-Amsterdam, 1999.
Huyse Luc & Dhondt Steven, *Onverwerkt verleden. Collaboratie en repressie in België 1942-1952*, Leuven, 1991.
Keyes Roger, *Outrageous Fortune. The tragedy of Leopold III of the Belgians*, London, 1984. Version française : *Un règne brisé. Léopold III 1901-1941*, Paris-Gembloux, 1985.
Knopp Guido, *Hitlers beulen*, Baarn, 2001.
Knopp Guido, *Hitlers moordenaars. De geschiedenis van de SS*, Antwerpen, 2004.
Kogon Eugen, *De SS-Staat. Het systeem van de Duitse concentratiekampen*, Dieren, 1984.
Lagrou Pieter, «Welk vaderland voor de vaderlandslievende verenigingen ? Oorlogsslachtoffers en verzetsveteranen de nationale kwestie, 1945-1958», in *Bijdragen tot de Eigentijdse Geschiedenis*, n°3/1997, 143-161.
Lagrou Pieter, *The legacy of Nazi occupation. Patriotic Memory and National Recovery in Western Europe, 1945-1965*, Cambridge, 2000.
Lamarcq Danny, *Het latrinaire gebeuren. Geschiedenis van de W.C.*, Gent, 1993.
Laplasse Jan, *Inventarissen van de archieven van de gewapende verzetsgroep Witte Brigade (Fidelio), de vzw Witte Brigade (Fidelio), de PVBA Home Marcel Louette en het persoonlijk archief Marcel Louette*, Antwerpen, 2001.
Lejeune Marie, *La Citadelle de Huy pendant la Seconde Guerre mondiale*, mémoire de licence ULG, 2 tomes, 2000-2001.
Levi Primo. *Si c'est un homme*, Julliard, 1987.
MacLean French L., *The camp Men. The SS officers who ran the Nazi concentration camp system*, Atglen, 1999.
Mac Millan Margaret, *Peacemakers. The Paris Peace Conference of 1919 and his attempt to end the war*, London, 2001.

Marcuse Harold, *Legacies of Dachau. The uses and abuses of a Concentration Camp, 1933-2001*, Cambridge, 2001.

Marquet Victor, *Contribution à l'Histoire de l'Armée Secrète, 6 tomes*, Bruxelles, s.d.

Martin Dirk, «Marcel Louette» dans *Nouvelle Biographie Nationale*, V, p. 254-255.

Nefors Patrick, *Industriële "collaboratie" in België. De Galopin-doctrine, de Emissiebank en de Belgische industrie in de Tweede Wereldoorlog*, Leuven, 2000.

Nefors Patrick, *Inventaris van het archief van de Bestuursafdeling voor Oorlogsslachtoffers van het Ministerie van Volksgezondheid en Leefmilieu*, Brussel, SOMA, 1997.

Nefors Patrick, «Les officiers de liaison belges et les missions de rapatriement», dans *Jours de Guerre*, .tomes 16-17-18. (*Jours de Londres*), Bruxelles, 2000, p. 285-315.

Orth Karin, *Das System der nationalsozialistischen Konzentrationslager*, Hamburg, 1999.

Orth Karin, *Die Konzentrationslager SS. Sozialstrukturelle Analysen und biographische Studien*, Göttingen, 2000.

Overy Richard, *De verhoren. De Nazi-elite in Duitse handen*, Amsterdam, 2002.

Pipes Richard, *Russia under the Bolshevik Regime 1919-1924*, London, 1995.

Provoost Guido, *Vlaanderen en het militair politiek beleid in België tussen de twee wereldoorlogen. Het Frans-Belgisch militair akkoord van 1920*, 2 tomes Leuven, 1976-1977.

Rikir Milou, *Catalogue des dossiers C.C.P*, Bruxelles, Carcob, 1999.

Rochette Daniel & Vanhamme Jean-Marcel, *Les Belges à Buchenwald et dans ses Kommandos extérieurs*, Bruxelles, 1976.

Roth Karl Heinz, *Facetten des Terrors. Der Geheimdienst der Deutschen Arbeitsfront und die Zerstörung der Arbeitsbewegung 1933 bis 1938*, Bremen 2000.

Rotthier Isabel, *De gevangenisgids. Archiefgids betreffende de archieven van de Vlaamse penitentiaire inrichtingen*, Brussel, Algemeen Rijksarchief en Rijksarchief in de Provincies, 2001.

Rzoska Björn, *Zij komen allen aan de beurt, de zwarten. Het kamp van Lokeren*, Leuven, 1999.

Saerens Lieven, *Vreemdelingen in een wereldstad. Een geschiedenis van Antwerpen en zijn joodse bevolking (1880-1944)*, Tielt, 2000.

Schermsakse Claus, *Het boek der schande*, Erpe, 1999.

Schreiber Marion, *Rebelles silencieux. L'attaque du 20$^e$ convoi pour Auschwitz*, traduit de l'allemand, Bruxelles, 2001.

Schwarz Gudrun, *Eine Frau an seiner Seite. Ehefrauen in der "SS-Sippengemeinschaft"*, Berlin, 2001.

Seberechts Frank, *Ieder zijn zwarte. Verzet, collaboratie en repressie*, Leuven, 1994.

Seberechts Frank, *Tussen Schelde en Wolchow. Vlaanderen en het Oostfront*, Brussel-Antwerpen, 2002.

Sereny Gitta, *Albert Speer. Verstrikt in de waarheid,* Amsterdam, 1995.
Sichelschmidt Lorenz, *Mala. Ein Leben und Liebe in Auschwitz,* Bremen, 1995.
Simonart André, « Pathologie concentrationnaire », dans : *Actes du Congrès scientifique international pour l'étude des problèmes de réadaptation des prisonniers politiques et victimes de guerre.* Bruxelles, mai 1958, p. 13-20.
Stein Harry, *Konzentrationslager Buchenwald 1937-1945. Begleitband zur ständigen historischen Ausstellung,* Göttingen, 1999.
Steinberg Maxime, « La tête sur le billot : la question juive en 1940 », in : *Jours de Guerre,* tome.6, Bruxelles, 1992, p. 38-63.
Stone Norman, *The Eastern Front 1914-1917,* London, 1998.
Strubbe Fernand, *Services secrets belges 1940-1945,* s.d.
Struye Paul & Jacquemyns Guillaume, *La Belgique sous l'occupation allemande (1940-1944),* Bruxelles, 2002.
Stynen Ludo, *Lode Zielens. Volksschrijver. Biografie,* Tielt, 2001.
Tarrant V. E., *The Red orchestra. The Soviet Spy Network inside Nazi Europe,* London, 1995.
The British Council, *Giles. Fifty years at work,* London, 1994.
Tavernier Roger, *Mathieu Corman. Boekhandelaar, globetrotter, reporter,* dans *Kruispunt. Literair Kwartaaltijdschrift,* 40e année, n°.181, décembre 1999, p. 58-123.
Trepper Leopold, *Le grand jeu,* Paris, 1975.
Ugeux William, *Le "Groupe G" (1942-1944). Deux héros de la Résistance : Jean Burgers et Robert Leclercq,* Bruxelles, 1978.
Ugeux William, *Histoires de Résistants,* Paris-Gembloux, 1979.
Umbreit Hans, *Das Deutsche Reich und der Zweite Weltkrieg. Bd.5/1. Organisation und Mobilisierung des deutschen Machtbereichs,* Stuttgart, 1988.
Van Cantfort Maurice, « Le maquis de Senzeille » dans *Cahiers Cerfontainois* n° 20, 1994.
Van den Berghe Gie, *Met de dood voor ogen. Begrip en onbegrip tussen overlevenden van nazi-kampen en buitenstaanders,* Berchem, 1987.
Van den Berghe Gie, *Belgische bibliografie over de nazi-kampen,* 2 tomes, Bruxelles, 1995.
Van den Brempt Stefaan, *In een mum van taal. Gedichten 1968-2002,* Tielt, 2002.
Van de Velde Marc, *De bruggen van Boom. Kroniek van de oorlogsjaren 1939-1945. Oorlog, bezetting, collaboratie, verzet en bevrijding in de gemeente Boom alsook de belangrijkste oorlogsfeiten in Rupelstreek en Klein-Brabant,* Boom, 1994.
Van de Vijver Herman, Van Doorslaer, Rudi, Verhoeyen, Etienne, *Het verzet,* tome 2,. Kapellen, 1988.
Van Doorslaer Rudi, *Gentenaars in de Internationale Brigaden,* dans *Bijdragen tot de Geschiedenis van de tweede WO,* dl. 6, 1980, p. 149-195.
Van Istendael Geert, « Fort Breendonk » dans *Anders is niet beter,* Amsterdam-Antwerpen, 1996, p. 187-190.
Van Meerbeeck Philippe, Verhoeyen, Etienne, Van de Vijver, Herman et Van Doorslaer, Rudi, *Lexicon. De tijd der vergelding en het verzet,* Bruxelles, BRT, 1988.

Van Mensel Odette, *Oorlogskind,* Tielt, 1994.
Van Nuffel Herman, *Belgisch Nürnberg, 1945-1952. De vervolging van Duitse Oorlogsmisdadigers in België,* Erpe, 1997.
Van Overstraeten Raoul, *Au service de la Belgique. I Dans l'étau,* Paris, 1960.
Velaers Jan & Van Goethem Herman, *Leopold III, de Koning, het Land, de Oorlog,* Tielt,1994.
Verhoeyen Étienne, «Abwehr appelle Londres». *L'Englandspiel en Belgique,* dans *Jours de doute (Jours de Guerre,* tome 10), Bruxelles, 1994, p. 83-99.
Verhoeyen Étienne, *La Belgique occupée. De l'an 40 à la libération,* Bruxelles, 1994.
Verhoeyen, «L'Orchestre rouge en Belgique 1939-1942», dans: *Jours mêlés,* Bruxelles, 1997, p. 141-160.
Weinberg Gerhard L., *A world at arms. A global history of world war II,* Cambridge, 1994.
Weinmann Martin, *Das nationalsozialistische Lagersystem,* Frankfurt a. M., 2001.
Wildt Michael, *Generation des Unbedingten. Das Führungskorps des Reichssicherheitshauptamtes,* Hamburg, 2002.
Wormser-Migot, Olga, *L'ère des camps,* Paris, 1973.
*www.buchenwald.de*
*www.gedenkstaette-sachsenhausen.de*
*www.nmkampvught.nl*
X Albert Maertens, *Sociaal bewogen en liberaal.* Liberaal Archief Gent & Stichting Het Laatste Nieuws, Asse-Kobbegem, 2001.
X Marcel Roothooft in *Films-Presse,* jg.4, n° 1/2 juin 1952,.p.6
X *Avenue Louise 347 Louisalaan. Dans les caves de la Gestapo. In de kelders van de Gestapo,* Bruxelles, 1996.
X *Eindpunt of tussenstation. Gids. Nationaal Monument Kamp Vught,* Vught, 2001.
X *Gedenkschrift van het Gemeentelijk Antwerpsch Onderwijzend Personeel 1940-1945,* Antwerpen, 1945.
X *Gedenkstätte Buchenwald. Das Sowjetische Speziallager Nr.2. 1945-1950. Begleitheft zur Dauerausstellung,* Weimar-Buchenwald, 1997.
X *Héros et martyrs. 1940-45 Les fusillés,* Bruxelles, 1947.
X *Lettres françaises de Belgique, II. La Poésie,* Paris-Gembloux, 1988.
X *Livre d'or de la résistance belge,* Bruxelles, 1948.
X *Nieuwe Encyclopedie van de Vlaamse Beweging.* 3 tomes, Tielt, 1998.
X *Où allez-vous? Dr Wynen, le patron des médecins belges, répond à Omer Marchal,* Bruxelles, 1989.
X *Uit het zwartboek der zwarten,* Tilburg, 1945.
Zamecnik Stanislav, *Das war Dachau,* Luxembourg, 2002

# CRÉDIT ICONOGRAPHIQUE

Les numéros renvoient aux pages des illustrations.

## Chapitre 1

12 : Musée royal de l'Armée et d'Histoire militaire, 20 : Otto Spronk – CEGES, 26 : Isabelle Persyn, 30 : M. Fonteyne

## Chapitre 2

48 : Otto Spronk – CEGES/Otto Spronk – CEGES, 51 : Mémorial national de Breendonk, 56 : Isabelle Persyn, 79 : Otto Spronk – CEGES, 83 : Otto Spronk – CEGES, 91-95 : Jacques Frydman, 96 : IRPA, 103 : Wilchar, 107 : Isabelle Persyn, 117 : Ochs, 120 : Ochs, 124 : Breendonk, 135 : Breendonk, 141 : Isabelle Persyn, 159 : Breendonk, 160 : Isabelle Persyn, 167 : Breendonk

## Chapitre 3

180 : Otto Spronk – CEGES, 182 : *Nordrhein-Westfälisches Hauptstaatsarchiv* (NRWHA) *Düsseldorf*, 187 : *Bundesarchiv Berlin* (BAB), 194 : BAB/NRWHA, 195 : BAB/NRWHA, 199 : BAB, 203 : Breendonk, 205 : Otto Spronk – CEGES, 209 : Otto Spronk – CEGES, 210 : Otto Spronk – CEGES, 211 : Otto Spronk – CEGES/NRWHA, 213 : NRWHA/NRWHA/NRWHA/NRWHA, 214 : NRWHA, 220 : Auditorat général, 220 : Auditorat général, 221 : Auditorat général, 223 : Auditorat général, 230 : Auditorat général, 235 : *Le Soir*/*Le Soir*, 236 : *Le Soir*, 239 : Breendonk, 241 : *Le Soir*, 247 : Breendonk, 260 : Auditorat général, 272 : CEGES

## Chapitre 4

277 : famille Verdickt, 279 : B. Koussonsky, 282-283 : A. Flament-Jacob, 284 : Roger Coekelbergs, 286 : comtesse Lippens, 287 : L. De Ridder, 290 : S. A. Van Schelle, 292 : Abbaye de Maredsous, 293 : Mme veuve E. Franckx/R. Bauduin,

296: Pierre Stippelmans, 297: Lily Allègre, 299: Carcob, 301: M. Fonteyne, 303: A. Sokol, 304: F. De Coster/F. De Coster, 305: F. De Coster/F. De Coster, 308: CEGES, 310: A. Wynen, 313: *Witte Brigade*, 315: P. Hirsch, 316: L. Moreau-Sevens

**Chapitre 5**

324: *Le Soir*, 327: Carl Gilles, *Giles. Fifty years at work*, 331: J. Trido, 338: Breendonk, 341: *Le Soir*, 349: Jef Peeraer, *'t Gruwelkamp Breendonk*

**Annexes**

365 (plan général du fort de Breendonk): lay-out Patricia Van Reeth

# INDEX
## *des noms de personnes*

## A
Abbeloos Antoine *page* 45
Acke 291
Adler Erich 244, 255
Adler Kurt 244, 255
Albert 1er, roi 11
Albert II, roi 6, 37, 285, 343
Algoet Rafael 311
Allain 319
Altbaum Isaac 132
Altbaum Jozef
Amelynckx Franciscus Alois 237, 241-243, 249, 326
Améry Jean 145, 146, 148
Anghelov Todor 155, 180
Anson Edmond 282
Antelme Robert 350
Apetz 71, 136, 156
Archangelski A.P. 279
Arras Jean 223
Arras Marcel 43, 81
Ashley, colonel 328

## B
Baele Robert 86, 96, 97, 99, 147, 193, 201, 206, 218, 220-222, 225, 231, 238, 270
Baeyens Victor 39, 46, 80
Bairiot Marcel 257
Bal Nic 351
Balace Francis 331
Baligand Raoul 154
Bamberger Seligmann 275
Bamps Louis 346, 348
Bastien Jean 298, 311
Bastin, colonel 294
Bauduin René 43, 49, 120, 137, 224, 293-295

Baumgard Aron 96
Beck Oscar 86, 195
Beerens Jo 256
Benedictus Maurice 183
Benninger, caporal 267
Bergeron, major 328
Bernaert Willem 287-289
Bertulot André 165
Bettelheim Bruno 65
Beusse Otto 178
Bibauw Robert 316
Billotte général 16
Birkholz Ilse 181-184, 201, 207
Birkholz Johannes 182
Bismarck Otto von 9, 174
Blieck René 280-282
Blum Generalartzt, médecin général 66, 69-73, 103, 112, 125, 127
Blume Jean 61, 64, 98, 144, 179, 180, 191, 224, 227, 242
Bock Konrad 119, 122
Boeikens 327, 328
Bohr Niels 6
Boisbourdin 291
Bolle Maurice 207
Bonnevalle Jacques 134
Boon Frans 55
Boon Louis Paul 258
Borginon Hendrik 340
Borremans Jean 337
Bouchery Désiré 28, 92, 152
Bouffioux Lucienne 280
Boulanger Joseph 151
Brabants Frans 330
Brabants madame 330
Branders, colonel 185
Braun Eugen 112, 118, 121, 122, 206, 212

Brialmont Henri Alexis 9
Broeckaert Léon 289
Broeckaert Valère 289
Brooke Alan 16
Brucker Arnold 96
Brusselaers Felix 71, 86, 217, 226, 229, 232, 233
Bruyère Maurice 81, 282
Brydenbach Walter 186
Burgers Jean 308, 309
Burkel Jean-Charles 92, 98, 101, 104, 115, 128
Burleigh Michael 253
Buyens Frans 342

## C

Canaris Constantin 19, 30-32, 67, 125, 169, 177, 178, 190, 207
Canaris Wilhelm 18, 19
Canivet Georges 66, 67, 123, 185, 337, 339, 341
Carleer Karel 90, 108, 143, 241-243
Carton de Wiart Henry 336
Casman Raymond 118, 121
Cauvin André 351
Celis Joseph 325
Champon, général 15
Charles, prince régent 285, 284
Churchill Winston 11, 287, 314
Clark Alan 15
Claser Charles 294
Cleyman 76
Coekelbergs Roger 6, 282
Cogniaux Jacques 351
Colin Paul 165
Collassin Willy 121
Colle Georges 67
Colombier Georges 164
Coppens Armand 57
Corthouts Alfons 242
Coudenys Wim 255
Cousebant d'Alkemade 10
Couvreur Joseph 245
Crockaert Pierre 134
Cuyt Edmond 86, 2215, 217, 226, 228, 229, 232, 237, 238
Czulik von Thurya, général 158

## D

Danneels Hilda 316
Dantzer Maria 338

Daumerie Fernand 138, 244, 245, 261, 265, 266, 290
Davignon Jacques 170
Davy George 16
Daye Pierre 329
De Backer Gustave 64, 95, 96
de Beughem de Houthem, vicomte 13
De Bleser Georges 290, 291
De Bodt Richard 34, 86-88, 109, 127, 132-134, 161, 171, 173, 202, 204, 215, 217, 224, 229, 230, 232, 233, 240, 241, 256, 270, 307, 314, 330
De Boe docteur 124
De Braeckeleir Peter 96, 97
De Brem 319
De Ceulenaer 224
De Clercq Staf 215, 219, 271
De Coninck Georges 270
De Coster François 109, 304
De Coster Joseph 304
De Coster Roger 304
De Coster Willy 304
De Coster 305-308
de Diesbach Erich 263
De Fraiteur Raoul 295, 337
De Gaulle Charles 16
de Hemricourt de Grunne Guillaume 170
De Hollander Ludovic 325, 330
De Houwer Louis 151, 154
De Keuster Frans 116
de Laveleye Victor 41, 351
De Leeuw Albert 132
De Lentdecker Louis 343
de Ligne Eugène 67
de Ligne princesse 72, 99
De Man Hendrik 254
De Meester Leopold 326, 330, 331
De Nies Adolphe 270
De Pondt Albert 134
De Ryck Jan 329
De Saffel Marcel 16, 45, 46, 126, 201, 217, 218, 224, 225, 231, 232, 237, 269, 270, 321, 351
De Sauw Camille 243
De Schutter Jan (Petrus) 93, 242-244, 271, 272, 325
de Sélys Longchamps Jean 140
de Smet de Naeyer, cabinet 10
De Tobel 186
De Tollenaere Pierre 281
De Vos Jef 277

## Index des noms de personnes

De Vos Valère  64, 132, 237, 255, 260, 265, 266, 292, 294
De Winter  261
Declerck, gouverneur  340
Degreef Sebastien  134
Degrelle Léon  151, 228, 282
Delandsheere Paul  40
Delattre Vital  64
Delfosse Antoine  323, 335
Demany Fernand  329
Demetsenaere Désiré  171, 282
Demeulemeester Romain  148
Depelsenaire Élisabeth  147, 183
Derard Gustave  151
Désiron Fernand  346
Develer Louis  149, 150
Devèze Albert  294
Dewael Patrick  6, 343
Dewit Jozef  268
Dillen René  23, 40
Diriken Pierre  74
Dolfuss Engelbert  246
Donny Albert  72
du Bois de Vroylande Robert  275
Dubois Jean  42, 43, 69
Duesberg André  275, 291, 292
Dumas Alexandre  61
Dunlop, major  322
Duperrois François  282

## E

Ehlers Ernst  139, 154, 177-179, 191, 201
Ehlert Herbert  206, 209-211, 224
Eicke Theodor  198, 199
Eisenhower Dwight  328
Élisabeth, impératrice (Sissi)  90, Élisabeth, reine  67, 118, 119, 169
Esser Toni  155

## F

Felsegger  120
Ficke Bernhard  179, 226
Fielitz Karl  77
Fingherman Moiske  108
Finkelstajn Lazer (ou Léo)  42, 60
Fischer Frans  28, 40, 43, 45, 46, 48, 56, 65-67, 75, 97, 102, 118, 120, 137, 179, 180, 202, 206, 268, 37-18, 346, 347
Flahaut André  6, 343
Flatz, docteur  122
Flichtenreich W.  132

Fliegauf Ernst  111, 112, 118, 120-122, 133, 145, 146, 150, 163, 171, 200, 201
Foch, maréchal  12
Fonteyne Jean  104, 298, 300-302, 311
Fraiteur Armand  165
Frajmund Mojszek  28
Franckx Édouard  293-295
Franco, général  263
Frank Anne  306
Frank-Duquesne Albert (ou Frank Albert)  251, 253-255, 275
Frankenstein Ferdinand  227
Frankfurt Abraham  28
Franklemon Jean  297, 298
Franz Georg  97, 147, 158, 212-215, 270
Frenkel Jasher  111
Fresnay Pierre  114
Fried Eugène  280, 300
Fromont Gaston  273, 326, 336
Frydman David  94
Frydman, famille  24, 25, 47, 94, 95-96, 169, 172
Frydman Herszel  94
Frydman Jacques  48, 76, 89, 94, 95, 98, 179, 205, 206, 224, 244
Frydman Joseph  94

## G

Gaelens Leopold  65
Galanter Bention  23-25, 64, 80, 169, 254
Ganshof van der Meersch Walter  317, 328, 329
Gardyn Robert  96
Geerssens Nand (alias Moetwil Jan)  41
Genger Sylvain  132, 265
Giersch Willy  25, 27, 84, 129, 244-246, 248-251, 278
Giles Carl  327
Gillis Gaston  64
Gillis Rémy  286
Giraud, général  16
Glineur Georges  30
Glineur Henri  30, 110, 299, 300
Glücks Richard  198, 199
Goethals Antoine  116, 118, 119
Goldenberg Jozef  147
Gorbatchev  300
Gotovitch José  150
Goube R.P. Pierre  275, 318, 319
Gramann Otto  153, 157-160, 163, 165, 166, 340
Greindl, baronne  65

Grippa Jacques 42, 63, 64, 75, 93, 146, 148-150, 157, 275, 298-300, 302
Grohé Jozef 151
Grossvogel Jeanne 146
Grundmann Mordka 23, 24
Guelton 319
Guillaume, baron 295
Günther Max 150
Gurman Harry 62
Gysermans Jules 75, 98, 112, 133, 196, 242, 346

## H

Hachez Albert 314
Haffner Sebastian 175
Halkin Léon-Ernest 36, 40, 44, 60, 62-64, 73, 88, 93, 98, 126, 142, 146, 151, 157, 159, 191, 339, 348
Hallemans, procureur 134, 185, 233, 238, 242
Hans Abraham 352
Hans Willem 352, 353
Hanssens André 56, 57
Hartlooper Wolf 132
Hasselbacher 19, 177
Hautem René 164, 165
Hebbelinck Georges 64, 75, 114, 242, 352
Heidingsfelder Johann 198
Heilberg Alfred 96
Heimans Eugeen 103
Hellmann Arthur 59
Henderickx Adrien 45
Herman Désiré 82, 83
Hermans Guillaume (René) 244, 245, 260, 261, 265
Hernaert Maria 238
Hersch 147
Hertel Alfred 204, 214, 215
Heydrich Reinhard 18, 154, 177, 178, 189
Heym 68
Himmler Heinrich 18, 174, 181-183, 204, 207, 265, 268
Hitler Adolf 175, 176, 189, 205, 219, 223, 227, 228, 238, 254, 268, 269, 288, 306, 344
Hoekmans Jeanne 325
Hoffmann Oskar 90, 91, 249
Hofmeister Walter 178, 179
Holzner famille 188
Holzner Thérèse 186, 189
Hoornaert Paul 260
Hoyaux Gaston 82, 264, 299, 334, 335, 340, 346

Huet Fernand 262, 263
Hullebroeck, major 96
Humbeeck Kris 258
Huybrechts Paul 256
Huyghe Maria 270
Huyghelen, frères 242
Huysmans Camille 336

## I

Ianchelevici Idel 339
Iweins de Wavrans Alfred 275

## J

Jacob Simon 51, 282
Jacquemyns Guillaume 100, 109
Janson Paul-Émile 286
Jodogne Jules 116, 118, 139, 142, 272, 337
John Peter 63, 252
Jospa Hertz 98, 105, 248, 297, 300, 301
Jossenick Joseph 146
Joye Pierre 149, 150, 264
Juliusberger Ludwig 28
Jürgens Hans 212-215

## K

Kahn Hermann 23, 24, 252
Kaltenbrunner Ernst 18, 179
Kämper Gustav 190, 192-202, 206
Kantschuster Johann 34, 59, 86, 121, 133, 161, 163, 192-203, 207, 224
Karst, général 156, 157
Katz Jacques 95, 96
Kaufman Max 170
Keitel Wilhelm 167
Kelkel 191
Kemp 120
Kennes Bruno 276
Kerkhofs Fernand 314
Kessler Leo 255
Kiper Jacob 29
Kirschenbaum Heinrich 90
Klara Jules 290
Klibanski Isaac 45, 133, 195
Knops Victor 329
Köchling, dr. Johannes Heinrich 116, 120, 123-127, 178, 318
Kolinksy Bernard 132
Koper Abraham 266
Koussonsky Pavel 88, 278, 279
Kouskin, capitaine 82
Krāntzel 254, 255

388

Index des noms de personnes

Kropf Otto 78, 80, 97-99
Kruger, docteur 126
Kuhlbrodt 77

## L

Lagrou Pieter 341
Lagrou René 217, 219
Lais Ernst 205, 207-210
Lambert François 151
Lambrechts René 164
Lamotke Karl 192-202, 208
Lampaert Adolf 133, 204, 207, 215, 218, 219, 221, 222, 225, 227, 232, 271
Landsvreugt Pierre 44, 75, 80, 108, 110, 326, 340, 341, 346, 347
Landau Ernst 28, 249, 253, 255
Lasareff Vladimir 39, 57, 98, 114, 123
Lecat Louis 81
Leclercq Robert 118, 297
Leemans Joseph 149, 179
Leemans Léon 290, 291
Legroux Bart 9, 10, 76, 102
Lehouck Julien 164
Leleu Auguste 132-134, 212, 256, 257, 265
Lelong Gaston 319
Lemaître Constant 44, 80, 108, 110, 185, 346, 347, 351
Léoplod III 13-16, 169
Levi Primo 265, 348
Lévy Paul M.G. 5, 6, 26, 27, 41, 44, 47, 53, 74, 75, 89, 90, 92, 97, 110, 111, 137, 159, 185, 191, 203, 207, 239, 247, 249, 252, 254, 255, 269, 270, 294, 301, 311, 326, 335, 337-340, 342, 343
Lévy-Morelle Claire-Marie 286
Lewin Sally 129, 130, 237, 238, 244, 245, 248-253, 318
Libotton Remy 45, 105, 106, 225
Lilar Albert 317
Liu-Chao-Shi 300
Livchitz Alexander (ou Choura) 153, 297, 298
Livchitz Youra 153, 297, 298
Loidl Franz 159
Loitzansky Jacques 132
Loritz Hans 197-199, 201
Louette Marcel 60, 140, 311-314, 316, 321
Louis II 196
Lubka Leibusch 132
Luft Mozes 29, 41, 124, 267, 319

## M

Maas, ss-Hauptsturmführer 156
MacLean French 205
Maertens Albert 275
Magnée Albert 132
Maier Hans 145
Maistriau Robert 297, 298
Manderyckx André 266
Marbaix Edgard 26, 39, 72, 80, 84, 87, 88, 105, 108, 109, 116, 137, 142, 167, 203, 264, 345-347
Marchand Émile 82
Mariotte Maurice 328, 330, 331
Mauriac François 350
Meeuws Albert 96, 148
Mevis Pierre 217, 226, 227, 232, 233
Michiels Benoît 30, 32, 45, 58, 61
Michiels Frans 30, 122, 2260
Miller, général 278
Minchenberg Szmul 96
Minnaert Ferdinand 256
Minnebo Albert 233
Mitzi Heidi 90, 91
Moens Lodewijk 72, 76, 153, 208, 230, 243, 269
Moetwil Jan (Geerssens Nand) 41, 64, 146
Montgomery, maréchal 323, 350,
Moortgat Albert 72, 271, 272
Moortgat Victor 271
Morias Joseph 93
Mouffe Désiré 137, 170, 262
Moyersoen Romain 240, 259
Müller Walter 19, 178, 207, 209-211, 232, 267
Mundeleer L. 329
Muret André 39, 41
Mussolini Benito 218, 260

## N

Nabor 319
Nahon Alice 285
Nahon Vital 261, 285-287
Napoléon III 9
Nasulia Alexander 137
Natanson Samuel 252
Nathan Julius 27, 28, 110, 129, 130
Nebe Arthur 207
Needham, général 15, 16
Neumann Israel 78-80, 248
Neutjens Jan 153
Néve Nève de Mévergnies 65, 72, 99, 225

Neybergh Cyprien (Dom) 160
Normann Ernst 97, 212-215
Nothomb Paul 149, 150
Nothomb Pierre 149
Nuyens Jozef 231, 321
Nysthoven Jean 240

## O

Obler Walter 27, 32, 84, 85, 90, 92, 98, 113, 118, 129, 130, 132, 133, 208, 237, 238, 244-248, 250-254, 266, 270, 298
Ochs, Jacques 31, 54, 55, 90, 110, 113-115, 117, 120, 130, 171, 179, 205-207, 268, 280, 339, 343-345, 348
Olivier Richard 106, 345
Ooms Alphonse 40
Orth Karin 265

## P

Palier Julius 316
Paola, reine 294
Paquet Marguerite 61, 145, 146
Patton George 287
Paulus Camille 6, 343
Peeraer Jef 347, 348
Peers Willy 302
Peeters Frans 122
Pellemans Jan 86, 87, 218, 219, 222, 232, 237-239
Petty G.G. 326
Pholien Joseph 152, 240, 241, 307
Piens Désiré 46, 69, 75, 109, 112, 248, 264, 346
Pierkot Maurice 151
Pierlot Hubert 322, 329
Pillard 319
Pire, général 329
Pohl, docteur 69, 70, 115, 116, 125-127
Pohl Oswald 77
Polfliet Marcel 94
Poquette Roger 137, 138, 262
Prack Herbert 159
Prévot Pierre 149, 150
Procès Albert 96
Proust Marcel 325
Provoost, sous-lieutenant 260

## R

Raes Eugène 69, 86, 208, 215, 223, 232, 238
Raindorf René 58, 61, 170, 300

Raskin Maurice 165
Reeder Eggert 17, 19, 30, 31, 67, 69, 125, 169
Relecom Xavier 146, 149, 150, 337
Renard Émile 49, 263
Renoir Jean 114
Reynaers Hendrik 97
Rimé Maurice 75
Ringot Marie 317
Robeyn-Janssens Anne-Marie 303
Roddel 269
Roffman Julien 351
Röhm Ernst 189
Roothooft Marcel 343, 351
Rosenberg Alfred 219
Rosengarten Israel 34
Rosenstrauss Eisig 96
Royer Jean 118

## S

Saintenoy Germaine 146
Saublens 261
Schiff Heinrich 252
Schmandt Leo 129, 183, 244, 245, 250-255, 266
Schmid Georg 118, 122, 206
Schneider Gustav 96, 97, 101, 204, 210, 212-215
Schollen August 155
Schonman Isidor 28
Schönnagel Hugo 132
Schönwetter Karl 36, 73, 99, 104, 113, 143, 144, 158, 161, 174, 186, 193, 200, 206, 208, 243, 267
Schoonjans 327
Schriewer Robert 43, 60, 64, 102
Schuermans, docteur 124
Schuind Gaston 71, 136
Schultze, docteur 122
Schuschnigg (von) Kurt 246
Sebald W.G. 353
Seberechts Frank 224
Seghers Kamiel 231
«Sept de Mons» 51, 52, 62, 81, 86, 203, 264, 270, 282-285
Sereny Gitta 306
Sevens Alfons 317
Sevens Dirk 134, 140, 207, 214, 237, 316
Sevens, veuve 337, 339
Shreve Anita 353
Simonart André 64, 93, 119, 299, 311, 337-340

## Index des noms de personnes

Singer Adolphe  34, 116-118, 120-126, 129, 147, 153, 181, 196, 204
's Heeren Jules  152
Skamene Maria  246
Skorzeny Otto  184
Smet Camille  41
Snakkaert Arthur  336
Sokol Hersch  61, 147, 153
Sokol Myra  147, 183
Solonevitch Boris  48, 56, 80-82, 99, 102, 137, 255, 279, 346, 350
Solovieff Kira  303
Spanbock Leizer  244
Speer Albert  306
Spiero Albert  132
Staline  254, 280
Steckmann Rudolf  192-202
Steeno François  170
Steinberg Israel  91, 92
Stippelmans Fernand  296
Stippelmans Pierre  295, 296
Ston Norman  278
Storc Henri  50
Stacherski Jozef  317, 318
Straub Franz  19, 139, 140, 142, 177
Strauss Alfred  197
Struye Paul  165
Suy Joseph  151, 154
Swaab Samson  171
SwirskiSwirsky, frères  130

## T

Taranov Nicolaj  82, 83
Teitel Arnold  96
Teitelbaum Isaak  96
Terfve Jean  335, 337
Teughels Jean  33, 151, 154
Thomas  19, 177
Thonet Pieter  229
Thonet Victor  154, 155
Thorez Maurice  300
Thys Fritz  100, 118, 128
Tielemans Albert  164, 165
Tierens Frans  103, 202, 269, 270
Tindemans Léo  311
Tissen Henri  134
Trepper Léopold  147
Trido Victor  29, 65, 75, 127, 138, 264, 289, 290, 326, 346, 347, 350
Trost Isaac  171
Trussart Armand  27

## U

Ugeux William  308, 314
Ullman Salomon  67, 298
Urbain Hector  74
Uris Léon  352

## V

Van Acker Jozef  93
Van Borm Henri  118, 244, 245, 262-264, 266, 275
Van Boven Jean  137
Van Cauwelaert Frans  317
Van Coppenolle Emiel  240, 323
Van Daele Henri  352
Van Daele Karel  93, 94
Vandebotermet Paul  6
Van de Velde Marc  325, 329
Van de Voorde Gaston  226, 227, 231, 232, 238
Van de Wiele Jef (alias Jef Cognac)  232
Van den Abeele  222
Van den Berg Salomon  298
Van den Berghee Gie  5, 60, 109
Van den Boer Maria  226
Van den Boom Georges  75, 149, 263, 264
Van den Branden de Reeth Adrien  335
Van den Brempt Stefaan  258, 259
Van den Bulck  243, 271
Van den Eynde Stefaan  170
Van der Meirsch Émile  226, 228-230, 237
Van Deuren Henri  57, 143
Norbert  46, 64, 93, 143, 203, 256
Van Gelder Émile  147
Van Glabbeke Adolf  329
Van Hoof  196
Van Hoorick Bert  61, 181, 258-260
Van Huffelen Martha  330
Van Hul Frans  48, 144, 215, 226, 228, 230, 231, 237, 238, 326
Van Istendael Geert  342
Van Kesbeeck Oscar  28, 152
Van Maele Filiep  352
Van Mensel Frans  269
Van Mensel Louis  269
Van Mensel Odette  269
Van Molkot Henri  119
Van Neck Frans  215, 217, 231, 232, 238
Van Opstal Emiel  243
Van Overstraeten Raoul  13, 14, 16
Van Praet Petrus  71, 193, 237, 241, 242, 244, 326

Van Roey Joseph-Ernest 152, 254, 298
Van Schelle Martial 289-29
Van Walleghem 329
Van Wayenbergh, mgr 159
Van Wien Herman 118, 119
Van Wilder 71
Van Zeeland Paul 335
Vanderpoorten Arthur 312
Vanderveken François 135
Vanpee Gaston 109
Vanpraag Maxime 314-316, 321
Vekeman Robert 322
Verbesselt 221
Verbruggen 286
Verdickt Vital 22, 276-278
Verdickt-Reyniers Valentine 22, 23, 76, 183
Verhaeghe André 348, 352
Verheirstraten Livin 121
Verhoeyen Étienne 351
Vermeulen Georges (dit «Jos») 86, 193, 226, 227, 232, 237
Vermeylen Piet 342
Verschaeren Marcel 164
Verschaeve Cyriel 238
Verstraeten Richard (De Bodt Richard) 239, 240
Verwilghen Paul 263
Vieyra Barend 265
Vits 301
Vivijs Gustaaf 346, 348
von Beseler, général 11, 19
von Brauchitsch Walther 31, 40
von Craushaar, Harry 32, 67, 70, 71, 73, 77, 130
von Falkenhausen Alexander 17, 71, 77, 136, 151, 153-156, 158, 279, 303
von Froitzheim 32

von Hammerstein Günther 67
von Harbou, colonel 17, 127
von Köppen Eugenie 189
von Mackensen August 311
von Märcker 19, 20, 156, 157
von Solomon Ernst 175
von Stroheim Erich 114

# W

Walravens Jean 282
Warichet Maurice 164
Wauquaire Maurice 164
Weber 267
Weidlich Elisabeth 182
Weill Ludwig (Louis) 228, 115, 123, 255
Welles Orson 287
Wendelen André 309
Wenzel Johann 147
Werné Jean 144
Westerlinck Fidèle 223, 233
Weyns François 11
Wilchar (Pauwels Willem) 80, 102, 106, 339, 343-345
Willemsen Eugène 86, 223, 233
Wilms Franz 209-211
Wittezaele André 290
Wittstock, major 156
Wodehouse P.G. 22
Wolf Jules 110, 120
Wormser-Migot, Olga 49
Wrangel Pjotr 278, 279
Wyffels 262, 263
Wynen André 309-311

# Z

Zielen Lode 351
Zimmermann Kurt 77, 212-215, 270
Zylbersteijn Richard 29

# TABLE DES MATIÈRES

**Introduction**   5

**I   Breendonk : un survol historique**   9

Une forteresse belge (1906-1940)   9
   *Le fort jusqu'à la Seconde Guerre mondiale*   9
   *Breendonk comme grand quartier général de l'armée*
      *belge : mai 1940*   13
Breendonk, « camp d'accueil » des SS (1940-1944)   17
   *La création du camp*   17
   *Breendonk jusqu'au 22 juin 1941*   23
   *22 juin 1941 : une journée lourde de conséquences*   28
   *Une nouvelle radicalisation dans la seconde moitié de 1942*   33
Après la Libération : du bagne au Mémorial   36

**II   La vie dans l'*Auffanglager***   39

L'arrivée au camp : la personne réduite à un numéro   39
La vie dans les casemates, les cellules et les baraques   49
   *Le « Bettenbau »*   54
   *L'appel*   55
   *Les cellules*   56
   *La vie en cellule d'isolement*   58
   *Les baraques*   62
   *L'ambiance parmi les détenus*   63
« Des squelettes en haillons » : la faim à Breendonk   65

| | |
|---|---|
| Les travaux forcés | 76 |
|    *La surveillance* | 84 |
|    *Les conditions de travail* | 87 |
|    *Des travailleurs privilégiés* | 89 |
| L'habillement | 97 |
| L'hygiène | 102 |
|    *Les toilettes* | 102 |
|    *Les douches* | 106 |
| Les soins médicaux | 110 |
| Sévices, peines et torture | 128 |
|    *Les sévices et les peines* | 129 |
|    *La torture* | 139 |
| Les exécutions | 151 |
| Le départ du camp | 166 |

## III   Le personnel du camp, les aides et collaborateurs    173

| | |
|---|---|
| Les SS allemands | 173 |
|    *Le premier commandant du camp : Philipp Schmitt* | 174 |
|    *Le deuxième commandant du camp : Karl Schönwetter* | 186 |
|    *Les remplaçants et adjoints : Lamotke, Kantschuster, Steckmann et Kämper* | 192 |
|    *Le SS-Untersturmführer Arthur Prauss* | 204 |
|    *Le policier : Ernst Lais* | 207 |
|    *Les employés de bureau : le SS-Untersturmführer Franz Wilms, le SS-Hauptscharführer Walter Müller et le SS-Oberscharführer Herbert Ehlert* | 209 |
|    *Nourriture et vêtements : Zimmermann, Normann, Franz, Jürgens et Schneider* | 212 |
| Les « Boches d'honneur » : les SS flamands | 215 |
|    *Le pionnier* | 215 |
|    *La première levée (septembre 1941)* | 217 |
|    *Wyss et De Bodt* | 224 |
|    *Le Troisième Reich en perte de vitesse* | 225 |
|    *Les nouveaux venus (1943-1944)* | 226 |
|    *En fuite* | 231 |
|    *Fin de partie* | 232 |
|    *Face à la justice* | 233 |
|    *Un certain Richard Verstaeten* | 239 |

| | |
|---|---|
| Le personnel civil | 241 |
| Les chefs de chambrée collaborateurs | 244 |
|    *Willy le noir* | 245 |
|    *Walter Obler: plutôt loup qu'agneau* | 246 |
|    *Sally Lewin: «Deutschland über alles»* | 249 |
|    *Le cas Schmandt* | 250 |
|    *Les chefs de chambrée juifs: «Allemands avant d'être Juifs» (Paul Lévy)* | 252 |
|    *Valère De Vos: du combattant d'Espagne au bourreau* | 255 |
|    *René Hermans: «Indigne de porter les armes»* | 260 |
|    *Un boucher du Hainaut* | 261 |
|    *«Spada»: une carrière hors du commun* | 262 |
|    *Les chefs de chambrée belges: un coup d'œil rétrospectif* | 264 |
|    *Copie conforme?* | 265 |
| Les soldats de la Wehrmacht | 267 |
| Les collaborateurs des environs | 269 |
| | |
| **IV  Les prisonniers: une histoire en 20 portraits** | **275** |
| Vital verdickt | 276 |
| Pavel Koussonsky | 278 |
| René Blieck | 280 |
| Les «Sept de Mons» | 282 |
| Vital Nahon | 285 |
| Willem Bernaert | 287 |
| Martial Van Schelle | 289 |
| André Duesberg | 291 |
| Edouard Franckx et René Bauduin | 293 |
| Pierre Stippelmans | 295 |
| Youra Livchitz | 297 |
| Jacques Grippa | 298 |
| Jean Fonteyne | 300 |
| Kira Solovieff | 303 |
| La famille De Coster | 304 |
| Jean Burgers | 308 |
| André Wynen | 309 |
| Marcel Louette | 311 |
| Maxime Vanpraag | 314 |
| Dirk Sevens | 316 |
| Les déportés du Nord de la France | 317 |

| V | **Breendonk après la Libération** | 321 |

La libération d'un fort vide — 321
Le fort vide mais pas pour longtemps — 322
Le fort à nouveau vide, et à nouveau pour peu de temps — 332
La création du Mémorial national — 334
«Dans l'esprit de la Nation»: le Mémorial et le souvenir de la Seconde Guerre mondiale — 339
Breendonk au regard de l'artiste — 343
Breendonk sur papier, sur la scène et sur l'écran — 345

## Annexes — 355
Les grades SS — 355
Liste des personnes décédées à Breendonk — 358
Liste des fusillés à Breendonk — 360
Plan général du fort de Breendonk — 364

## Bibliographie — 367
Les sources — 367
Les publications — 374

## Crédit iconographique — 383

## Index des noms de personnes — 385

Achevé d'imprimer le 7 décembre 2005
sur les presses de l'Imprimerie Snel Grafics à Liège